Concreta-Mente 2007-2017
10 anni di idee e proposte

a cura di
Leonardo Bertini e AA. VV.

con la prefazione di Paolo De Ioanna

Concreta-Mente 2007-2017

10 anni di idee e proposte

a cura di Leonardo Bertini e AA.VV.
con la prefazione di Paolo De Ioanna

con la collaborazione editoriale di: Alessia Fava e Giuseppina Alati

Edizioni Concreta-Mente

2016

ISBN: 978-88-906605-3-5

Concreta-Mente è un'associazione senza finalità lucrative che non ha alcun rapporto contrattuale con gli autori e i curatori di questa opera, e svolge unicamente un ruolo di promozione e divulgazione della stessa.

2

Indice

3

Prefazione

di Paolo De Ioanna[1]

Ho accolto molto volentieri l'invito di Leonardo Bertini a riflettere sui lavori organizzati nel presente testo. L'impegno democratico nel tempo presente assume, a mio modo di vedere, significato solo se opera entro un orizzonte di concretezza. Mi sembra che siamo costretti ad agire pressati, da un lato, dalla crescente influenza di visioni religiose ed irrazionali e, dall'altro, dal tentativo di rappresentare la vita umana in società come un fatto economico del tutto naturalistico, dominabile con modelli mutuati dalle scienze cosiddette dure. Condivido la tesi di autorevoli pensatori che si tratta di due prospettive parimenti distruttive della possibilità di poter continuare a lavorare nella visione di una società europea coesa e democratica. Ma questa prospettiva ha bisogno dell'esatta comprensione dei doveri di solidarietà e coerenza che tutti abbiamo, all'interno di ogni paese membro dell'Unione, e tra paesi diversi per storia e sviluppo economico: come è chiaramente scritto nell'art. 1 della Carta di Nizza, che è parte giuridica dei Trattati.

Una forza culturale che vuole spingere la nostra economia sul sentiero della efficienza e della solidarietà deve dunque partire da un'analisi realistica dei compiti delle politiche pubbliche, che sono alla base della competitività di un sistema paese: la scuola, l'università, la ricerca, le infrastrutture che garantiscono mobilità e alimentazione delle reti. Il testo mi pare che correttamente parta dalla realtà della nostra collocazione nel mondo globale, per poi analizzare i nodi della nostra città e il ruolo innovativo della pubblica amministrazione. La sequenza dei temi è quella giusta. Il tono e la metodologia del lavoro sono quelli che si richiedono oggi ad una forza culturale e politica, erede di una grande tradizione italiana ed europea, che intende assumere su di se i compiti del presente, avendo la vista lunga sui problemi del futuro.

---

[1] Consigliere di Stato.

La mia esperienza mi induce a svolgere qualche considerazione sul ruolo della pubblica amministrazione e sulla necessità di un ricambio reale, profondo ma non traumatico nelle classi dirigenti.

La prima domanda è quella su cui mi sono spesso interrogato in questa fase politico istituzionale. In che cosa deve consistere, in questa fase storica, la specifica funzione innovativa dello Stato e della pubblica amministrazione? Tema, questo, densissimo, poliedrico, pluridisciplinare; in termini economici, è stato largamente ripreso nella più recente letteratura. Il fuoco analitico si è concentrato sulla capacità/funzione dello Stato di promuovere ricerche strategiche di medio lungo periodo, non legate ad un ritorno economico a breve. Nel finanziare queste ricerche, proprio nei settori più complessi (e più incerti), ricerche da affrontare senza essere pressati da una ottica di ritorno economico valutabile con ragionevole precisione ex ante, la funzione dello Stato ritorna ad essere cruciale. In questo senso, lo Stato (e suoi gruppi dirigenti in senso weberiano) svolge una funzione di segnalatore strategico del futuro possibile; la sintesi operata dai gruppi dirigenti che ne segnano la rotta, nazionale e internazionale, assume un ruolo essenziale per comprendere i possibili sviluppi di un paese storicamente dato; ma in questa specifica prospettiva la struttura democratica della compagine statale assume un ruolo cruciale. E assume un ruolo cruciale l'atteggiamento, direi epistemologico, degli economisti; se essi pensano che, in definitiva, si tratti solo di spiegare le tendenze, senza interferenze, della naturalità (presunta) dei processi economici (e il mercato sarebbe la tendenza naturale di fondo), alla politica resterebbe solo il compito di disegnare vestiti giuridici che assecondino questa spiegazione "naturalistica"; in questo senso sono ricorrenti ricostruzioni, nella informazione economica, che classificano come "politica" tutta la spesa pubblica, vista come una sorta di sovrapposizione agli andamenti naturali dell'economia.

Se invece il futuro si può in qualche misura scegliere, allora spetta alle classi dirigenti democraticamente espresse costruire prospettive e politiche (economiche) discorsivamente e pubblicamente spiegate e monitorate, idonee ad aprire la strada a questo futuro possibile; e in questa prospettiva le spese in investimenti (ricerca, sviluppo, educazione, infrastrutture, ecc.) sono tutte decisamente dentro l'area della produzione netta di ricchezza e non della sola distribuzione. In questo senso l'orizzonte di rientro più soft verso l'equilibrio strutturale

(2014-2017), disegnato da questo Governo e accolto dalla Commissione, appare un segno molto interessante.

La discussione sulla Grecia e il recentissimo Piano cosiddetto dei cinque presidenti non fanno emergere ancora netti segnali di inversione di tendenza, ma tuttavia esprimono in pieno la comprensione che ora si tratta di salvare l'euro e l'Europa e non solo di stabilizzare i mercati finanziari.

Un profilo di rilevante novità che emerge dalla analisi economica sembra potersi riferire all'osservazione di un fenomeno, che in tutti i paesi europei torna ad occupare un certo spazio analitico: la necessità che lo Stato (rectius le pubbliche amministrazioni) nelle loro diverse articolazioni sul territorio, possa continuare a disporre di strumenti per la politica economica e industriale e la infrastrutturazione dei territori. E qui si colloca in pieno il tema della dimensione ottimale dei poteri pubblici sui territori. Dunque lo Stato che interpreta e gestisce la complessità dei territori e cerca di rispondere alle domande del suo demos. Si tratta di quella statualità che secondo alcuni sembra mancare del tutto all'Europa, e che invece esiste molto di più di quanto si pensi come omogeneità degli istituti di cittadinanza (sanità, welfare, trasporti, ecc.). Ma si può forse osservare che è la stessa tenuta del processo democratico, come processo fondato sulla partecipazione cognitiva (critica) dei cittadini, che chiede allo Stato e all'Europa una effettiva capacità di "esserci" nelle sue appartenenze originarie e per politiche (J.Habermas); ma l'esserci dello Stato democratico (e delle istituzioni europee) sta nel dominare e ridurre la complessità che il mercato non è in condizione di convogliare in soluzioni collettive "medie ed eque": sta nell'orientare, razionalizzare e strutturare le richieste democratiche e di partecipazione dei cittadini. C'è dunque una tensione obiettiva tra la funzione oggettivamente pervasiva del mercato e la funzione inclusiva e coesiva dello Stato democratico, che cerca di dominare la complessità per dare risposte al suo demos. Questo forse è il nodo problematico della attuale crisi dell'Europa, dove la affermata superiorità del diritto non riesce ancora a surrogare la mancanza di un convincente luogo politico che sintetizzi efficienza e solidarietà; dunque la mancanza di un inizio di processo autenticamente federale. Probabilmente, i vincoli normativi minuti e ripetuti a più livelli sulle politiche fiscali nazionali, senza i poteri della banca centrale e senza politiche fiscali e di bilancio europee, non possono surrogare questi vuoti istituzionali

In questa prospettiva la presenza di classi dirigenti rinnovate, che sappiano unire passato, presente e futuro è cruciale; ed è esattamente questa la funzione dei partiti politici di massa, secondo la nostra Costituzione e secondo le linee evolutive della costruzione democratica europea.

Un riformismo che parte dalla costruzione concreta di risposte alle domande del presente, collocandosi nell'orizzonte di vita della nostra città, mi sembra l'unico modo per cercare di essere all'altezza delle sfide europee e globali. L'unico modo per saldare una grande storia democratica alle necessità e alle obiettive incertezze del presente.

Introduzione

Dalla pro-testa, alla pro-posta: metodo e contenuti di un tentativo di strutturare l'impegno civico

di Leonardo Bertini[2]

A mia figlia e a coloro che verranno,
con la speranza e la volontà
di costruire un futuro migliore

L'ambizione di questo volume non è solo quella di offrire una sistemazione organica dei position paper e dei documenti di proposte e idee di Concreta-Mente dal 2007 ad oggi, ma anche di proporre un percorso che conduca il lettore ad una presa di coscienza di quello che potrebbe essere un Progetto Paese e la "Roma al 2020 che Vorremmo".

In questa introduzione si vuole descrivere il percorso che ha portato Concreta-Mente ad essere una realtà ormai consolidata sul panorama romano e nazionale per aver dimostrato in circa 10 anni una capacità sia organizzativa in termini di conferenze, eventi, seminari di formazione, progetti pilota e sia di produzione di idee, diventando anche casa editrice e canale tv su YouTube. Per questo l'introduzione si è divisa concettualmente in tre parti: storia dell'associazione, metodo e visione strategica.

Un percorso che vuole promuovere il passaggio dalla pro-testa alla pro-posta, attraverso la costruzione di una rete di capitale umano trasparente e basata su fondamenti etici e la realizzazione di progetti pilota concreti che dimostrino che fare riforme è possibile.

---

[2] Presidente di Concreta-Mente.

Il concept della copertina indica Concreta-Mente (con il proprio logo al centro) come agente di cambiamento e di integrazione tra innovazione (rappresentata in alto da un circuito stampato) e comunità (rappresentata in basso dal tessuto urbano su una mappa). Il simbolo del logo di Concreta-Mente (il cromosoma del dna che indica anche "infinito" e "flusso continuo di energia") è parte costitutiva e allo stesso tempo seme di cambiamento dell'innovazione e della comunità.

Una concezione nuova: si è scelto di sviluppare un e-Book ipermediale, cioè integrato da video e interviste scaricabili attraverso QR-Code. In questo modo la struttura del libro sarà come una piattaforma di idee, scalabile, integrabile nel tempo e potrà essere scaricato gratuitamente da tutti nella versione elettronica più aggiornata o acquistato in versione cartacea.

Dalla costituzione ad oggi: la storia

L'entusiasmo e la forza, l'idea e la riflessione che hanno portato, attraverso uno spirito associativo e di aggregazione operativa, alla costituzione di Concreta-Mente nel 2007, sono da riferirsi ad un gruppo originario di trentenni, con elevate professionalità e competenze. Tale gruppo si caratterizzava quindi oltre che per l'età anagrafica (i trent'anni che per definizione è di per sé l'età "del progetto e della costruzione"), anche per il fatto di proporre un valore aggiunto derivante da una eterogeneità di esperienze professionali qualificate in settori diversi (quadri aziendali, funzionari pubblici, ricercatori universitari, consulenti, avvocati, commercialisti, tecnici informatici). Oggi quel gruppo è cambiato, è cresciuto e si è allargato partendo da una fascia di neolaureati alla prima occupazione, passando per i "middle-manager", includendo alcuni "esperti senior".

Perché Concreta-Mente si è costituita? "E' quell'ovo sodo che non va né giù né su" dicemmo all'epoca citando il famoso film, quel malessere, disagio, senso di frustrazione, insoddisfazione dinanzi allo stato attuale della società intesa come insieme di individui, di relazioni, di interessi pubblici e privati.

E da cosa deriva? Una prima causa è un evidente decadimento etico-morale. Le molteplici e mai veramente concluse tangentopoli, bancopoli, calciopoli, che come forme epidemiche si ripropongono ciclicamente nel nostro Paese, mostrano come il ricorso a forme di corruzione e clientelismi a qualsiasi livello e settore siano un *modus operandi* legittimato e condonato dal sistema sociale e istituzionale.

Quando il modello vincente è quello del rampantismo senza scrupoli, dall'apparire piuttosto che dell'essere, non c'è da meravigliarsi se i cittadini non riconoscono più come valori guida quelli dell'egualitarismo, della giustizia, della legalità.

La seconda causa è legata all'inadeguatezza di una proposta politico-strategica di lungo termine. Manca, o perlomeno non viene attuata, una visione sistemica che definisca obiettivi, su ampi orizzonti temporali, relativi al modello di società, alla collocazione dell'Italia nel contesto europeo e mondiale, all'innovazione e alla politica economica. Su tali obiettivi strategici si dovrebbero abbandonare interessi particolari in nome di un interesse collettivo che offre indubbiamente una utilità superiore.

Terza causa, la mancanza di un efficace, equo e meritocratico canale di selezione della classe dirigente, che assicuri al Paese e all'Europa nuove energie provenienti da una eterogeneità di culture, professioni, classi sociali. Anche l'albero più imponente, senza nuova linfa vitale, è destinato a vedere avvizzire i suoi rami. Senza mobilità sociale, senza energie nuove, un Sistema Paese è destinato ad avvizzire.

Quindi Concreta-Mente nasce come una reazione al perpetuarsi di questo insopportabile stato di cose. Sì, ma con l'obiettivo di passare dalla pro-testa alla pro-posta.

Certo, la passione per l'impegno civico per alcuni nasceva da lontano, per me dai tempi dell'Università, anni in cui frequentavo il Circolo di Cultura Politica Fratelli Rosselli di Firenze presieduto dal prof. Valdo Spini. I valori del "socialismo liberale" di Carlo Rosselli sono stati ispiratori, pietra angolare. Per altri del gruppo iniziale e soprattutto per quasi tutti coloro che si sono uniti strada facendo, si trattava della prima esperienza di impegno civico, dettata dalla voglia di sentirsi attivi nella "Polis". Quindi le nostre attività e proposte sono sempre state davvero indipendenti, senza filtri derivanti da piattaforme politico-culturali o dogmatismi. Gli analisti politici direbbero che abbiamo sempre intercettato quel 30% (sempre in crescita) di italiani del partito elettorale degli "indecisi".

Verso dove? Si dice che "nessun vento è buono per il marinaio che non sa dove andare". La nostra stella polare è composta da un insieme di valori come giustizia e libertà, uguaglianza, solidarietà, laicità che ci guidano verso un orizzonte fatto di qualità della vita, innovazione e sviluppo sostenibile, trasparenza e partecipazione alla vita pubblica. Crediamo che un settore pubblico efficiente e moderno sia l'unico strumento per ovviare ai "fallimenti del mercato" e alle criticità dell'economia globale. Crediamo in un'Europa unita politicamente, forte sul piano internazionale, che diventi punto di riferimento come società della conoscenza.

Le sedi operative di Concreta-Mente sono un altro indicatore della nostra evoluzione. Inizialmente ci riunivamo nella biblioteca della Link Campus University of Malta, poi, per ragioni di flessibilità di orari, nella sede molto "istituzionale" di un'azienda all'ombra del Quirinale (messaci gratuitamente a disposizione da un amico), infine, per i numeri sempre in crescita dei frequentatori, nella splendida sede di via dei Cerchi. Un sede colorata ed informale, ma allo stesso tempo un "salotto" affacciato sul Circo Massimo, in grado di ospitare oltre 100 amici durante i nostri eventi con cadenza mensile (si veda il calendario delle principali attività dal 2007 ad oggi riportato in fondo al volume).

Con che risorse? Abbiamo sempre fatto le "nozze con i fichi secchi", con le quote dei soci. Perché essere associazione significa anche testimoniarlo con la propria quota associativa. Negli ultimi anni per strutturarci con una segreteria e con la sede, siamo riusciti ad attivare un "fund raising" (ringrazio in particolare il prof. Emanuele e la Fondazione Terzo Pilastro Italia e Mediterraneo), ma lo spirito non è cambiato, come possono testimoniare quelli che mi vedono ancora arrivare in motorino prima degli eventi con le buste di vini, mortadella e parmigiano per i nostri aperitivi fatti in casa.

La creazione di una rete con altre associazioni giovanili del territorio è stato un obiettivo sviluppato con successo, che ci ha portato all'elaborazione del "Manifesto giovani classi dirigenti" presentato a Ministri e Presidenza del Consiglio e al video "L'Europa che vorrei" con le nostre proposte presentate ad europarlamentari. Vorremmo disegnare un isomorfismo legato alle buone pratiche delle giovani classi dirigenti, che colleghi le associazioni più incisive in un progetto di cambiamento. Un percorso di aggregazione che faccia convergere su progetti concreti, all'interno della visione di una "Roma che vorremmo al 2020".

La formazione e i giovani, facciamo crescere il nostro futuro. Nonostante non siamo un'associazione di vegliardi, dal 2011 abbiamo lanciato un progetto chiamato "Officina della Comunicazione 2.0" un laboratorio-corso di giornalismo e comunicazione per neolaureati con l'obiettivo di "far crescere" nuove energie all'interno dell'associazione. Dalle cinque edizioni che si sono succedute sono emersi molti talenti, ai quali abbiamo voluto dare riconoscimento e visibilità anche con un incarico nel nostro Consiglio Direttivo.

Guardare al futuro, con radici forti. Un'associazione che ha l'ambizione di essere un "think tank" non può basarsi solo su prorompenti giovani energie, ma deve vedere illuminato il proprio percorso dall'esperienza. Ecco perché negli ultimi anni abbiamo voluto fare tesoro di culture diverse e valori importanti che ci sono stati apportati da esperti più *senior*, che hanno reso più equilibrato il nostro approccio pur senza snaturare la carica concreta e innovatrice.

Il metodo: gli integrated project team e la catena del valore di Concreta-Mente

Indubbiamente la difficoltà di strutturare e organizzare l'impegno civico dal basso è l'aspetto più complesso.

L'impegno civico è spesso basato su persone, che dedicano il proprio tempo libero, e la passione e l'entusiasmo non sono sempre allineati con la necessità di raggiungere obiettivi e rispetto dei tempi, necessari invece a imprimere efficienza ed efficacia all'azione. Riuscire a coniugare l'aspetto volontaristico con quello più "manageriale", dare continuità alle attività costruendo una reputazione sulla qualità delle stesse ed essere di "impatto" è talvolta davvero complesso senza una struttura organizzativa a tempo pieno.

Il nostro obiettivo è sempre stato quello di passare dalla pro-testa alla pro-posta attraverso la produzione di idee e la realizzazione di progetti pilota che dimostrassero che fare riforme è possibile.

Quindi l'ambizione di essere non solo una scatola pensante e non solo un luogo di pubbliche relazioni e convegni, bensì un'officina di idee.

Per raggiungere questo obiettivo ho scelto una struttura snella e basata sul modello dei Gruppi di Lavoro integrati (*integrated project team*) di natura anglosassone. Un Gruppo di Lavoro integrato mette insieme giovani ricercatori e docenti Universitari (che offrono un approccio scientifico), giovani funzionari e dirigenti pubblici (che descrivono quali sono i bisogni dei cittadini) e giovani dirigenti d'azienda, imprenditori e professionisti (che propongono le soluzioni tecnologiche e organizzative più innovative) permettendo di aggredire le sfide e i problemi in modo completo e concreto.

Accanto ai gruppi di lavoro abbiamo creato Officina della Comunicazione 2.0, corso laboratorio per i giovani sulle tematiche della comunicazione-marketing-relazioni istituzionali, una sorta di agenzia di marketing di Concreta-Mente perchè "se fai e non comunichi, è come se non lo avessi fatto".

La catena del valore di Concreta-Mente. Le sfide da aggredire o le idee da sviluppare possono essere proposte da un socio o trarre ispirazione dal Piano Scientifico triennale che, come Presidente, predispongo e condivido con il Direttivo dell'Associazione. Una volta individuata la sfida (ad esempio l'utilizzo dei modelli "Open" nella Pubblica Amministrazione) si crea un Gruppo di Lavoro, si analizza la tematica e si ascoltano i principali attori nel settore, si produce un documento che esprime la nostra posizione (*position paper*). Un volta prodotto il documento di posizionamento, condiviso con l'associazione, si identifica un progetto pilota che possa attestare la fattibilità dell'idea, si realizza un evento pubblico per la presentazione delle idee e del progetto ai decisori istituzionali. La realizzazione del progetto pilota è una fase altrettanto importante per verificare il modello organizzativo e tecnologico (ad esempio nel caso del progetto dei braccialetti biometrici per l'assistenza sociale innovativa agli anziani), a valle della quale si presentano i risultati ai decisori istituzionali, e si effettua un'attività di comunicazione e di pressione affinché vengano implementate le proposte e si possa passare dal progetto pilota all'eventuale industrializzazione su scala metropolitana o in altri contesti.

Dal 2014 ci si è concentrati nella costruzione di una serie di eventi, *position paper* e progetti pilota che, come una serie di tessere di un puzzle, comporranno un disegno strategico, una visione di Città: "La Roma che vorremmo al 2020".

La visione strategica: L'Italia e la Roma che vorremmo al 2020

È innegabile, il modello neo-monetarista, detto anche in modo giornalistico de "la scuola di Chicago", che ha governato le nostre economie per almeno gli ultimi 30 anni, ha dimostrato di essere insufficiente ad interpretare e governare lo sviluppo delle nostre società. O meglio, dati gli attuali insufficienti sistemi di *governance* delle istituzioni mondiali (che mancano di strumenti efficaci capaci di intervenire a regolare crisi internazionali e sviluppo sostenibile delle economie sulla madre Terra) e dato un peso eccessivo dei mercati finanziari, ai quali i governi hanno troppo spesso delegato le proprie funzioni, è necessario pensare ad un modello alternativo.

La crescita basata solo sugli indicatori statistici, la democrazia basata solo sui consumi, gli Stati che hanno esternalizzato le proprie funzioni ai Mercati (impolitici per definizione), non sono più in grado di rispondere alle domande fondamentali dei cittadini. Siamo probabilmente alla fine della rivoluzione industriale e abbiamo messo a fuoco che le risorse del pianeta non sono inesauribili e che la crescita continua basata su capitale e tecnologia può essere un paradigma non sostenibile.

Cittadini sempre più influenzabili dai sistemi di informazione e dalla parzialità degli algoritmi che governano il web (news, messaggi e pubblicità che Google e Facebook decidono di visualizzarci)[3], distaccati e sempre meno interessati all'impegno civico e alla vita della "Polis".

Partendo da questi elementi sfidanti e da quelli di protesta e malessere che abbiamo sintetizzato sopra, si vuole qui passare ai nostri elementi di proposta.

I valori nei quali affondiamo le nostre radici sono, come detto sopra, uguaglianza, libertà e giustizia che si fondono con l'approccio del "socialismo liberale" (*a la* Carlo Rosselli).

È necessaria una nuova Politica, una Politica forte con dei Partiti con la "P" maiuscola in grado di costruire una visione strategica per il Paese, riaffermare la centralità di valori etici e morali (necessaria anche

---

[3] Position paper *"Media 2.0: il giornalismo è morto, evviva il giornalismo"*.

affinchè la libera intrapresa possa sprigionare il suo massimo potenziale), rinnovare meritocraticamente la classe dirigente. Una politica formata da parlamentari e amministratori locali misurabili e rendicontabili (accountability dei decisori istituzionali)[4]. Una politica che sappia invertire il preoccupante conato retro illuminista di una "democrazia senza elettori".

Vorremo più Europa, perché non si possono vincere da soli le sfide globali ma all'interno di un continente politicamente unito: dopo l'Europa dell'Euro, un'Europa della Difesa e Sicurezza.[5]

Abbiamo detto convintamente circa 10 anni fa che Concreta-mente è una rete di capitale umano. Oggi a livello europeo sta emergendo proprio il "paradigma dell'investimento sociale", cioè la necessità di investire su politiche sociali e istruzione, cioè per l'appunto sul capitale umano. Perché al centro di ogni cambiamento, al centro di ogni innovazione, c'è la persona, l'Uomo. Se crediamo davvero nell'idea di Europa disegnata a Lisbona (creare la società della conoscenza più forte al mondo) dobbiamo investire sul capitale umano, ridurre le disuguaglianze e creare un contesto dove l'innovazione sia compresa e sia "domandata", non solo nei grandi magazzini in termini di *tablet* e *smartphone*, ma domandata anche nei programmi politici ed elettorali. Un'Europa che sappia ripartire dalla visione di Lisbona innovandola (ad esempio pensando ad un "google" europeo) e centrando gli obiettivi Onu 2020, che sappia integrare e far crescere giovani classi dirigenti anche insieme ai Paesi che si affacciano sul Mediterraneo[6] e che sappia reagire con voce unica alle sfide esterne.

Quello che noi immaginiamo è un modello di Blue Economy secondo l'interpretazione di Gunter Pauli, un modello di sviluppo sostenibile basato sulla condivisione, sul riuso e sulla biomimesi[7]). La nuova Enciclica "Laudato si" di Papa Bergoglio[8], non solo tocca temi

---

[4] Position paper *"Accountability nella Pubblica Amministrazione: proposta per una ammministrazione Comunale misurabile"*.

[5] Concreta-Mente Web Tv, *"L'Europa che vorrei"*, QR code n.2

[6] Position paper *"Leader Med, giovani classi dirigenti mediterranee"*.

[7] Position paper *"Blue economy e resilienza: nuovi paradigmi per ridisegnare il vivere commune"*.

[8] Concreta-Mente Web Tv, "Intervista a Don J. I. Kureethadam, Facoltà di filosofia, Università Pontificia Salesiana, Laudato si di Papa Bergoglio, seminario organizzato da Concreta-Mente sui temi della Filosofia del Creato e edella Natura in occasione della Spring School, 2015", QR code n. 3.

fondamentali, ma sottolinea l'importanza del passaggio da l'attenzione all'individuo, all'attenzione alla Casa Madre (la Terra). Blue Economy, intesa come opportunità per ripensare il ruolo e le forme di *governance*, per avviare un modello di sviluppo che sia in grado di cogliere le sfide dell'innovazione e della sostenibilità ambientale, con una visione che esalta la circolarità, la rigenerazione e gli ecosistemi del territorio. Altro tema da analizzare in questa direzione è quello energetico: riqualificazione, risparmio, rinnovabili e generazione distribuita, perché siamo ancora così lontani?

Quello che vorremmo è un sistema costituzionale che rispetti i valori della nostra carta fondativa: la Costituzione Italiana, una delle più belle Costituzioni del Mondo. Spesso per cambiare non è necessario cambiare le leggi, ma cambiare il modo di attuarle, con regolamenti più efficienti e veloci, con una classe dirigente più preparata.

Siamo consapevoli che i Paesi non si misurano più in base al Pil, che la competizione internazionale si basa sulla capacità di creare un fertile ecosistema della conoscenza, si basa sulla capacità di produrre innovazione e tecnologia. Su questo assunto, l'Italia, se non vuole nel futuro prossimo competere con i Paesi consumatori e non produttori di tecnologia, accettando *de facto* non solo un ingaggio al ribasso del proprio ruolo politico, economico ed industriale, ma anche impatti sociali non marginali sul Paese stesso (perché significa subire il *dumping* sui diritti sociali dei paesi in via di sviluppo ed entrare in competizione sul costo del lavoro e quindi sui diritti dei lavoratori stessi), deve prontamente investire in Scuola-Formazione-Università, Ricerca e nei settori dove ancora l'industria nazionale è competitiva a livello mondiale e produce stabilmente innovazione[9]. Sono almeno 25 anni che sentiamo ripetere che si deve investire in formazione e R&S, ma la miopia di una classe politica troppo orientata al breve termine della legislatura, non riesce a sensibilizzare i cittadini su questi temi, fondamentali per il "lavoro" di domani.

Vorremo una Pubblica Amministrazione che eroghi servizi secondo il principio del "*best value for money*" nei settori fondamentali dell'intervento pubblico in economia: Scuola-Università-Formazione, Sanità, Giustizia, Politica estera, Sicurezza. Non spendendo meno, ma

---

[9] Position paper *"Assi geo-politici e flussi di tecnologie"*

meglio e con l'attenzione ai risultati. Con il cittadino (in tutte le sue accezioni, elettore, contribuente, lavoratore, imprenditore) al centro dell'erogazione dei servizi[10]. Un'Amministrazione volano di innovazione per il Paese con il suo 17% di Pil di spesa pubblica, che deve essere un'opportunità per reingegnerizzare e rendere trasparenti i processi e le procedure in una cornice "open" (open data, framework, standard, software[11]. Sul tema appalti in particolare, riteniamo che si debba rapidamente far evolvere la PA verso il 100% di appalti telematici[12], favorendo l'interoperabilità tra le centrali acquisti e promuovendo azioni di gestione del cambiamento delle risorse umane (informazione, formazione, pilota, monitoraggio, premialità, leadership) non solo per la razionalizzazione e monitoraggio della spesa ma anche per trasparenza e azioni di prevenzione della corruzione.

Siamo passati quindi da proposte su temi globali ed europei (Parte I), a proposte che riguardano il Sistema Paese (Parte II) e, scendendo infine sul livello forse più "difficile" (Parte III) ci siamo immaginati una Città Sapiente o *Smart city* al 2020 e lo abbiamo provato a descrivere con il metodo dello *story telling*[13].

Abbiamo immaginato una strategia di lungo periodo per una Città resiliente, una Capitale del Mediterraneo, attenta al rispetto della Casa Comune (come la definisce Papa Francesco), aperta alla partecipazione dal basso, che facilita la mobilità sociale e riduce il divario, una città innovativa e pulita[14].

È sulla parte "innovativa" che si siamo sbizzarriti nel produrre idee, soluzioni e realizzare progetti pilota che hanno dimostrato che "si può fare".

---

[10] Position paper *"Visioni e scenari di eGovernment. Sfide e proposte per l'ICT nella Pubblica Amministrazione"*.

[11] Position paper *"Position paper Open Studies nella Pubblica amministrazione OSPA 2008: Open Source Software e Pubblica Amministrazione, analisi e proposte"; "Position paper Open Studies nella Pubblica Amministrazione, OSPA 2009: un percorso virtuoso verso l'innovazione organizzativa"; "Position paper Open Studies nella Pubblica Amministrazione, OSPA 2010: Riuso e Total Cost of Ownership"*.

[12] Position paper, *"Appalti pubblici e trasparenza"*.

[13] *La Roma al 2020 che vorremmo::il nostro story-telling in una chat tra due cittadini del futuro*

[14] Questi sono i "tag" più votati emersi da una indagine che abbiamo fatto su facebook nel 2015 tra i 1.000 iscritti al Gruppo di Concreta-Mente: sostenibile, meritocratica, trasparente, innovativa, sicura, competitiva, a misura di bambini e anziani, equa, pulita e decorosa.

Siamo partiti da una visione culturale e di geoposizionamento politico immaginando una "Roma Capitale del Mediterraneo"[15] che sappia creare, consolidare e mettere in rete velocemente classi dirigenti (non solo politiche, ma anche intellettuali ed economiche) cosmopolite (e non globalizzate) in grado di evitare o rimediare al rapido degrado su entrambe le sponde del bacino mediterraneo che può assumere caratteri nazional-populistico xenofobi oppure fanatico-clericali.

Abbiamo analizzato il tema della resilienza, guardando alla capacità di rispondere agli shock e alle cronicità legate al divario sociale, alla resilienza nelle città d'arte, alla coprogettazione degli spazi. Lo abbiamo fatto con una Scuola di formazione e riflessione primaverile e con un Premio "Blue Economy Innovazione e Resilienza" destinato ai giovani (il primo del genere a Roma) che ha fatto emergere dal basso idee e progetti realizzabili anche in forma di *start up*.

Sulla sfida legata ai rifiuti è necessario disegnare una vera e propria strategia industriale che preveda investimenti (anche con iniziative pubblico-privato) per dotare Roma degli impianti necessari affinchè la raccolta differenziata non rimanga uno forzo inutile e costoso per i cittadini[16] ma diventi un'opportunità per creare energia e riciclo. Il problema della sindrome "non nel mio giardino" (NIMBY) che porta tutte le comunità di quartiere a rifiutarsi di accogliere i futuri impianti nella propria porzione di città, può essere superato solo condividendo, spiegando e disegnando una strategia seria e di lungo periodo che dia sicurezze ambientali e di salute.

È necessaria una città pulita, anche perché il decoro urbano è la prima risposta al tema della sicurezza, come insegna la teoria del "broken window" nelle aree sporche e buie aumentano le possibilità che le persone si comportino in modo delinquenziale[17]. È necessaria una città pulita, a cominciare da aeroporti e stazioni, affinchè la "grande bellezza" non rimanga sulle pellicole dei film ma sia un biglietto da visita anche per i turisti. È necessaria una città pulita, in cui il verde pubblico sia curato e manutenuto, perché la qualità della vita è anche questo.

---

[15] Position paper, *"Roma Caput Mediterranei"*.
[16] Position paper, *"Raccolta dei rifiuti e nuove tecnologie ICT: strumenti abilitanti per l'economia circolare e nuovi servizi a valore aggiunto per i cittadini"*.
[17] Position paper *"Safer City: Progetto pilota di meccatronica e sicurezza urbana.*

Ci siamo cimentati nel realizzare un progetto di volontariato di assistenza sociale con i braccialetti biometrici per gli anziani, per un nuovo modello di *social eCare 2.0* ottenendo risultati straordinari in termini di soddisfazione degli utenti coinvolti[18]. I cittadini più deboli non possono essere lasciati soli ma devono essere "protetti" da una assistenza di prossimità 2.0 supportata da tecnologie domotiche e dalla biometriche.

L'Arte e l'archeologia devono diventare asset di sviluppo del territorio, dobbiamo diffondere i progetti di realtà aumentata e immaginare dei parchi archeologici in 3D[19], sviluppando efficaci azioni di *marketing* e svecchiando l'approccio di fruizione dei beni culturali ancorato a novecenteschi modelli elitari.

Come un assett devono diventare gli immobili pubblici, da non dismettere per fare un po' di cassa nel breve termine, ma da mettere in rete con modelli pubblico-privato per farne strutture di coworking e spazi fisici per reti di capitale umano, dove far maturare ecosistemi innovativi.

Se analizziamo Roma in un'ottica di domanda e offerta di politica - in altre parole da un lato una domanda degli elettori di soluzioni ai problemi e di candidati qualificati, dall'altro un'offerta di programmi politici e partiti - ci si accorge che la domanda di politica è enorme ma che l'offerta non è adeguata. C'è un vuoto pneumatico di idee e di persone. È necessaria una visione strategica di lungo periodo per Roma Capitale.

Concreta-Mente si vuole porre come un supporto all'offerta di politica, attraverso la partecipazione attiva dei cittadini-elettori. Dei "*prosumer*" della democrazia, cioè *pro*duttori di idee e soluzioni (che entrino nelle agende politiche ed elettorali) e non solo dei "*consumer*" di politica.

Infine, un nuovo *hastag*: #aggregare. Aggregare su progetti pilota e proposte concrete. Come descritto sopra, è inutile fare sterile protesta, non è più sufficiente condividere le idee, si devono condividere le azioni. Mettere in rete le energie su progetti concreti. Questo volume, nella terza parte "La Roma che vorremmo nel 2020" propone proprio non solo una visione strategica ma una officina di idee-progetto "chiavi in

---

[18] Position paper, "*eCare, nuovi servizi socio-assistenziali per gli anziani*".
[19] Position paper, "*Il turismo del futuro: la realtà aumentata*".

mano" da realizzare insieme. Quello che ci stiamo proponendo adesso è di facilitare lo sviluppo di un ecosistema di giovani e nuove classi dirigenti, che con trasparenza, umiltà ed energia, supportate da illuminate esperienze, possano dare un contributo alla ricostruzione di Roma intesa non solo come Capitale ma come simbolo di un nuovo Rinascimento.

Leonardo Bertini, Presidente di Concreta-Mente
@LeonardoBertini

QR Code n.1: Cosa è Concreta-Mente.
Intervista al Presidente e fondatore dott. Leonardo Bertini in cui spiega cos'è e come lavora Concreta-Mente.

Il valore aggiunto dell'impegno civico

di Alessia Fava[20]

Riscrivere il presente con impegno civico per migliorare l'orizzonte che abbiamo di fronte non è semplice. E' un complesso, lungo lavoro che richiede pazienza, determinazione, costanza e, molto spesso, lungimiranza.

Fotografare la realtà per comprenderne i limiti e le contraddizioni, per verificare cosa davvero non va e avere la sacrosanta presunzione di desiderare il cambiamento. Proporre un'idea alternativa, impiegare tutte le energie per realizzarla, investendo molto sul capitale umano e sulle relazioni per guardare con occhi diversi il futuro è ciò che Concreta-Mente fa da diverso tempo. Dovrebbe essere il nostro mantra del risveglio al mattino, mentre ingurgitiamo il caffè e scorriamo dal tablet le news o le email che giungono alla nostra casella di posta. Quando Leonardo Bertini, presidente di Concreta-Mente, in una serata piacevole di primavera inoltrata, mi ha raccontato del suo progetto, accogliere in un volume tutti i position paper, tutte le proposte e le idee a cui, in dieci anni di vita, ha lavorato la squadra di esperti e di talenti dell'associazione, l'istinto immediato è stato quello di accettare con entusiasmo a essere coinvolta, ad avventurarmi, con occhio giornalistico nella mole dei documenti prodotta dagli esperti. E ho sentito pulsare quella passione vera, quell'impegno civico a cui molto più spesso non siamo avvezzi, complice una certa apatia e una stanchezza nei confronti del malfunzionamento al quale ci stiamo tutti, chi più, chi meno, con una certa gradualità, passivamente, abituando. Leonardo Bertini ha avuto la brillante idea di creare un *fil rouge* tra tutti i documenti, organizzarli in diverse sezioni, una complementare all'altra. Non solo, ha pensato bene di offrire al lettore la possibilità di assaporare il volume su più livelli, uno lineare tradizionale e l'altro multimediale con interviste video inserite grazie ai QR code.

---

[20] Giornalista professionista.

Mi sono trovata così a viaggiare tra tabelle, numeri, classifiche, considerazioni di esperti sulle più diverse e, allo stesso tempo, interessanti tematiche che coinvolgono da vicino il nostro vivere contemporaneo: dalla blue economy agli appalti pubblici sostenibili, dalla visione di una Europa efficiente al tema dell'energia sostenibile.

Ripercorrendo pezzi di storia dell'associazione - in quanto molti documenti sono frutto di eventi e convegni realizzati sul territorio con l'intervento di esperti - si apre un cammino che, dallo scenario internazionale, accompagna il lettore ad approfondire temi più specifici che lo riguardano da vicino, per cui dalla prima parte intitolata *Scenari globali e Alta Tecnologia* si passa a alla seconda parte, *Agenda digitale* e *Innovazione nella Pubblica Amministrazione*. Si affrontano, in seguito, temi cari al cittadino come *eCare e i servizi socio-assistenziali per gli anziani* con il progetto dei braccialetti elettronici o come i cassonetti intelligenti, entrambi contenuti nella terza parte, intitolata appunto *La Roma al 2020 che vorremmo*.

Un'ultima sezione è, invece, dedicata al grande numero di eventi organizzati dall'associazione, alla sua web tv, alla casa editrice e al progetto di *Officina 2.0*, l'offerta formativa che Concreta-Mente ha avviato negli ultimi anni nell'ambito del giornalismo e della comunicazione multimediale.

Concreta-Mente 2007-2017: 10 anni di idee e proposte è una cronistoria della vita dell'associazione con i progetti avviati dai diversi gruppi di lavoro in moltissimi ambiti della nostra società contemporanea e lascia, indubbiamente, al lettore che si avventura nel viaggio, oltre alla varietà dei temi trattati e a importanti spunti di riflessione, un grande arricchimento in termini di valori che può essere sinteticamente racchiuso con una frase di Tiziano Terzani con la quale mi piace invitare il lettore a immergersi in questo straordinario viaggio: "Facciamo più quello che è giusto, invece di quello che ci conviene. Educhiamo i figli ad essere onesti, non furbi".

Grazie Concreta-Mente, buona lettura!

Alessia Fava
alessiafava@gmail.com

Parte I
Scenari globali e alta tecnologia

Introduzione alla Parte I

Siamo convinti che "l'Unione fa la forza" e che solo facendo massa critica si possa influire sui meccanismi di governance globali. L'Italia quindi all'interno di una Unione Europea forte e coesa, in cui le democrazie non esternalizzino i propri poteri ai Mercati. Le sfide dell'Europa si vincono con più Europa, quindi ad esempio, dopo l'euro, un'Europa della Difesa e della Sicurezza. In altri termini, un'integrazione politica e non solo finanziaria.

In questo capitolo si riportano i documenti di posizionamento e le proposte di alcuni gruppi di lavoro ed esperti su temi di politica economica, di politica estera e dei flussi di tecnologie e dell'hi-tech italiano. Ci siamo interrogati, attraverso fine settimana di studio, momenti seminariali e workshop, su quale possibile modello economico di sviluppo sostenibile (Blue Economy), sul ruolo dell'Italia nel Mediterraneo (Roma Capitale del Mediterraneo) e su come far emergere una nuova classe dirigente di giovani (Lead-Med), sull'alta tecnologia come modello per interpretare gli assi geopolitici.

QR code n. 2: "L'Europa che vorrei" realizzato da **Concreta-Mente**. L'obiettivo dell'iniziativa è quello di raccontare l'esperienza di un gruppo di giovani quadri e dirigenti del settore pubblico e privato, ricercatori universitari, professionisti e giovani imprenditori che si sono uniti per eleborare proposte per una concreta e costruttiva vision de *"L'Europa che vorremmo"*.

Blue economy e resilienza: nuovi paradigmi per ridisegnare il vivere comune

2015

di Martina Iorio[21] e Nicola Caravaggio[22]

Abstract

La necessità di salvaguardare le risorse del pianeta a tutela delle generazioni future ha, negli ultimi cinquant'anni, indirizzato l'attenzione della comunità scientifica e dell'opinione pubblica sugli impatti socio-ambientali dello sviluppo economico. L'insostenibilità degli attuali sistemi di produzione mondiale ha generato gravi danni ecologici anche irreparabili superando in almeno tre aree di interesse la cosiddetta 'soglia limite'. Una gestione sostenibile della odierna crisi economico-ambientale ha bisogno allora di una inversione di rotta, e la *blue economy* - basata su resilienza, economia circolare e biomimesi – potrebbe rappresentare il vero cambio di paradigma. Il rapporto al Club di Roma di Gunter Pauli, l'"enciclica *green*" di Bergoglio e il premio *100 Resilient Cities della Rockfeller Foundation* rappresentano solo alcune delle iniziative che rispondono al cambiamento. In questo l'Italia non è ancora veramente all'avanguardia, ma è notevole lo sforzo che Roma, così come altre città italiane, sta facendo per potenziare la propria capacità di resilienza. E' necessario pensare ad un nuovo modello di sviluppo e quello della blue economy può essere preso in considerazione. In questo quadro si inserisce Concreta-Mente, il *think-thank* romano che produce idee e proposte per i decisori istituzionali e realizza progetti pilota per dimostrare che una visione di lungo periodo innovativa e sostenibile per Roma al 2020 è possibile.

---

[21] Dottoressa in Economia Aziendale, studiosa delle energie rinnovabili.
[22] Dottore in Economia Politica, esperto in gestione delle risorse idriche.

Introduzione

L'attenzione della comunità scientifica così come dell'opinione pubblica mondiale sui temi della crescita economica e del relativo impatto ambientale ha avuto un incremento costante negli ultimi cinquant'anni.

Non è un caso che persino la comunità religiosa, attraverso il carismatico intervento di Papa Francesco, rifletta in maniera sempre più consapevole su questioni come il cambiamento climatico e la food security. A tal proposito, infatti, l'enciclica papale, chiamata "enciclica verde", presentata tra maggio e giugno 2015, verte sui temi dell'ambiente e della cura del creato. Nonostante alla stesura abbia preso parte l'economista statunitense Jeffrey Sachs, Papa Francesco non ha la pretesa di fornire informazioni scientifiche e tecnologiche ma, in linea con lo stile pastorale del documento, incentra il suo messaggio sulla responsabilità dell'uomo. L'umanità è presentata come principale responsabile per i danni ecologici generati fino ad oggi e, viene esortata, ad assumersi le proprie responsabilità determinanti per la sfida futura della cura del creato di cui gli uomini fanno parte, insieme con la natura e con tutti gli altri esseri viventi.

L'insostenibilità degli attuali sistemi di produzione mondiale, non soltanto ha un importante ruolo rispetto al cambiamento climatico, ma rappresenta anche una forte minaccia alla food security. Il tema del cibo, strettamente legato da nessi di causa-effetto al cambiamento climatico, è il main focus dell'EXPO di Milano. L'evento, concepito all'interno del framework del dibattito italiano e mondiale sulla sicurezza alimentare nonché delle disposizioni della Carta di Milano, sta promuovendo proprio in questi giorni una più consapevole cultura del cibo e nuovi modelli sostenibili di produzione.

Inoltre, con l'obiettivo di ottenere per la prima volta un accordo sul clima, universalmente riconosciuto e vincolante, si riunirà a Parigi - dal 30 novembre all'11 dicembre 2015 - anche la Conferenza delle Parti (COP) della Convenzione quadro delle Nazioni Unite sui cambiamenti climatici (UNFCCC). Fine ultimo, oltre che ambizioso, della Conferenza sarebbe quello di "cambiare il paradigma", prendendo la sfida climatica non come un limite ma come una opportunità per sviluppare l'innovazione, creare nuovi posti di lavoro e generare ricchezza.

I recenti cambiamenti globali sono strettamente interconnessi con la tematica ambientale. L'importanza di un approccio interdisciplinare è stata da molto tempo riconosciuta, tanto che ha portato già in passato alla nascita di molteplici iniziative, tra le quali degna di nota è la fondazione del Club di Roma nel 1968. Il Club è una associazione non governativa fondata per iniziativa di Aurelio Peccei ed altri pensatori, con l'intento di analizzare ed indirizzare i cambiamenti della società contemporanea, ed è frutto di una collaborazione trasversale a più aree (fanno parte del Club premi Nobel, politici, intellettuali, imprenditori, capi di Stato dei cinque continenti, attivisti dei diritti civili).

É nella cornice del Club di Roma che nel 2010 Gunter Pauli, imprenditore ed economista belga, sviluppa uno dei più significativi rapporti al Club, presentando per la prima volta il concetto di *Blue Economy*, i suoi sviluppi e opportunità, le sue possibili applicazioni. La *Blue Economy*, così come presentata da Pauli, propone un diverso approccio alla gestione della odierna crisi economico-ambientale-sociale: è un modello economico in cui le materie prime sono blue (locali, in cascata e che non generano rifiuti, parte di un sistema integrato, utilizzate in modo massimamente efficiente), in cui vengono applicati al territorio i meccanismi di funzionamento degli ecosistemi per esaltarne le qualità e risolverne le problematiche, ed in cui fa da catalizzatore una forte struttura sociale ed economica diffusa, frutto di un cambiamento culturale che porti alla centralità dei territori e dei loro specifici ecosistemi. In un'ottica *blue*, Pauli tenta di portare all'attenzione il tema della sostenibilità analizzando da un nuovo punto di vista un obbiettivo già consolidato e comunemente accettato: assicurare ai nostri figli un mondo migliore rispetto a quello che abbiamo ricevuto a nostra volta. Partendo dalla necessità di salvaguardia delle risorse e del pianeta tutto, il Rapporto di Pauli al Club di Roma attacca, non troppo velatamente, i principi dell'attuale egemonia neoliberista, descrivendola come *red economy*; un'economia che esorta al consumo smodato, alla creazione di nuovi bisogni non necessari e che per questo prende costantemente in prestito dalla natura, senza ripagare il debito ma semplicemente posticipandolo, rimettendolo così alle generazioni future. Scetticismi su questo tema erano stati già esposti nel "Rapporto sui limiti dello Sviluppo"del 1972, uno dei più famosi rapporti al Club di Roma. Tale approccio red infatti ha generato enormi perdite in termini ambientali, lasciando che si superassero, in molti casi, i limiti imprescindibili imposti dagli ecosistemi per la loro naturale rigenerazione. Pauli, nel suo moderno intervento, ci regala l'immagine di un secondo pianeta necessario per l'assorbimento di risorse utili al mantenimento dello standard di produzione e consumo al tasso di crescita dell'attuale sistema economico red.

La prima risposta ai danni provocati dalla red economy è la green economy, ma anche in questo caso Gunter Pauli proporrà le sue obiezioni. Tecnicamente l'approccio *green* invita all'impiego di input meno impattanti, all'utilizzo di processi meno inquinanti e alla riduzione degli output di scarto, ma spesso manca di una visione di insieme. La mancanza di un approccio integrato a tutti i livelli della produzione può portare, secondo Pauli, a risultati addirittura più gravi rispetto al caso red. Inoltre, la *green economy* chiede alle imprese di investire di più ed ai consumatori di spendere di più, per ottenere la stessa cosa o anche meno, preservando nel contempo l'ambiente. Questo approccio risulta fallimentare specialmente nell'attuale periodo di congiuntura economica, rischiando per altro di sfociare in bad practices (come quella molto diffusa del greenwashig). La *green economy* condurrebbe dunque all'erronea convinzione sulla necessità di creare meno danni, piuttosto che impegnarsi ad ottenere maggiori benefici: esattamente il contrario dell'approccio blue.

La *blue economy* si presenta pertanto come alternativa alla red economy, superando anche la green: ispirandosi a principi fisici predilige una visione sistemica, propone innovazioni di processo ispirate agli ecosistemi, si sposta da un'ottica di tutela ad una di riutilizzo e rigenerazione, eliminando il concetto di riduzione dei rifiuti e sostituendolo con quello di riutilizzo degli output di scarto. Utilizzando uno slogan più volte riproposto nel Rapporto al Club di Roma del 2010, "la *blue economy* sostituisce tutto con… niente!".

Le colture biologiche e le energie rinnovabili non stanno preservando il nostro pianeta come dovrebbero (o come avremmo voluto).L'interesse, per noi stessi e per le future generazioni, affinché il nostro pianeta venga preservato è pressoché assodato. La questione vera è "come preservarlo?". Intuitivamente, la scelta di alimenti salutari e la preferenza per prodotti naturali ed *organic food*, l'incentivo alla produzione di energia da fonti rinnovabili ed infine lo sviluppo di saponi biodegradabili sembrano tutti passi verso una tutela sistemica del nostro pianeta. Tuttavia, tutto ciò che è dannoso per la salute e per l'ambiente sembra essere molto più conveniente. Per esempio, il sapone biologico viene realizzato utilizzando l'olio di palma, ma è prodotto da piantagioni che distruggono le foreste pluviali, mettendone a rischio la biodiversità. Da quanto detto si deduce che molto spesso il bio e il green, che dovrebbero generare benessere sociale, conducono invece in tutt'altra direzione. Le bio-plastiche possono creare conflitti sull'uso della terra legati alla destinazione di colture dedicate, mentre prodotti da produzione organica possono essere molto costosi e fortemente impattanti se si considerano i costi (monetari e ambientali) di trasporto, quando questi avvengono da un capo all'altro del mondo. Le energie rinnovabili prevedono spesso investimenti iniziali molto o troppo alti, rendendo il settore fortemente legato alla presenza di sussidi - nella maggior parte dei casi pubblici- finanziati generalmente dalle tasse dei contribuenti.

Perché la nuova frontiera dell'economia è blue?

Circa il 70% della superficie terrestre è coperta da oceani, il nostro cielo è blu così come la terra guardata da una immagine satellitare. E' per questo che anche noi dobbiamo essere blue. Il concetto di blue economy è comunque molto ampio, ed è trasversale ad alcuni principi quali resilienza, economia circolare e biomimetica.

Resilienza

La resilienza è comunemente intesa come la capacità di far fronte in maniera positiva agli eventi traumatici. Applicando il concetto di resilienza alle dinamiche economiche attuali, la crisi sembra poter essere considerata come un'altra forma di pressione in grado di offrirci energia per cercare nuove soluzioni. Prendendo in prestito i meccanismi che regolano gli ecosistemi e, garantendo una costante visione sistemica ed integrata, la blue economy consente di trasformare problemi in opportunità, ripartendo dall'ambiente e dalla riqualificazione del territorio. Se in ecologia e biologia la resilienza è la capacità di una comunità o di un sistema ecologico di ritornare al suo stato iniziale dopo essere stata sottoposta a una perturbazione che l'ha allontanata da quello stato, garantire sempre la resilienza dei sistemi socio-ecologici – sistemi integrati naturali e sociali – risulta allora essere un importante driver di sostenibilità.

Circular economy

L'economia circolare è basata su un sistema di risorse "a cascata", in cui nulla viene sprecato e tutto riutilizzato. L'*output* di ogni processo non diventa mai rifiuto, ma si trasforma in input per processi alternativi di trasformazione evitando costi sociali, economici e ambientali di smaltimento e, generando nuove opportunità di ricavo. L'economia circolare permette di traslare il sistema economico da un modello lineare, quello attuale, del tipo *"take-make-use-disposal"* (estrai-produci-utilizza-smaltisci), ad un modello circolare, auspicato, del tipo *"reusing, repairing, refurbishing, and recycling"* (riutilizzo, riparazione, ammodernamento e riciclo). La crisi del modello economico attuale è, secondo Pauli, dovuta alla sovrapproduzione del superfluo ed alla spasmodica e vana ricerca di nascondere l'enorme quantità di rifiuti che produciamo, idealizzando modelli futuri di produzione e consumo a minore generazione di rifiuti o a rifiuti zero. Se davvero i sistemi socio economici funzionano come gli ecosistemi, allora è ovvio che un organismo (specie vivente o sistema) che non produce rifiuti è con tutta probabilità un organismo morto. Ma l'umanità è per fortuna viva vegeta e, per continuare ad esserlo per molti e molti anni ancora, dovrà imparare semplicemente a non sprecare i propri rifiuti, abbandonando il concetto stesso di "rifiuto".

Tutto ciò che è considerato come scarto deve trasformarsi in risorsa-*input* rendendo possibile il passaggio da economie della scarsità (*red economy*) o della conservazione (*green economy*), a economie dell'abbondanza e della rigenerazione (*blue economy*).

Biomimicry

La biomimetica è una scienza sperimentale che prende a prestito i meccanismi regolatori alla base del funzionamento degli ecosistemi, per applicarli ai sistemi socio economici. Nell'immaginario di Pauli, gli ecosistemi riproducono abbastanza fedelmente una economia perfettamente concorrenziale, in cui migliaia di attori concertano le loro azioni come guidati da una "mano invisibile". Questi evolvono lentamente, adattandosi naturalmente ai cambiamenti esterni, cosa che non accade (e non può accadere) nell'economia reale, piena di repentine modificazioni veicolate dall'intervento spregiudicato e non lungimirante degli agenti socio economici. È per questo che, da quanto detto, si deduce che la dominante *red economy*, nonostante sia idealmente ispirata alla crescita economica come appagamento dei bisogni e miglioramento del benessere, ignorando (volutamente) le dinamiche degli ecosistemi - che sfrutta distruggendoli - mette a repentaglio anche la salute, lo sviluppo ed addirittura la sopravvivenza della nostra specie.

La rivoluzione culturale della blue economy

Rendere pratica ed attuale l'idea della *blue economy* è possibile, ma rappresenta sicuramente un sfida positiva, accattivante ed appassionante. Questa può essere raccolta solo in un'ottica di avanzamento culturale e operatività di cambiamento. E' necessaria la partecipazione dell'intera società, anche a livello istituzionale, per poter avanzare verso una progressiva modificazione delle scelte imprenditoriali e di consumo. Tali cambiamenti devono essere guidati da eticità, lungimiranza e partecipazione sociale ed essere sempre caratterizzati da una approccio sistemico che faciliti il passaggio da una cultura di prodotto ad una cultura di sistema.

Quello che Pauli suggerisce, allora, è di avviare una vera e propria "rivoluzione culturale" che conduca lontano dalla cultura del consumo, verso una cultura della sostenibilità, in cui i catalizzatori delle scelte socio economiche non siano sempre gli interessi delle grandi multinazionali, ma quelli delle piccole realtà territoriali. In questo modo, si può creare un sistema socio economico integrato e resiliente, capace di reagire alle crisi trasformando problemi in opportunità, di valorizzare le singole e molteplici realtà territoriali (un esempio calzante è quello della eterogeneità e potenzialità delle realtà locali italiane), limitando la produzione di output di scarto così da potersi autoalimentare e rigenerare continuamente con i propri tempi, lenti, come se fosse un ecosistema.

L'idea di Pauli, apparentemente utopistica, è corredata da una attenta ricerca empirica. L'economista ha infatti selezionato per il Club di Roma, 100 innovazioni ispirate alla blue economy lavorando per anni in tutto il mondo. Sulla base dei risultati ottenuti dall'applicazione dei suddetti 100 progetti migliori ha infatti ottimisticamente previsto che, nell'arco di 10 anni, si riusciranno a creare circa 100 milioni di posti di lavoro. Questa previsione pare plausibile in un contesto attuale in cui crescono gli investimenti pubblici e privati a livello mondiale nel settore delle energie rinnovabili, con un parallelo aumento dei livelli occupazionali nel medesimo settore. L'analisi condotta rende decisamente intrigante l'idea di investire nel settore blue, sia per il ritorno sociale in termini di occupazione, sia per le opportunità di guadagno offerte agli imprenditori. Un imprenditore che accetta la sfida della *blue economy* è certamente dotato di lungimiranza. Soprattutto in periodo di crisi, essere capaci di guardare in modo proattivo al futuro offre la possibilità di reinventarsi, evitando di rimanere bloccati in posizioni vecchie ed elefantiache.

La dimensione della realtà imprenditoriale interessata alla innovazione può essere una discriminante. Grandi multinazionali sono di solito più restie ad aprirsi all'innovazione *blue*, avendo leader perlopiù intenti a preservare pregresse e consolidate posizioni di rendita. Piccole e medie imprese invece, fortemente legate alle realtà locali, sono di solito maggiormente propense ad innovare in questo ambito. Non a caso, un gran numero di *blue innovations* sono state implementate in paesi in via di sviluppo, caratterizzati da una economia in cui operano per l'appunto piccole e medie imprese e in cui prevale un'ottica imprenditoriale di tipo *bottom-up*.

L'unico vero ostacolo alla scelta imprenditoriale rivolta all'innovazione, preso in considerazione da Pauli, è la reale mancanza di conoscenza (da parte di agronomi, ingegneri ed imprenditori) dei risultati empirici rilevati dai 100 progetti implementati e selezionati, nonché l'assenza di competenze specifiche per l'effettiva comprensione dell'eccezionalità dei risultati ottenuti, che si stanno ottenendo e che con tutta probabilità si otterranno di qui ai prossimi 10 anni.

Output elevati, con basso impiego di input materiali e bassi consumi energetici, sono solo alcuni dei vantaggi imprenditoriali generati dalla *blue economy*. A livello sociale risultati previsti in termini di salute, sicurezza alimentare ed acqua potabile non sembrano da trascurare, specialmente in un'ottica di sviluppo economico ed umano, nei paesi in via di sviluppo così come nelle cosiddette aree a rischio sul territorio dei paesi sviluppati.

The European Horizon 2020: opportunità di finanziamento per le blue economy innovations

La *blue economy* è indubbiamente un nuovo modello di sviluppo che deve essere spronato a crescere e che necessita di investimenti per potersi evolvere, ampliare e concretamente attuare. Piuttosto che salvaguardare – con costi elevatissimi e benefici minimi – modelli produttivi superati, Pauli suggerisce di investire nell'attuazione della "sua" economia blu. Gli strascichi della crisi economica del 2008 possono e vanno dunque affrontati non con vecchi archetipi, figli di altri tempi, bensì con nuove idee, quelle blu appunto. Come si può allora crescere in questa direzione? La volontà di mettersi in gioco deve essere indubbiamente affiancata dalla ricerca e dagli investimenti. Quali opportunità allora poter sfruttare? La Comunità Europea può fornire i giusti strumenti, basta saperli cogliere. La Europe 2020 Strategy, avviata nel 2010, mira infatti a far uscire i Paesi membri dall'attuale crisi attraverso una nuova economia di coesione, intelligente, sostenibile ed inclusiva. All'interno di questa strategia il volano della ricerca e dell'innovazione è rappresentato da *Horizon 2020*, il più grande programma dell'UE per la ricerca e l'innovazione mai realizzato che stanzierà l'ammontare di 80 miliardi di € tra il 2014 al 2020. Le aree di applicazione sono molteplici e indubbiamente interconnesse tra loro, si va dalla biotecnologia alla *food security*, dall'agricoltura alla *blue growth*. Il programma *Horizon 2020* rappresenta un'occasione che gli Stati europei, così come l'Italia, devono saper cogliere e grazie alla quale il concetto di blue economy può effettivamente concretizzarsi.

Dall'idea alla pratica

La creatività è fondamentale per cogliere le sfide sella sostenibilità e fare di meglio. È necessario però essere ben consapevoli della materia prima che possediamo e di cui abbiamo bisogno. Vediamo qualche esempio.

Per ogni caffè che beviamo, nella pratica ne consumiamo soltanto lo 0,2%, gettando via (o meglio sprecando) il 99,8 % della restante materia organica a nostra disposizione. Come questa potrebbe essere alternativamente utilizzata? La cosiddetta "posa" del caffè può essere usata come concime per la coltivazione dei funghi. Non solo, poiché il substrato dei funghi è anche un eccellente e gratuito mangime, potrebbe essere utilizzato dagli agricoltori per nutrire e mantenere il loro bestiame, contribuendo così a soddisfare i fabbisogni e la sicurezza alimentare. Il bestiame poi produce letame e batteri, utili per la produzione di biogas. Dunque, quello che comunemente viene definito "spazzatura" - alla luce di questi esempi che non sono teorici, ma esprimono l'evidenza empirica dell'applicazione pratica di innovazioni blue in tutto il mondo - può generare cibo, energia e lavoro.

In tema di *global warming* e quindi di emissioni di anidride carbonica, la *blue economy*, in maniera completamente diversa dalla *green economy*, guarda alla CO_2 non come un problema, bensì come una opportunità: come poter sfruttare la CO_2 per costruire una società sostenibile? La risposta la si trova nella primordiale forma di vita sulla terra, le alghe. Queste, grazie alla fotosintesi, "catturano" anidride carbonica per generare ossigeno e possono essere utilizzate per creare un olio molto più competitivo di quello di palma, oltre a biodiesel, etanolo e cosmetici, senza generare scarti.

Maggiore consapevolezza di queste possibilità e più lungimiranza nelle scelte possono comportare una serie di altre opportunità: trasformare la povertà in ricchezza, la scarsità in abbondanza. Molte persone hanno avuto idee grandiose. Adesso è il momento che molte altre trovino il coraggio di farle diventare realtà.

Quanto è blue l'Italia?

Le idee e le energie messe in circolo dalla *blue economy*, possono essere declinate, anche a livello nazionale, secondo i tre principi fondamentali alla base del modello: resilienza, economia circolare e biomimetica.

Biomimicry. La biomimetica è una disciplina recente con un cuore antichissimo. Il Prof. Carlo Santulli, con una sua recente pubblicazione, ne ripercorre le tappe, partendo dall'impegno del *Biomimicry Institute* americano, fino agli enormi sviluppi degli ultimi 15 anni. Nonostante l'apporto del professore napoletano, l'Italia non è ancora però veramente all'avanguardia su questo tema, pur potendo individuare in Leonardo da Vinci, intento nella riproduzione dei meccanismi naturali nelle applicazioni tecniche, ingegneristiche e di altro genere, uno dei primi osservatori della natura.

Esistono tuttavia in Italia studi ed applicazioni pratiche sperimentali, isolate sì, ma altamente innovative che devono essere menzionate, come lo studio sull'utilizzo delle spugne per la creazione di materiali biologici a cura della Nano-CNR di Lecce, in partnership con l'università di Mainz (Germania); oppure gli studi sul comportamento meccanico delle ragnatele ed il loro possibile utilizzo in campo ingegneristico del Prof. Nicola Pugno, che ha osservato anche gli effetti adesivi del geco, quelli autopulenti della foglia di loto e quelli iper-resistenti del grafene. Infine, l'esperienza della *start-up Planet – Nature Inspired Technology* di Brescia, dimostrazione delle reali opportunità imprenditoriali, presenti ma soprattutto future, offerte dal settore della biomimetica.

Circular Economy

In un'ottica circular, Bologna ed altre città dell'Emilia Romagna hanno implementato, a partire dal 2012 e con il sostegno dell'UE, un nuovo progetto per la raccolta dei rifiuti, in particolare Rifiuti Elettrici ed Elettronici (RAEE): sviluppati dal gruppo Hera, in collaborazione con Ecolight e Fondazione Ecolum, sono stati installati in Emilia Romagna i primi "Cassonetti intelligenti" d'Europa.

Esempi virtuosi provengono anche dal settore privato italiano: Acquafil, produttrice di fibre sintetiche, Valvucine, venditrice di cucine e Novamont, azienda chimica del gruppo Montedison, adottano sistemi virtuosamente inseriti nel circular framework. Persino la Lexmark Italia, che sviluppa e produce accessori per stampante, adotta una politica di tipo *"recycle, reuse, reduce"*, promuovendo programmi aziendali "a impatto zero".

Attualmente attivo sui temi dell'economia circolare è il LIGURIACIRCULAR, forum permanente sulla circular economy promosso dall'Azienda Multiservizi Igiene Urbana di Genova (AMIU), a cui partecipano numerose realtà della società civile, del mondo delle imprese, della ricerca e dell'innovazione. Inoltre in Italia, professionisti e costruttori condividono da alcuni anni una linea operativa che investe sul recupero dell'esistente piuttosto che investire sulle nuove costruzioni. Su questa linea si muove il progetto "Riuso", promosso da Architetti, Ance e Legambiente.

Resilienza

Il più discusso tra i tre driver della *blue economy* in Italia è quello relativo alla resilienza, intorno a cui si sviluppa un dibattito ancora giovane ma già molto ricco. Nei primi mesi del 2015, la rivista tecnico scientifica *on-line* RETICULA, nata nel 2012 da iniziativa dell'Istituto superiore per la protezione e la ricerca ambientale (ISPRA), parla di resilienza come strategia per l'adattamento al cambiamento climatico e politica mirata alla riduzione dei rischi ambientali; mentre il ResilienceLAB, che si presenta come una rete multidisciplinare di persone, si propone di affrontare e diffondere il tema della resilienza, sviluppando efficaci strategie di implementazione, impegnandosi inoltre a gestire nel prossimo futuro un osservatorio che raccoglierà tutte le più significative esperienze di resilienza sul nostro territorio (in collaborazione con altri partner, come la Fondazione CARIPLO ed il Dipartimento di Architettura e Studi Urbani del Politecnico di Milano). Intanto, anche in ambito universitario si sviluppano nuove idee come il progetto RES.City dell'Università degli studi di Napoli Federico II, che esplora il rapporto tra "città *smart*", intesa come città capace di ottimizzare, anche attraverso le tecnologie innovative, l'uso delle risorse tangibili (infrastrutture di trasporto, energetiche, ecc.) e intangibili (capitale sociale) per soddisfare i bisogni dei cittadini, e "città resiliente", intesa come città capace di adattarsi o trasformarsi a fronte di eventuali fattori esterni di perturbazione. La resilienza delle città diventa nient'altro che resilienza urbana, mettendo in relazione variabili legate parallelamente a governance, infrastrutture, salute e benessere sociale. In risposta alle pressioni europee, per diffondere una cultura della consapevolezza sull'importanza della resilienza urbana, la città di Potenza ha firmato nel gennaio 2015 – come città guida – il protocollo ONU sulle "Città Resilienti" insieme con altri comuni italiani ed europei.

Bologna ha invece avviato il Progetto BLUE AP, che ha preso il via lo scorso 1 ottobre 2012 e che si concluderà il 30 settembre 2015, per dotare la città di Bologna di un piano di adattamento al cambiamento climatico e per rendere quindi la città meno vulnerabile in caso di alluvioni, siccità e altri eventi atmosferici imprevedibili. Altri progetti sono partiti ad Ancona, Firenze, Modena e Venezia, mentre Roma e Milano si sono aggiudicati un posto tra le 100 Resilient Cities, selezionate dalla Rockfeller Foundation, rispettivamente nel 2013 e nel 2014.

QR code n.3: Enciclica *"Laudato si"* di Papa Bergoglio. Intervista a Don Joshtrom Isaac Kureethadam. Intervista realizzata in occasione della Spring School di Concreta-Mente "Blue Economy e Resilienza. Nuovi Paradigmi per ridisegnare il vivere commune" - 23-24 maggio 2015, Ardea (RM).

Europa, i punti fermi per il nostro futuro

2015

di Alessandro Politi[23]

Le vere crisi e i finti problemi

Si parla molto della crisi dell'Europa e di come essa debba penare per uscire da una situazione in cui si è cacciata per la sua scarsa competitività, crescita ed agilità. È bene chiarirsi presto le idee: i 27 Stati dell'Unione Europea hanno classi dirigenti assolutamente in linea con le mediocrità, i pregiudizi e miopie dell'area transatlantica e dell'emisfero Nord più in generale. I differenti risultati sono solo frutto di diverse correlazioni di forze.

Se di crisi bisogna parlare non è di questa, una creazione market e marketing spinner, ma della fine di un doppio ciclo: quello della rivoluzione industriale, durato 300 anni e quello della finanziarizzazione dell'economia, durato appena 30 anni.

Siamo alla fine della rivoluzione industriale perché sta terminando il paradigma dell'inesauribilità delle risorse, mantenibile con un investimento di capitale e tecnologico a vantaggio di una crescita continua. Capitale e tecnologia continueranno ad operare come da tre millenni di storia umana, ma alla luce del paradigma della finitezza del globo e della sostenibilità del genere homo sapiens su questa perduta astronave azzurra.

Insieme alla crisi della rivoluzione industriale, di cui quella informatica è figlia diretta, vi è la crisi dello stato-nazione, non importa se nel concreto possa avere 400, 300 o 150 anni. Lo stato-nazione è stato messo in crisi dalle tre guerre mondiali (1914-1989) e dalla successiva globalizzazione che si ampliò oltre il cosiddetto Primo Mondo capitalista e le sue propaggini neoimperialiste nel Terzo e Quarto

---

[23] Analista politico e strategico.

Mondo. La terza crisi, di cui la cosiddetta crisi dell'Euro e dell'Europa fanno parte, è quella della fine della deregulation finanziaria iniziata nel 1981 da Reagan e Thatcher che ha cominciato ad avvitarsi nel 2006, quando era già visibile lo tsunami creato dai subprime loan. Dal 2006-2007 ha preso avvio la Prima Guerra Mondiale Finanziaria, di cui la campagna contro l'Euro è un teatro bellico.

Dobbiamo uscire da questa situazione con più Europa. Quale Europa vogliamo:

1.Un'Europa che spezzi le catene dell'economia finanziarizzata, frutto di oligopoli irresponsabili antidemocratici e rapaci, in nome di un'economia libera, ma socialmente trasparente e responsabile. La globalizzazione futura sarà portatrice di liberazione, solidarietà, equità e sostenibilità, quindi regolata secondo esigenze di libertà giustizia e pari opportunità;

2.Un'Europa federale, multiculturale e neodemocratica, cioè capace di restituire la sovranità ai cittadini e di sostenere lo sviluppo della cultura e della crescita umana in un ambiente globale, in rete ed interdipendente. Per fare questo è necessaria una nuova Costituente Europea che superi le gabbie vetero/neo-nazionalistiche o localistiche a favore di autonomie responsabili ed una federazione forte nell'esercizio di libertà ed obblighi;

3.Un'Europa che sviluppi un progetto di Blue Economy, cioè un'economia sostenibile ed ecologica basata sulla produzione diffusa, commerciale e privata d'energia rinnovabile con driver bottom-up e capacità di reimmissione positiva di risorse nei cicli naturali;

4.Un'Europa che disponga degli strumenti di sovranità politica, diplomatica, culturale, ecologica ed umanitaria (soft and hard power) per favorire una nuova globalizzazione liberatrice in cui la responsibility to protect sia sostituita da una Responsibility to Promote nel rispetto di una carta dei diritti fondamentali della persona umana da riformulare su nuovi, più avanzati ed equilibrati diritti e doveri.

Alessandro Politi
@ozeanadler

Assi geo-politici e flussi di tecnologie

2009

a cura di Giuseppe Anzera[24]

Il Gruppo di Lavoro "Aeronautica, Industria della Difesa, Homeland Security" vuole elaborare idee e soluzioni per il settore, promuovendo, in un approccio sistemico e integrato a livello UE, politiche di innovazione e supporto alle eccellenze italiane. È composto da dirigenti e tecnici delle industrie di riferimento, da esperti del settore, docenti universitari, da personale militare e del settore sicurezza.

Obiettivo

La ricerca si pone l'Obiettivo di ricostruire la rete di alleanze stipulata dagli stati-nazione nel periodo post-Guerra Fredda attraverso l'analisi dello scambio di alta tecnologia quale indicatore "robusto" in merito alla creazione di relazioni politiche, economiche e strategiche di rilievo. La metodologia utilizzata è la Network Analysis. Questa tecnica consente di individuare contemporaneamente i molteplici flussi relazionali in atto tra gli Stati in chiave sincronica e diacronica.

Quadro di riferimento

L'utilizzo del passaggio di armi e tecnologie da uno stato all'altro viene ritenuto particolarmente idoneo per valutare la solidità dei legami tra i paesi poiché investe non solo una dimensione politica, economica e finanziaria, ma ha importanti ricadute di ordine strategico nel momento in cui il paese venditore accetta di mettere a disposizione dell'acquirente strumenti portatori di know-how e di conoscenza scientifica e tecnologica allo stato dell'arte.

---

[24] Docente di Scienze Internazionali.

Contenuti

L'analisi ricostruisce gli scambi di armamenti nel periodo che va dal 1991 al 2008 suddiviso in tre fasi:

1) 1991-1996: in cui l'assetto generale dei flussi di tecnologia bellica, mostra di risentire del vecchio ordine risalenti alla guerra fredda;

2) 1997–2002: corrisponde ad una fase in cui i flussi di tecnologie e le alleanze strategiche cominciano a distaccarsi decisamente dalle logiche della guerra fredda (allargamento della Nato);

3) 2003-2008: riguarda la contemporaneità e rappresenta l'assetto del postbipolarismo maturo del XXI secolo nonché dell'avvicinamento a quell'"unipolarismo imperfetto" che costituirà l'elemento portante del sistema internazionale nel prossimo decennio.

Il cuore della ricerca è costituito dall'analisi dei dati contenuti nelle matrici e, soprattutto, dai grafi da esse generati che offrono una sintetica e immediata rappresentazione dei flussi e delle relazioni.

Il disegno della ricerca

Il presente studio intende ricostruire la rete relazionale globale del trasferimento di tecnologia militare, utilizzando i singoli stati-nazione come nodi di un network complesso.

Lo scopo dell'indagine è fornire una chiave di lettura del riassetto degli equilibri strategici tra gli stati, in un periodo, quello del postbipolarismo, in cui la fine delle cristallizzazioni connesse alla guerra fredda rende il sistema internazionale decisamente più magmatico e complesso.

L'innovativo impiego della Network Analysis offre l'opportunità di operare un monitoraggio capillare nel campo delle transazioni di armamenti tra gli stati.

Le ragioni che rendono, oggi, lo scambio di tecnologia militare tra due stati un legame fondamentale, sono molteplici e si possono così riassumere:

a) un paese che vende un sistema d'arma ad alta tecnologia non sta compiendo solo un'operazione commerciale con il paese compratore; si stanno trasferendo anche progressi tecnologici, investimenti nel settore industriale e della ricerca scientifica che spesso sono in grado di consentire al contraente di fare un balzo in avanti notevole sul piano tecnologico, operativo, strategico e industriale;

b) lo Stato che fornisce un sistema d'arma ad alta tecnologia ad un altro paese è destinato a godere di alcune conseguenze positive rispetto al proprio interesse nazionale e all'ambito economico e strategico; da una tale transazione il paese venditore può ricavare vantaggi immediati in termini di emolumenti, compensazioni industriali, scambi con materie prime o risorse strategiche. Inoltre lo scambio di armamenti non si limita al semplice trasferimento del materiale bellico, ma obbliga lo stato venditore e quello compratore ad un "abbraccio" destinato a prolungarsi nel tempo. Addirittura può permettere al paese venditore, in alcuni casi, di influire sull'impiego operativo di alcuni sistemi d'arma da parte dell'acquirente secondo il criterio di una metaforica (e a volte reale) "doppia chiave";

c) la cessazione improvvisa di un tale rapporto può avere conseguenze disastrose, specialmente per il paese acquirente, che rischia di dover assistere a un crollo verticale, sul piano dell'operatività e dell'efficacia, di una parte delle proprie forze armate; il che porta a concludere che, specialmente nel contesto contemporaneo, difficilmente un paese acquirente di un sistema d'arma tenderà a schierarsi apertamente contro il proprio fornitore o alleati stretti del proprio fornitore;

d) la relazione venditore – acquirente non è prettamente gerarchica e verticistica, anzi, spesso, finisce per essere ambivalente; lo stato che acquista un sistema d'arma ad alta tecnologia, pur traendo vantaggi diretti da una tale acquisizione, è, sotto certi aspetti, in credito nei confronti del compratore: lo sta privilegiando in un mercato in cui la competizione è feroce; sta consentendo al paese fornitore di conservare in vita linee produttive notoriamente difficili da mantenere; consente al venditore di rispendere la vittoria del proprio sistema d'arma con maggiore profitto su altri mercati; può ottenere dal paese venditore di installare (spesso a costi ridotti) sul proprio territorio imprese atte alla revisione del sistema d'arma in oggetto o alla produzione di pezzi di ricambio.

Il periodo di riferimento dello studio, dal 1991 al 2008, è sufficientemente lungo per poter intravedere eventuali mutamenti negli assi strategici portati avanti dagli stati nonché l'emergere di nuovi attori o la diminuzione di importanza di altri. Per poter identificare meglio le dinamiche in atto è stata attuata una tripartizione temporale corrispondente a delle fasi specifiche, posteriori alla guerra fredda, vissute dal sistema delle relazioni internazionali, nel suo avvicinamento al postbipolarismo maturo del XXI secolo e a quell'"unipolarismo imperfetto" che costituirà l'elemento portante del sistema internazionale nel prossimo decennio.

L'intero impianto di ricerca può essere sintetizzato nelle seguenti fasi:

a) reperimento dei dati relazionali;

b) creazione delle matrici caso x caso da adattare alla logica e agli obiettivi dell'indagine;

c) caricamento dei dati all'interno delle matrici;

d) inserimento delle matrici nel software Ucinet 6;

e) creazione dei grafi ritenuti rilevanti;

f) analisi e descrizione degli output matriciali e dei grafi risultanti secondo le modalità ritenute discriminanti.

I dati sui trasferimenti di sistemi d'arma provengono dalla banca dati del S.I.P.R.I (Stochkolm International Peace Research Institute). Il Sipri è un centro ricerche internazionale indipendente creato nel 1966 per decisione del governo svedese e che opera analisi nel campo degli studi sui conflitti armati, la gestione dei conflitti e la transazione di armamenti. L'autorevolezza dell'istituzione non è in discussione vista la reputazione guadagnata dalla pubblicazione annuale dell'Istituto (il Sipri Yearbook), tanto da essere ormai considerato uno dei migliori 'think tank' mondiali nel campo dell'analisi delle relazioni internazionali.

La *Network Analysis* si basa sullo studio di matrici specifiche. Ogni matrice originata per questo studio comprende un elenco dei 194 stati ufficialmente riconosciuti sovrani a livello internazionale corrispondenti ai 192 membri dell'Onu (meno il Montenegro) con l'aggiunta della Città del Vaticano (osservatore permanente dell'Onu), di Taiwan (ex membro dell'Onu e riconosciuto da 22 stati) e del Sahara Occidentale.

L'intero corpus di dati è stato suddiviso in sei sub categorie corrispondenti alle seguenti diverse tipologie di sistemi d'arma:

1. Mezzi aerei con e senza pilota;
2. Sistemi di difesa antiaerea (missilistici e cannonieri);
3. Artiglieria e missili terra-terra da interdizione e non guidati;
4. Mezzi corazzati cingolati e ruotati;
5. Missili aria-suolo, terra-terra, antinave, anticarro, aria-aria, anti-radar, balistici, da crociera, siluri antinave e antisommergibile, bombe guidate e proietti di artiglieria guidati;
6. Unità navali di superficie e subacquee;

Nel complesso sono stare realizzate 28 matrici composte da 37.636 celle (194x194) ciascuna più una serie di elaborazioni ad hoc per indagare settori specifici del pianeta.

Il caricamento dei dati prevede la collocazione nella matrice di un valore all'interno della cella corrispondente al legame tra uno stato e un altro. In presenza di un set così eterogeneo di modalità relazionali, si è deciso di operare una ponderazione dei valori di ogni singolo trasferimento di tecnologia militare tra due stati. Questo lungo e complesso lavoro si è reso necessario per rafforzare l'intero impianto di ricerca dal punto di vista qualitativo.

Il lavoro di classificazione dei vari sistemi d'arma all'interno delle sei categorie ha dato luogo ad una ricodifica sintetizzata in una scala di valori da 1 (ad indicare i sistemi d'arma dalla tecnologia più semplice) a 7 (per codificare i sistemi d'arma più complessi). Si ricorda che la ponderazione non riguarda il numero di sistemi d'arma scambiati bensì il loro livello di complessità tecnologica.

Le matrici generate assegnano ad ogni paese un indice ponderato da impiegare per l'analisi dei flussi. Tale indice è in grado di far capire quali siano gli stati maggiormente impegnati nel trasferimento di tecnologie e quali paesi tendano ad effettuare le acquisizioni più "pesanti" sul piano del livello tecnologico. Dalle matrici sono stati costruiti 4 indici sintetici:

a) un indice ponderato di fornitura di armamenti che individua il livello tecnologico dei sistemi d'arma esportati da ciascuno stato;

b) un indice ponderato di acquisizione di armamenti che individua il livello tecnologico dei sistemi d'arma importati da ciascuno stato;

c) un indice di densità relazionale che specifica l'ampiezza della rete di rapporti di ciascuno stato fornitore di sistemi d'arma;
d) un indice di densità relazionale che specifica l'ampiezza della rete di rapporti di ciascuno stato che acquisisce sistemi d'arma;

L'analisi delle matrici

Tabella 1. Il "G-20" dei trasferimenti dal 1991 al 2008

| Paese | legami ponderati | | legami non ponderati | | Ranking | | | |
| | | | | | legami ponderati | | legami non ponderati | |
	export	import	export	import	export	import	export	import
USA	338	43	99	18	1	12	1	7
FRANCE	242	29	79	11	2	43	2	36
RUSSIA	234	7	78	2	3	120	3	130
GERMANY	191	28	62	8	4	44	6	69
ITALY	185	21	67	6	5	65	4	86
UK	184	37	64	16	6	18	5	12
UKRAINE	152	0	52	0	7	172	7	172
ISRAEL	140	13	50	3	8	95	8	120
CHINA	112	24	45	7	9	60	9	80
SPAIN	96	43	39	13	10	12	11	19
NETHERLANDS	90	34	32	14	11	29	14	17
SWEDEN	89	28	34	11	12	44	13	36
SWITZERLAND	75	18	38	6	13	76	12	86
CZECH REPUBLIC	75	21	30	7	13	65	15	80
SOUTH AFRICA	72	31	41	10	15	39	10	46
POLAND	63	37	26	11	16	18	16	36
BELARUS	57	8	21	2	17	119	20	130
CANADA	51	35	21	12	18	23	20	27
BULGARIA	48	15	22	6	19	89	19	86
BRAZIL	45	55	23	19	20	2	18	4
NORWAY	45	32	14	10	20	36	25	46

La tabella 1 esprime il riepilogo generale del volume delle transazioni/acquisizioni di tecnologia militare effettuati tra il 1991 e il 2008 per tutti i tipi di sistema d'arma limitatamente ai primi 20 paesi venditori. Naturalmente non è in grado di indicare le specifiche relazioni tra gli stati, compito primario dei grafi della Network Analysis, ma fornisce tuttavia una serie di utili spiegazioni a proposito del comportamento dei singoli stati. Ad esempio gli Stati Uniti risultano essere saldamente il primo paese esportatore di tecnologia militare di alto livello e motore primario dell'intera rete dei rapporti (essendo al primo posto nella tabella alla voce "legami ponderati" – fornitura), seguiti da Francia e Russia, poi da Germania, Italia, Regno Unito, Ucraina, Israele, Cina, Spagna, Olanda e Svezia; spicca la scarsa propensione della Russia ad intrattenere partnership strategiche nei processi di acquisizione dei sistemi d'arma da altri paesi (solo con due paesi).

Tabella 2. Principali acquirenti dal 1991 al 2008 (prime posizioni)

| | legami ponderati | | Legami non ponderati | | ranking | | | |
| | | | | | legami ponderati | | Legami non ponderati | |
	export	import	export	import	export	import	export	import
PAKISTAN	16	68	8	20	36	1	34	2
BRAZIL	45	55	23	19	20	2	18	4
INDONESIA	10	54	5	21	44	3	43	1
THAILAND	2	54	1	19	69	3	63	4
INDIA	15	53	8	17	38	5	34	9
UAE	18	52	9	20	33	6	31	2
MALAYSIA	3	52	2	18	60	6	53	7
GREECE	15	50	5	15	38	8	43	14
PERU	4	50	2	19	57	8	53	4
CHILE	16	49	7	15	36	10	36	14

La tabella 2 consente di identificare i paesi che, nell'era postbipolare si sono resi protagonisti delle maggiori acquisizioni di sistemi d'arma, sul piano della rilevanza tecnologica, ovvero il Pakistan, il Brasile, l'Indonesia, la Thailandia, l'India, la Malesia, gli Emirati Arabi, la Grecia, il Perù, il Cile e la Turchia; inoltre (ultima colonna a destra) gli stati che hanno costituito delle reti relazionali più ampie nei processi di acquisizione, cioè che hanno importato tecnologia bellica da un numero ampio di stati creando partnership strategiche diversificate, risultano essere l'Indonesia, il Pakistan, gli Emirati Arabi, il Brasile, il Perù, la Thailandia e la Malesia.

Naturalmente è possibile generare tabelle relative anche ad un singolo sistema d'arma (secondo la classificazione in 6 tipologie) o ad un segmento temporale.

L'analisi dei grafi

Il cuore della ricerca è costituito dai grafi: diagrammi che raffigurano gli attori (stati) come punti e le relazioni (trasferimenti) come linee orientate. Per quanto la tecnica di creazione dei grafi sia complessa, i risultati appaiono facilmente leggibili e sono in grado di illustrare sinteticamente e in modo efficace le dinamiche studiate. Per semplificare l'interpretazione, inoltre, i software di analisi dei grafi (come Ucinet 6, impiegato in questo lavoro) rispettano il principio di equivalenza strutturale, collocando in posizione più vicina gli attori con comportamento simile. La leggibilità dei grafi può essere migliorata variando il peso tecnologico dei trasferimenti (ad esempio visualizzando solo quelli più importanti).

Cosa è possibile visualizzare:
- Grafi per segmento temporale;
- Grafi per sistema d'arma;
- Grafi focalizzati su un singolo stato;
- Grafi di specifici gruppi di stati (es. Medio Oriente, America Latina).

E' possibile combinare tra di loro tutte queste modalità di visualizzazione (es. grafo del periodo 2002-2008, mezzi navali, Medio Oriente).

Grafo 1. Flussi di tutti i sistemi d'arma 1991-2008 – livello 5 e superiori.

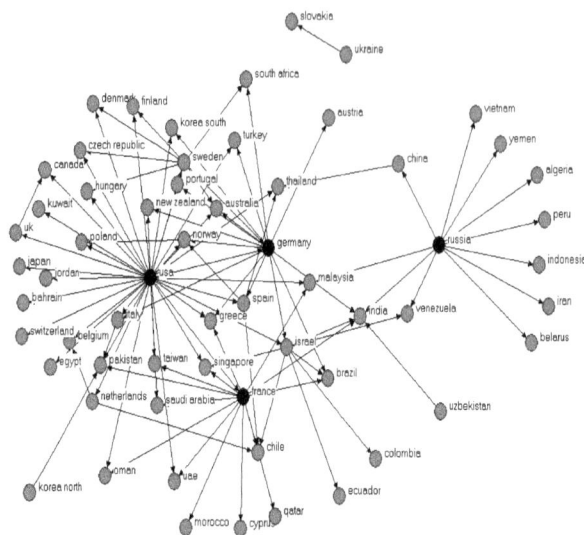

Il grafo 1 rappresenta il totale dei trasferimenti dei sistemi d'arma dal 1991 al 2008, soffermandosi su flussi di armamenti dal contenuto tecnologico più significativo ovvero quelli dal livello 5 in su. Le considerazioni principali che si possono trarre riguardano:

- la centralità degli Stati Uniti quale erogatore principale, a livello planetario, di tecnologia militare di alto livello; tra i clienti principali troviamo: tutti i paesi della Nato entrati a far parte all'alleanza entro il marzo del 1999; per il Medio Oriente la gran parte dei paesi della penisola arabica (ad eccezione del Qatar), Israele, l'Egitto e la Giordania; dell'Asia meridionale vi sono partnership strategiche con Pakistan, Malesia, Singapore e Thailandia; dell'Asia Orientale si evidenziano rapporti molto importanti con il Giappone, Taiwan, la Corea del Sud oltre che con l'Australia e la Nuova Zelanda;

- gli altri due grandi paesi occidentali leader del trasferimento di tecnologie militari sono la Francia e la Germania mentre l'Italia mantiene relazioni strategiche fondamentali con Stati Uniti e Germania che sono i due stati da cui vengono acquisiti sistemi d'arma ad alta tecnologia.

- il principale polo 'esterno' rispetto al mondo occidentale è costituito dalla Russia: Mosca è il fornitore di armamenti di elevata qualità verso quei paesi che non vogliono o non possono acquisire sistemi occidentali di pari complessità, come Venezuela, Bielorussia, Iran, Cina, Yemen, Algeria, Perù, Indonesia e Vietnam. In più, la Russia esporta sistemi d'arma ad alta tecnologia anche verso specifici paesi che sono in grado di rifornirsi contemporaneamente da Mosca e da paesi occidentali come l'India e la Malesia; quest'ultimo paese è l'unico, nell'era postbipolare ad aver avuto la capacità di poter importare sistemi d'arma ad alta tecnologia sia dagli Stati Uniti che dalla Russia. Israele, infine, sta sperimentando una buona performance strategica come fornitore di sistemi d'arma di alto livello verso i paesi latinoamericani come il Cile, la Colombia, l'Ecuador e il Venezuela.

Grafo 2. Flussi mezzi aerei 2003-2008. Livello 4 e superiori.

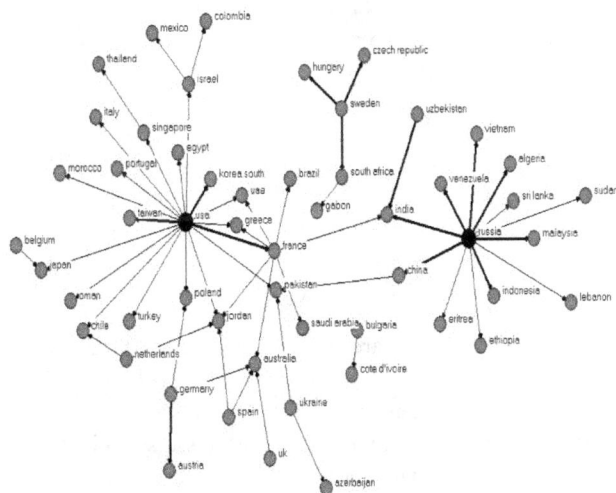

Il grafo 2 illustra le possibilità di evidenziare le dinamiche relative a un singolo sistema d'arma e a un solo segmento temporale, in questo caso dei trasferimenti di tecnologia aerea di livello medio alto nel periodo 2002-2008. Appare evidente il ruolo fondamentale svolto dagli Usa nei confronti di un amplissimo numero di paesi, quale fornitore di tecnologia militare avio avanzata, a sostegno di alleati tradizionali (come i paesi Nato, Israele e il Giappone) o di nuovi partner regionali (la Giordania ad esempio). La Russia, pur non mostrando una ampia rete relazionale, evidenzia una 'corte' importante di paesi a cui vengono fornite tecnologie aeree di alto livello, specialmente in Asia.

Grafo 3. Ego-Network Cina 91-08, liv. 3 e superiori

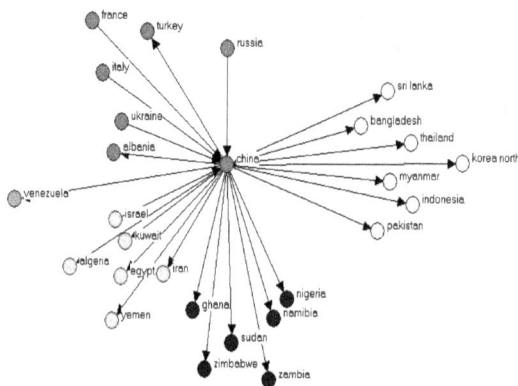

Il grafo 3 mostra la possibilità di ancorare la rete di relazioni ad un solo attore (Ego-network), in questo caso la Cina. Dal grafo risultano evidenti i trasferimenti e le acquisizioni di livello medio-alto che Pechino ha portato avanti dopo la guerra fredda. Di particolare interesse sono i processi di trasferimento verso i paesi asiatici, africani e mediorientali.

Una delle modalità più interessanti, nell'impiego dei grafi, è quello di evidenziare i processi di acquisto e cessione di sistemi d'arma verso gruppi specifici di stati, consentendo la visualizzazione di dinamiche a carattere regionale ed evidenziando i sistemi di alleanze interni ed esterni ad uno specifico scacchiere geostrategico.

Il grafo 4, ad esempio, mostra la rete regionale dell'America Latina nel segmento medio-alto delle acquisizioni ed evidenzia un ruolo relativamente marginale degli Usa e l'importanza di Francia e Israele quali fornitori di tecnologia militare di alto livello.

Il grafo 5, relativo al Medio Oriente, mostra, invece, la rilevanza degli Usa nel sostenere i più importanti paesi dell'area, il ruolo non secondario della Francia e l'influenza della Russia sui paesi più isolati dell'area.

Grafo 4. Rete regionale America Latina 91-08, liv. 4 e superiori

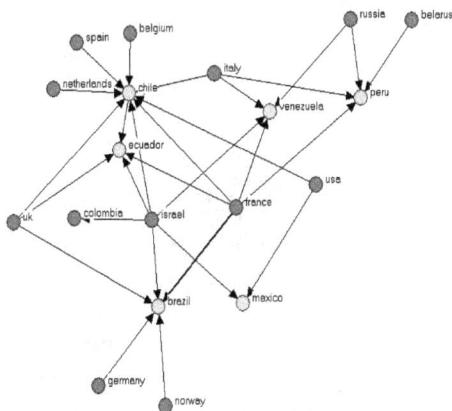

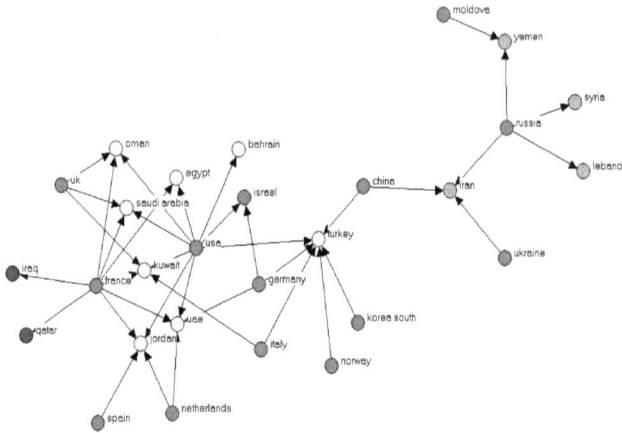

In conclusione, dall'analisi delle matrici e dei grafi è stato possibile identificare 7 tipologie di stati:

a) Stati fornitori di sistemi d'arma ad alta tecnologia con reti relazionali aperte e processi di acquisizione reciproca; questi paesi operano in senso globale come fornitori, ma quando devono acquisire sistemi d'arma tendono a farlo solo organizzando transazioni tra di loro; in questa categoria rientrano i paesi europei più importanti (Francia, Germania, Italia, Gran Bretagna, Svezia) e Israele; nella categoria rientrano anche gli Stati Uniti: del resto, pur essendo dotati di una enorme rete relazionale, quali fornitori di sistemi d'arma più importanti del mondo, gli Usa sono anche importatori di rilievo e si servono, per questo tipo di operazioni, quasi solo dei paesi già menzionati.

b)Stati fornitori di sistemi d'arma ad alta tecnologia con reti relazionali chiuse che tendono ad agire in modo unilaterale come fornitori e quasi mai importano sistemi d'arma dall'esterno: in questa categoria rientrano Russia, Ucraina e Bielorussia e, con reti notevolmente inferiori, ma stesso pattern operativo, Libia e Corea del Nord;

c) Stati prevalentemente fornitori, che, nello stesso tempo hanno ancora bisogno di importare sistemi d'arma ad alta tecnologia da paesi ancora più avanzati di loro: nella categoria rientrano Cina, Spagna, Olanda, Svezia, Svizzera, Rep. Ceca, Sudafrica, Polonia, Canada, Bulgaria, Norvegia, Slovacchia, Austria e Belgio.

d) Stati che operano importanti acquisizioni di sistemi d'arma, ma che hanno iniziato a sviluppare una industria bellica tale da agire anche come fornitori di rilievo; fanno parte di questo gruppo: Brasile, Australia, Corea del Sud, Turchia, Finlandia,

e) Stati che operano rilevanti acquisizioni di tecnologia militare con un ruolo limitato sul piano delle esportazioni; in questo gruppo troviamo: Singapore, Indonesia, Giordania, Emirati Arabi, Egitto, Grecia, Romania, Danimarca, Pakistan, India, Cile.

f) Stati che operano rilevanti acquisizioni di tecnologia militare e con scarsa o nulla capacità di operare esportazioni; rientrano nella categoria: Malesia, Thailandia, Sri Lanka, Bangladesh, Iran, Arabia, Saudita, Oman, Yemen, Kuwait, Iraq, Portogallo, Ungheria, Georgia, Perù, Venezuela, Colombia, Uruguay, Ecuador, Messico, Nuova Zelanda, Angola, Algeria, Sudan, Eritrea.

g) Stati che attivano flussi di acquisizioni di sistemi d'arma con un grado medio-basso e con scarsa o nulla capacità (o volontà, nel caso del Giappone) di operare esportazioni: Giappone, Taiwan, Vietnam, Cambogia, Filippine, Myanmar, Tunisia, Marocco, Ciad, Nigeria, Ghana, Costa d'Avorio, Kenya, Congo Rdc, Etiopia, Uganda, Zimbabwe, Botswana, Nepal, Afghanistan, Azerbaijan, Bahrain, Irlanda, Cipro, Estonia, Lettonia, Lituania, Slovenia, Croazia, Bosnia, Macedonia.Tutti i paesi restanti attivano dei flussi di acquisizione di sistemi d'arma a livelli così bassi da risultare trascurabili o non operano alcuna transazione in entrata e in uscita.

Aerospazio e alta tecnologia: una politica di settore per lo sviluppo e l'innovazione

2008

a cura di Leonardo Bertini[25]

Il Gruppo di Lavoro "Aeronautica, Industria della Difesa, Homeland Security" vuole elaborare idee e soluzioni per il settore, promuovendo, in un approccio sistemico e integrato a livello UE, politiche di innovazione e supporto alle eccellenze italiane. È composto da dirigenti e tecnici delle industrie di riferimento, da esperti del settore, docenti universitari, da personale militare e del settore sicurezza.

Premessa

La consapevolezza che la competizione internazionale si basa sulla capacità di un Sistema Paese di produrre conoscenza, innovazione e tecnologia è il nostro punto di partenza.

Su questo assunto, l'Italia, se non vuole nel futuro prossimo competere con i Paesi consumatori e non produttori di tecnologia, accettando de facto un ingaggio al ribasso del proprio ruolo politico, economico ed industriale, con impatti sociali non marginali sul Paese stesso, deve prontamente investire nei settori dove ancora l'industria nazionale è competitiva a livello mondiale e produce stabilmente innovazione. Il settore Aeronautica, Spazio, Difesa e Sicurezza soddisfa tali requisiti.

Investire in questo settore non significa solo consolidare le risorse oggi in essere ma, soprattutto, costruire un modello di governance transfunzionale in termini di politica industriale e dell'innovazione, di politica finanziaria e bancaria, di politica estera e di sicurezza. Una governance che sappia coniugare il sistema della ricerca con quello industrial, garantendo sinergie e coordinamento tendenti a generare lavoro stabile e qualificato.

---

[25] Presidente di Concreta-Mente.

Le priorità: individuare e condividere obiettivi e risorse di medio lungo periodo

La premessa metodologica è che si ritiene auspicabile, anche per dare effettività alla parola "concretezza" invocata dai cittadini nei confronti della politica, l'individuazione di panieri di indicatori quantitativi che aiutino il decisore istituzionale a misurare e valutare l'effettivo stato di avanzamento, l'efficacia delle azioni e il raggiungimento degli obiettivi di settore.

Le due priorità strategiche di lungo periodo sono:

1. Individuare e condividere (anche in Parlamento e con l'opinione pubblica), preferibilmente in maniera trasversale, obiettivi e scenari di politica estera di sicurezza e difesa comune, di collocazione geopolitica che, pur tenendo conto del quadro multilaterale in cui l'Italia è inserita, consentano al sistema Paese di definire la politica industriale, le azioni di sostegno e supporto di lungo periodo più efficacy e un indirizzo strategico all'industria pubblica, anche rispetto a potenziali alleanze strutturali.

2. In funzione di tali obiettivi e scenari, si definisca una cornice di risorse stabile e di medio-lungo periodo entro cui muoversi ed entro cui attivare azioni di domanda pubblica, di politica industriale, di sviluppo delle risorse umane, di supporto governativo e di politica finanziaria e bancaria.

Le proposte per le politiche di settore

Si tratta quindi di analizzare e, di conseguenza, progettare un sistema articolato di azioni focalizzato sulle seguenti macro-tematiche, tra loro fortemente correlate.

Sensibilizzazione dell'opinione pubblica

È da prevedere una campagna di sensibilizzazione dei contribuenti circa il ruolo che il settore può concretamente avere in quanto a ricadute occupazionali e tecnologiche nella vita di tutti giorni, a cominciare dalle applicazioni spaziali e della sicurezza interna. Il ruolo da protagonista che l'Agenzia Spaziale Italiana ricopre a livello mondiale su molti programmi (al pari con la NASA ed altre importanti agenzie) deve essere considerato un fiore all'occhiello e diventare una "Ferrari" che ci consenta da un lato di esportare il nostro "do it better" e dall'altro di trovare consenso da parte dei contribuenti nei momenti delle scelte allocative.

Governance del settore

Il settore, anzi diciamo pure i settori, in quanto aeronautica-spazio-difesa-sicurezza non possono essere considerati sempre un unicum; questo necessita di un modello di governo che assicuri al contempo una visione coordinata, una trasversalità interministeriale ma anche la capacità di intervenire verticalmente con concretezza sulle peculiarità settoriali. È in discussione ormai da tempo il ruolo che potrebbe avere la Presidenza del Consiglio e la presenza di una delega ad hoc per un Vicepresidente del Consiglio o addirittura un Sottosegretario per la politica industriale del settore. Anche il tema risorse andrebbe affrontato attraverso un più efficace coordinamento dei modelli decisionali e di allocazione della spesa, prevedendo una complementarietà tra i modelli di sostegno e quelli di appalto e in ogni caso offrendo un sicuro riferimento di lungo termine.

In questo contesto, per rendere più condiviso il modello di individuazione degli obiettivi e di allocazione delle risorse si propone di considerare la possibilità di rendere vincolante il parere espresso dalle Commissioni Parlamentari Difesa in merito ai programmi di ammodernamento.

Domanda pubblica

È auspicabile procedere rapidamente ad una riorganizzazione e ad un riequilibrio delle voci di spesa del bilancio pubblico in modo da consolidare le spese di investimento e ammodernamento. Contemporaneamente, consci dell'efficacia degli strumenti di market push (appalti pubblici) rispetto a quelli di market pull (sussidi), promuovere il coordinamento della domanda pubblica sia a livello interministeriale, sia a livello di governance multilivello (dal livello europeo a quello regionale) e il miglioramento dell'efficienza del procurement stimolandone il ruolo di volano e leva per innovazione e valore aggiunto anche attraverso una opportuna formazione dei vari operatori della PA interessati dalle tecnologie in oggetto e dalle relative applicazioni. Un ruolo che deve anche andare nella direzione di trainare l'innovazione dalla fase di ricerca di base, alla prototipizzazione, fino alla commercializzazione. Si ritiene fondamentale sia il ruolo della European Defence Agency, anche in ottica di sharing degli strumenti di sicurezza, sia la ripresa di un'azione intergovernativa politica tra i sei paesi OCCAR per giungere ad un pooling industriale razionalizzato. Ulteriori elementi su cui impegnarsi riguardano l'applicazione della nuova Direttiva CE sugli appalti difesa e la promozione di una complessiva standardizzazione dei requisiti e delle procedure di appalto a livello europeo.

Politica industriale

Favorire l'adeguamento dell'offerta agli scenari e obiettivi condivisi, adeguamento che dovrebbe vertere sui seguenti assi realizzativi:

a) razionalizzazione produttiva in una dimensione più transnazionale europea;

b) individuazione di centri di eccellenza tecnologica e sviluppo prototipale, fortemente integrati con il mondo della ricerca di base, dell'università, della formazione e dell'industria: volano tecnologico per qualificare e rendere sostenibile un processo continuo di maturazione e di valorizzazione dell'innovazione;

c) sinergia tra grandi, medie e piccole imprese per favorire lo sviluppo di cluster territoriali in grado di attrarre investimenti nazionali ed esteri;

d) favorire la nascita, lo sviluppo e la messa in rete delle PMI nazionali che con la loro innovatività e la loro efficienza possono assicurare linfa vitale a tutto il settore.

In particolare, si individuano alcune politiche specifiche concrete per le PMI al fine di scongiurare la pericolosa tendenza all'enunciazione di azioni e indirizzi generici di sostegno a questa categoria di imprese che si ritiene un asset fondamentale nel patrimonio industriale, economico e sociale nazionale.

Alcune buone pratiche da mettere in campo e da declinare opportunamente nei diversi settori specifici, si ritiene possano essere:

1. formulare una cornice normativa e regolamentare nazionale di riferimento;

2. manifestare un impegno concreto del Governo in tutte le occasioni;

3. predisporre una Funzione di riferimento e un Piano pluriennale di attuazione;

4. individuare risorse finanziarie riservate al piano;

5. definire misure indirette: formazione continua, technology foresighting e knowledge management, supporto marketing e internazionalizzazione;

6. favorire processi di aggregazione e di gestione strategica delle tecnologie;

7. definire momenti di valutazione e metriche appropriate;

8. comunicare e riconoscere le storie di successo.

E' altresì importante consolidare l'azione di individuazione di tecnologie critiche da preservare-presidiare-acquisire, di quelle intrinsecamente duali da favorire, di quelle nuove da sviluppare secondo un percorso evolutivo; di conseguenza coordinare le varie azioni che, nel rispetto delle regole UE, ne favoriscano la piena padronanza (conoscere, saper applicare, saper innovare, saper creare) e la protezione intellettuale. Il supporto allo spin-off delle tecnologie e della loro applicabilità a tutti i settori è fortemente da ricerca sia in ottica di sviluppo economie di scala, sia commerciale, sia di sviluppo sostenibile.

Da questo punto di vista sarebbe auspicabile definire ed attivare due grandi "Progetti nazionali intergrati" di sviluppo prototipale, valorizzati industrialmente.

Sarebbe da rivedere in ottica più cautelativa, la politica di protezione della proprietà nazionale dell'industria della sicurezza e in ottica di mercato, la politica di gestione delle partecipazioni pubbliche.

Politica finanziaria e bancaria

Un settore così fortemente innovativo e ad alto rischio di investimento non vede in Italia una reale controparte che sostenga finanziariamente l'imprenditorialità dal lato delle istituzioni bancarie. A cominciare da ricercatori universitari che decidono di costituire una start up per lo sviluppo di prototipi, fino a grandi aziende che abbisognano di servizi di gestione dei crediti verso clienti esteri, sarebbero da promuovere soluzioni di venture capitalism, anche attraverso modelli di partecipazione pubblico-privato, e un maggiore supporto da parte dei grandi gruppi bancari.

Politiche specifiche per il settore Aeronautica

In generale, il Paese dovrebbe sostenere l'autonomia rispetto agli altri partner internazionali e il coordinamento delle politiche e delle risorse in modo da assicurare efficacia nel cogliere le opportunità derivanti dalle finestre (anche temporali) del mercato e una non "discesa" al di sotto della massa critica sufficiente a sostenere i settori di eccellenza quali: elicotteri, addestratori, trasporti tattici, controlli primari e cellule, turbine, radaristica, TLC anche satellitari, contromisure elettroniche, componentistica nella meccanica fine.

Anche il settore aeronautica va distinto da quello militare, civile ed elicotteristica, seppur nella ricerca di base e dei materiali e su alcuni sistemi vi siano basi in comune, la differenza è espressa essenzialmente dal cliente/uso finale.

Militare: nell'attesa di una definizione del futuro dei sistemi di sicurezza e difesa aerea, l'Italia sta dando il suo contributo al rafforzamento dell'architrave di interoperabilità in Europa e tra le due sponde dell'Atlantico. In tal senso, è essenziale il miglior investimento italiano nel programma pan-europeo *Eurofighter*, con riguardo particolare alla terza tranche, che assicurerà all'Italia non solo una soluzione "domestica" adeguata alle future proiezioni di difesa, ma anche un ritorno adeguato sull'investimento in termini di capacità tecnologica, con particolare riguardo all'elettronica per la difesa, l'avionica e la radaristica. La partecipazione del governo italiano al programma JSF va considerata, con un livello adeguato di consapevolezza, senza disconoscere quanto già raggiunto in termini di acquisizione di capacità tecnologiche da parte dei nostri ingegneri e della aziende italiane, ma valutando, con i governi coinvolti, con le forze armate e con l'industria nazionale stessa le nostre reali esigenze per il futuro. Attualmente rimane aperta la discussione su quale possa essere una alternativa europea per i prossimi 30 anni. È altresì auspicabile avviare rapidamente la convinta promozione dei programmi europei sugli UAV e UCAV, nonché il sostegno agli addestratori che costituiscono uno dei fiori all'occhiello dell'industria italiana.

Civile: caratterizzato da una continua politica della doppia staffa nelle subforniture tra la sponda statunitense e quella europea nonché da una nicchia di jet regionali efficiente, che lascia ben sperare anche per le alleanze fuori confine.

Elicotteristica: anche grazie al successo nell'appalto per l'elicottero presidenziale negli Stati Uniti, l'Italia si colloca tra i leader mondiali. Il settore dovrebbe essere supportato soprattutto nella proiezione verso i mercati esteri.

Politiche specifiche per il settore Spazio

Lo Spazio è e dovrà essere una risorsa strategica al servizio dei cittadini e delle politiche governative. In soli cinquanta anni, le applicazioni e le ricadute dei programmi spaziali hanno introdotto grandi cambiamenti nel nostro modo di vivere: non solo hanno allargato le frontiere della conoscenza e dell'esplorazione scientifica ma hanno enormemente potenziato il mondo delle comunicazioni, rivoluzionato quello della navigazione e della meteorologia, incrementato le capacità di osservazione di tutti i fenomeni legati all'ambiente, al territorio ed al clima, migliorato le possibilità di sicurezza e difesa dei cittadini.

Condividiamo l'idea che lo Spazio e le tecnologie che da esso derivano, costituirà in questo secolo un valore aggiunto per la crescita economica e per la sicurezza dei Paesi che lo utilizzeranno e vorremmo che il nostro fosse tra quelli.

Dopo oltre quarant'anni d'investimenti pubblici nel settore spaziale, l'Italia può oggi vantare il rango di terzo paese europeo per capacità industriali, di ricerca scientifica e sviluppo tecnologico in quest'ambito.

Viceversa, la posta in gioco nello Spazio non ci appare pienamente compresa dalle istituzioni preposte al governo ed alla gestione programmatica del settore.

• Governance nazionale: è necessario portare il momento decisionale delle politiche e degli obiettivi strategici a livello di un comitato ristretto di ministri (U&R, Esteri, Difesa, Attività Produttive) presieduto da una figura istituzionale ben definita;

• Governance europea: scegliere o definire la priorità tra il modello intergovernativo (ESA), comunitario (UE) o multilaterale (dominio francese);

• Domanda Pubblica: promuovere in tutte le politiche d'intervento pubblico interessabili il confronto competitivo tra le tecnologie spaziali e le altre applicabili con l'obiettivo di definire le priorità di sviluppo della R&T spaziale;

• Politica industriale: coerenza tra definizione strategica del settore e posizionamento dell'industria integratrice di sistemi nazionale nelle joint venture europee; salvaguardia, difesa e sviluppo delle posizioni di leadership tecnologica; chiarezza del ruolo delle PMI nella filiera (VA e servizi).

• Identificazione delle priorità: scegliere l'applicazione di leadership prioritaria e puntare a svilupparla in modo sostenibile in tutta la catena del valore.

Da un punto di vista industriale, la "convivenza" e la crescita equilibrata di due entità nazionali (servizi e manifattura) all'interno di uno stesso gruppo costituisce oggi il principale problema di politica industriale e tecnologica da affrontare. Gli accordi di governance sottoscritti all'atto della fusione industriale franco/italiana sono in fase di riscrittura; è indispensabile che Finmeccanica riaffermi la necessità di mantenere in Italia le capacità sistemistiche ed i lead center (come ad esempio carrozza da 3 ton., lo sviluppo dei sensori a microonde per telerilevamento, le antenne steerable, le nulling) necessari per dominare tutti i campi di interesse: ingegneristici, di sistema, tecnologici e produttivi. Il rinnovato attivismo dell'ASI sulla scena internazionale, dopo gli anni di tendenziale isolamento della precedente gestione, rischia infatti di essere vanificato dal progressivo venir meno di una sponda industriale pienamente attrezzata a rispondere ai programmi tecnologicamente più ambiziosi e a reggere la sfida di una concorrenza sempre più agguerrita.

Politiche specifiche per il settore Difesa

Forti della posizione raggiunta con Finmeccanica, procedere all'integrazione con partner europei interessanti dei più frammentati settori terrestre e navale.

Ricalibrare lo sbilanciamento transatlantico con uno-due accordi in Europa, tenendo conto della crisi strutturale dell'economia USA e della necessità di diversificare i rischi dei nostri investimenti industriali.

Impostare una riflessione approfondita ed integrata sulla necessità/desiderabilità di accordi nel settore con Brasile, Cina, India, Russia, in quanto attori rilevanti a livello strategico.

Procedere all'aggiornamento della legge n. 185/90 tanto nel testo quanto, e soprattutto, nei regolamenti applicativi migliorando l'efficienza e l'efficacia del controllo e della trasparenza sulle esportazioni.

Politiche specifiche nel settore della sicurezza interna

Lo sviluppo di un approccio che sposi il concetto di non-intrusive security è il punto cardine una nuova strategia di erogazione del bene pubblico sicurezza ai cittadini. È da consolidare l'utilizzo delle tecnologie (anche spaziali) e della sensoristica per la gestione della sicurezza nelle aree urbane ed extraurbane, per i siti archeologici e del patrimonio culturale, nella logistica e nelle reti, e per l'ottimizzazione e l'allocazione efficiente delle risorse umane.

Ridiscutere nei prossimi 2-4 anni le politiche di visto e scambio dati con gli USA in quanto eccessivamente intrusive, unilaterali ed inadatte al superamento della Global War on Terrorism.

Concentrare la metà degli investimenti sul supporto all'azione investigativa, di prevenzione e di polizia e metà sul sostegno all'azione d'intelligence. La sicurezza in patria si ottiene sempre di più con informazioni rilevanti a lungo raggio su persone, reti, fenomeni transnazionali.

Leonardo Bertini
@LeonardoBertini

Leader Med, giovani classi dirigenti mediterranee

2015

a cura di Alessandro Politi[26]

I cambiamenti del mondo

Oggi è praticamente impossibile parlare di Mediterraneo o di Medio Oriente senza prima aver chiari almeno i grandi rischi mondiali che possono toccare con dinamiche fortemente transnazionali queste due aree. Dall'analisi integrata condotta dal CeMiSS (Centro Militare di Studi Strategici, Ministero Difesa; Global Outlook 2015) degli sviluppi a livello globale risultano essere rilevanti i seguenti rischi:
• Il crollo dei prezzi petroliferi può avere effetti seri sull'Iran, sviluppi da seguire con molta attenzione in Algeria e sorvegliare nei petrostati del Consiglio di Cooperazione del Golfo, nonostante l'ovvio ruolo stabilizzante dell'Arabia Saudita. Più a lungo i prezzi si collocheranno in una forchetta tra i $50-60, maggiori saranno i rischi per quasi tutti i paesi produttori dentro e fuori l'OPEC. Due effetti collaterali saranno il peggioramento delle relazioni tra Stati Uniti ed Arabia Saudita nonché il rischio di bancarotta per il Venezuela.
Lo sviluppo delle attività di Daesh (Dawla o ISIS) nella terra di nessuno tra Siria ed Iraq che oggi si può chiamare SYRAQ (come già l'AFPAK), insieme agli effetti della crisi petrolifera, può incidere pesantemente sulla stabilità di Libano e Giordania.
• L'aumento dell'indebitamento a livello globale, la mancanza di regole nei sistemi finanziari ombra di Cina e Stati Uniti, insieme a nuovi indebitamenti nei mercati emergenti, specie africani, inducono a temere lo scoppio di un'altra importante crisi finanziaria nei prossimi due anni con forti effetti globali e regionali, inclusi BRICS e mercati emergenti.

---

[26] Analista politico e strategico.

• In un simile scenario la crisi ucraina può subire ulteriori contraccolpi, tenendo conto della pressione economica cui sarà sottoposta la Russia in misura superiore a quanto prevedibile con le sanzioni.

• In materia di rischi climatici non si può ipotizzare una loro riduzione significativa nel prossimo biennio, nonostante il recente accordo Cina-USA sulla riduzione delle emissioni d'anidride carbonica perché dal punto di vista dei requisiti scientifici è insufficiente.

• Lo sviluppo dell'ICT rischia di essere condizionato negativamente da due tendenze problematiche: la rinazionalizzazione di internet dopo lo scandalo delle intercettazioni globali dell'NSA e l'ulteriore globalizzazione delle reti di cibercrimine.

Chiaramente il quadrinomio prezzi energetici, dinamiche debitorie, DAESH e situazione della Russia in rapporto alla crisi ucraina ed a quella energetica è quello più rilevante per l'area che stiamo considerando.

Fonte: NASDAQ, elaborazione dell'Autore.

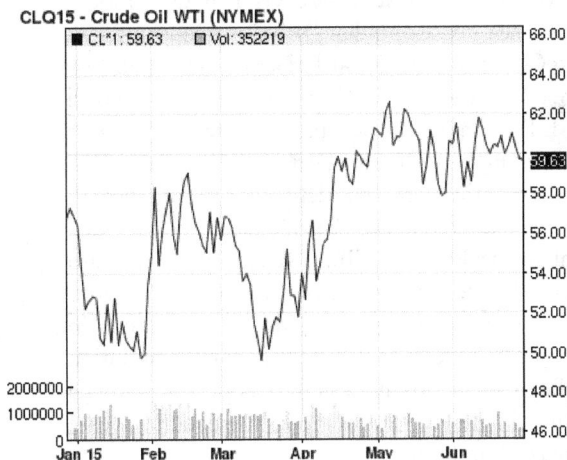

CLQ15 - Crude Oil WTI (NYMEX)

I cambiamenti del Mediterraneo

Quello che si sta verificando nell'area mediterranea è un evento di trasformazione profonda con portata sicuramente globale per quel che riguarda gli effetti di comunicazione e percezione e forse con effetti altrettanto profondi nel cambiamento dei rapporti e nelle politica del mondo.

Se si vuole compiere la sintesi strategica di quanto sta succedendo bisogna necessariamente partire dall'analisi politica degli eventi e, per farlo bisogna risalire necessariamente alla metà della Guerra Fredda. Quando terminò la guerra del Ramadan-Yom Kippur del 1973 si crearono le premesse di molti degli assetti apparentemente indiscutibili di quello che allora veniva chiamato Medio Oriente.

A sua volta il Medio Oriente come entità geopolitica era figlio della vittoria alleata nella Seconda Guerra Mondiale in quanto raggruppava in un continuum territoriale i paesi di lingua prevalentemente araba e di religione in larga parte mussulmana dal Marocco sino all'Iran con l'iniziale sottinteso implicito che si trattasse di paesi d'influenza occidentale in quanto ex-coloniali. Il sottinteso non resse alla decolonizzazione, ma l'area continuò ad essere vista in quel modo, grazie alla spinta panaraba, alla creazione dell'OPEC (Organization of the Petroleum Exporting Countries) ed ai conflitti arabo-israeliani.

La pace tra Egitto ed Israele nel 1979 (preparata dagli accordi Camp David, 1978), al di là della lettera del trattato, affermava che la stabilità e l'assenza di guerre interstatali erano il principale interesse degli Stati Uniti nell'area a danno dei tentativi dell'Unione Sovietica di sostenere i suoi alleati principali (Iraq, Siria, Egitto).

Infatti quattro anni prima lo shah d'Iran, Reza Pahlevi (alleato USA), aveva imposto con la sua preponderanza regionale l'accordo d'Algeri (marzo 1975) in cui l'allora vicepresidente del Consiglio Direttivo della Rivoluzione (Vice-Chairman of the Revolution Command Council) irachena aveva dovuto accettare la pretesa iraniana di dividere a metà il controllo sullo Shatt el-Arab, nonostante avesse firmato un trattato d'amicizia con l'URSS.

Con la pace del 1979 la Siria perdeva la possibilità di fare (e vincere) la guerra con Israele per la riconquista delle alture del Golan e restava isolata. Tuttavia, al tempo stesso, la stabilità del regime si consolidava ed è interessante ricordare che nessuno pensò di aiutare la guerriglia dei Fratelli Mussulmani nel 1979 e non vi fu nessuna condanna seria da parte del mondo libero quando avvenne l'"incidente" di Hama, quando vennero massacrati circa 38.000-40.000 oppositori dopo un assedio di 21 giorni condotto con carri armati ed artiglieria pesante.

Israele non fu capace d'accorgersi che, agli occhi degli Stati Uniti, la sua funzione principale di baluardo antisovietico stava obbiettivamente cominciando a venir meno con il disinnesco della coppia Egitto-Siria: una tendenza che diveniva un fatto dieci anni dopo.

In breve, la stabilità nel Medio Oriente era basata su queste premesse:

I. intangibilità dei regimi che fossero internazionalmente riconosciuti e non rivoluzionari;

II. non-ingerenza coerente nella gestione della repressione interna comunque fosse condotta e da chiunque;

III. sostegno dell'integralismo islamico in funzione antisovietica;

IV. supremazia degl'interessi statunitensi;

V. fine delle guerre arabo-israeliane fra stati

VI. e tolleranza per i paesi nell'orbita sovietica.

Esistevano delle eccezioni come la guerra del Libano (1975-1990) e delle conferme guerra (Iran-Iraq 1980-1988, una tipica guerra controrivoluzionaria).

Tutto questo comincia ad entrare in crisi a differenti velocità con la fine della Guerra Fredda:

A. l'URSS crolla, lasciando un vuoto di controllo nel Medio Oriente e sconvolgendo la valenza strategica delle singole pedine nello scacchiere del vecchio Mediterraneo Allargato;

B. il Medio Oriente, nonostante tentativi di creare un "Grande Medio Oriente", si suddivide per gravità geopolitica in tre aree distinte: Nord Africa, Levante e Golfo Persico (o Arabico);

C. la fine della guerra all'Afghanistan e l'attenzione concentrata sul Golfo Persico, insieme alla disattenzione per gli sviluppi in Arabia Saudita e Pakistan, lasciano campo libero alla creazione ed allo sviluppo di Al-Qae'da sino alla strage dell'11/9/2001, che pone fuori gioco il vecchio sostegno al jihadismo della Guerra Fredda;

D. il principio d'ingerenza umanitaria, nato dopo la guerra di dissoluzione della Jugoslavia e sulla base delle esperienze della guerra del Kossovo (1999) riduce gradualmente i margini repressivi dei governi locali;

E. al tempo stesso lo stretto coordinamento politico di quello che durante la Guerra Fredda si chiamava Occidente si sgretola gradualmente sulla base di strutturali divergenze d'interesse (guerra del Kossovo, inane invocazione dell'art. V del Trattato di Washington nel 2001, guerra aggressiva all'Iraq nel 2003, intervento in Libia, non intervento in Siria);

F. la rivoluzione dell'informazione permette la circolazione d'idee e notizie, aggirando l'occupazione dei media tradizionali da parte dei potentati locali;

G. la deregulation del 1981 comincia a corrodere fortemente il controllo politico dell'economia anche nei regimi autocratici, dittatoriali e teocratici.

In sintesi l'intelaiatura politica che avvolgeva Nord Africa, Levante e Golfo Persico non regge più, i circuiti d'arricchimento nazionali sono meno controllabili dalle élite locali e l'esplosione della circolazione d'informazioni producono nuove realtà generazionali e sociali che partono dalla voglia di futuro di giovani e donne. In questo contesto i moti arabi del 2011 erano solo questione di tempo e soltanto la cecità sociologica dei differenti strumenti d'analisi ed informazione di governi ed imprese ha impedito di vederne i segni precursori.

Cominceremo perciò dal vedere il contesto geostrategico di cui il Mediterraneo è una parte attiva. Oggi la definizione di Mediterraneo o anche Mediterraneo Allargato non coglie il dato fondamentale della valenza di questo mare: è un terminale di livello mondiale per i traffici che da Cina, India, Golfo, Africa passano per Suez ed arrivano ai porti locali, Gioia Tauro in primo luogo. Per questo già dal 2006 è sorto in Italia il termine di Cindoterraneo per esprimere questa realtà, secondo un conio dell'Autore.

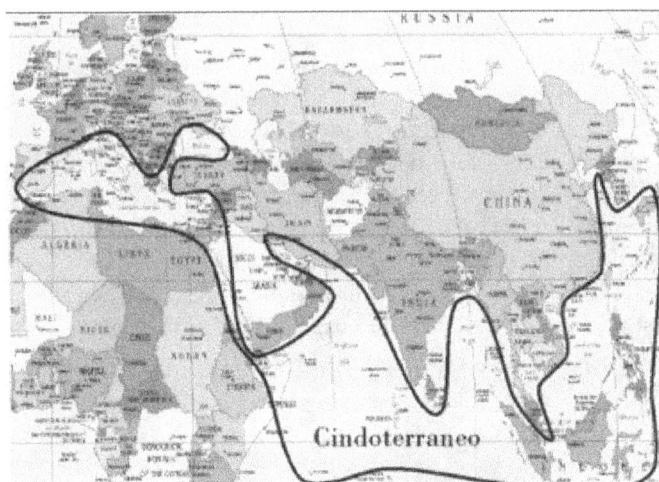

Fonte: elaborazione dell'Autore

Il motivo di quest'evoluzione è legato all'area della Banana Blu in Europa che è ancora tra i principali attrattori del commercio oceanico mondiale. Questa situazione non è ovviamente immutabile, perché dipende da tre fattori variamente concatenati: la (persistente) mancanza di un collegamento ferroviario merci ad alta capacità fra Gioia Tauro e Milano, la sviluppo del grande terminale container Tanger Med a Tangeri e lo scioglimento dei ghiacci polari.

Fonte: Limes

71

Il combinato disposto di due sviluppi ed una dolosa scelta d'inazione potrebbe essere significativo per il Cindoterraneo in quanto circa il 50% dei traffici sarebbero perduti a favore di rotte esterne più rapide nel percorso e/o nella gestione dei carichi.

Il Cindoterraneo non è più il vecchio Mediterraneo inteso come estensione dell'Atlantico dal 1941 al 1989, ma è piuttosto il terminale di scambio di alcune delle più importanti economie emergenti nel G20 attraverso un Oceano Indiano che è in piena mutazione strategica. Nella mappa seguente si può vedere chiaramente qual è la valenza di questo spazio geoeconomico per la Cina.

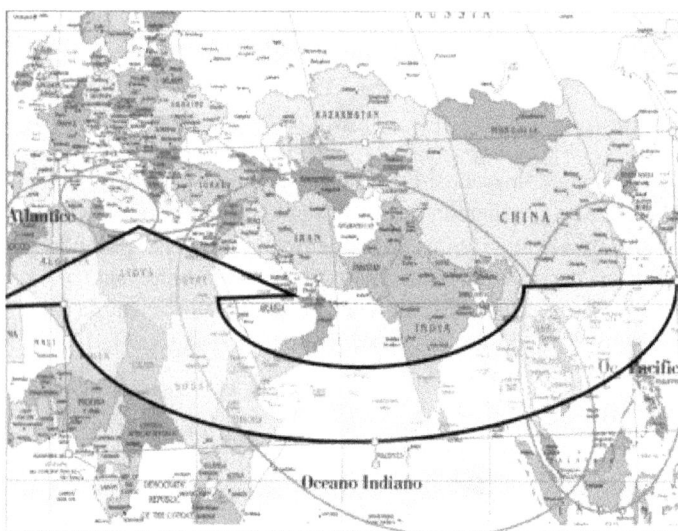

Fonte: elaborazione dell'Autore

Seguendo le sorti del declino dell'Impero Britannico e dell'ascesa della talassocrazia statunitense, quest'oceano si è trasformato nel giro di mezzo secolo da tramite fra Londra e Bombay in un'estensione militare del Pacifico dominato dalla US Navy. Oggi, con l'ascesa dell'India, la sconfitta militare degli USA in Iraq e l'avvio di faticose trattative multilaterali sul dossier nucleare e bilaterali segrete con l'Iran, la funzione di questo spazio marittimo può cambiare.

Se, auspicabilmente, le trattative di pace fra Tehran e Washington andranno in porto, allora è possibile immaginare un condominio indoiranico sull'oceano, con una divisione dei ruoli sotto un'egida politica degli Stati Uniti. Una variabile importante sarà data dal grado d'influenza cinese nell'area per effetto dei suoi molteplici legami con Pakistan, India e paesi africani ed arabi rivieraschi.

Se invece lo stallo negoziale perdurerà, allora la possibilità è che, con il passare del tempo, si assisterà ad una determinazione autonoma di questo spazio oceanico da parte delle due potenze emergenti India ed Iran, insieme ad un graduale ritiro americano imposto dalle ristrettezze di bilancio. Anche in questo caso la variante cinese è importante, ma è legata più a decisioni interne di Pechino che non ad una sotterranea rivalità con Washington. Le conseguenze per il dialogo politico nel Mediterraneo (Unione per il Mediterraneo, quadro 5+5, dialogo NATO nel Mediterraneo e nel Golfo) appaiono chiare se si combinano queste variabili geoeconomiche e geopolitiche con lo stato delle questioni aperte in questo mare interno e le possibili scelte.

È evidente che tutti questi ambienti di dialogo non solo non sono in grado d'influenzare il futuro della zona, ma saranno fortemente condizionati dagli sviluppi politici ed economici del prossimo futuro. Probabilmente assisteremo a rimaneggiamenti significativi nelle formule e nella composizione dei fori di dialogo, forse anche accorpando pragmaticamente dialoghi paralleli. La scelta cruciale, solo in parte determinabile dai paesi dell'UE e dagli USA è se appoggiare l'ondata di cambiamento senza eccessive riserve o no.

Più che lasciarsi influenzare da scenari catastrofisti, frutto spesso più di paure interessate che di Realpolitik, bisogna capire che un passaggio a regimi più liberali e maggiormente democratici secondo le scelte locali è un'opportunità ed un rischio.

L'opportunità è di avere attori politici più pacifici, più aperti all'economia mondiale, più capaci di contribuire vigorosamente ad un vero dialogo culturale mediterraneo e globale, come si è già visto nella maggioranza dei casi nell'America Latina.

Il rischio consiste nella sostenibilità finanziaria dei nuovi governi su due fronti. Il fronte interno è essenziale perché altrimenti si avranno scenari alla Weimar o alla Mossadegh. Il fronte esterno è dato da quei paesi che sono effettivamente in grado di finanziare un piano Marshall a sostegno dei nuovi governi democratici. In genere sono detentori di avanzi di bilancio trasformabili in fondi sovrani (Cina, Russia, Norvegia, petromonarchie del Golfo) e il loro sostegno economico sarà dettato tanto da ragioni economiche quanto strategiche.

Ad oggi (prima metà del 2015) l'insieme delle scelte degli attori regionali ed esterni ha portato al generale imbrigliamento e repressione delle esperienze ed istanze delle rivoluzioni arabe sia con repressioni rapide, sia con accordi gattopardeschi, sia con colpi di stato che con guerre civili. La Tunisia è per ora l'unica eccezione democratica degna di nota.

Le uniche leve di cui dispongono i paesi dell'UE (tutti più o meno indebitati) sono l'abbattimento dei dazi agricoli ed una politica comune sui flussi migratori, più alcuni stanziamenti per lo sviluppo che però non possono essere a fondo perduto.

Vi sono allora tre scenari possibili. Li possiamo chiamare:

Cindoterraneo alla giornata

Cindo-terraneo

Margi-terraneo.

Lo scenario Cindoterraneo alla giornata fotografa una situazione in cui c'è lo stallo tra i regimi esistenti nel Mediterraneo (stabili, destabilizzati e fragili) con scarse apertura sulla pace in una situazione di marginale crescita economica.

Lo scenario Cindo-terraneo indica un legame che resta ancora forte fra economia indopacifica ed economia euromediterranea, dove però lo spazio mediterraneo (in quanto euromediterraneo) attraversa una fase d'introversione dovuta sia alla crisi economica perdurante che alla necessità di riassetto politico-strategico dell'area. È uno scenario sostenibile perché i flussi economici possono alimentare le iniziative politiche, tese però soprattutto ad un stabilizzazione.

Lo scenario Margi-terraneo prospetta un'epoca dove perdura il doppio arco di crisi tra Nouakchott e Kiev a sud e quello di democrazie svuotate a nord (vedi cartina), rendendo la zona piuttosto marginale nello scacchiere mondiale. Sotto il peso della crisi economica, dell'insipienza politica e della fragilità dell'euro (Brexit e Grexit), l'Unione Europea potrebbe collassare politicamente, facendo venir meno un riferimento chiaro nel Mediterraneo.

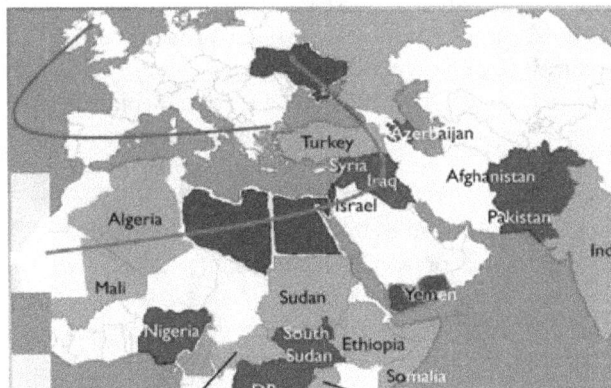

Fonte: *elaborazione dell'Autore*

In questo scenario peraltro l'influenza di USA ed Iran potrebbe diminuire nel Golfo Persico a causa dei rispettivi problemi sociali e politico-economici, mentre la presenza indiana resta piuttosto debole e quella cinese promette di essere in ascesa, pur tra mille difficoltà.

La condizione giovanile e le possibilità di leadership

Tracciare con precisione la condizione giovanile nell'area è meno semplice di quello che potrebbe sembrare perché se, nel nord del Mediterraneo ci sono dati raccolti in ambito Unione Europea, nel sud il quadro, oltre ad essere molto più instabile e teso, manca di raccolte statistiche sistematiche in grado di rivelare tendenze significative al di là delle percezioni più o meno informate o di settore.

In tutto il Mediterraneo, i giovani si trovano in situazioni sociali e politiche molto diverse, talvolta diametralmente opposte, ma col comune denominatore di una crescente disoccupazione, di grande frustrazione e di un impoverimento generalizzato. Tuttavia esiste anche una crescente rivendicazione di ruolo nel processo decisionale e per una vera democrazia partecipativa a tutti i livelli. Sono due istanze che sono state dai tempi del movimento Occupy, delle primavere arabe, del "movimento delle tende" o delle proteste di Gezi Park sistematicamente mandate su un binario morto in ambito europeo, turco o israeliano, quando non sono state imbavagliate e represse nel resto del bacino.

Il primo problema di base risiede nel continuo aumento della disoccupazione giovanile. Il secondo riguarda la faglia demografica nella regione: troppi pochi giovani nei paesi democratici ed indebitati e un'esuberanza demografica/giovanile nel resto dell'area. Insieme costituiscono la base per una "generazione perduta" che apparentemente tocca solo la fascia dai 20 ai 40 anni, ma che in realtà include anche moltissimi cinquantenni espulsi dal processo produttivo o vastamente sottopagati per il lavoro svolto e con redditi che sono la metà di 10-15 anni fa.

In queste coorti d'età esistono poi i giovani delle classi più svantaggiate perché toccate da fenomeni di guerra civile palese o strisciante o da situazioni di degrado della legalità e della pubblica sicurezza (zone grigie, campi profughi, zone ad alto tasso di criminalità comune od organizzata) che creano ulteriori ritardi e dipendenze da attori parassitari e sfruttatori.

I giovani subiscono direttamente gli effetti negativi di un sistema socio-economico in cui:

• la disoccupazione cresce continuamente;

• l'innovazione è resa irrilevante, marginale o viene rapidamente soffocata in circuiti oligopolistici;

• la produttività è scarsa e viene scoraggiata, anche nel settore privato;

• la manodopera qualificata è carente ed il negletto per le risorse umane fa parte di numerose catene private nella produzione e nei servizi, oltre che di settori pubblici spesso depauperati e privi di strumenti materiali ed etici di governo;

• le disparità tra il mondo urbano e quello rurale sono in aumento, per non parlare del consolidamento ed ampliamento di differenze sociali enormi tra cittadini dello stesso stato nazionale e tra residenti verso migranti. Questa situazione condiziona a valle i giovani ed a monte le già deboli strategie politiche ed economiche dei governi dei rispettivi paesi.

La disoccupazione, con tutte le sue concause a monte (status sociale della famiglia, istruzione, genere, legami politico-clientelari) ha un peso preponderante nel condizionare le possibilità di riscatto, crescita e leadership dei giovani in tutto il bacino geografico, naturalmente con differenze facili da cogliere. Ad un primo sguardo vi sono comunanze anche assai forti; la Spagna nel 2013 ha registrato un tasso di disoccupazione giovanile del 51,5 %, una percentuale senza precedenti, mentre a sud la cifra oscilla di norma in una fascia compresa tra il 25 % e il 50%.

La risposta usuale nel dibattito d'opinione è che la maggior parte dei paesi ha dedicato impegno ed investimenti nella formazione e nell'istruzione, salvo poi notare che l'aumento della spesa pubblica in questo campo non si è tradotto in migliori opportunità di lavoro. Anzi, sono migliorati i tassi di alfabetizzazione e scolarizzazione ai vari livelli, ma i risultati nel mercato del lavoro sono apparentemente paradossali. Certo nel nord del Mediterraneo sembra che soprattutto i giovani senza qualifiche presentino percentuali di disoccupazione più alte, mentre a sud il tasso di disoccupazione è più alto tra i giovani diplomati. Tuttavia la risposta più rivelatrice viene dal mercato del lavoro e dalle sue modalità concrete, spesso attuate in modo totalmente informale (cioè alegale o illegale), quando non sancite dal codici del lavoro chiaramente sfruttatori.

I paesi della sponda meridionale del Mediterraneo hanno basato in genere la loro politica del lavoro sullo sviluppo dell'occupazione nel settore pubblico, rispondendo alla domanda di sicurezza in un posto fisso e di uno stipendio decente e garantito. D'altro canto la divisione tra le due sponde si riflette anche in questo aspetto in modo inquietante. I governi e regimi in grado di sfruttare surplus finanziari (sia propri che con sussidi stranieri) gonfiano un settore pubblico troppo spesso clientelare ed ipertrofico, sempre che non siano collassati sotto il peso delle contraddizioni interne (Libia, Siria, Iraq) o siano sotto seria pressione (Tunisia, Egitto, Giordania, Libano) o non affrontino delicate transizioni economiche (Turchia, Israele).

Questa strategia è stata assorbita da una gioventù che ha incentrato la sua formazione e le sue aspirazioni sulla conquista di un posto di lavoro nel settore pubblico. Le facoltà di scienze sociali o di cultura generale sono affollate di studenti, mentre le facoltà tecniche suscitano scarso interesse tra i giovani. A differenza di quanto accade in altre parti del mondo, la retribuzione del pubblico impiego nei paesi della sponda meridionale del Mediterraneo è superiore a quella offerta dal settore privato. Le numerose iniziative attuate per creare un'occupazione dignitosa nel settore privato non hanno sortito, per il momento, i risultati sperati.

Nel nord del Mediterraneo invece si nota un'economia che tenta sempre più di anemizzare le funzioni portanti dello stato a favore di un settore privato dove le condizioni salariali, di crescita professionale e di stabilità d'impiego sono costantemente ridotte in cerca di margini di profitto che però non dinamizzano le economie. Non è un caso che questi paesi presentino condizioni insoddisfacenti tanto nell'impiego giovanile quanto nel grado frustrazione delle generazioni più recenti (vedi cartine di seguito).

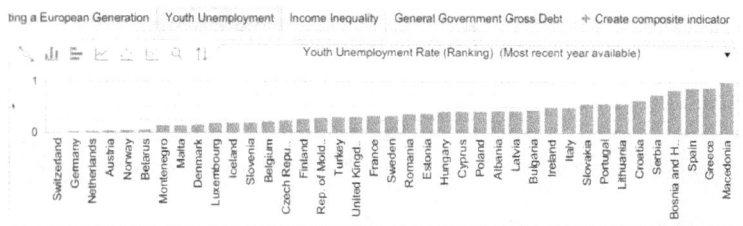

Fonte: HCSS, Frustrating a European Generation, Assessing the Likelihood of Future Socio-Political Instability in European Countries, Den Haag April 2012.

Il problema maggiore è che la disoccupazione giovanile in tutta l'Europa, non solo quella mediterranea, rischia di essere un problema strutturale. Secondo i dati Eurostat, a partire dal 2012, la disoccupazione under 25 dell'area euro è maggiore di quella dell'Europa a 27. Questo dato, assolutamente nuovo, suggerisce una correlazione fortemente negativa tra scelte di austerità monetaria e di bilancio nell'eurozona e gli effetti sull'occupazione. Già nel 2008, due anni dopo che la crisi era esplosa in modo conclamato, il rapporto disoccupazione giovanile/disoccupati totali era 1,5:1 in Germania e superiore a 3:1 in Danimarca, Finlandia, Islanda, Italia, Norvegia e Regno Unito. Con il progresso della crisi, i paesi con maggiori problemi AAA della zona euro, presentano tassi di disoccupazione totale con un fattore 6,5 (Grecia) o di 4,2 (Italia, Portogallo) rispetto alla media dei paesi AAA (Germania e Paesi Bassi).

In tutta la regione si nota una carenza di posti di lavoro in presenza di una domanda di beni e servizi spesso insoddisfatta in settori importanti della produzione nei diversi paesi, un fragile rapporto tra qualifiche ottenute e lavoro offerto, ed infine, l'assenza di coordinamento tra i vari settori delle politiche pubbliche rilevanti per i giovani e l'attività delle imprese (istruzione, credito alle imprese, imprenditorialità, ecc.). Questo quadro rischia di creare una frattura strutturale nell'Europa tra una parte in cui la disoccupazione ricorrente, i bassi salari e la crescita asfittica diventano una fattore di lungo periodo ed una in cui vi sono maggiori possibilità di lavoro sotto una pressione competitiva insostenibile ed un welfare state drasticamente ridotto. La frattura si rispecchia ovviamente con quella tra le due metà del bacino marittimo, però con risultati convergenti in termini d'impatti destabilizzanti sui sistemi politici, nonostante la diversità dei regimi.

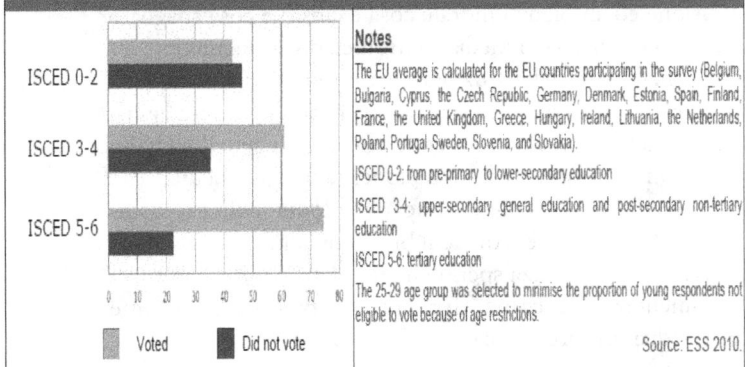

Figure 6: Percentage of respondents (25-29) who reported having voted at the last national elections, by level of education (ISCED). EU-27, 2010

Fonti: European Social Survey 2010; EC, Youth Social Exclusion and Lessons from Youth Work, Evidence from literature and surveys, Report produced by the Education, Audiovisual and Culture Executive Agency (EACEA), Brussels 2013.

La seguente immagine mostra la nota correlazione tra livello d'istruzione raggiunto e propensione al voto a livello di paesi UE (20 su 28). Se, come è altrettanto assodato, ai bassi livelli d'istruzione s'associano alti livelli di sottoccupazione o disoccupazione, è chiaro che c'è un esercito di persone in sostanza politicamente asservite (disenfranchised) perché non in grado di esercitare il diritto di voto.

Lungo le sponde meridionali (con le eccezioni di Tunisia, Libano, Israele e Turchia) ciò è molto visibile, ma lungo quelle settentrionali la frustrazione nei diritti politici si esprime con l'astensionismo, che solo astrattamente è una scelta, mentre invece è l'esito concreto di chi non è autosufficiente, clientelarmente dipendente e scoraggiato dalla partecipazione politica così come dalla ricerca di un lavoro. L'insieme dei paesi europei rivieraschi del Mediterraneo nei primi mesi del 2015 presentava 14.797.000 disoccupati giovanili (fonte Eurostat), mentre quelli del Maghreb sono stimati a 2,4 milioni.

Se questi sono i pesi e gli ostacoli è necessario uscire dalla pervasiva e multilingue retorica sulla "gioventù risorsa/speranza del futuro" per creare/offrire/indicare nuove possibilità di potere e guida per i giovani. Le nuove coorti mediterranee sanno benissimo identificare senza fronzoli i punti di partenza:

1. Crisi d'identità: chi sono?
2. Mancanza di fiducia in sé ed autostima: non valgo
3. Senso di disperazione: dove vado?
4. Confusione ed ambiguità morali: cosa è giusto e cosa sbagliato?
5. L'impatto negativo dei media elettronici: divertimento?
6. La competizione nell'istruzione: il campo di gioco inclinato: Eccellenza di chi? Non la mia! Non è nemmeno necessario immaginare che ogni volta vada reinventata la ruota perché le sfide giovanili hanno in comune alcuni fondamentali: istruzione, impiego, salute, casa, crimine. Il problema è la congiunzione di volontà politica, risorse economiche e sfide da vincere. Anche il brodo di cultura di una nuova dirigenza giovanile è abbastanza sperimentato:

A. Sperimentazione come Erlebnis (esperienza fondante); opportunità, condizioni, circostanze, spaziotempo, interazioni;

B. Associazione come solidarietà, dialogo, coesione, comprensione, connessione.

C. Navigazione: una nave è sicura in un porto, ma non è stata costruita per starci. In una parola: rischio.

Le risposte della politica, quando non ricorrono al manganello o alla baionetta, sono profondamente inadeguate e ricadono in una prevedibile gamma tra il conformismo senza fantasia e la finta innovazione. La risposta dei giovani in ambienti liberali è generalmente riassumibile nel trinomio critico "diffidenza-voto erratico ed intermittente-protesta", ma dal punto di vista costruttivo la prima risposta è basata su una combinazione di pragmatismo, efficienza ed personalizzazione, ma con una forte intransigenza sulle questioni di principio e sull'importanza dei valori tentando di realizzare concretamente un "vicinato globalizzato" (il vecchio glocal). E tuttavia è facile comprendere che questo tipo di reazione alle condizioni prevalenti non è ancora sufficiente. Come è emerso in un congresso internazionale sulla leadership giovanile all'orizzonte dello anno 2020 "transformative legacies need transformative actions" in altre parole: allo sconvolgimento scaricato sui giovani deve rispondere un'azione rivoluzionaria.

La creazione di una nuova leadership si trova oggi confrontata da una triplice sfida nel definirsi: rete, isarchia (governo tra pari) e diffusione di responsabilità. La rete è il brodo di cultura ed il tessuto connettivo di ogni serio tentativo riformatore e/o rivoluzionario, ma è anche il luogo in cui l'emergere di guide ha un valore relativo sia in termini assoluti che relativi.

La rete ed il sottoinsieme delle reti e dei media sociali funzionano su una combinazione di isarchia ed anarchia sistemate come le strutture di una fibra composita e questo spiazza due volte le persone che naturalmente si pongono come capi. C'è infatti un alto grado di anarchia passiva che non frena solo perché c'è l'umanissima inerzia ad agire, potente da secoli, ma perché l'isteresi tra impulso e reazione è la difesa più collaudata ed immediata delle parti sociali più angariate (giovani, donne, immigrati e pensionati depauperati) dalle pretese della globalizzazione. La diffusione di responsabilità è di segno opposto all'anomia diffusa nelle democrazie indebitate, significa infatti una delega non più passiva, ma attiva che combina verticale ed orizzontale.

In questo le leadership giovani cominciano a presentare caratteristiche molto più femminili che nel passato, fondendo diversi aspetti:

- una base machiavelliana, spesso filtrata dall'esperienza sociopolitica marxista-leninista, alternativa o socialdemocratica radicale oppure una base di Realpolitik, unita ad un'ideologia gandhiana o buddhista;
- una visione del futuro elaborata;
- un insieme da nativi digitali delle tecniche di comunicazione di massa, cura dell'immagine e del sentiment collettivo, delega e simultanea risonanza sulla rete nel caso della prima;
- una forte carica etica ed ideologica, corroborata da convincenti comportamenti privati e da un forte senso di responsabilità;
- il rischio di vedere nel futuro una democrazia ancora sotto tutela indiretta o diretta, non importa se militare o lobbystica;
- l'uso della non violenza come metodo e discriminante politica;
- il cosmopolitismo, cioè l'esatto opposto dell'omogeneizzazione alienante della globalizzazione perché parte dalle differenze, riconoscendole, e punta alla creazione di una nuova sintesi in cui le diverse culture siano sintetiche e sinergiche.

Le proposte di studio e d'azione

Gli eventi della crisi economica globale e gli esiti largamente deludenti delle Rivoluzioni Arabe hanno posto con grande crudezza il problema di classi dirigenti largamente inadeguate alle sfide regionali e globali. Sperare di trovare vie puramente nazionali o anche europee per uscire da una recessione politica, morale, sociale ed economica è illusorio, come già dimostrano i sei anni passati di austerità differenziata nell'Eurozona. È necessario un progetto di formazione e creazione di una rete delle nuove ed emergenti classi dirigenti del Mediterraneo prima che questo mare e questa zona economica rischi di perdere definitivamente la sua stabilità e la sua grande importanza nei traffici mondiali legata all'afflusso di traffici da Cina, India, Golfo, Africa verso Suez. Il progetto "Giovani classi dirigenti mediterranee Leader-Med" vuole proporre una trasformazione accelerata di vecchi paradigmi sociopolitici agendo lungo quattro assi:

1. Lavoro di "mappatura", revisione/ammodernamento dei partenariati partecipati dall'UE o da Stati Membri nell'area Mediterranea, associativi, multilaterali e universitari;

2. Formazione socio-politico-economica avanzata in linea con le nuove esigenze di leadership;

3. Laboratori basati su progetti pilota: su cui "sfidare" i giovani partecipanti dei differenti Paesi nella soluzione di progetti concreti dei rispettivi tessuti locali, per dimostrare che al di là di confini politici o differenze religiose, le giovani classi dirigenti del Mediterraneo individuano soluzioni simili per sfide comuni e quindi far emergere isomorfismi organizzativi e di leadership;

4. Creazione di reti transnazionali reali e 2.0 per cinque centri d'interesse (commercio, energia, acqua, industria alimentare, cultura).

Il progetto deve assumere carattere di azione d'urto per creare, consolidare e mettere in rete velocemente classi dirigenti (non solo politiche, ma anche intellettuali ed economiche) cosmopolite (e non globalizzate) in grado di evitare o rimediare al rapido degrado su entrambe le sponde del bacino mediterraneo che può assumere caratteri nazional-populistico xenofobi oppure fanatico-clericali a seconda delle situazioni.

Alessandro Politi
@ozeanadler

Osservatorio Medio Oriente e Mediterraneo

2015

di Fabio Nicolucci[27]

L'Osservatorio Medio Oriente e Mediterraneo è una sorta di "caffè" coordinato da Fabio Nicolucci, per discutere ed analizzare uno degli snodi critici per la stabilità e la pace dell'area nella quale l'Italia è al centro. Sono stati commentati articoli scritti da Nicolucci sulle prime e terze pagine di varie testate tra cui Il Mattino, il Messaggero, il Riformista dal 2009 al 2012 e successivamente il suo libro "La Sinistra e Israele". Alle discussioni hanno partecipato docenti universitari e analisti politici, industriali e semplici interessati. Questo documento riporta un aggiornamento sull'area geopolitica mediorientale.

Quando in Medio Oriente si verifica una crisi, essa non è mai sola. Soprattutto non può essere letta come frutto di una sola dinamica. Il Medio Oriente è tra le regioni del mondo a più alta interdipendenza, anche perché tra quelle a più bassa intensità statuale. Dove l'identificazione tra "stato" e "nazione" è più divergente. Dove lo "Stato" è – a parte le eccezioni di Marocco, Egitto ed Iran - per lo più frutto di disegni sulla carta e non di architetture costituzionali o processi storici, spesso di mani esterne. Dove le forze identitarie e tribali – nazionali e non – attraversano e spaccano le frontiere, invece di sigillarle e renderle veri segni di ordine e regolazione.

Del resto, questa interdipendenza spiega perché la regione si muove con difficoltà, ma quando si muove lo fa tutta insieme. Questo è stato il caso dei sommovimenti che dal 2011 hanno scosso un cinquantennale ordine regionale basato sul "cesarismo" (autoritarismo) come modello istituzionale, proposto e regolato da una potenza globale di riferimento. Potenza che fino al 1945 è stata il Regno Unito, e dopo gli Stati Uniti d'America. Questo assetto è entrato in crisi per il

---

[27] Giornalista professionista, esperto in Medio Oriente.

combinato disposto della fine della Guerra Fredda e l'intervento Usa in Iraq del 2003, che ha rotto lo status quo, innescando una fase costituente che solo adesso sta chiudendosi. Ed in maniera non condivisa e pacifica. Dalla rottura degli equilibri – comunque precari e sempre più ossificati – precedenti, vista anche la crescente debolezza e relativo declino della potenza globale degli Usa, è infatti scaturita una guerra "per procura" tra le due potenze regionali che ambiscono a riempire questo vuoto. E a candidarsi come potenza regionale di riferimento, in attesa che il mondo cambi ancora e agli Usa si sostituisca più compiutamente qualcun altro, per esempio la Cina. La prima è quella dell'Arabia Saudita, che cerca una conferma sempre più difficile ad un ruolo ricoperto sin dal 1945 di garante regionale degli equilibri e di uno status quo fondato sulla supremazia sunnita e tradizionalista. La seconda è quella emergente dell'Iran, che dall' "accerchiamento" a cui fu sottoposto con l'intervento in Iraq del 2003 è uscito con l'esportazione del protagonismo dello sciismo politico nella regione, soprattutto dove gli sciiti sono maggioranza – come in Bahrein e in Iraq – oppure contano molto, come nella stessa parte orientale dell' Arabia Saudita, in Siria, in Libano, e nello Yemen. Questa "guerra per procura" si combatte con grande asprezza militare nello Yemen, con una grande repressione e mortificazione dei diritti politici di minoranze e maggioranze in Arabia Saudita e in Bahrein (dove per altro è presente un corpo di spedizione militare saudita), ma soprattutto con la regionalizzazione del conflitto siriano.

E' con la decisione di ingaggiare questo confronto sul cruciale terreno siriano – da sempre chiave di volta di tutto il Levante, e non certo un paese periferico come lo Yemen - che è infatti venuto il salto di qualità, da sussurrato a conclamato e guerreggiato, di questo scontro di potenza e tra potenze. Purtroppo tra due alternative egualmente pessime, almeno dal punto di vista della democrazia: l'Arabia Saudita, paese del peggior Islam conservatore ed esportatore non solo di petrolio ma anche di molti terroristi; e l'Iran, dove la teocrazia si è spaccata in due dal 2009 ma dove la società civile – che per lo meno però è vitale e pesa – fatica ad assumere il ruolo che dovrebbe, soprattutto nella riforma del regime. Questo scontro adesso si combatte in Siria non solo con le milizie straniere, Pasdaran iraniani e milizie libanesi di Hizballah in testa, ma anche con l'"afghanizzazione" del conflitto, soprattutto da parte di Arabia Saudita e Qatar. Il che significa lo sviluppo di una dimensione ideologica dello scontro tra sunniti e sciiti pericolosa non solo per i richiami ancestrali di faida – passando dal calabrese all'arabo si direbbe "fitna" – che essa porta con sé, ma anche per la possibilità che – come accaduto in Afghanistan con il jihad contro i sovietici – tale dimensione poi possa coinvolgere direttamente o indirettamente anche l'Europa e l'occidente, sia in termini di terroristi addestrati a tutto sia in termini di identità surrettizie fornite a minoranze dell'islam europeo. Un debordamento sempre più probabile, visto il crescente e sempre più imponente flusso di denaro che dal Golfo e dall'Arabia saudita arriva ai combattenti salafiti in Siria.

Del resto, questo debordamento è già cominciato. Sul fertile terreno iracheno infatti si è sviluppato la abnorme crescita di un nuovo attore come l'ISIS che in parte ha ragioni endogene – in particolare il settarismo e il revanscismo della maggioranza sciita, che non ha saputo esercitare moderazione e inclusione politica verso la detronizzata minoranza sunnita che con Saddam Hussein ha spadroneggiato in Iraq per decenni – ma la cui virulenza è tutta effetto sia del quadro regionale prima descritto sia degli effetti del sanguinoso conflitto siriano.

In Siria si sono organizzati i primi nuclei autonomi – anche all'interno della resistenza siriana al regime, dove all'inizio nel 2011 prevaleva la componente democratica e poi ha preso il sopravvento quella salafita – dello Stato Islamico dell'Iraq e della Siria (ISIS) o Levante, in una sua variante. Lì è stato costituito il primo punto d'arrivo per l'arrivo del flusso di soldi e volontari proveniente dal Golfo. Nel contempo, è stato offerta la possibilità di riorganizzarsi alla parte irachena - dopo la sua sconfitta da parte del premier Al-Maliki nell'offensiva partita nel 2006-2007 - in parte autonoma e in parte coordinata ideologicamente con quella siriana e con frammenti dell'Al-Qa'ida globale. Dopo questa prima fase di organizzazione, con l'offensiva su Baghdad del giugno 2014 e poi la proclamazione del Califfato, è partita la seconda fase. In uno sforzo coordinato, con la pressione da nord e dalla Siria e la conquista di importanti punti di frontiera tra Siria e Iraq, e la spinta verso Baghdad e la conquista di importanti snodi petroliferi nel nord dell'Iraq, è stato in realtà creato uno "Stato" dell'ISIS a cavallo tra Siria e Iraq del nord. Uno Stato che ha già imposto la sua legge, impone la sua propaganda – molto efficace dal punto di vista propagandistico la subitanea messa in rete di fosse comuni di tutti coloro che gli si sono opposti, con la conseguente fuga di gran parte dell'esercito regolare iracheno di fronte alla avanzata dell'ISIS – e esige le sue tasse. Oltre a puntare subito sulla presa di possesso e vendita della risorsa petrolio. Il segnale è chiaro: siamo qui per durare. Con l'Egitto al momento fuori gioco per il contraccolpo interno della detronizzazione di Morsi da parte dell'esercito di Al-Sisi - con l'aiuto dell'Arabia Saudita – e l'Iran che sta organizzando, in soccorso degli sciiti iracheni e delle proprie posizioni conquistate nel paese, un fronte sciita ampio e destinato a coinvolgere da Hizballah in Libano (già molto presente in Siria) fino agli sciiti iracheni di As-Sadr, le turbolenze nell'area sono destinate ad aumentare, se non a fare un vero e proprio salto di qualità.

Tutto ciò non spinge ad essere ottimisti per la sicurezza di Israele né per quella di noi occidentali. Non tanto perché essa possa essere minacciata direttamente – l'Iran e l'accordo sul nucleare costituisce più un motivo di polemica politica interna ad Israele che un'effettiva minaccia militare, almeno fino a quando non potrà rivendicare ufficialmente e politicamente l'entrata nel consesso delle potenze nucleari militari – quanto perché esso viene circondato da un arco di crisi dal Libano alla Giordania all'Egitto che molto probabilmente produrrà degli "attriti" militari come effetto sulle sue frontiere. E poi aumenterà la disgregazione politica della società palestinese, già duramente provata dall'impotenza nell'ottenere qualche risultato da un governo israeliano attestato su uno status quo tutto a suo vantaggio (nel breve termine almeno, perché sul lungo termini vale la valutazione fatta da molti ex capi dello Shin Bet e del Mossad sulla pericolosità che tale status quo rappresenta nel lungo termine per la sicurezza di Israele).

Questa disgregazione politica ed anche morale ha già prodotto il doloroso ed esecrabile evento del rapimento un anno fa di tre ragazzi israeliani, che giustamente ha sollevato condanna ovunque, e che poi ha fatto deflagrare la guerra a Gaza. La politica israeliana soffre dell'isolamento crescente che il paese sperimenta nella regione, ed anche nel mondo. Il riflesso più istintivo è quello di chiudersi a riccio, come testimonia la recente elezioni di Reuven Rivlin a Presidente della Repubblica dopo il carismatico padre della patria Shimon Peres. Un riflesso incoraggiato dal fatto che gli Usa, ed in particolare l'Amministrazione Obama sembrano incapaci di uscire dallo stanco mantra di un defunto "processo di pace" secondo i dettami di Oslo – era venti anni fa, ed un medioriente del tutto diverso – per quanto riguarda i rapporti israelo-palestinesi. Anche perché assorbiti dalla giusta riformulazione del loro rapporto con l'Iran dal paradigma moralistico e dicotomico dei neoconservatori ad uno più attento alla realpolitik. Israele deve dunque, soprattutto in questa contingenza, badare di più a se stessa affidandosi alle proprie forze. Che non sono poche. Molto dipenderà dalla sua capacità di individuare le vere minacce alla propria sicurezza – che sono al momento esterne – e ad assumere quindi una concezione tattica e strategica conseguente, fondata quindi sulla capacità di sviluppare un deterrente tattico lungo tutte le sue frontiere più che ad indulgere in concezioni strategiche da scontro frontale. Evitando illusioni e pericolose scorciatoie, oppure reazioni rabbiose e non meditate, come potrebbe essere lo scatenamento di una terza intifada. Ma soprattutto molto dipenderà dalla capacità dell'Europa e dell'occidente sia di rassicurare Israele e le paure che al momento essa proietta sullo schermo iraniano, sia di tematizzare in modo appropriato l'arco delle minacce che si stanno sviluppando in Medio Oriente, compresi gli strumenti adatti a risolverle. E con ciò si intende la costruzione di una seria politica di soluzione e uscita dal conflitto siriano con una di seria entrata nello Stato dell'ISIS, per spazzarlo via in modo definitivo, esemplare e irrevocabile.

Fabio Nicolucci
@nicoluccif

QRcode n.4: Intervista a Gianni Pittella, Presidente del Gruppo S&D in Parlamento europeo.

QRcode n.5: Intervista a Luigi Marattin, Consigliere economico del Presidente del Consiglio e docente presso l'università di Bologna, in occasione dell'evento di Concreta-Mente "Il vincolo stupido" del 16 aprile 2015.

Parte II
Agenda digitale e innovazione nella Pubblica Amministrazione

Introduzione alla Parte II

Questo capitolo si apre con un "saggio" apparentemente dedicato al giornalismo 2.0 ma che invece, ci pone, una delle domande più interessanti delle nostre future agende digitali: in che modo gli "algoritmi" (ad esempio quello di Google) selezionano e ci "somministrano" informazioni e pubblicità. Per quanto ancora saremo in grado di discernere tra cosa effettivamente cerchiamo sulla rete e quanto invece qualcun altro vuole farci trovare (o consumare)? Da qui, come Concreta-Mente ci stiamo interrogando sul perché non sviluppiamo un "algoritmo" europeo.

Giustizia, Sanità e Servizi Socio Assistenziali, Università, Scuola e Istruzione, Sicurezza e Difesa, Politica Estera, sono alcuni dei settori in cui l'intervento pubblico per noi è necessario. Lo Stato eroga questi servizi "primari" attraverso la Pubblica Amministrazione e le "società pubbliche e partecipate". Lo fa nel modo migliore? Alla domanda retorica, rispondiamo ricordando che meno burocrazia, semplificazione, orientamento all'utente potrebbero far guadagnare al Paese alcuni punti di Pil. Per Concreta-Mente l'obiettivo è quello di avere una PA a maggior valore aggiunto per i cittadini e le imprese, in cui non vogliamo spendere meno (o, peggio, tagliare i servizi), ma spendere meglio *("best value for money")*. Quali modelli organizzativi, soluzioni tecnologiche, attività di gestione del cambiamento (formazione, informazione, monitoraggio e premialità, ecc.) possono rendere più trasparente, efficiente ed efficace la PA centrale e locale? Con la premessa che è sempre l'uomo al centro del cambiamento e non la tecnologia, la re-ingegnerizzazione dei processi e l'utilizzo delle *Information and Communication Technologies* possono essere un volano per promuovere anche un cambiamento organizzativo.

Un "Cavallo di Troia" per facilitare il cambiamento può essere l'utilizzo degli appalti telematici (*eProcurement*) nella contrattualistica pubblica, altro importante tema l'utilizzo dei modelli *"open"* (*Open Source*,

Open Standard e Open Framework). Proprio sui modelli *"open"* si è sviluppato il gruppo di lavoro più importante di Concreta-Mente, *"Open Studies nella PA - OSPA"*, che ha condotto a proposte normative, interventi sul Codice Amministrazione Digitale (CAD), progetti pilota (appalti telematici nel Comune di Rieti).

Rimanendo in ambito pubblico, uno degli snodi critici per riavvicinare i cittadini-elettori ai decisori istituzionali, è la misurabilità dell'agire politico (accountability): su come rendere rendicontabili gli amministratori anche con le ICT abbiamo dedicato una proposta e un progetto pilota.

Se l'*eCommerce* è un canale di acquisti e vendite sempre più in crescita, non poteva mancare la nostra attenzione verso la sicurezza dei consumatori-acquirenti con un "decalogo" sugli acquisti on line.

Media 2.0: il giornalismo è morto, evviva il giornalismo

2015

di Michele Mezza[28]

Siamo nei primi 5 secondi di una lunga storia. La trama di fondo è quella del giornalismo, o meglio ancora, delle relazioni sociali basate sul racconto, perché tale è il giornalismo visto in una prospettiva antropologica: come l'uomo cresce raccontando quanto accade.

In questa trama siamo proprio all'inizio di un capitolo che muta radicalmente natura e contenuto del giornalismo. Da poco tempo Facebook ha lanciato Instant Articles, la nuova soluzione che permette al social network, in accordo sperimentale con alcune grandi testate globali, come il *New York Times*, il *Guardian* e anche integratori di news come *Buzzfeed*, di distribuire le notizie dei giornali direttamente sul flusso delle nostre pagine mentre siamo a chattare sul social network. Per risparmiare 8 secondi, sono quelli necessari a passare da un link all'altro nella navigazione fra le notizie dei vari giornali, si centrifuga tutto in un unico flusso governato da un unico algoritmo.

E tutto quanto negli ultimi 3 secoli ha dato forma a strumenti d'informazione come giornali, riviste, radio o TV, diventerà un flusso, un unico esclusivo, inesauribile fluire di news che ci appariranno sulle nostre pagine Facebook secondo criteri di profilazione e di pertinenza che solo Facebook deciderà. E' una svolta epocale, che chiude una lunga fase, quella iniziata con l'invenzione della stampa e ne apre un'altra di cui siamo testimoni proprio della fase iniziale. Su questo ho scritto un libro, da cui traggo queste note, intitolato *Giornalismi nella rete* e che come sottotitolo recita: *per non essere sudditi di Facebook e Google*. Questo è il tema all'ordine del giorno oggi. Come la transizione da un linguaggio compitato e scandito nei format tradizionali della lettura o dell'ascolto

---

[28] Giornalista professionista e docente universitario, esperto in giornalismo digitale, autore di *Giornalismi nella rete. Per non essere sudditi di Facebook e Google*.

delle notizie, possa essere sostituito da una nuova forma, appunto il flusso, in cui un getto continuo di contenuto affianca per tutta la giornata le nostre attività digitali. E' una trasformazione che così come con la stampa, mette in gioco le categorie di base della nostra convivenza. Gutenberg permise una privatizzazione del sapere che diede forma e forza alla borghesia mercantile rinascimentale offrendo a Lutero una clava potentissima per sfidare la cattedra di Pietro. Più tardi, con la pace di Vestfalia e la formazione degli stati nazionali, l'opinione pubblica trovò un contesto, lo stato nazionale, ed un testo, l'informazione critica del potere, per innescare il processo di dualismo base vertice che porterà poi alla rivoluzione francese. Ora di cosa stiamo parlando? È solo un semplice cambio di abitudini, come si dice, che nulla cambia nella natura del mezzo giornalistico? Io credo che invece siamo a un tornante antropologico, dove velocità dei contenuti e individualizzazione dei canali scompiglierà gli assetti e le istituzioni della nostra convivenza. Intanto, per la discrezionalità con cui Facebook potrà usare questo flusso.

Sul numero di *Science* del 7 maggio 2015 è stato pubblicato un lungo studio dall'apparentemente tecnico titolo: *Esposizione a notizie ed opinioni ideologicamente varie su Facebook*. In sostanza, si è misurato come su un vasto campione, circa 10 milioni di utenti del social network, agisca la discrezionalità dell'algoritmo di Mark Zuckerberg del dare ad ognuno quello che è bene che ognuno veda e sappia. Messo così si intuisce che siamo al centro di un'azione di manipolazione al cui confronto Vance Packard con i suoi persuasori occulti del 1957 sembrano dei boy scout che facevano attraversare la strada alle vecchine. Ma proprio la storia iniziata nel cuore degli anni 50 al seguito della prima esplosione della televisione di massa deve insegnarci che non è possibile lanciare crociate ideologiche. Come allora, anche oggi non siamo parte di congiure da Beati Paoli, in cui alcuni misteriosi personaggi determinano il modo di pensare, e di comprare, del mondo. Siamo però, esattamente come allora, all'inizio di una dialettica di nuovi poteri che se non sono riconosciuti e riconoscibili, perfino se fossero del tutto neutri, e, come vedremo, non lo sono, sarebbero pericolosi, come tutti i poteri che agiscono, consapevolmente o meno, nell'ombra. Infatti le considerazioni della ricerca pubblicata da *Science,* combinate con i ragionamenti che stanno prendendo forma sul destino dell'opinione pubblica al tempo di Facebook come edicola globale, ci porta ad una sola considerazione: come sostiene Frank Pasquale nel suo saggio *The black box Society* "l'autorità è espressa sempre più in termini algoritmi". Lo abbiamo già visto con i primi grandi calcolatori negli anni 50, che hanno imposto una logica allo sviluppo dell'informatica, tutta centralizzata e verticale. Una logica del tutto opzionale e parziale, che non aveva nulla di oggettivo e tanto meno di neutro, come dimostrò, fin troppo clamorosamente, Adriano Olivetti che, negli stessi anni dei grandi calcolatori IBM, diede vita alla straordinaria esperienza del Programma 101, il primo personal computer che apriva la strada al decentramento della potenza di calcolo all'individuo. Quell'esperienza fu stroncata in pochi mesi e si concluse, dopo la morte dello stesso Olivetti, con la "confisca" della divisione elettronica del gruppo informatico italiano da parte della General Electric. Quella era la fase che accompagnava la guerra fredda e supportava la militarizzazione della prima scienza digitale. Successivamente, si passò alla fase dell'informatica di consumo, per affiancare il processo di superamento dell'industrializzazione di massa e di quella che Giuseppe De Rita chiama la "cetomedizzazione della società".

Siamo a metà degli anni Settanta e la privatizzazione degli algoritmi diventa la premessa dei grandi imperi come Microsoft e successivamente Apple. Anche qui nulla di inesorabilmente inevitabile. Come poco dopo fu dimostrato dall'avvento dell'open source e di una nuova ondata che vedeva al centro non gli oggetti informatici ma le relazioni, con il disegno della rete e poi delle forme di socializzazione relazionale che furono avviate prima da Google e poi da Facebook. Motore di questo processo rimane l'algoritmo, ossia quella formula di istruzioni finalizzata a risolvere un problema ed ad assicurare un risultato automatico. Il campo di scorreria e laboratorio di applicazioni di questo potere misterioso per larga parte degli anni Novanta fino ad oggi è stato il mercato finanziario, con il cosiddetto high frequency trading, ossia quell'insieme di gigantesche transazioni azionarie condotta praticamente in real time direttamente da algoritmi. L'intera economia del mondo è oggi condizionata dalle forme e dai linguaggi delle decisioni automatiche. E' questo l'esempio che prefigura quella che oggi si paventa come dittatura di un solo algoritmo. Infatti, perfino negli Usa, rispetto all'ingovernabilità e all'opacità del mercato finanziario automatizzato si comincia a chiedere interventi normativi prescrittivi. Ora proviamo a ragionare sulla prospettiva di una configurazione del modello informativo basato prevalentemente sulla discrezionalità di Facebook nell'attribuire ad ognuno dei suoi utenti, circa 1 miliardo e mezzo, in virtù del profilo e dell'identità digitale che si determina dall'analisi dei big data operata dall'algoritmo del social network, le notizie del giorno. Ognuno di noi vedrà, in diretta in ogni vigilia di decisione, quelle notizie che Facebook considererà "pertinenti", in un unico ed esclusivo flusso, diverso da tutti gli altri.

Un'azione distributiva che si baserà esattamente sulla distorsione che l'indagine che abbiamo citato prima su un amplissimo campione, riportata da *Science*, individua come "progressivamente " manipolatoria. Infatti lo studio ci dice che l'azione discrezionale di Facebook non modifica clamorosamente il quadro informativo ma lo corregge e integra progressivamente, in modo che a lungo andare, ossia con il passare del tempo, giorno dopo giorno, mese dopo mese, ci si trova in un contesto del tutto artefatto. Come scrive Eli Parisier, un giovanissimo esperto della rete, affermato critico della personalizzazione opaca, autore del saggio *Il Filtro. Quello che Internet ci nasconde* (Il Saggiatore 2012) "è come un piano inclinato e più nel tempo si tenderà a non uscirne perché ogni algoritmo contiene un punto di vista sul mondo". E qui veniamo al cuore del progetto di Concreta-Mente: un'esperienza di formazione competitiva. "Gli algoritmi sono esattamente questo: una teoria su come una parte del mondo dovrebbe funzionare, espressa in termini matematici o informatici". Questa visione del mondo che sta diluendo e biodegradando la vecchia informazione del secolo scorso reclama oggi una nuova gamma di competenze e di saperi, nuove figure professionali e soprattutto una straordinaria lucidità nel dosare tecnica e valori in un contesto dove proprio l'elemento umano oggi fa la differenza.

Michele Mezza
@michelemezza

Visioni e scenari di eGovernment. Sfide e proposte per l'ICT nella Pubblica Amministrazione

2011

di Leonardo Bertini[29] e Alessandro Coppola Suriani[30]

Lo snodo critico riconosciuto diffusamente è che la PA italiana eroga servizi e opera con l'attenzione mirata al rispetto formale delle regole (definite da essa stessa) e dei procedimenti amministrativi, avendo parzialmente perso di vista il suo obiettivo istituzionale che è quello di erogare servizi di qualità in tempi rapidi al cittadino a cui si aggiunge l'obiettivo del "fare sistema" tipico dell'era digitale. Per l'Italia il problema fondamentale è proprio quello di riuscire a passare da un'amministrazione che funziona secondo regole e controlla il rispetto delle stesse (digitalizzando la burocrazia) ad un'amministrazione che funziona in base alle esigenze dell'utente e controlla il livello di soddisfazione di quest'ultimo. Quindi, l'opportunità per l'Italia derivante dall'eGovernment sta proprio nella gestione del cambiamento dell'impostazione pubblica verso una cultura di soddisfazione dell'utilizzatore finale. Non deve essere l'utente a rispettare regole e procedure, deve essere la PA a rispettare i fabbisogni dell'utente. L'introduzione dell'*eGovernment* attraverso una riorganizzazione delle strutture e una reingegnerizzazione dei processi (reGovernment – *rengeneering Government*), un'integrazione e interoperabilità delle funzioni/servizi, una formazione e crescita professionale delle risorse umane, una revisione della normativa, può essere il "cavallo di Troia" per favorire la gestione del cambiamento verso l'attenzione ai risultati e alla soddisfazione del cittadino.

---

[29] Presidente di Concreta-Mente.
[30] Avvocato e dirigente nella Polizia di Stato.

Una definizione di eGovernment

Non c'è una definizione univoca di *eGovernment*, perlopiù si intende un'insieme di quelli che sono *eServices*,[31] *eGovernance*,[32] *eDemocracy*[33]. Nell'accezione più complessa si può definire *eGovernment* come somma di tre relazioni: a) tra cittadini/imprese e funzionari pubblici, attraverso le ICT, al fine di

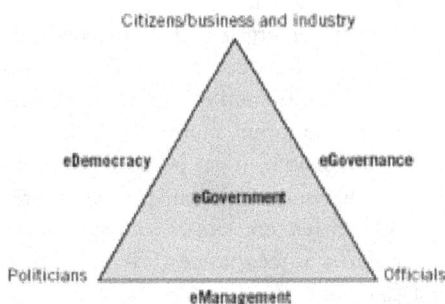

Fonte: *The future of eGovernment, Vinnova, Sveden. 2006*

fornire servizi pubblici ai cittadini e offrire la possibilità ai cittadini stessi di correlarsi con il settore pubblico; b) tra cittadini/imprese e politici, al fine di influenzare direttamente dal basso i processi decisionali; c) tra politici e funzionari pubblici, al fine di rendere più rapido ed efficace il canale decisione-azione.

A queste tre relazioni si possono associare indirettamente: *eGovernance* (Governo virtuale), *eDemocracy* (web referendum e forme partecipative on line) e *eManagement* (interrelazioni tra amministratori/dirigenti pubblici e livello politico).

---

[31] *eServices:* sviluppo di servizi da parte del settore pubblico e l'esercizio della pubblica autorità utilizzando vari canali elettronici.

[32] eGovernance: si riferisce all'utilizzo interno al settore pubblico di strumenti IT che consentano la condivisione di documenti o la collaborazione in linea del personale di PA diverse che consente di aumentare l'efficienza.

[33] eDemocracy: possibilità di sviluppare l'influenza e la partecipazione dei cittadini nella sfera politica e decisionale, anche formando gruppi di interesse, attraverso nuovi canali ICT.

Scenari e Visioni di eGovernment al 2011

Sarebbe un errore dare per scontato un percorso evolutivo dell'*eGovernment*. Analizzando sia studi di scenario sia ricerche sul futuro dell'eGov[34] emergono due argomenti ricorrenti (diffusione o meno dell'utilizzo del computer tra cittadini, integrazione o frammentazione di Istituzioni e PA) che, correlati alle tendenze in atto nella società e nell'economia, fanno rilevare rischi e snodi critici.

Quattro dimensioni (che possono assumere valori positivi o negativi) sono tipicamente utilizzate per proiettare scenari nel settore: 1) economia e società (es. crescita o recessione); 2) istituzioni e PA (es. pubblico e privato); 3) tecnologie ICT (es. sviluppo o involuzione); 4) sostenibilità dello sviluppo.

Combinando queste dimensioni si può prospettare uno sviluppo dell'*eGovernment* diverso a seconda che si realizzi in uno scenario evoluto, intermedio o negativo. In uno scenario evoluto da parte dei cittadini e di integrazione delle PA si può prospettare un portale Stato.it a cui accedere per ogni informazione/servizio e in cui ogni amministrazione è rappresentata con un sottosito "linkato". In caso di una non effettiva integrazione del settore pubblico si può immaginare un "motore di ricerca della PA", con una guida all'uso dei servizi pubblici, che costituisca una sorta di navigatore della burocrazia ed aiuti l'utente a cercare od ottenere un servizio. Tale navigatore avrebbe anche il compito di aggregare gli utenti in base ai servizi/informazioni cercate creando chat e forum di discussione anche con la PA di interesse. Un ulteriore servizio importante potrebbe essere uno strumento che fa ranking delle PA per stesso sevizio erogato in base al livello di soddisfazione degli utenti (rating e meccanismi reputazionali).

In uno scenario intermedio , seppur si mantenga l'idea di sviluppare un settore istituzionale integrato , si immaginano accessi diversi più o meno evoluti (es. prevedere anche un accesso on line con una versione "light" semplificata). Quindi diversi utenti e diversi strumenti e canali di accesso, da un livello base più semplice ad uno più avanzato.

---

[34] Leonardo Bertini ("Scenari e Visioni di eGovernment", www.concreta-mente.it, 2007).

In uno scenario negativo, si registra una regressione del settore come deriva nte da una non confidenza e da una scarsa fiducia dei cittadini nei confronti dei mezzi dell'ICT prodotta da attacchi di virus, hacker, shutdown del sistema, mancanza di integrazione tra PA, scarsa tutela della privacy.

Oltre agli scenari di contesto si possono individuare anche degli scenari di realizzazione dell'*eGovernment* che dipendono dallo sviluppo di processi di modernizzazione e di cooperazione e coordinamento tra società e settore pubblico. Gli scenari di realizzazione dell'eGov che si immaginano sono: 1) i cosiddetti "Dinosauri" cioè PA pachidermiche; 2) una crisi di ispirazione per il settore pubblico, che a fronte di una modernizzazione e innovazione non si coordina e quindi rimane frammentato; 3) un'architettura istituzionale veramente trasformata. Altre due chiavi di lettura trasversali possono essere: il livello di intervento e la presenza del settore pubblico nell'economia, la sensibilità dei cittadini nei confronti della privacy e comunque la loro disponibilità ad essere "sorvegliati" dalle istituzioni.

Tra le nuove forme organizzative che possono aumentare l'efficienza nel settore pubblico la letteratura individua tre modelli principali:

1) modello di cooperazione volontaria tra amministrazioni;

2) modello di amministrazioni su un sistema a network, dove il cittadino usa le funzioni di eServices su portali separati, il funzionario pubblico aiuta l'utente con attività di raccordo. Ci sono relazioni orizzontali tra PA;

3) modello di ente/amministrazione delegato di tutti i contatti con il pubblico (*joint service authority*), che poi smista le attività per funzioni. Un esempio è quello del governo Candese. È la PA a sapere che cosa serve al cittadino e l'utente non si interessa di chi eroga il servizio in quanto tutto passa da un unico portale. In questo modello rientra anche la formula dell'information hub con un database centrale che offre tutti i servizi (modello danese).

Da questi scenari, indipendentemente dall'orizzonte temporale e geopolitico considerato, si possono estrapolare degli elementi e delle variabili che possono essere d'aiuto per definire strategie efficaci di eGovernment.

Gli elementi che emergono sono:
- priorità all'erogazione di servizi orientati agli utenti e a gruppi di utenti, tenendo presenti i bisogni specifici differenti;
- ricercare sempre la facilità di utilizzo, user friendly;
- puntare sulla multicanalità nelle forme di erogazione dei servizi e creare dei punti di contatto/connessione nelle singole comunità di utenti;
- ricercare la qualità e l'efficienza;
- punti di accesso unici ai servizi della PA (cosiddetti *One-stop services*) e Portali saranno fattori chiave di sviluppo;
- limitare l'esclusione e gap/divisioni sociali anche attraverso la presenza di servizi multilingue;
- gestire e conservare i dati in modo sicuro (fondamentale per creare fiducia tra cittadini e istituzioni).

Le variabili che dovranno essere considerate sono:
- cambiamenti demografici: innalzamento dell'età, immigrazione, mobilità intraeuropea (anche dai nuovi Stati Membri);
- espansione dell'Europa e cooperazione tra Stati Membri: integrazione nelle politiche di eGov;
- deficit democratico: favorire la partecipazione dei cittadini anche attraverso ePartecipation;
- innovazione: realizzazione dell'agenda di Lisbona, adozione di nuove tecnologie (politiche pubbliche a favore dell'ICT potrebbero svolgere lo stesso ruolo di traino che la spesa militare svolge negli Stati Uniti) e revisione della separazione dei ruoli tra pubblico e privato

Conclusioni

Il Gruppo di lavoro, propone una visione di eGovernment al 2011 che, considerate le variabili e gli elementi descritti, che tenga presenti i seguenti fattori.

A livello europeo e italiano gli elementi chiave saranno tre: 1) definire priorità negli obiettivi, programmare le azioni e identificare le responsabilità (chi fa cosa); 2) definire un quadro normativo e regolamentare comune e più snello; 3) definire una struttura/architettura di collaborazione/cooperazione comune.

Le sfide che si pongono per raggiungere questi obiettivi di trasformazione si possono riaggregare in tre macro insiemi:

1) sfide di tipo politico-strategico: i decisori sono restii a aprirsi al cambiamento, ci sono interessi diversi tra istituzioni e tra livello centrale/locale, c'è un conflitto tra interessi di breve e lungo termine nel pianificare azioni, mancanza di informazione sulle potenzialità dell'eGov. Necessaria forte volontà politica;

2) sfide di tipo strutturale: resistenza al cambiamento e autodifesa delle elites impermeabili alle novità culturali e innovative, creare clima di fiducia e collaborazione sia tra amministrazioni (anche a diversi livelli), sia tra settore pubblico e privato (PPP). Adattamento del modello weberiano di PA al modello a network tipico dell'era digitale;

3) sfide di tipo sociale: utenti con diversità di bisogni devono essere meglio intercettati dalle PA in modo user friendly, l'uso di soluzioni IT deve aumentare la soddisfazione dei cittadini, superare il digital gap, sicurezza e tutela dei dati.

Per dar più concretezza a quanto appena esplicitato si può affermare la necessità di individuare un (o alcuni) singolo progetto, in uno specifico settore ma orizzontale come impatto, che sintetizzi quanti più elementi e snodi critici tipici del change management nella PA e promuoverne l'adozione, facendo da apripista anche per altre aree[35].

In conclusione, nello sviluppo dell'eGovernment giocano un ruolo fondamentale quattro aree di cambiamento:

---

[35] Da questo punto di vista, l'eProcurement può essere la killer application per favorire il cambiamento nella PA. Primo, perché sintetizza tutti gli snodi critici tipici dei processi di change management: riorganizzazione delle strutture, integrazione e interoperabilità delle funzioni/servizi, reingegnerizzazione dei processi, formazione e crescita professionale delle risorse umane, revisione della normativa, introduzione di tecnologie, monitoraggio della spesa pubblica e dei risultati (mantenendo decentramento autonomia di spesa), controllo della qualità. Secondo, perché è una tematica orizzontale a tutte le PA, dai confini e procedure ben note, quindi i risultati conseguibili hanno una più facile visibilità e un valore economico. Terzo, il settore appalti appare favorito rispetto ad altri settori per promuovere questo processo di cambiamento perché ha anche la massa critica in termini di volume di spesa per sostenere l'innovazione. Gli appalti pubblici sono oltre il 17% del Pil. Infine, attraverso un aumento di efficienza degli appalti pubblici si possono ottenere risultati permanenti e consistenti relativi a risparmi di processo, savings (risparmi sui costi dei beni e servizi), esternalità positive in termini di innovazione degli strumenti come volano di innovazione nel mercato

a) gestione della conoscenza e multicanalità, processi aperti e trasparenti e lavoro in rete, crescita professionale e formazione del personale pubblico, utilizzo di tutti i canali ICT per l'erogazione dei servizi, particolare attenzione alla gestione delle informazioni e alla sicurezza dei dati (*eAuthentication, Single Sign-On*). In questo ambito rientra anche la conoscenza interna alla struttura pubblica con la descrizione di una mappatura di responsabilità nella PA (chi fa cosa) e di flussi decisionali e di processo (anche supportati da strumenti IT), una chiara definizione delle competenze tra centro/periferia, piena informazione sui costi dei servizi erogati (attraverso analisi costi-benefici e *total cost of ownership*);

b) comprensione dei fabbisogni del cittadino/imprese e qualità, un eGovernment cosiddetto user-centric, che progetta servizi ritagliati su misura e che presta attenzione all'efficienza e alla qualità dei servizi erogati prevedendo modalità di valutazione e rating;

c) inclusione di un sempre maggior numero di player nella catena del valore del servizio con nuove forme di collaborazione di lungo termine anche per ridurre il digital gap;

d) reti e collaborazioni tra player, non solo interoperabilità ma anche forme aggregative con esperienze di "conoscenza condivisa" che creino intelligenza collettiva.

Nonostante siano trascorsi più di cinque anni, i temi e le idee descritte nel presente position paper sono ancora attuali. Le sfide di cui Concreta-Mente si è occupata in questo settore (con il Gruppo di Lavoro OSPA) sono andate dalla revisione del Codice Amministrazione Digitale, a proposte per l'introduzione del *total cost of ownership* e *circular economy* nei capitolati d'appalto, allo sviluppo di un Piano Regolatore per l'Innovazione a Roma Capitale.

Si possono sintetizzare, in modo giornalistico, le principali sfide di oggi per l'ICT nella PA italiana in tre punti:

1) **l'Uomo è sempre al centro del cambiamento**, in altri termini è poco utile avere una Ferrari se i piloti non la sanno guidare; la gestione del cambiamento (*change management*) dei grandi progetti di innovazione è sempre sottostimata mentre invece si dovrebbe dedicare maggiore attenzione anche in termini di risorse a fare informazione, formazione, realizzare progetti pilota, monitorare e premiare/disincentivare, sviluppare dei

leader o agenti del cambiamento (un esempio? A 15 anni dalla nascita del Mercato Elettronico della PA di Consip, ancora in molte Amministrazioni non si sa neppure cosa è);

2) **l'interoperabilità deve essere il mantra**; per erogare servizi efficienti al cittadino al tempo dell'Internet of Everything (IoE) è necessario almeno che i sistemi possano dialogare tra loro attraverso standard aperti e condivisi a livello europeo (un esempio? I sistemi informativi delle ASL del Lazio non dialogano tra loro, quindi in caso di nuovo nato con genitori residenti in due Municipi della Capitale con due ASL diverse, si deve andare fisicamente a fare iscrizione e scelta del medico nelle due ASL. A che serve la tessera sanitaria digitale?);

3) **Governance e coordinamento**: come riconosciuto dalla maggioranza degli operatori la verità è che chi gestisce la spesa IT dei Ministeri non si parla (dirigenti dei sistemi informativi) e ognuno decide in autonomia. L'Agenzia per l'Innovazione è un'arma spuntata. È necessario un coordinamento dei progetti a livello di singolo Ministero e tra Ministeri in modo da ottimizzare e pianificare. È necessario per gli utenti, è utile per la revisione della spesa, lo chiedono le aziende dell'ICT (quelle serie) che necessitano di strategie di lungo periodo anche per pianificare gli investimenti.

Ad oggi (2015), stiamo lavorando ad una proposta che preveda l'identificazione di un *Chief information officer* (Cio) in ogni Ministero e di un Cio alla Presidenza del Consiglio dei Ministri che coordini le politiche ICT dei Ministeri e delle PA centrali. Le risorse ci sono, sarebbe auspicabile utilizzarle meglio.

Leonardo Bertini
@LeonardoBertini

Alessandro Coppola Suriani

Allegato SCENARI E VISIONI DI E-GOVERNMENT

La presente tabella presenta una rielaborazione e sintesi di analisi di scenario fino al 2020 e proposte sull'e-government[1]

DIMENSIONI CHIAVE	DIRETTRICI DI SVILUPPO/FATTORI ABILITANTI	MODELLI DI SOCIETA' ALTERNATIVI	GOVERNO E ISTITUZIONI	SOLUZIONI DI E-GOV
Scenari di e-government al 2010 e implicazioni per la definizione delle strategie				
"*Economia e società*": crescita e integrazione VS stagnazione e recessione		Un'Europa prosperosa, equa e giusta, con forte progresso sociale e un impatto ambientale limitato	Un'Europa prosperosa, apertura alle tecnologie, accesso generalizzato agli eServices, portali internet, integrazione delle istituzioni.	Servizi ritagliati e orientati per specifici target di cittadini/"clienti". User friendly, eServices con multicanalità nella produzione di output e nei contatti;
"*Istituzioni e PA*": pubblico VS privato rottura o bilanciamento, centralizzazione VS decentramento		Un mondo turbolento, crescita stagnante, mercato e istituzioni in conflitto, la tecnologia si sviluppa solo grazie alle forze di mercato	Un mondo turbolento, il settore privato si appropria del ruolo pubblico, eGovernment frammentato e ridotto, digital gap.	Qualità nei servizi ed efficienza nell'organizzazione. Inclusione sociale. Sicurezza/protezione dei dati e della privacy/antitrust.
"*Information Technology*": sviluppo dinamico VS trend di declino				
"*Sviluppo Sostenibile*": supporto forte VS supporto debole alle politiche verdi		Recessione, riorientamento, le ICT non sono più elemento guida, frattura tra pubblico e privato, decentralizzazione, rischi di sostenibilità	Recessione e riorientamento, servizi pubblici privatizzati ed esternalizzati, scarso uso di eCommunication eService, messa in discussione tutela privacy e democrazia	

[1] I nuove documenti di riferimento sono stati analizzati a cura di Leonardo Bechi ("Scenari e Visioni di eGovernment" www.concreta-mente.it, 2007), 1) Scenarios of eGovernment in 2010, PRISMA 2004; 2) eGovernment beyond 2005, EC e-gov unit, 2005; 3) eGovernment in the EU in the next decade, Institute for Prospective Technological Studies e EC Joint research centre 2004; 4) Government in 2020 taking the long view, Gartner Group 2006; 5) The advent of digital government, American Political Science Association 2000; 6) Transformational Government enabled by technology, UK Cabinet Office, 2006; 7) Digital front, Agenzia Svedese "24/7", 2006; 8) Towards modern and connected government, Progetto VISAM, Svezia 2005; 9) e-Services in the public sector, INNOVA, 2003

DIMENSIONI CHIAVE	DIRETTRICI DI SVILUPPO/FATTORI ABILITANTI	MODELLI DI SOCIETA'	GOVERNO E ISTITUZIONI	SOLUZIONI DI E-GOV
Com'è l'e-government di oggi				
Snodi critici - Sostenibilità e modernizzazione/efficienza delle Istituzioni e PA. - Settore pubblico innovativo. - Prospettiva delle istituzioni comunitarie e dell'UE.	- Cambiamenti demografici - Ampliamento UE - Partecipazione e collaborazione ai processi decisionali con cittadini e associazioni - Agenda di Lisbona	*"Dinosauri"*, l'UE intensifica la cooperazione, Istituzioni e PA grandi e potenti, standardizzazione, snodi critici relativi a trasparenza e flessibilità	*"Dinosauri"*, governo centralizzato e scarsa innovazione	*Aree Chiave* - Competenze e ruoli - autonomie locali e regionali - gestione delle eIdentities/eAuthorisation - analisi costi/benefici
Elementi di scenario - Processo di modernizzazione. - Processo di cooperazione e coordinamento delle Istituzioni e PA	- Politiche e programmi di eGovernment - nuove tecnologie abilitanti	*"Crisi di ispirazione"*, Europa frammentata e in competizione, con alcune aree regionali avanzate, altre ancorate a modelli obsoleti. La società è frammentata e divisa	*"Crisi di ispirazione"*, PA frammentata, dominio delle logiche di potere locali, perdita di valore per gli utenti	*A livello europeo* - Priorità definire chi-fa-cosa - normativa comune su un range di servizi - architettura/struttura cooperativa e di collaborazione comune
		"Infrastrutture Istituzionali trasformate", modernizzazione e cooperazione in parallelo. Sussidiarietà, integrazione sociale. Partecipazione democratica	*"Infrastrutture Istituzionali trasformate"*, IT leva strategica, risparmi di costo/processo, Istituzioni e PA unite, ampio ed efficiente livello eService, i cittadini hanno fiducia nelle Istituzioni	

105

Come sarà l' e-government nella UE nel prossimo decennio

DIMENSIONI CHIAVE	DIRETTRICI DI SVILUPPO/FATTORI ABILITANTI	MODELLI DI SOCIETA'	GOVERNO E ISTITUZIONI	SOLUZIONI DI E-GOV
	Cambiamenti socio economici Aumento delle diversità culturali e religiose. Aumento età media. Cambiamenti negli stili di vita, nei modi di lavorare e di consumo		*eGovernment fondato sulla conoscenza* processi aperti e attività saranno basati sull'apertura alle reti di utenti	*Sfide* Politiche e strategiche Strutturali Sociali
	Evoluzioni nell'IT Miniaturizzazione e tecnologie mobili. Domanda di soluzioni orientate all'utente. Sorveglianza e gestione sulle identità personali al confine tra pubblico e privato		*eGovernment a misura di utente* orientamento spinto ai fabbisogni di cittadini e imprese	Interoperabilità e standardizzazione Tecnologie e applicazioni Normativa e regolamentazione
			eGovernment distribuito/delocalizzato favorirà la crescita di player pubblici, privati, organizzazioni/associazioni	
	Più democrazia Una maggiore partecipazione di cittadini e le aziende nei processi decisionali		*eGovernment e reti* si svilupperanno network e partnership tra player	

DIMENSIONI CHIAVE	DIRETTRICI DI SVILUPPO/FATTORI ABILITANTI	MODELLI DI SOCIETA'	GOVERNO E ISTITUZIONI	SOLUZIONI DI E-GOV
Come sarà l' e-government nel 2020: una visione di lungo termine				
Intervento pubblico nell'economia presenza pro-attiva VS presenza leggera			*4 modelli* 1- *Sviluppo della status quo*, basso livello di intervento pubblico e approccio restrittivo al controllo da parte dei cittadini	Range di servizi pubblici erogati consolidato o frammentato a seconda del ruolo/peso delle istituzioni
Sensibilità dei cittadini alla privacy o al controllo cittadini non disponibili e garantisti (approccio restrittivo) VS cittadini concedenti (approccio permissivo)				Distribuzione di responsabilità e risorse tra livelli istituzionali
			2- *Grande Fratello* forte intervento pubblico e approccio permissivo	la gestione e raccolta dei dati favoriranno il consolidamento delle istituzioni e di servizi integrati
			3- *Governando fantasmi* forte intervento pubblico ma approccio restrittivo	
			4- *Stato leggero* Basso livello di intervento e attitudine permissiva	Verso un unico sistema governativo di gestione delle identità

107

Open Studies nella Pubblica Amministrazione, OSPA 2008: le proposte per una filosofia open nella Pubblica Amministrazione

2008

di Leonardo Bertini[36]

L'*Open Source* (OS), per la sua flessibilità e modello organizzativo sottostante, rappresenta una grande opportunità sia per la PA per reingegnerizzare i processi e promuovere efficienza e cambiamento, sia per il Sistema Paese per favorire la nascita di community italiane e software made in Italy affrancandosi dalle licenze e dai lock-in delle multinazionali del settore. Quello che si deve sostenere è la formazione di una consapevolezza dei vantaggi derivanti dai modelli OS e un più efficace incontro tra domanda e offerta immaginandoci anche soluzioni tipo mercati elettronici tra PA e imprese, soprattutto PMI.

Ecco perché Concreta-Mente ha organizzato, con la collaborazione di Orglab, il convegno "*OPEN SOURCE – OPEN IDEAS FOR P.A.* L'*Open Source* nella Pubblica Amministrazione (OSPA'08)", tenutosi il 3 marzo 2008 a Roma presso l'Università Link Campus di Malta. Il convegno, patrocinato dalla Presidenza del Consiglio dei Ministri - Ministero per le Innovazioni e Riforme nella PA e dal Comune di Roma, ha costituito l'unico appuntamento in Italia nel 2008 per imprese, sviluppatori, Università, Associazioni per proporre idee e contributi alla Commissione Nazionale *Open Source* del Ministero Riforme e Innovazioni nella PA. Il Convegno ha voluto inoltre rappresentare un primo momento di confronto e incontro sul tema free and libre open source software nelle PA tra il lato della domanda pubblica e le imprese.

---

[36] Presidente di Concreta-Mente, membro della Commissione Nazionale *Open Source*.

È stato un grande successo in termini di partecipanti (oltre 120) e di contributi al dibattito, come testimonia anche il presente volume derivante dal *call for ideas* precedente il convegno, da me fortemente voluto e ottimamente curato per la parte scientifica da Francesco Bolici (che vorrei qui ringraziare) e che per problemi di "size" esclude le proposte giunte in formato di presentazione.

Questo successo ci porta ad immaginare un futuro per i lavori e le attività del gruppo di lavoro *Open Source* di Concreta-Mente. Concreta-Mente è infatti una associazione riconosciuta, indipendente, senza fini di lucro, formata da trentenni con alte professionalità maturate in ambiti aziendali, dell'università, delle libere professioni e dell'amministrazione pubblica, che si sono riconosciuti in un manifesto programmatico e che si propongono di offrire soluzioni ai decisori politici ed istituzionali per correggere alcune criticità che caratterizzano il Sistema Italia. L'ambizione è quella di raggiungere il duplice obiettivo da un lato di sviluppare e valorizzare capitale umano e giovani energie e dall'altro di metterle in rete (non solo internet). Come noto si sono attivati 10 gruppi di lavoro, tra cui quello su Open Source, proprio con l'obiettivo di analizzare dei settori, individuandone le criticità e proponendo delle soluzioni presentandole in eventi pubblici. OSPA'08 è uno di questi, la sfida che abbiamo è dunque quella di dargli continuità e concretezza.

Leonardo Bertini
@LeonardoBertini

Position paper Open Studies nella Pubblica amministrazione OSPA 2008: Open Source Software e Pubblica Amministrazione, analisi e proposte

2008

a cura del Gruppo di Lavoro Open Studies for Public Administration

Una definizione di Open Source

Il termine Open Source (letteralmente "sorgente aperta") indica un software rilasciato con una licenza che permette agli utilizzatori l'accesso, la modifica e -sotto alcune condizioni- la ri-distribuzione del software stesso. In questo modo il codice sorgente è lasciato alla disponibilità di eventuali sviluppatori, in modo che con la collaborazione (in genere libera e spontanea) il prodotto finale possa raggiungere una implementazione e sviluppo maggiore di quanto potrebbe ottenere un singolo gruppo di programmazione.

L'Open Source si concretizza, quindi, in un metodo di sviluppo del software che si basa sulle potenzialità di un sistema di peer review distribuito con processi di sviluppo trasparenti. La sfida che l'open source lancia ai software commerciali è quella di generare un software di migliore qualità, maggiore affidabilità, più elevata flessibilità, minor costo e senza fenomeni di dipendenza dai singoli fornitori. (Open Source Initiative, http://www.opensource.org). Open Source è quindi una metodologia di sviluppo software che presenta caratteristiche di gestione dei diritti di proprietà intellettuale sull'opera, di meccanismi organizzativi per il coordinamento e il controllo dei processi di sviluppo e di distribuzione del software completamente diversi dai tradizionali software c.d. proprietari. Dalla fine degli anni '90 inoltre si è formata una distinzione nell'interpretazione e nella definizione della filosofia alla guida del movimento: da una parte possiamo trovare la comunità dell'OSI (Open Source Iniziative) che considera l'open source come un processo di sviluppo software che potenzialmente migliora le caratteristiche del prodotto finale; dall'altra parte vi sono gli sviluppatori che appartengono alla FSF (Free Software Foundation, http://www.fsf.org), attivi in progetti guida come GNU, che riconoscono una valenza etica nel "software libero" (termine che utilizzano in sostituzione di "open source") poiché ritengono che il software non libero sia un problema sociale e il software libero ne sia la soluzione. Questa distinzione molto sentita all'interno della comunità, non impedisce comunque che i diversi sviluppatori si trovino a collaborare in diversi progetti di sviluppo.

La base dell'Open Source: le licenze

Dal punto di vista giuridico le disposizioni circa l'utilizzo del software libero restano in capo all'autore, il quale ne stabilisce le regole di impiego tramite le c.d. licenze. L'autore, infatti, riesce in tal modo a conservare allo stesso tempo i diritti di paternità sull'opera, garantendone comunque la massima diffusione ed utilizzo e vietando l'utilizzazione del software in modo indiscriminato da parte di soggetti terzi. Richiamando la definizione della FSF risulta evidente l'importanza delle licenze e delle loro caratteristiche relativamente ai processi di creazione e distribuzione del software libero. Per la FSF si definisce software libero un software la cui licenza accorda all'utilizzatore le seguenti quattro libertà:

√ Libertà di eseguire il programma per qualunque uso.

√ Libertà di studiare il funzionamento del programma e di adattarlo ai propri bisogni. Per questo l'accesso al codice sorgente è condizione necessaria.

√ Libertà di ridistribuire delle copie.

√ Libertà di migliorare il programma e di pubblicare le modifiche, per farne profittare tutta la comunità di utenti e di sviluppatori. A tal fine è condizione indispensabile l'accesso al codice sorgente.

La FSF ha creato il concetto di *"copyleft"*. Questo termine definisce una licenza che riprende le quattro libertà suddette e i cui termini devono essere ripresi in modo identico in caso di nuova distribuzione.

Ciò permette di evitare che una distribuzione di software modificato limiti i diritti originariamente acquisiti. I criteri dell'OSI che permettono di determinare la natura libera o proprietaria di una licenza di software si articolano in nove punti:

I. Libera ridistribuzione: la licenza non può limitare alcuno dal vendere o donare il software che ne è oggetto, come componente di una distribuzione aggregata, contenente programmi di varia origine. La licenza non può richiedere diritti o altri pagamenti a fronte di tali vendite.

II. Codice sorgente: in breve il programma deve includere il codice sorgente e ne deve essere permessa la distribuzione sia come codice sorgente che in forma compilata.

III. Prodotti derivati: la licenza deve permettere modifiche e prodotti derivati, e deve permetterne la distribuzione sotto le stesse condizioni della licenza del software originale.

IV. Integrità del codice sorgente dell'autore: la licenza può impedire la distribuzione del codice sorgente in forma modificata, a patto che venga consentita la distribuzione dell'originale accompagnato da "*patch*", ovvero file che permettono di applicare modifiche automatiche al codice sorgente in fase di compilazione.

V. Assenza di discriminazione nei confronti di persone o gruppi.

VI. Assenza di discriminazione nei confronti di sfere di attività.

VII. Distribuzione di licenza.

VIII. La licenza non deve essere specifica di un prodotto.

IX. La licenza non deve imporre limitazioni ad altri software: ovvero, esigere che gli altri programmi distribuiti sullo stesso supporto fisico siano anch'essi software liberi.

Esistono più di 50 licenze attualmente riconosciute dall'OSI. Le più diffuse sono tutt'ora quattro: la GPL, LGPL, MPL; BSD. Si segnala l'iniziativa della Commissione Europea tesa alla diffusione della EU public license (EUPL V1.0) approvata il 9 gennaio 2007.

Esaminiamo in dettaglio le caratteristiche principali di quattro licenze open source: la GPL, la LGPL, la MPL e la BSD.

La *General Public License* (GPL) è stata introdotta dalla *Free Software Foundation* nell'ambito del progetto GNU e garantisce la massima espressione di copyleft non ponendo alcun limite o discriminazione alle libertà di utilizzo, modifica e distribuzione dei prodotti. Inoltre, la GPL non permette l'aggregazione del proprio codice con altri software che non siano coperti dalla stessa licenza. La forma più estrema di protezione del diritto di libera distribuzione contro eventuali comportamenti opportunistici è rappresentata dalla GPL, secondo la quale qualunque lavoro che derivi o semplicemente contenga una parte di software coperto da GPL deve essere distribuito alle stesse condizioni di licenza ("viral clause"). In pratica, un qualunque software che contenga anche solo una riga di codice coperta da GPL rientra immediatamente nel concetto di open source e viene disciplinato automaticamente dalla stessa licenza GPL. L'adozione della GPL è quindi problematica per i produttori commerciali e questo ha spinto la comunità OS a sviluppare modelli meno restrittivi come la LGPL (Library o 'Lesser' GPL), che permette di produrre software proprietario a partire da software con codice sorgente aperto.

La LGPL è quindi una diretta evoluzione della GPL, la differenza è che consente anche al software proprietario di utilizzare librerie open source senza per questo esser costretto a modificare i termini della propria licenza. Questa modifica è stata necessaria perché le librerie di codice necessitano di esser utilizzate e richiamate anche all'interno di altri prodotti non necessariamente coperti dalla GPL.

La MPL (*Mozilla Public License*) è stata proposta da Netscape come evoluzione della NPL (*Netscape Public License*). La NPL prevede infatti dei privilegi riservati all'impresa Netscape,--come la possibilità di mantenere private parti di codice sviluppate in ambito open source--. Naturalmente questa clausola impediva che questa licenza potesse essere considerata open source. Eliminando questa clausola di salvaguardia, Netscape ha allora sviluppato la MPL, che per le altre caratteristiche è simile alla NPL, consentendo anche di integrare il software da essa coperto in prodotti commerciali.

La *Berkeley Software Distribution* (BSD) pur soddisfacendo la open source definition, permette di mantenere private le sole modifiche applicate ai codici originali. Non vi è quindi l'obbligo di distribuire il nuovo codice o di applicarvi la stessa licenza del software originale. Importante ribadire che la possibilità di rendere privato il codice è limitata alle sole parti modificate in assenza di condivisione con la comunità *open source* (altrimenti si contraddirebbe la stessa open source definition). La licenza concede quindi maggiori libertà di adattare e miscelare i prodotti con altro codice (anche privato), ma vi è anche la possibilità che alcuni sviluppatori non rilascino alla comunità le modifiche da essi introdotte.

OS nella Pubblica Amministrazione: prime considerazioni

Negli ultimi anni abbiamo assistito ad un interesse crescente delle Pubbliche Amministrazioni rispetto al fenomeno open source. In particolare, prendendo ad esempio la ricerca della Commissione Europea per l'IDA *project* del 2001 risulta che l'utilizzo di OS nella PA è concentrato nella fascia "server", dove Linux spesso completa o sostituisce precedenti versioni proprietarie di Unix. Risulta vincente il duo "Apache/Linux". Sul lato client, invece, le suite di *Office Automation* OSS costituiscono il fenomeno più interessante, anche se con dimensioni quantitativamente ben più contenute rispetto a Linux nella fascia server.

Considerando il contesto della Pubblica Amministrazione Italiana, alcuni ricercatori dell'Osservatorio P.A.O.S. (*Software Opensource* nella Pubblica Amministrazione, Università di Bologna) hanno effettuano una rilevazione sistematica relativa al tipo di server http utilizzato dalle Pubbliche Amministrazioni Locali (PAL) italiane. Tale rilevazione è effettuata "interrogando", per mezzo di una procedura automatizzata, i server relativi a una lista di domini riservati alla amministrazione pubblica locale e riguarda esclusivamente i siti dei nomi di dominio di comuni, province e regioni.

Da un confronto con i risultati della citata rilevazione periodica realizzata da Netcraft sull'intera popolazione dei siti Web mondiale emerge un utilizzo relativamente ridotto dei server (open source) Apache nell'amministrazione pubblica italiana: meno del 40% nella PA italiana contro oltre il 60% nel mondo. La rilevazione indica una stima della percentuale di adozione dei diversi tipi di server http all'interno di comuni, province e regioni e quindi, in termini strettamente rigorosi, non è interpretabile come una misura dell'adozione del software open source in generale all'interno di tali amministrazioni.

Secondo P.A.O.S. *"Considerato però che i server Apache, con una frequenza di utilizzo a livello mondiale di oltre il 60%, rappresentano uno dei prodotti OS di più facile e ovvio utilizzo, argomentiamo che un'organizzazione che non utilizza neanche un server http OS, mostra in media di possedere una scarsa propensione a utilizzare software OS in generale, e a maggior ragione verosimilmente non farà uso di applicativi OS di più difficile utilizzo, meno documentati e consolidati, rispetto alla famiglia dei server Apache"*. In questo senso, i dati della rilevazione, pur non riferendosi all'utilizzo del software OS in generale, forniscono un'indicazione utile per valutare la "propensione" dell'amministrazione pubblica all'utilizzo di *software open source*.[37]

Relativamente all'uso dell'OS nelle Pubbliche Amministrazioni centrali (Ministeri, Enti, etc.) emerge che nell'anno 2006 ben il 74% delle PAC ha dichiarato di utilizzare *software* OS rispetto al 56% dell'anno precedente. L'aspetto più interessante però è nel tipo di utilizzo che si fa dell'OS: da sperimentazioni e progetti pilota (specie sul segmento infrastrutturale: server, middleware) si sta gradualmente inserendo l'OS in ambienti *mission critical*. [38]

Importante segnalare come documento di riferimento l' "Indagine conoscitiva sul software a codice sorgente aperto nella Pubblica Amministrazione" stilato dalla Commissione presieduta dal Prof. Meo nel Maggio 2003. Il documento ha il grande merito di costituire una prima importante analisi dello stato dell'arte del software open source nella PA e ad esso rimandiamo per degli approfondimenti su tali aspetti.[39]

Punti di forza e di debolezza

Gli esperti del mercato ICT propongono una serie di argomenti a favore o contro l'adozione di soluzioni open source nella Pubblica Amministrazione. In particolare si farà particolare riferimento ai sistemi operativi, ma le considerazioni espresse valgono in gran parte anche per il *software* d'infrastruttura e il *software* applicativo.

---

[37] www.osservatoriotecnologico.it
[38] www.osspa.cnipa.it
[39] http://www.cnipa.gov.it/site/_files/indagine_commissione_os.pdf

Punti di Forza

✓ Minori costi: spesso, anche se non sempre, l'adozione di OSS porta a un risparmio iniziale in termini di costi per licenze, spese dei servizi di supporto, formazione, costi di migrazione, d'installazione e di gestione. Il costo delle licenze costituisce la punta dell'iceberg e, come nel caso dell'office automation (*MSoffice vs OpenOffice*), può essere considerato un buon argomento, data la sua intuitività, per diffondere informazione e conoscenza in merito nei confronti dei non addetti ai lavori. Il tema costi dovrebbe però essere analizzato in ottica life cicle approach e *total cost of ownership*, con un periodo medio lungo (superiore ai 3 anni), soprattutto in considerazione degli alti costi di modifica tributati alle sofware house.

✓ Indipendenza dai fornitori: consistente nel poter affidare il supporto, l'evoluzione, le personalizzazioni di un prodotto *open source* a un'azienda selezionata con gara non essendoci alcun vincolo diretto ed esclusivo tra software adottato e uno specifico fornitore (*software house*). Si diminuisce così sensibilmente il rischio e il costo di fenomeni di lock in verso uno o più fornitori.

✓ Maggiore sicurezza: disporre del codice sorgente per i programmi utilizzati nella propria organizzazione permette (anche se non garantisce) un grado maggiore di sicurezza. In questo modo sono più agevoli i controlli interni (nei software proprietari, invece ci si deve affidare ai produttori) alla ricerca di eventuali *backdoor* o debolezze sfruttabili da attacchi esterni.

✓ Presenza delle *Community:* la peculiarità e probabilmente il vantaggio principale del SW OS è proprio la presenza di comunità (spesso internazionali) di sviluppatori che, partendo dalla disponibilità del codice, erogano un monitoraggio, controllo, evoluzione continua del SW stesso. Spesso le comunità autoregolano la partecipazione e pongono livelli di risposta e di servizio nei confronti dei fruitori del SW che segnalano *bug* e criticità. Il lavoro in comunità è erogato gratuitamente e si fonda su schemi incentivanti basati su meccanismi reputazionali. Questo modello conferma il concetto che più si utilizza l'innovazione (anche del SW) e più acquista valore.

✓ Maggiore possibilità di dirigere l'evoluzione del software: la Pubblica Amministrazione dispone di un miglior controllo sulla politica di evoluzione del proprio specifico parco applicativo e, in maniera generale, sul governo della gestione del patrimonio pubblico. Questo argomento assume una rilevanza particolare in aspetti connessi con la sicurezza, quali l'autenticazione e l'identificazione del cittadino o quelli relativi all'integrità, confidenzialità e all'accessibilità dei dati nel corso del tempo, specie laddove vengano utilizzati formati di dati aperti.

√ Flessibilità e Riusabilità: si possono realizzare versioni specifiche e customizzate di qualsiasi software e riutilizzare quelle releases per amministrazioni che presentano processi organizzativi o necessità simili. In generale, il *software open source* è più adatto a essere personalizzato o esteso nelle funzionalità rispetto a un *software* proprietario, e questo favorisce un maggiore riuso. La libera modificabilità del codice consente una maggiore flessibilità e quindi un più rapido adattamento a eventuali cambiamenti nell'organizzazione o nei processi dell'ente utilizzatore. Tale elemento è di fondamentale importanza in un momento come quello attuale in cui organizzazioni/processi della PA sono in corso di reingegnerizzazione e ricerca di maggiore efficienza e vicinanza alle esigenze degli utenti.

√ Interoperabilità: per la natura stessa della sua programmazione e per la disponibilità del codice sorgente, la realizzazione di interfacce e wrap tra applicativi diversi risulta tendenzialmente più complessa e costosa per *software* commerciali che per quelli di tipo *open source*. A parità di altre condizioni infatti il *software open source* si caratterizza solitamente per un più ampio ricorso a formati e protocolli aperti che determinano una maggiore probabilità di garantire un'efficace interoperabilità.

Il ricorso al FLOSS può anche fungere da leva per la modernizzazione dei sistemi informativi. La possibilità di ricorrere sia a FLOSS che proprietario aumenta le possibilità di scelta delle amministrazioni e consente: di accedere a un patrimonio considerevole di *software* spesso di qualità e conforme agli standard; di governare il rapporto costo totale della soluzione/rispondenza ai bisogni attraverso il rafforzamento della concorrenza, allo scopo di mantenere questo rapporto al livello più basso possibile; di governare il *software* e di avere la possibilità di assicurarne una evoluzione continua.

Punti di debolezza

✓ Compatibilità con standard commerciali: l'ampia diffusione di alcuni prodotti software proprietari ha comportato il loro affermarsi come standard de facto sul mercato. Questo problema sembra divenire sempre più debole nel tempo per due ordini di motivi: 1) i *software open source* hanno nel corso del tempo migliorato molto la compatibilità dei propri formati con quelli proprietari (si pensi all'evoluzione di *Open Office*); 2) diverse decisioni prese a livello europeo e il diffondersi sempre più sul lato *server di software* OS, stanno rendendo più instabile il monopolio di alcune grandi software house.

✓ Garanzia e supporto diretto: per la natura stessa delle licenze OS, la garanzia per vizi e per danni e il supporto tecnico tendenzialmente non sono garantiti dalla comunità degli sviluppatori. Le PA devono quindi trovare delle soluzioni coerenti con la loro struttura e la loro missione per poter garantire un adeguati livello di manutenzione e servizio degli strumenti software.

✓ Delega e responsabilità: spesso le organizzazioni in cui le attività di ICT non siano considerate di tipo core business (caso frequente per le Pubbliche Amministrazioni) preferiscono delegare completamente all'esterno i problemi legati ai sistemi informativi, anche se ciò comporta costi più elevati. Poiché la scelta OSS implica un maggiore coinvolgimento interno, e anche una maggiore responsabilità, essa viene giudicata più rischiosa.

✓ Cambiamento organizzativo: la scelta di *software* OS nella PA può richiedere in alcuni casi uno sforzo di cambiamento sia nelle logiche di selezione e acquisizione del software sul mercato e di conseguenza delle competenze interne (si tratterebbe infatti di internalizzare delle risorse di livello medio alto per fare "*service management*"), sia delle scelte strategiche interne (si potrebbero consolidare modelli di riuso e sviluppo cooperativo).

L'utilizzazione del FLOSS, lasciando un più ampio "margine di manovra", necessita da parte delle PA una comprensione e consapevolezza delle nuove implicazioni legate al loro maggior controllo sul software. Emergono pertanto dei fattori di rischio legati ad esempio allo sviluppo di componenti FLOSS con licenze fra loro

118

incompatibili (con successiva implicazione dell'amministrazione, in quanto responsabile del *software* sviluppato o modificato, nella problematica del rispetto del diritto d'autore o della garanzia o, a seconda dei casi, stipula di accordi per limitare tale responsabilità alle aziende software che garantiscono i servizi degli applicativi OS). La diffusione pubblica del *software* realizzato o modificato (customizzazioni) dall'amministrazione rende necessario assicurarsi che i diritti degli autori siano rispettati e precisare le garanzie che vengono fornite con il *software* (sia libero che proprietario).

Proposte Concreta-Mente per l'OS nella PA

Le politiche di diffusione e utilizzo di *software* OS nella PA sono state oggetto negli ultimi anni di diversi interventi, sia a livello europeo sia nazionale, che hanno portato risultati talvolta immediati, talvolta meno percepibili. Di seguito si intendono sintetizzare alcune proposte che suggeriamo di approfondire per poter sfruttare al meglio le potenzialità offerte dai software di tipo *open source* e creare una diffusa consapevolezza della loro efficacia nella Pubblica Amministrazione.

Mappatura dal lato dell'offerta

Per le caratteristiche proprie della comunità open source, i processi di sviluppo *software* sono molto distribuiti e difficilmente individuabili in pochi soggetti distinti. Il risultato è che esiste un elevato numero di sviluppatori indipendenti e di aziende (soprattutto di piccole e medie dimensioni) specializzate nello sviluppo di *software* open source che sono sconosciute alla Pubblica Amministrazione. Le criticità sono quindi di due tipi: 1) difficoltà per il Governo nel pianificare ed attuare incisive azioni di sostegno al settore, dato che non si riesce a quantificare il fenomeno ed i suoi contorni (es. in molti casi le piccole imprese OS sono inserite nel settore "altraeconomia"); 2) la Pubblica Amministrazione in veste di stazione appaltante trova difficoltà nel conoscere le possibilità offerte dal mercato e le imprese in modo da attivare un processo di scelta consapevole ed efficace. Un primo passo potrebbe essere quello di mappare le comunità di sviluppo italiane e gli sviluppatori partecipanti alle *community* internazionali. Un secondo passo quello di creare un mercato elettronico che metta in contatto le PA con il lato dell'offerta, con un sistema di abilitazione aperto e gratuito per imprese, sviluppatori, enti di ricerca, università, associazioni, ecc. sul modello francese. A questi interventi si potrebbero affiancare in un secondo momento la realizzazione ad intervalli regolari di eventi e workshop di incontro tra PA aderenti al progetto ed utilizzatrici di software OS (o che stanno valutando la possibilità di utilizzarlo) per favorire lo scambio di informazioni e conoscenze utili a tutti gli attori coinvolti.

Community PA: condivisione e riuso

Le necessità ed i fabbisogni delle PA possono essere peculiari e diversificati a seconda delle caratteristiche dell'amministrazione stessa e dell'utenza. Tuttavia è evidente che esistono classi di fabbisogni simili per tipologie di amministrazioni simili. Riuscire ad individuare queste classi in maniera trasparente e condivisa potrebbe attivare degli evidenti e diretti benefici dal punto di vista del riuso, delle economie di scala e della diffusione di best practices. Un primo intervento potrebbe consistere nell'ottimizzazione del portale del riuso CNIPA, che in particolare andrebbe reso più diretto (come contatti e riferimenti) e integrato con processi e best practice. Un secondo intervento potrebbe essere teso a rendere obbligatorio il riuso delle soluzioni sull'OS per le PA Centrali dello Stato. Per le PA Locali sarebbe da mantenere la modalità opzionale ma con maggiore supporto e consulenza da parte del CNIPA promuovendone il ruolo di facilitatore (oggi è invece visto dalle PAL come un ulteriore livello burocratico e che tende ad "oscurare" il protagonismo locale e le sue best practice). Il caso pilota dei focus group CNIPA, per creare comunità di PA interessate a determinati applicativi, deve essere portato avanti con convinzione anche utilizzando incentivi appropriati per gli enti coinvolti che appaiono senza il sufficiente commitment. L'obiettivo deve essere anche quello di definire regole e procedure, ad esempio per il riuso e per la reimmissione nelle comunità di eventuali customizzazioni. Il modello della comunità di PA potrà poi essere esteso ai diversi settori e livelli di governance.

Altro problema legato al riuso riguarda il fatto che spesso i fornitori delle PA di *software* proprietario non permettono la modifica dei loro prodotti. Il *software* viene dato in licenza d'uso, chiuso ed inaccessibile, e non forniscono gli strumenti necessari per la modifica dello stesso. Al contrario affinché la normativa sul riuso possa realizzarsi è necessario che i contratti stipulati con il fornitore permettano di apportare modifiche al *software* da parte di tutte le PA interessate, sia essa l'amministrazione che per prima ha acquisito il *software* sia le amministrazioni a cui viene concesso in riuso il *software*. Un'azione specifica ma concreta da valutare potrebbe essere quella relativa ai SW utilizzati dalle PA per erogare servizi ai cittadini (es. agenzia delle entrate), rilasciati senza alcuna licenza, su cui niente è disposto sulle eventuali modifiche.

Il riuso, ad oggi, appare a volte come una possibilità di selezionare un contraente a "trattativa privata" e beneficiando dei contributi pubblici, liberandosi delle responsabilità e carichi di lavoro di una nuova gara. Ricorrendo ai *software open source* questo limite verrebbe naturalmente superato dal fatto che le licenze open già prevedono la possibilità di apportare modifiche e di distribuire i software derivati. Si potrebbe, quindi, integrare la normativa sul riuso con indirizzi volti a favorire l'acquisizione di *software* licenziato *open source*.

Processi organizzativi e gestione del cambiamento nella PA

Si ritiene sia da implementare nella PA un programma di gestione del cambiamento (change management) nel settore OSS, cioè un insieme di azioni tese a creare: consapevolezza, coinvolgimento, accettazione.

Tali azioni devono essere coordinate da una *leadership* riconosciuta in base sia alle competenze e sia all'investitura da parte del decisore istituzionale. Gli obiettivi sono da raggiungere attraverso azioni di: formazione, informazione, sperimentazione, condivisione (dei valori e degli obiettivi anche attraverso incentivi alle strutture e alle persone) e valutazione ex post dei risultati raggiunti.

Si potrebbe prevedere anche un premio *"Open PA, Open Ideas"* che definisca anche una "graduatoria" delle PA che più hanno adottato progetti OS nell'anno trascorso e un premio al negativo per dare evidenza dei meno virtuosi. La creazione di questa consapevolezza all'uso andrebbe promossa anche attraverso il coordinamento delle azioni tra le scuole superiori delle PA (SSPA, SSPAL, SSEF, ecc). Un programma di sensibilizzazione all'uso dell'OS nelle scuole e nelle università attraverso la distribuzione di SW OS gratuito (si veda il CD Open@polito), previsto almeno in parallelo con quello delle software house.

Processo di valutazione comparativa e scelta del *software* per le PA

La valutazione comparativa tra SW sia strategica sia in fase di selezione dei contraenti, prevista dal CAD,è tutt'ora non sempre effettuata. Spesso per mancanza di competenze all'interno della PA stesse, soprattutto nelle PAL. Si può pensare quindi ad un supporto erogato da esperti che in un primo momento potrebbero essere individuati in una sorta di "albo" o database presso il CNIPA e successivamente in un soggetto/associazione più strutturato, composto da PA o enti *no profit*, per garantire la massima indipendenza da logiche di mercato.

Una delle maggiori criticità relative all'introduzione di innovazione nel settore pubblico è relativa al fatto che i responsabili acquisti hanno una forte avversione al rischio e tendono a minimizzare le criticità relative alla gestione dei contratti. In particolare, nell'acquisto di SW OS si deve offrire legittimazione al *buyer* pubblico attraverso la definizione di *tool kit* di gare IT SW con standard di capitolati tecnici che prevedano la comparazione tra proprietari e OS e tra OS (ad esempio con proposte di punteggi per regole di *community*, livelli di servizio, ecc). Si sta esaminando una proposta di processo di selezione del *software* per la PA attraverso un processo on line, strutturato, standard, trasparente e snello. Elemento finale di tale processo è un modello di *feedback:* dopo un primo periodo di avviamento nell'utilizzo del software scelto, ogni PA metterà a disposizione delle altre le informazioni e il proprio giudizio e le proprie valutazioni sul software adottato e sul grado in cui tale software ha corrisposto alle aspettative.

Verso il *Service Management*

Per ovviare alle difficoltà relative alla responsabilizzazione rispetto ai livelli di servizio, si ritiene che le PA dovrebbero orientare i contratti con i fornitori da obbligazioni di metodo a obbligazioni di risultato (con attenzione agli SLA). Tale passaggio comporta la necessità per le PA di consolidare internamente il ruolo dei *"service manager"* per il monitoraggio dei livelli di servizio aggiudicati contrattualmente e la cui responsabilità è scaricata sull'impresa aggiudicataria (e non sulla community di riferimento).

Risorse per l'introduzione dell'OS nella PA

Consapevoli che i processi di cambiamento e di innovazione sono costosi e richiedono un lungo periodo di tempo per poter essere eseguiti efficacemente, proponiamo che vi siano effettivamente delle risorse per stimolare progetti di introduzione e di diffusione di software open source nella Pubblica Amministrazione. Su questo tema riteniamo interessante il dibattito aperto dalla lettera/manifesto del 9 Gennaio 2008 che interroga il Governo in merito alla destinazione dei 30 milioni di euro annui destinati al settore OSS nel triennio 2007-2009 (Legge Finanziaria 2007).

Open Studies nella Pubblica Amministrazione, OSPA 2009: un percorso virtuoso verso l'innovazione organizzativa

2009

di Leonardo Bertini[40]

Un percorso virtuoso verso l'innovazione organizzativa

È ormai condiviso sia in ambito scientifico, sia anche da gran parte degli operatori di mercato, che la filosofia e l'approccio *"Open"* sono fattore abilitante per far sì che *l'Information&Communication Technology* divenga a tutti gli effetti fattore di sviluppo e produzione di conoscenza condivisa. In più, si ritiene che una Pubblica Amministrazione aperta e libera, anche da vincoli informatici, sia una PA con più valore per i cittadini. Ecco perché Concreta-Mente, attraverso il suo Gruppo di Lavoro *Open Source nella Pubblica Amministrazione* (OSPA), vuole dare continuità ad un percorso di analisi, discussione, organizzazione di eventi con l'obiettivo di:

a) informare e divulgare anche ai non addetti ai lavori;
b) illuminare i fattori critici che limitano la diffusione della filosofia *"Open"* in ambito pubblico;
c) elaborare e proporre soluzioni;
d) mettere in rete competenze.

Questo percorso è nato nel 2007 con la costituzione del Gruppo di lavoro e oggi ha raggiunto una tappa importante con la pubblicazione di questo volume degli atti del Convegno OSPA 2009, alla sua seconda edizione dopo il successo del Convegno OSPA 2008. Il Convegno, come evidenziato dal titolo *"Open Source* nella PA: un percorso virtuoso

---

[40] Presidente di Concreta-Mente.

verso l'innovazione organizzativa", si è voluto concentrare sugli aspetti del cambiamento organizzativo ed ha avuto la collaborazione di *partner* scientifici importanti, tra cui il CeRSI della Luiss Guido Carli. Per partecipazione e per contributi, l'iniziativa OSPA conferma di costituire ormai un punto di riferimento a livello nazionale sulla tematica ed una rete di capitale umano che mette insieme operatori del mercato, università e molte amministrazioni. È per questo che abbiamo cominciato a lavorare sin da ora su OSPA 2010, per ampliare il *network* e approfondire altre tematiche correlate alla filosofia *Open*. La nostra iniziativa ha voluto anche sperimentare il lancio di una petizione on line: la proposta di una Giornata Nazionale per l'*Open Source*, gli *Open Framework* e gli Standard Aperti nella PA. Una giornata in cui in ogni PA centrale e locale si promuova formazione e informazione, convegni e dibattiti, scambio di best practice, si crei una rete di responsabili IT nella PA.

La concretezza che ci contraddistingue ci ha portato anche a produrre un documento di proposte, di tipo *policy-oriented*, miranti a diffondere la filosofia e promuovere l'adozione di modelli "open" nell'Amministrazione italiana, che sarà presentata ai decisori istituzionali e costituisce un'integrazione del nostro position paper.

La nostra *vision* ci porta a immaginare nei prossimi anni una PA aperta e 2.0 dove l'uso del patrimonio di conoscenza (il *know-how*) delle *community* professionali pubbliche (professional network, si pensi ad un "facebook" dei responsabili IT della PA) e dei database pubblici (es. gli archivi fotografici dei mus8ei) vengano resi disponibili come risorsa riusabile anche per le imprese italiane. Rendere quindi i dati e la conoscenza della PA indipendenti da chi li ha prodotti e quindi riusabili in altre forme e contenuti. In altre parole, utilizzare il patrimonio di conoscenza del settore pubblico come variabile *dummy* che possa spostare verso l'alto la frontiera delle capacità produttive del Paese, in modo complementare agli investimenti pubblici in infrastrutture e come spinta alla crescita. Investire a costo zero quindi, rendendo disponibili in modo riusabile le "infrastrutture della conoscenza pubblica". *Open source, open standard e open framework*, insieme al concetto delle opere *"creative commons"*, possono essere motore di innovazione del concetto più profondo di Pubblica Amministrazione: essere produttori di conoscenza condivisa a favore del cittadino. Questa visione è espressa proprio dalla copertina del volume OSPA, che rappresenta un'Amministrazione aperta e attraversata da un flusso (di informazioni, conoscenze, servizi) in entrata ma anche, ed è questo l'aspetto innovativo, in uscita. Da una PA che eroga servizi, ad una PA che produce conoscenza e contenuti condivisi e riusabili.

Leonardo Bertini
@LeonardoBertini

Guida ai contributi generati da OSPA '09

2009

di Tommaso Federici[41]

Da tempo sono sempre più numerose le occasioni in cui si parla di software aperto – con le sue varie sigle e le relative piccole/grandi variazioni – anche con riferimento alla sua adozione da parte delle Pubbliche Amministrazioni (PA), con conseguenti possibili opportunità e problemi. Tuttavia, non sembra ancora emergere una posizione chiara, in un senso o nell'altro, da tutte queste discussioni che hanno visto impegnati tradizionali esperti del settore tecnologico, devoti del software libero, accademici e anche alcuni amministratori tra i più aggiornati. Non si è ancora arrivati a consolidare un quadro interpretativo di riferimento, in grado di fornire quel tipo di indicazioni orientative che possano far da guida ai decisori pubblici nelle scelte che essi si trovano a dover compiere, e anche in quelle che potrebbero compiere se fossero pienamente e correttamente informati. In effetti, in tutte le occasioni in cui sinora si è parlato di *software open source* - ma anche

---

[41] Dottore in Economia e Commercio, docente di eGovernment.

di formati liberi, di approccio *open*, di comunità di sviluppatori - il dibattito ha finito per catalizzarsi in due poli troppo distanti:

• o si è posta l'attenzione a una visione ideologica orientata all'aperturae alla condivisione, che seppure a ben pensare coerente all'ambito dellePubbliche Amministrazioni e dei beni pubblici, si presta all'evocazione diestremizzazioni e ai conseguenti timori dei più;

• oppure, con una forte azione riduzionistica, si è focalizzato tutto il discorso sull'aspetto economico, finendo inevitabilmente per evocare – spesso fuori tema, senza nessuna solida base scientifica, usando dati discutibili (e, a volte, francamente stupefacenti) – il totem del *Total Cost of Ownership*.

Ai margini, se non del tutto negletti, rimangono di solito tanti altri aspetti,la cui rilevanza dovrebbe invece portarli ad essere un elemento fondamentale nella valutazione di un ambiente e/o un approccio open, tanto più se questa valutazione deve essere compiuta da un amministratore pubblico, che deve costantemente perseguire con ogni sua azione molti differenti obiettivi, potendo peraltro ricorrere a risorse spesso scarse. Si pensi, tra l'altro, a:

• il possibile impatto sul cambiamento organizzativo prodotto dall'adottare un approccio open nelle iniziative destinate a innovare modalità e strumenti per operare e controllare;

• la diffusione della conoscenza, sia all'interno delle Amministrazioni, che all'esterno verso cittadini e imprese, certamente favorita da contenuti *open*;

• la creazione di comunità di pratiche tra diverse Pubbliche Amministrazioni che si trovano a condividere, e a far evolvere, uno stesso *software*;

• i contrastanti riflessi di politica economica tra l'acquisto di licenze (pura remunerazione di capitale, spesso straniero) e lo sviluppo/adattamento di *software open source* (compenso del lavoro svolto da tecnici, di solito nazionali e spesso locali);

• il contrasto dei monopoli de facto che facilmente insorgono sulla base distandard proprietari, portandosi dietro strumenti come le certificazioni di competenze, in grado costituire barriere poco visibili ma comunque difficilmente superabili all'entrata per nuove imprese;

• la promozione della giovane imprenditoria locale (molte delle realtà operanti nell'ambito open sono giovani PMI), certamente favorita dall'abbassamento di barriere come costi di licenza e certificazioni;

• la necessità per ciascuna PA di governare il processo di acquisizione/gestione di ogni sistema informatico che usa, necessità di solito trascurata quando si ricorre a *software* licenziati (facendo in qualche modo leva sulla solidità del licenziatario), ma che va tenuta ben presente nel momento in cui sul software adottato può in teoria intervenire qualunque fornitore (perché open), e tuttavia può si possono incontrare difficoltà di varia natura;

• il problema di definire licenze *open* coerenti con esigenze e vincoli normativi (in particolare contabili) delle PA, ma anche in grado di favorire processi di riuso e di co-evoluzione;

• i riflessi normativi derivanti dalla diffusione di *software* basati su codice aperto (per questo specifico aspetto si veda in particolare il contributo di Cammarota).

Come si può vedere, sono numerosi, a volte ambivalenti, sempre comunquestimolanti, gli aspetti da considerare per giungere a una valutazione più ampia e consapevole sull'opportunità o meno di ricorrere a (o addirittura di perseguire) un approccio open nell'innovazione di strumenti e metodi per il trattamento di informazioni nel settore pubblico.

Non tutti i temi potevano essere sollevati in un'unica occasione di confronto, pur ricca di esperti e di contributi differenti, quale è stata l'intera iniziativa OSPA 2009. In sede di definizione degli obiettivi, il Gruppo di Lavoro di Concreta-mente ha intenzionalmente focalizzato questa edizione sul temadell'impatto organizzativo, ritenendolo potenziale veicolo di altre e diverse suggestioni. Questa scelta si è rivelata valida, portando alla raccolta e alla sistematizzazione di numerosi interessanti interventi lungo i vari filoni che il framework adottato, descritto e motivato nel contributo di Spagnoletti, consente di percorrere. In effetti poi, in sede di preparazione, e soprattutto di presentazioni e dibattito (a questo riguardo si veda la sintesi della Tavola rotonda tra operatori del settore), anche alcuni altri dei temi citati sono stati evocati, apportando ulteriori interessanti stimoli, preziosi sia per la determinazione di *policy* specifiche destinate ai decisori pubblici (descritte nell'*Executive summary* di OSPA '09) per promuovere approcci nuovi e più favorevoli a innovazioni efficaci, sia per la definizione di un'agenda di ulteriori future iniziative nell'ambito dell'*Open source* nella PA.

Chi ha preso parte da vicino al lungo percorso di preparazione e finalizzazione di OSPA '09 non può non condividere una prima considerazione generale, testimoniata dalla numerosità e diversità dei contributi presentati nella seconda parte di questo volume, ma ancora di più percepita nella grande partecipazione e interesse in occasione del convegno: esiste un grande, crescente interesse intorno all'*open source* e alle sue potenzialità, come pure una grande attenzione è rivolta a come migliorare i meccanismi di adozione e risolvere i possibili rischi, anche imparando da esperienze svolte da altri.

A seguito di una *call* volutamente aperta, sono arrivati del tutto spontaneamente contributi che descrivono casi di applicazione di soluzioni *open* promosse o operate da parte di soggetti assai differenti, come Amministrazioni centrali, Regioni, piccole e grandi Amministrazioni locali, Enti di diversa natura, provenienti peraltro da così tanti territori da coprire quasi l'intera nazione. Ciascun caso descrive un'esperienza diversa per settore di applicazione, livello di intervento, modalità di adozione, destinatari, difficoltà incontrate e esiti raggiunti. Deliberatamente, proprio per salvaguardare la ricchezza di questa diversità, i contributi sono stati oggetto di interventi editoriali minori, e vengono presentatinella stessa veste con cui sono pervenuti.

Tuttavia, per mettere in luce le caratteristiche salienti dei diversi casi e ricavare delle linee comuni tra essi in grado di fornire supporto all'elaborazione di proposte per azioni che raccolgano, sostengano e diffondano questi impulsi a un'innovazione più diffusa e duratura, i casi sono stati oggetto di un lavoro di classificazione e di un primo livello di definizione di *cluster* al loro interno. I risultati di questa attività di analisi sono dettagliatamente descritti nel contributodi Montemaggio.

Il lavoro dell'iniziativa OSPA non finisce però qui, sia perché uno studio più approfondito sui casi più rilevanti sarà condotto a breve, sia perché, come accennato in precedenza, molti sono ancora i possibili temi da esaminare nel corso delle prossime edizioni.

Tommaso Federici

Position paper Open Studies nella Pubblica Amministrazione OSPA 2009: un percorso virtuoso verso l'innovazione organizzativa

2009

a cura del Gruppo di Lavoro Open Studies for Public Administration

Il presente contributo costituisce la sintesi di un lavoro di analisi, confronto e discussione che l'associazione Concreta-Mente ha svolto per contribuire a mettere in maggiore luce i diversi aspetti relativi all'adozione di standard, framework e prodotti open all'interno della Pubblica Amministrazione italiana. Tale lavoro è stato svolto sia ex-ante, in fase di preparazione del Convegno OSPA '09, sia ex-post per ricavare le principali indicazioni emergenti dai diversi contributi raccolti.

Con l'intento di far avanzare il lavoro preliminare di analisi già effettuato in occasione del convegno OSPA'08, finalizzato a definire il fenomeno ed individuare sinteticamente alcuni dei principali fattori di criticità e di successo fondamentali a promuovere il concetto di "openess" in ambito pubblico, si è voluto concentrare il convegno OSPA'09 più sui temi organizzativi legati a questa tematica. Anche se non largamente diffusa, tra chi se ne è occupato più a fondo si è ormai formata la convinzione condivisa che l'approccio open possa costituire un fattore abilitante per accelerare il processo di innovazione. La ragione non risiede solo nelle conseguenze economiche intrinseche all'approccio – aspetto che rappresenta comunque una motivazione di per sé attraente nel caso di PA con risorse molto limitate, in particolare in momenti congiunturali come quello attuale – quanto, e ancor di più, nella filosofia open che induce le organizzazioni a rimettere in discussione i propri modelli organizzativi e può costituire l'occasione per attivare processi di cambiamento organizzativo. Gli effetti positivi dell'approccio si riverberano sia sugli operatori del settore ICT (offerta) – si pensi alla spinta alla modernizzazione di software applicativi obsoleti, derivante dall'abbattimento dei costi di licenza e dal riuso – sia dal lato dei fruitori (domanda pubblica) che possono godere dei benefici derivanti dall'utilizzo di standard e *framework* aperti, che contribuiscono anche a ridurre il digital divide. Allo scopo di comprendere meglio tale fenomeno, l'edizione 2009 della conferenza OSPA, organizzata da Concreta-Mente, è stata dedicata alla presentazione e discussione di esperienze di adozione di software aperti, inquadrandole all'interno di un idoneo framework di riferimento, tratto dalla letteratura sui sistemi informativi. In particolare, riconducendo lo studio dei casi di progetti open source in ambito PA a casi di innovazione organizzativa, il framework adottato ha previsto l'analisi lungo tre dimensioni:

• quella legata alle caratteristiche dell'artefatto tecnologico introdotto (*content*);

• quella legata al fine ed agli obiettivi delle parti interessate (*context*);

• quella infine che fa riferimento alle caratteristiche del processo stesso di adozione (*process*).

Questo semplice approccio, risulta sufficientemente generale da consentire di isolare i diversi aspetti e di interpretare in maniera approfondita le dinamiche che si sviluppano nell'ambito di ogni singolo caso di cambiamento organizzativo. Da un punto di vista metodologico, la ricerca condotta dal Gruppo di Lavoro (GdL) OSPA di Concreta-Mente ha riguardato, oltre alla raccolta degli interventi svolti nella sessione scientifica e in sede di tavola rotonda durante il convegno, l'esame di numerosi casi di adozione di software aperti da parte di PA, esperienze che hanno evidenziato una certa eterogeneità di approcci, finalità ed esigenze. Tutti questi materiali sono stati analizzati e confrontati utilizzando il *framework* di riferimento, e sulla base di essi sono stati costruiti dei cluster di comportamenti, di pratiche, di esigenze e di sollecitazioni. Inoltre, sono stati anche raccolti i messaggi nella bottiglia, ossia tutte quelle suggestioni incidentalmente, a volte gettate lì per caso, offerte dai vari partecipanti. Da questo lavoro di ricerca e consolidamento, emergono alcuni spunti di riflessione che possono costituire la base di politiche a sostegno dell'innovazione nella e della PA:

• l'*open source* può essere un abilitatore e facilitatore per l'innovazione grazie ad alcune sue caratteristiche: l'abbattimento delle barriere iniziali di costo, la disseminazione di pratiche più aggiornate favorita dal trasferimentodi soluzioni, la collaborazione per l'evoluzione delle soluzioni stesse implicita nel modello di comunità, alcune facilitazioni nell'aggiornamento dei software;

• il riuso di un *software* non può essere improvvisato alla fine del processo di sviluppo, quando si pensa di aver realizzato un bel *software*, e non basta la creazione di bacheche statiche e poco pubblicizzate per promuoverlo.

Occorre, invece, che sia considerato sin dalle prime fasi della progettazione di una soluzione, sia per favorire le successive personalizzazioni, sia ancor di più per adattare con facilità la soluzione a pratiche e strutture diverse da quella che ne ha promosso la creazione;

• perché il modello che sta dietro allo sviluppo di soluzioni *open source* apporti a pieno i suoi benefici, sia per le aziende che offrono servizi in questo settore, che per le PA acquirenti, occorre pensare innovazioni anche nei processi di approvvigionamento;

• occorre infine dotare le Pubbliche Amministrazioni di competenze in grado di gestire i processi di approvvigionamento e di evoluzione di soluzioni IT: questo problema, non connesso specificatamente al solo ambito OS, richiede iniziative che partano dalla definizione delle figure, alla formazione delle stesse in collaborazione con le Università, fino alla revisione dei meccanismi di certificazione delle competenze.

Questi importanti risultati del lavoro di ricerca sono stati tradotti in tre proposte di Concreta-Mente di tipo *policy-oriented*, con l'obiettivo di diffondere la filosofia e promuovere l'adozione di modelli "*open*" nell'Amministrazione italiana:

1. Sin dalla progettazione del sistema e fino alla definizione del modello contrattuale per la selezione delle imprese, le PA devono porre attenzione alla riusabilità open dei software e soprattutto delle soluzioni organizzative di cui il *software* è uno strumento. Tale azione potrebbe essere stimolata e promossa attraverso la costituzione di una unità di supporto e accompagnamento dedicata presso le competenti istituzioni centrali o regionali, con compiti di supporto consulenziale di alto livello per le PA.

2. Stimolare l'*in-sourcing* di competenze nuove: è necessario integrare la PAdi figure professionali di livello "quadro" in grado di governare i processi e i progetti e gestire i contratti con le imprese (esempio i service manager). A questo scopo, oltre a prevedere la

definizione di ruoli e delle relative competenze, si deve promuovere un accordo con le Università e con le scuole pubbliche della PA, perché vengano disegnati degli specifici percorsi formativi, che integrino conoscenze sulle potenzialità e i rischi offerti dai nuovi ambienti tecnologici, competenze organizzative che consentano di affrontare azioni di cambiamento mettendo in relazione esigenze di innovazione e efficientamento con le caratteristiche di strutture e risorse, e le conoscenze necessarie per disegnare corrette procedure di acquisto e contratti di servizio;

3. Promuovere *community* e *social network* nella PA, sia specificamente orientati a esperti e responsabili IT (ad esempio sulle materie relative alla sicurezza IT), sia a tutti i funzionari pubblici coinvolti in una determinata azione innovativa basta su un *software* open source, eventualmente aprendole a imprese e associazioni di categoria che vi hanno preso parte;

4. Innovare anche le forme degli appalti pubblici in più direzioni:

• passare a contratti basati su livelli di servizio (da obbligazioni di metodo a obbligazioni di risultato, con attenzione agli SLA); anche in collaborazione con il Gruppo di Lavoro Appalti Pubblici e eProcurement di Concreta-Mente.

• rendere effettivo l'art. 68 del Codice Amministrazione Digitale (analisi comparativa tecnica ed economica delle soluzioni *software* prima di acquisirle), anche attraverso procedure di controllo riconoscendo la responsabilità personale del Dirigente responsabile;

• sviluppare forme di selezione semplifica e più mirata dei fornitori per la realizzazione di applicazioni open, ad esmepio attraverso un mercato elettronico dei servizi OS (*eMarketplace* OS) che metta in contatto le PA, anche a livello locale, con le aziende, e soprattutto con le piccole e medie imprese;

• istituire un corso ad hoc per gli appalti pubblici nelle Scuole per la PA che tratti anche la gestione dei contratti IT.

A queste proposte deve essere associata un'idea di processo "iterativo" di miglioramento continuo, dove il monitoraggio, il controllo dei livelli di servizio da erogare ai cittadini e i sistemi premianti devono assumere un ruolo chiave per promuovere il cambiamento.

Infine, ci siamo attivati direttamente per promuovere l'informazione sugli open standard, open framework e open source, chiedendo l'istituzione di una Giornata Nazionale per il codice aperto e gli standard aperti nella PA italiana. Secondo la nostra proposta si tratta di una giornata in cui si parli anche di creative commons e di open framework, in cui in ogni PA centrale e locale si promuova formazione e informazione, convegni e dibattiti, scambio di best practice, si creino e diffondano iniziative per la messa in rete di responsabili IT nella PA.

Metodologia di OSPA 2009: un percorso virtuoso verso l'innovazione organizzativa

2009

di Paolo Spagnoletti[42]

Premessa

L'idea di dedicare OSPA'09 ad un confronto sugli aspetti organizzativi emergenti da esperienze di adozione di software e standard open source in ambito PA, prende le mosse dai numerosi spunti in questa direzione raccolti in occasione del convegno del 2008.

In sintesi le azioni proposte in quell'ambito riguardavano:

1) la mappatura lato offerta mediante lo studio di fattibilità di market place che avrebbero consentito una mappatura delle *community* IT attive;

---

[42] Docente di Organizzazione aziendale alla LUISS Guido Carli, docente e coordinatore del CeRSI, il Centro di Ricerca sui Sistemi Informativi della Luiss.

2) lo studio di nuovi modelli organizzativi per promuovere la condivisione di esperienze ed il riuso mediante community nella PA;

3) il tema del change management con le relative problematiche di sviluppo delle competenze sul governo dei processi e dei metodi di valutazione ex ante ed ex post tra i quali il calcolo del *Total Cost of Ownership* (TCO) e di efficaci meccanismi di *feedback*, ed infine;

4) lo sviluppo di competenze per il service management finalizzato ad una effettiva soddisfazione dei clienti intesi come cittadini ed imprese.

Con l'intento di proseguire in questo percorso, finalizzato alla proposta diazioni concrete per promuovere lo sviluppo e l'innovazione della PA, il format della seconda edizione del convegno ha previsto la presentazione e la discussione di alcuni casi, selezionati sulla base della rilevanza rispetto alle tematiche sopra elencate.

Nota metodologica

Sotto il profilo metodologico, il processo adottato ha previsto una prima fase di raccolta di esperienze, invitando diversi gruppi di soggetti pubblici e privati interessati a segnalare recenti iniziative di implementazioni open source nella PA mediante l'invio di un *abstract*. Tra i canali utilizzati per la raccolta dei casi citiamo ad esempio la vetrina dell'Osservatorio OS del CNIPA, il contatto diretto con associazioni finalizzate alla diffusione della cultura informatica (es.AICA), riviste e newsletter del settore IT, atti di convegni scientifici in ambito sistemi informativi e gruppi di interesse individuati in occasione di precedenti eventi organizzati da Concreta-Mente. La seconda fase ha previsto una prima lettura degli *abstract* finalizzata ad individuare un *framework* teorico di riferimento all'interno del quale collocare un sottoinsieme dei casi raccolti per favorire la discussione e far emergere una serie di domande di ricerca. Per far fronte alla necessità di uno schema generale ma allo stesso tempo orientato all'analisi dei processi di cambiamento organizzativo, la scelta è ricaduta sul cosiddetto modello CCP (*Content, Context and Process*) largamente presente in letteratura per lo studio di questi fenomeni. A questo punto, è stato individuato un numero ristretto di casi sulla base di tre principali criteri:

1) la rilevanza rispetto al tema dell'impatto organizzativo;
2) la complementarità relativa alla copertura dei tre costrutti evidenziati dal *framework*;
3) lo stato di avanzamento dei progetti.

In virtù del primo criterio, sono stati dunque messi da parte quei casi in cui i progetti riguardavano lo sviluppo di strumenti software orientati alla produttività individuale anziché riferiti al supporto di un processo o servizio. Nonostante in alcuni casi fosse presente una sovrapposizione di aspetti presenti nel modello CCP, si è cercato di coprire ciascuno dei tre costrutti assegnando però un peso leggermente maggiore agli aspetti di processo ("come" si gestisce il cambiamento) e di contesto ("chi" e "perché"). Infine è stata data priorità ai progetti già conclusi rispetto a quelli in corso oppure in fase di avvio. Il soddisfacimento dei criteri sopra elencati è stato verificato mediante una serie di interviste telefoniche con i referenti di progetto che hanno fornito ulteriori elementi utili per l'analisi e con i quali è stato condiviso l'obiettivo del convegno al fine di chiarire il taglio degli interventi che sarebbero stati chiamati a presentare.

Prima di introdurre brevemente il percorso di analisi dei casi che ha condotto alla definizione di una serie di domande di ricerca e di implicazioni pratiche, va chiarito che tutti i casi segnalati meritano successivi approfondimenti e che pertanto si è deciso di dedicargli uno spazio negli atti OSPA09, richiedendo una versione estesa dell'*abstract* al termine del convegno. In questo modo si intende promuovere concretamente la condivisione di esperienze sul tema dell'open source nella PA facendo in modo che OSPA confermi il suo ruolo di strumento per la diffusione di iniziative che contribuiscono ad arricchire la comprensione dei fenomeni di cambiamento organizzativo ed a sviluppare la capacità di promuovere e governare l'innovazione.

L'analisi dei casi

La forte connotazione organizzativa che ha caratterizzato la selezione dei casi presentati ed il tema stesso del convegno deriva dagli spunti raccolti da precedenticontributi quali il Rapporto del 2003 della Commissione OS "Indagineconoscitiva sul *software* a codice sorgente aperto nella Pubblica Amministrazione" ed i risultati dell'edizione 2008 dello stesso convegno OSPA organizzato da Concreta-Mente. Il rapporto della Commissione OS ha evidenziato benefici e criticità legate al software OS nella PA lungo quattro dimensioni di analisi: ottimizzazione della spesa, tutela della PA, aspetti economici e di mercato, promozione e diffusione delle tecnologie nel sistema paese. La presenza di forze contrastanti in ciascuna di queste dimensioni sottolinea l'assenza di relazioni una via tra costrutti quali ad esempio OS e sicurezza informatica. Tali implicazioni sono infatti sempre accompagnate da aspetti di contesto che necessitano di un approfondimento con i metodi e le prospettive degli studi organizzativi e dei sistemi informativi. Nel caso in esame la relazione di causalità può essere rafforzata progettando adeguatamente l'ambiente lavorativo in cui avviene l'implementazione o la gestione di un progetto IT che fa uso di OS. Basti pensare alla diversa capacità di assicurare la qualità di un sistema *software* in ambienti caratterizzati da diversi livelli di competenze per l'analisi del codice sorgente ma anche da diversi livelli di motivazione del personale della funzione IT. Aspetti di contesto e quindi organizzativi si presentano su tutte le quattro dimensioni di analisi sia tra i benefici attesi sia tra le criticità e le minacce ai benefici stessi.

Anche il convegno OSPA08, come già anticipato, in seguito ad una call for ideas indirizzata ad enti pubblici ed imprese IT, aveva evidenziato una serie di spunti a forte connotazione organizzativa. Citiamo ad esempio la necessità di nuovi modelli per il riuso, la necessità di competenze e formazione per la gestione del cambiamento e per il governo dei processi, la necessità di sviluppo di modelli di valutazione ex ante ed *ex post*.

Sulla scia di questi contributi, nell'edizione 2009 ci si chiede se e in che modo l'OSS e gli open standard rappresentino un fattore abilitante di percorsi di innovazione organizzativa. Ed in particolare, sulla base degli spunti raccolti da una prima lettura dei casi selezionati, è stato possibile definire una serie di domande di ricerca finalizzate ad approfondire la comprensione di quei fenomeni di interazione tra contesti organizzativi e tecnologie, ed in particolar modo ad investigare il ruolo dell'OS nell'attivazione di dinamiche e percorsi virtuosi nell'innovazione della PA. Se si fa riferimento alle *performance* organizzative, ci si può dunque domandare se effettivamente sia osservabile nei casi presi in esame una riduzione dei costi rispetto ad altre soluzioni ma soprattutto in che modo sia possibile valutarne l'impatto in termini di efficienza. Allontanandosi dagli aspetti di efficienza intesa come riduzione dei costi relativi alle licenze *software*, ci si domanda in che modo l'OS possa influenzare il *Business Process Management* e la diffusione dunque di approcci orientati al cliente, inteso come cittadino o altro soggetto che si interfacci con la PA. Da un punto di vista dello sviluppo organizzativo, è possibile affermare che l'utilizzo di tali soluzioni possa contribuire ad accrescere le competenze di governance dell'IT e dunque ad alimentare la tecnostruttura della PA mediante lo sviluppo di nuove figure manageriali?

Infine, come appare sempre da una lettura preliminare dei casi, è possibile affermare che l'OS abbia un impatto sulla cultura organizzativa e possa dunque favorire la nascita di nuovi agenti in grado di promuovere il cambiamento?

Queste sono solo alcune delle domande sulle ricadute organizzative e sullagestione del cambiamento che è possibile ricollegare ai casi presi in esame. Ciascuno di essi ha infatti messo in luce aspetti interessanti sotto il profilo di tre di dimensioni di contesto (perché, chi), contenuto dell'innovazione (cosa)e processo (come).

Nella prima categoria si collocano ad esempio i casi dell'Università dell'Aquila e della Regione Valle d'Aosta. Nel primo caso si è assistito ad un esempio concreto di governo dei processi di business con le sue fasi di identificazione del processo critico da parte degli stessi esperti di dominio, della modellazione as is, dell'analisi delle inefficienze ed infine di una vera e propria reingegnerizzazioneresa possibile grazie alla possibilità di adattare sistemi *software* già acquisiti grazie alla disponibilità delle competenze necessarie a seguire tutte le fasi del processo di cambiamento. Anche nel caso della Regione Valle d'Aosta il focus è molto più spostato sul contesto organizzativo e sulla necessità di sviluppare e condividere con soggetti di altri paesi europei una metodologia per la gestione dei beni archeologici. L'aver scelto in questo caso l'adozione di strumenti OS, sin dalla fase di studio di fattibilità, ha incrementato le possibilità di riuso e diffusione della metodologia stessa spostando inoltre gli investimenti sull'innovazione del processo.

Sotto il profilo del contenuto dell'innovazione e quindi delle caratteristiche della tecnologia stessa, il caso presentato dalla Regione Calabria ha messo in luce i risparmi in termini di spesa sulle licenze per l'infrastruttura software di un centro elaborazione dati e come questi possano costituire una opportunità di trasferire gli investimenti su progetti applicativi. Sarebbe utile in questo caso poter testare metodologie emergenti presenti in letteratura per il calcolo dell'IT value nel collegamento tra servizi ed infrastruttura di supporto. Infine gli interventi di Retecamere e del Centro di Competenze sull'OS della Regione Umbria forniscono spunti sui modelli organizzativi per promuovere il riuso. Il primo caso rappresenta un caso di organizzazione in grado di raccogliere al suo interno le competenze necessarie per l'analisi organizzativa e dei fabbisogni informativi di realtà apparentemente simili (le Camere di Commercio) oltre che per lo sviluppo di soluzioni software flessibili e basate su standard aperti che favoriscano il riuso seppure all'interno di un cluster di organizzazioni. L'esperienza della Regione Umbria nella gestione di un programma di finanziamento di progetti OS presenta invece spunti interessanti sotto il profilo della validazione dei metodi di valutazione e di monitoraggio adottati.

Conclusioni

La natura dei fenomeni di cambiamento organizzativo osservati, che restano profondamente legati ai contesti organizzativi in cui si sviluppano, offre numerosi spunti al ricercatore che voglia confrontarli con schemi teorici di riferimento per definire e testare nuovi metodi di osservazione che prendano in considerazione gli aspetti finora discussi. Lo sviluppo di studi di caso sembrerebbe dunque l'approccio da seguire per poter esplorare le relazioni tra gli elementi di contesto e le della tecnologia per riuscire a governare i processi di cambiamento tramite nuovi strumenti di analisi e valutazione forniti al management. Possiamo dunque concludere affermando che la gestione del cambiamento organizzativo basato su open standard, *open framework* ed *open source software*, richieda:

1. lo sviluppo e l'aggiornamento di competenze sia lato domanda (governance dell'IT) che lato offerta (capacità di analisi e modifica del codice sorgente)

2. la definizione di strumenti di analisi e valutazione (ex ante, ex post, monitoraggio) validati in ambito scientifico

In tale ambito, la ricerca organizzativa può condurre, tramite studi di caso dettagliati su fenomeni di cambiamento organizzativo, a sviluppare metodi di valutazione a supporto delle attività di gestione del cambiamento, a fornire contributi alla formulazione di nuove teorie in ambito sistemi informativi ed a supportare, mediante schemi interpretativi basati sulle teorie, la descrizione e la diffusione delle best practice.

Paolo Spagnoletti
CeRSI-Luiss Guido Carli

Open Studies nella Pubblica Amministrazione, OSPA 2009: sintesi della Tavola Rotonda

2009

di Leonardo Bertini[43]

L'evento OSPA'09 si è concluso con una tavola rotonda che ha costituito un momento di riflessione congiunta tra il lato della domanda pubblica e il lato dell'offerta. In particolare, gli interlocutori rappresentavano alcune imprese del settore (grandi aziende e piccole e medie imprese), il mondo della formazione aziendale e pubblica, alcune

---

[43] Presidente di Concreta-Mente.

Pubbliche Amministrazioni (PA) e Centrali Acquisti sia di livello centrale che locale.

Protagonisti e contenuti

I protagonisti sono stati quindi Giovanni Aliverti (IBM), Massimo de Cristofaro (Scuola Superiore Pubblica Amministrazione), Mauro Fioroni (Senato della Repubblica), Renzo Flamini (Consip), Franco Gola (CSI Piemonte), Paolo Passeri (Business-e), Dario Russo (Intarget). Animatore e coordinatore della tavola rotonda: Leonardo Bertini (Concreta-Mente). Tra i principali spunti di riflessione emersi durante il dibattito, a cui è intervenuto attivamente anche il numeroso pubblico presente, alla Sala delle Colonne della Luiss, si evidenziano i seguenti elementi, che sono stati qui riaggregati per livello decisionale e tematica verticale:

• a livello Centrale, si avverte pesantemente la carenza di un soggetto centrale forte che guidi il settore e definisca standard e regole. Si avverte la mancanza di un animatore di *network* e *community*, che proponga anche modelli organizzativi misti pubblico-privato per lo sviluppo o gli *shared service*.

• A livello Locale, si riconosce la presenza sul territorio dei centri di competenze regionali a cui la PA locale potrebbe far ricorso per competenze riconosciute (e "certificate"). I Centri di competenza potrebbero essere molto utili anche per l'erogazione di servizi condivisi e applicativi riusabili e favorendo l'abbattimento costi e la standardizzazione delle personalizzazioni.

È necessario passare a una fase nella quale si renda trasferibile in modalità open, oltre al codice, anche la sottostante metodologia, i prodotti di ingegno e i contenuti innovativi. È la metodologia di cambiamento e revisione dei processi e delle organizzazioni, e non solo le forme di adozione e acquisto dei prodotti *software*, che consente l'apertura e il trasferimento tecnologico e dell'innovazione.

• L'utilizzo intelligente degli appalti pubblici per stimolare e trainare il mercato, il cosiddetto *Strategic procurement* (la domanda pubblica con funzione di market pull) e il passaggio dalla domanda da progetti OS a servizi OS, è un elemento importante per favorire l'innovazione e l'adozione del concetto di *"openess"*. In altre parole passare da contratti in cui si compra un "oggetto" a contratti in cui si compra un servizio (e dei livelli di servizio). Sono da valutare anche meccanismi che semplifichino l'accesso da parte delle PA ai servizi delle Piccole e Medie Imprese sul territorio. Da questo punto di vista si può immaginare anche un mercato elettronico dell'OS che metta in contatto gli acquirenti pubblici con PMI.

• Formazione e certificazioni: come si sposano l'idea *dell'open source* e delle certificazioni professionali? Si ritiene da rivedere profondamente il modello di certificazione che dovrebbe essere basato su framework riconosciuti, in grado di garantire determinati standard di qualità e professionalità, e nonsu "pezzi di carta" a pagamento.

• *In-sourcing* di competenze nel settore pubblico: proprio la complessità nei progetti e il passaggio a contratti basati su livelli di servizio mostra una mancanza di competenze interne alla PA. La PA appare infatti carente di middle manager che sappiano guidare e gestire i contratti di servizi con i *software vendor.* Questo livello di competenze, necessario per una committenza consapevole nel settore IT anche non open, va creato attraverso percorsi di formazione continui ed internalizzato. Nell'Amministrazione italiana quindi manca un middleware umano in grado di tradurre i requisiti utente del settore pubblico in "linguaggio imprese" e che sappia effettuare la valutazione tecnico-economica (art. 68 CAD). Non si pensa quindi a sviluppatori ma a competenze che rendano la PA in grado di guidare e gestire autonomamente i propri processi di sviluppo e cambiamento in modo indipendente dalle imprese fornitrici.

• Riconoscere all'Università ed alla Ricerca un ruolo attivo nella formazione e nella creazione e condivisione di conoscenza, sia di tipo tecnologico, sia sullo sviluppo di strumenti di analisi e valutazione che consentano il monitoraggio dei risultati e forniscano alle PA un supporto nella *governance* dei processi interni di cambiamento. Una collaborazione ben progettata con le Università può contribuire a risolvere la mancanza di figure di middleware umano per l'IT nel settore pubblico cui si è accennato prima.

• Lato offerta: Quale ruolo per le grandi aziende? Le grandi aziende del settore possono offrire un valore aggiunto alla PA in termini di:

1) sviluppo skill e supporto, aiutare gli utenti nei processi di cambiamento;

2) integrazione del "mondo" OS su architetture tradizionali e sui sistemi *legacy*;

3) garantire nel tempo lo sviluppo del sistema, offrendo alle community e alle organizzazioni che uniscono i *player* un supporto allo sviluppo e all'evoluzione, senza però che poi vengano lasciati i clienti da soli. Infatti uno dei rischi per l'acquirente dei prodotti OS è legato alla continuità nel tempo della *community* che ha sviluppato quel prodotto;

• Lato offerta: Quale ruolo per le Piccole e medie imprese? Le PMI sono il fattore abilitante per favorire la diffusione di un sistema a livello locale, più vicino alle esigenze e alle caratteristiche delle PA locali. PMI correttamente inserite in questo circuito possono essere esse stesse agenti di diffusione di esperienze e di metodologie presso gli Enti Locali.

• OS necessari per un IT fattore di sviluppo. Questa non è più l'era in cui l'*office automation* è utilizzato per aumentare la produttività del capitale lavoro nelle aziende. Non è più l'era della cosiddetta IT strategica, quella in cui se non funzionava il software si bloccavano i magazzini che non potevano essere scaricati e si bloccava la produzione aziendale. Oggi l'IT è un fattore abilitante, perché aiuta a sviluppare attività che prima non potevano essere considerate: l'IT quindi è da leggere oggi come fattore di sviluppo e di creazione di conoscenza collettiva (si pensi alle reti sociali) e l'OS e gli *open standard* in questo senso sono necessari.

• Sicurezza: i modelli OS sono stati adottati anche in quest'ambito per favorire la definizione e la diffusione di metodologie per il test della sicurezza dei sistemi IT (OWASP – *Open Web Application Security Program*).

Come già evidenziato in occasione di OSPA'08, codice aperto può essere sinonimo di codice sicuro solo in presenza di competenze e strumenti in grado di analizzarne le vulnerabilità. Lo sviluppo di comunità di pratica che sviluppano strumenti e condividono conoscenza su minacce, vulnerabilità e contromisure fornisce un contributo essenziale alla gestione dei rischi legati ai sistemi IT.

Vision

Ci immaginiamo nei prossimi anni una PA aperta e 2.0 dove l'uso del patrimonio di conoscenza (il *know-how* delle *community* professionali (professional network, si pensi ad una rete dei responsabili IT della PA) e dei *database* (es. gli archivi fotografici dei musei) vengano resi disponibili come risorsa riusabile anche per le imprese italiane. In altre parole, come variabile *dummy* che possa spostare verso l'alto la frontiera delle capacità produttive del Paese, in modo complementare agli investimenti pubblici in infrastrutture e come spinta alla crescita.

Investire, quindi, avendo come obiettivo di rendere disponibili in modo riusabile le infrastrutture della conoscenza pubblica. *Open source*, *open standard* e *open framework*, insieme al concetto delle opere *"creative commons"*, possono essere motore di innovazione del concetto più profondo di Pubblica Amministrazione: essere produttori di conoscenza condivisa a favore del cittadino.

Leonardo Bertini
@LeonardoBertini

QR Code n.6: Intervista a Mario Fioroni, Direttore del servizio informatico presso il Senato della Repubblica (OSPA 2009).

Open Studies nella Pubblica Amministrazione, OSPA 2010: strumenti per l'Innovazione nella Pubblica Amministrazione

2010

di Leonardo Bertini[44]

Con il Convengo OSPA del 2010, giunto alla suo terzo anno consecutivo, il Gruppo di Lavoro *"Open Studies for Public Administration"* di Concreta-Mente ha voluto rispondere con un approccio scientifico e operativo a due domande "cattive" che ci erano state poste da alcuni decisori Istituzionali. La prima domanda, lasciava trasparire la convinzione che il riuso del *software* fosse un metodo utilizzato da amministrazioni e aziende per aggirare il meccanismo della gara pubblica: le amministrazioni adottano il *software* applicativo di un'azienda "amica" apparentemente senza costi di acquisto, salvo poi pagare in un secondo tempo, magari copiosamente, le customizzazioni, le evoluzioni, il mantenimento. Insomma, si assumeva che il modello, in astratto virtuoso, del trasferimento di esperienze tra Amministrazioni fosse adottato in Italia come l'ennesimo modo per ovviare a trasparenti procedure di appalti pubblici. Senza smentire questa posizione, una possibile risposta che, in sintesi, abbiamo riscontrato è che, se il progetto ha una governance adeguata, sono le amministrazioni, le associazioni di categoria e gli altri *stakeholder* presenti sul territorio a richiederne il riuso e la diffusione in enti locali diversi.

Il riuso di *software* e *framework* aperti favorisce infatti il riuso dei modelli organizzativi che rendono più efficienti le amministrazioni e migliorano i livelli di servizio nei confronti dei cittadini. In altre parole,

---

[44] Presidente di Concreta-Mente.

un modello organizzativo o una procedura che si affermano come *best practice*, formano una "accoppiata vincente" con i sistemi informatici che li supportano. Questa "accoppiata vincente" trova una spontanea richiesta di riuso, proveniente spesso dal basso, e favorisce la diffusione delle migliori pratiche. Questa conclusione, apparentemente banale, è in realtà la sintesi di una articolata attività di ricerca svolta dal Gruppo di Lavoro OSPA nel 2010, nell'ambito della quale il fenomeno dell'innovazione organizzativa e tecnologica nella Pubblica Amministrazione, insieme alle sue determinanti e dinamiche, sono stati analizzati in ottica neoistituzionalista. Questo modello non vede la società come un semplice aggregato di individui orientati a massimizzare le proprie utilità, ma mette in primo piano i condizionamenti di ordine materiale e simbolico che le istituzioni esercitano sui comportamenti umani. Inoltre, per mezzo di questo modello, si può mettere a fuoco il fenomeno del cosiddetto isomorfismo-istituzionale: un processo che spinge una organizzazione (es. un dipartimento, un ente locale, etc.) che fa parte di un sistema, ad assomigliare ad altre organizzazioni che si trovano ad affrontare lo stesso insieme di condizioni ambientali.

Se consideriamo una prassi organizzativa che viene riusata e si afferma in diverse organizzazioni, spesso accompagnata da uno stesso sistema *software*, rappresenta essa stessa una istanza di "istituzionalizzazione di pratiche innovative". Quindi, il fenomeno del riuso oltrepassa il tema della riduzione dei costi di implementazione del *software*, diventando invece veicolo di trasferimento dell'innovazione organizzativa. Riusare un *software*, con questo punto di vista, significa esportare in un contesto organizzativo una serie di processi e modelli che sono stati formalizzati all'interno di un'altra organizzazione. Capire cosa spinge le organizzazioni ad adottare processi e *software* operanti in altri contesti (isomorfismo) fornisce gli spunti per progettare la governance ottimale di questi processi innovativi. La diffusione di una prassi e della correlata applicazione ICT ad altre realtà territoriali è ancor più interessante in quanto spesso, come anticipato, non avviene top-down su spinta del livello dirigenziale ma deriva da pressioni esercitate delle associazioni di categoria e dai cittadini o altri stakeholder del territorio, che non vogliono perdere vantaggi competitivi (in termini di risparmi di processo ad esempio) o desiderano pari livelli di servizio rispetto ad altri territori con pari tassazione. Si pensi alle comunicazioni online degli atti verso gli enti locali richieste dagli albi professionali, o agli URP virtuali richiesti dai cittadini.

Il riuso di un modello organizzativo, oltre che del sistema informativo ad esso associato, è quindi un indicatore di effettiva ricerca di efficacia ed efficienza organizzativa che allontana dall'ipotesi di voler ovviare alle procedure di gara pubblica. Queste conclusioni derivano non solo da considerazioni di carattere concettuale ma anche da un'analisi empirica condotta su un caso di realizzazione di Sportello Unico per le Attività Produttive, sviluppato in Toscana sotto il coordinamento del Comune di Livorno e riusato presso 134 Enti toscani e 48 di altre Regioni italiane. Tema trattato nella ricerca di Paolo Spagnoletti.

La seconda domanda "cattiva" a cui abbiamo voluto rispondere era relativa alle modalità con cui le Amministrazioni prendono la decisione su un progetto ICT spesso senza conoscere i costi complessivi cui andranno incontro durante tutto il suo ciclo di vita, ma solo il suo costo al momento dell'acquisto. Per un'Amministrazione è difficile calcolare il reale costo di un sistema informativo in tutto il suo ciclo di vita e, poter fare così un confronto consapevole con altri sistemi alternativi per prendere la migliore decisione in termini di investimento. D'altro lato, il modello del *Total Cost of Ownership* (TCO), spesso evocato a questo riguardo, non appare stabilizzato e finisce per dar luogo alla proposizione di risultati diversi pur se applicato a confronti tra due stessi prodotti. Il *Total Cost of Ownership* (o Costo Totale di Possesso) è un modello per l'analisi dei costi che serve per fare emergere e confrontare tutti i costi generati non solo al momento dell'acquisto ma, anche successivamente, nella gestione di un bene o di un servizio fino alla sua dismissione. Partendo da una ricerca esplorativa svolta presso l'Università della Tuscia negli anni 2009 e 2010, si è voluto quindi verificare l'esistenza o meno di un metodo consolidato e condiviso per il calcolo del TCO per gli investimenti nel settore informatico. In particolare, si è poi verificato se esiste un metodo valido per l'applicazione nelle PA, che tenga conto delle peculiarità, che sia efficace e poco costoso da applicare.

Come sottolinea Tommaso Federici nella sua ricerca, basata su 36 casi, il TCO può, soprattutto se accompagnato da altri strumenti, costituire un metodo fondamentale per supportate le PA nelle decisioni di investimento nel settore delle tecnologie, evitando la spiacevole sorpresa di ritrovarsi con soluzioni meno costose al momento dell'acquisto, ma che rivelano in seguito oneri di gestione elevatissimi. Purtroppo, nonostante prescrizioni normative e citazioni all'interno di Direttive e del CAD, le PA, tranne pochissime più strutturate, ancora non utilizzano un modello di TCO in quanto non esiste un modello semplice e approvato da un soggetto riconosciuto, e perché mancano le competenze interne per utilizzarlo. In questo caso quindi la domanda "cattiva" aveva colto nel segno. È vero: al momento dell'acquisto le Amministrazioni non sanno quanto effettivamente costano i sistemi informativi nel loro ciclo di vita. È opportuno quindi che una metodologia di TCO, quanto più semplice e adatta alle PA, venga individuata e ne venga supportata e promossa con vari mezzi la diffusione nelle Amministrazioni. Le due ricerche presentate da Spagnoletti e Federici sono accompagnate, rispettivamente, da una intervista a Flavia Marzano e da una nota di Francesco Grasso, che integrano le evidenze emerse con i punti di vista di soggetti direttamente impegnati con attività di consulenza o di supporto a fianco delle PA. La verità si costruisce facendo, sperimentando e si descrive "traducendo" l'esperienza derivante dalla pratica in teoria e in proposte concrete. Ecco perché l'approccio di Concreta-Mente è efficace: perché in tutti i nostri Gruppi di Lavoro sono presenti esponenti di Amministrazioni (che identificano i fabbisogni dei cittadini), Imprese (che propongono le soluzioni realizzabili), Università (che propongono l'approccio teorico e metodologico), e perché tutti i Gruppi di Lavoro, partendo dall'esperienza sul campo, sintetizzano proposte concrete per i decisori istituzionali.

Dagli spunti derivanti dalle due ricerche citate, dal valore aggiunto derivante da esperti esterni e da interazioni con Amministrazioni, Università e Imprese, si è sintetizzato il position paper di OSPA 2010, che vuole proporre al decisore istituzionale le nostre concrete soluzioni per promuovere le buone pratiche del riuso e dell'utilizzo di metodologie di *Total Cost of Ownership* nella PA. Il lettore potrà inoltre trovare anche il position paper di OSPA 2009, che, insieme a quello di quest'anno, comincia a costituire un pacchetto di proposte per rendere efficace l'introduzione e la gestione di progetti innovativi nell'ambito pubblico.

Il terzo anno dell'iniziativa OSPA sigilla anche il passaggio di Concreta-Mente dalla fase di *"start-up"* alla fase di consolidamento della struttura, che vede la nostra associazione sempre meglio organizzata, sempre più efficace nell'elaborazione di proposte, ma soprattutto sempre più attiva ed incisiva nella loro promozione e realizzazione.

Leonardo Bertini
@LeonardoBertini

Position paper Open Studies nella Pubblica Amministrazione, OSPA 2010: Riuso e Total Cost of Ownership

2010

a cura del Gruppo di lavoro Open Studies for Public Administration

A valle della fase di elaborazione e analisi attuata dal gruppo di lavoro OSPA durante il 2010 e del convegno conclusivo OSPA 2010, che hanno coinvolto Università (LUISS, della Tuscia, La Sapienza), Amministrazioni (oltre 15 Amministrazioni ed enti centrali e locali) e Imprese del settore (oltre 20 le imprese coinvolte), sono state elaborate alcune proposte di azione per risolvere le sfide proprie di queste due tematiche.

Definizioni di sintesi

Riuso: è una pratica di approvvigionamento software, che consiste nel riutilizzo di una stessa applicazione ICT in più amministrazioni, consentendo con diverse modalità di ottenere economie di scala nello sviluppo applicativo e di trasferire l'innovazione anche in contesti organizzativi privi di competenze IT specifiche. TCO: Il *Total Cost of Ownership* (o Costo Totale di Possesso) è un modello per l'analisi dei costi grazie al quale si possono individuare, calcolare ostimare preventivamente, aggregare e eventualmente confrontare, tutti i costi in vario modo generati da un bene o un servizio durante tutto l'arco del suo ciclo di vita, a partire dall'acquisto fino alla sua dismissione.

Le proposte di Concreta-Mente: 4 punti per il riuso

1. Comunità di pratica: favorire lo sviluppo di comunità di pratiche omogenee per territorio e/o ruoli professionali, in grado di captare le esigenze del territorio stesso. La comunità sarebbe quindi uno strumento per adattare i contenuti e plasmare le modalità di adozione sulla base delle esigenze delle comunità locali, condizione necessaria per evitare un'innovazione centralizzata, universale e priva di legami con il contesto produttivo territoriale. Queste comunità di *"practicioner"* pubblici, dovrebbero esser integrate dal supporto di esperti nazionali (per favorire il trasferimento delle *lesson learned*) e dai rappresentanti delle associazioni di imprese locali, per facilitare la condivisione di strategie di lungo periodo.

2. Internalizzare competenze per l'IT governance nelle Pubbliche Amministrazioni Locali: sviluppare capacità interna di valutare l'innovazione anche in quei contesti che non possono permettersi di internalizzare altre forme di competenze IT, eventualmente anche attraverso il potenziamento del supporto da parte di strutture già esistenti (come i Centri Regionali di Competenza e la SSPAL).

3. Stimolare la competizione tra le Regioni premiando con incentivi gli "ecosistemi" che raggiungono i migliori risultati in termini di trasferimento efficiente dell'innovazione, ad esempio ricorrendo a

modelli di competizione sulla distribuzione delle risorse (*yardstick competition*).

4. Far pensare al riuso fin dall'inizio: prevedere a cura di Digit@PA o di Consip la predisposizione di supporti per la stesura di contratti (ad esempio sulla proprietà delle soluzioni sviluppate), che contengano clausole in grado di favorire la successiva distribuzione di una soluzione valida ad altre amministrazioni, minimizzando le barriere e consentendo di bandire gare aperte per l'affidamento dei servizi. Allo stesso scopo, fornire indicazioni su come affrontare la gestione del progetto, con riguardo alla documentazione tecnica dei sistemi *software* realizzati. In sostanza, supportare la realizzazione di pre-condizioni per la riusabilità fin dalla nascita della soluzione, superando alcuni dei limiti giustamente associati al riuso, come il vincolo del fornitore.

5 punti per il TCO

1. Linee guida sul TCO da parte di Digit@PA: una guida pratica su come e perché si costruisce un modello di TCO e come si valutano le proposte.

2. Azioni di supporto all'adozione del TCO: Digit@PA dovrebbe occuparsi di una serie di azioni per la diffusione del TCO, come: un nucleo di competenze per supportare le Amministrazioni, una bacheca di casi virtuosi di applicazione, momenti di confronto tra Amministrazioni e aziende sul tema.

3. Richiamo nella normativa: per spingerne l'adozione sarebbe opportuna l'esplicita menzione del TCO nel Codice Amministrazione Digitale, magari in forma di sollecitazione (così come era nella c.d. Direttiva Stanca), prevedendo semmai l'obbligo solo oltre una certa soglia di importo dell'investimento.

4. Utilizzo come *best practice* di Consip: introdurre nei capitolati tecnici delle gare d'appalto di Consip l'analisi del TCO come parte integrativa nell'analisi delle offerte. Consip (Società del Ministero Economia e Finanze che compra beni e servizi per tutte le Amministrazioni italiane) oltre a essere essa stessa una centrale acquisti dai volumi molto importanti è anche considerata una best practice e

punto di riferimento per le PA italiane che si ispirano ai suoi capitolati tecnici.

5. Incentivi all'adozione: possono essere di tipo bottom up, per i dirigenti PA che usano il TCO, come avviene nelle azioni di *change management* per una condivisione degli obiettivi a livello diffuso, o di tipo *top down*, a loro volta di tipo pull, prevedendo nei bandi pubblici con contenuti ICT a favore delle PA a livello regionale e nazionale la richiesta di analisi del TCO come uno dei parametri di valutazione delle proposte o di tipo *push* attraverso la previsione di controlli da parte della magistratura contabile a carico delle PA che non utilizzano il TCO tra i criteri di valutazione nella fase di appalto di sistemi ICT.

Sia per il Riuso che per il TCO è necessario inoltre l'attivazione di azioni di gestione del cambiamento che facilitino la loro introduzione e diffusione, ad esempio attraverso l'informazione e la formazione del personale pubblico, il monitoraggio e la valutazione degli interventi.

A chi sono state presentate queste proposte

Queste proposte sono state presentate da una delegazione di Concreta-Mente ai soggetti chiamati in causa (Consip, Digit@PA, Corte dei Conti, AVCP), a Parlamentari e al Governo (in particolare, al Ministero per la Funzione Pubblica e l'Innovazione, al Ministero Economia e Finanze, alla Commissione Attività Produttive della Camera dei Deputati) stimolandone l'attivazione di misure e sensibilizzando le Istituzioni al tema.

QR Code n.7: Intervista a **Lorenzo Valeri**, *Scientific manager* della LUISS *School of Government* (OSPA 2010).

Open Studies nella Pubblica Amministrazione, OSPA 2011: innovazione Tecnologica e Organizzativa nel Settore Sanità

2011

Sintesi del volume realizzato a cura di Paolo Spagnoletti[45]

Questo volume parte dall'approccio dei modelli Open in ambito pubblico e si verticalizza nel settore della Sanità. Dopo una analisi del panorama eHealth europeo e italiano, descrive un progetto di piattaforma ICT di erogazione di servizi agli anziani (progetto HOPES). L'analisi si concentra sull'architettura organizzativa di questo progetto pilota di piattaforma per servizi socio-sanitari, da un punto di vista socio-informatico, dell'interoperabilità e di consumatori di applicazioni intelligenti e fruitori di servizi pubblici affidabili e gratuiti. Una proposta-progetto "riusabile" nella Sanità italiana.

L' e-health nel contesto europeo

La continua evoluzione delle tecnologie ICT e la loro applicazione al dominio sanitario favoriscono l'implementazione di nuove risorse, strumenti e applicazioni che, come largamente condiviso in ambito accademico, professionale e politico, contribuiscono a rivoluzionare il modo in cui le organizzazioni sanitarie interagiscono con i pazienti, forniscono e gestiscono i servizi sanitari (Kim, 2003; EC, 2004; Francesconi, 2009; RAND e Capgemini, 2010). Negli ultimi anni, in effetti, l'uso delle ICT nel settore sanitario è cresciuto in modo esponenziale ed ha iniziato a cambiare il lavoro medico fornendo nuove

---

[45] Docente di Organizzazione aziendale alla LUISS Guido Carli, Docente e coordinatore del CeRSI, il Centro di Ricerca sui Sistemi Informativi della Luiss.

soluzioni con rilevanti miglioramenti in termini di qualità, accesso ed efficienza (IOM, 2001; IANIS, 2007). Vi è stata quindi una forte penetrazione dell'ICT nel complessivo dominio sanitario che, nel 2000, ha portato alla nascita del termine ombrello "*e-Health*" per sintetizzare in una parola l'applicazione di nuove tecnologie informatiche in ambito sanitario assieme a tutti i possibili risvolti organizzativi verificabili nella pratica clinica, amministrativa, gestionale, fino ad arrivare a quella formativa e di ricerca (Mitchell, 2000; IANIS, 2007).

Con il riconoscimento da parte dei paesi europei, ma anche dei governi di tutto il mondo, del grande potenziale delle nuove tecnologie informatiche nel migliorare i servizi sanitari e quindi fornire risposte efficaci alle problematiche che incombono sui sistemi sanitari, ha preso forma uno scenario *e-Health* molto complesso ed eterogeneo (IOM, 2001). In questo scenario si collocano grandi sfide a cui le nuove tecnologie devono far fronte, tante iniziative già intraprese con innumerevoli sfaccettature in termini di ampiezza di applicazione sul processo sanitario, di cambiamenti organizzativi implementati, obiettivi e priorità degli investitori, tipologia di servizi offerti, beneficiari, benefici promessi ma difficili da dimostrare e *stakeholder* coinvolti. Si sono analizzate le principali iniziative condotte a livello comunitario per favorire lo sviluppo dell'*e-Health* nell'area Europea attraverso un confronto tra nove Stati Membri.

Le Politiche di e-Health nel contesto italiano

Il riconoscimento del ruolo strategico della Sanità Elettronica nel miglioramento della sostenibilità del sistema sanitario e della qualità assistenziale ha progressivamente indotto numerosi Paesi a lanciare programmi di promozione e gestione sistematica dell'innovazione del settore (*e-Health* ERA Project, 2007). Tra questi rientra a pieno titolo anche l'Italia, in cui l'iniziale sviluppo dei processi e delle iniziative di innovazione a "isole" ha lasciato nell'ultimo decennio il posto alla promozione a tutti i livelli istituzionali di una visione più possibile organica e strutturale. La politica di *eHealth* italiana si inserisce in un più ampio processo di ripensamento degli obiettivi prioritari e dell'assetto del Sistema Sanitario Nazionale (di seguito SSN), attivato nell'ultimo decennio, e da esso risulta essere fortemente influenzato.

Un primo evento significativo ha riguardato l'introduzione dei Livelli Essenziali di Assistenza (di seguito LEA) che definiscono le prestazioni e il servizi che il SSN è tenuto a fornire a tutti i cittadini con le risorse pubbliche raccolte attraverso la fiscalità generale. I LEA hanno introdotto e affermato una stretta relazione tra assistenza "essenziale" e "appropriata", rendendo la costante ricerca di bilanciamento tra i costi e la qualità dei servizi una delle sfide principali per il SSN in cui l'*eHealth* come strumento di monitoraggio assume un ruolo strategico.

A ciò si aggiunge il radicale cambiamento nei ruoli e nelle responsabilità tra Stato e Regioni apportato dalla riforma Costituzionale del 2001. Quest'ultima ha attribuito alle Regioni la responsabilità delle politiche sanitarie mantenendo in capo al Ministero la definizione dei principi fondamentali su cui si fonda il sistema e il ruolo di garante dell'equità attraverso il monitoraggio dei LEA. Coerentemente a tale nuova configurazione di ruoli e responsabilità, la strategia di *eHealth* scaturisce da un'azione congiunta tra le Regioni a il governo centrale, rappresentato in primis dal Ministero della Salute, cui si affianca il Ministro per l'Innovazione Tecnologica nella PA.

Nucleo centrale di tale strategia è il miglioramento dell'efficienza e dell'efficacia del sistema nel suo complesso, l'assicurazione dei rispetto dei LEA nel territorio e la promozione del processo di innovazione tecnologica di servizi socio-assistenziali centrati sul paziente. Questi obiettivi si traducono operativamente in tre programmi d'azione. Il primo concerne la dimensione nazionale ed è volto alla definizione del Nuovo Sistema Informativo Sanitario (N-SIS), ovvero dei flussi informativi in grado di supportare adeguatamente sia le Regioni, nelle funzioni di Programmazione e Controllo, che lo Stato, nella sua funzione di garante dell'applicazione uniforme dei LEA. Il secondo concerne il livello semantico, in quanto mira, attraverso il progetto Mattoni, alla definizione di un "linguaggio comune, di standard tecnologici di cooperazione e integrazione fra le applicazioni. Inoltre promuove la presenza capillare di adeguati sistemi informativi gestionali integrati tra loro. Il terzo attiene alla dimensione locale in quanto incentrato sulla definizione di roadmap per le Regioni, che, nel rispetto della loro autonomia, supportino la progressiva realizzazione di una rete di sistemi locali tra loro interoperabili orientati alla realizzazione di servizi assistenziali digitali. Il forte orientamento alla cooperazione inter-istituzionale tra le Regioni e il Governo centrale è poi operativamente dimostrato dall'attivazione di strutture di coordinamento quali la Cabina di Regia, istituita nel 2001 per coordinare le fasi costitutive dell'NSIS ed il Progetto Mattoni. Si tratta di un organismo paritetico Stato-Regioni composto da soggetti istituzionali sia politici che tecnici, che garantisce il confronto e la condivisione delle iniziative a livello nazionale e regionale sui temi affrontati. A questa si è aggiunto nel 2004 il Tavolo permanente di Sanità Elettronica, una sede istituzionale di confronto e consultazione tra le Regioni le Province Autonome, il Ministero per le riforme e le innovazioni nella PA e il Ministero della Salute per l'armonizzazione delle politiche della Sanità elettronica attivate a livello locale. Si sono analizzate le politiche di eHealth di sei Regioni (Lombardia, Veneto, Emilia Romagna, Toscana, Puglia, Sicilia).

Il progetto HOPES: una piattaforma multimediale per favorire l'interazione sociale e l'aiuto agli anziani

Si è stimato che la popolazione anziana mondiale aumenterà dal 6.9% del 2000 al 19,3% nel 2050; in particolare il gruppo che mostra la crescita più rapida è quello degli ultra ottantacinquenni (oldest-old), spesso caratterizzati da condizioni di fragilità. Per ciò che concerne il panorama italiano, i dati demografici (ISTAT) riferiti all'anno 2008 mostrano un costante incremento dell'età media della popolazione dove, un cittadino su cinque, ha già compiuto 65 anni e gli over 80 rappresentano il 5,3% degli italiani; in particolare l'indice di vecchiaia ha subito, negli ultimi anni, un incremento considerevole, raggiungendo il 142,6%.

Tale scenario ha condizionato significativamente la domanda sanitaria, che deriva principalmente dai bisogni della popolazione anziana caratterizzata da molteplici comorbidità. L'instabilità omeostatica, che è propria dell'anziano fragile e che comporta un aumento del rischio di disabilità, è dovuta all'età, alla presenza di patologie, alla polifarmacoterapia e richiede un modello di assistenza e supporto adeguato.

In questi anni gli interventi per gli anziani hanno puntato sempre più sulla centralità della famiglia; tuttavia le famiglie non saranno in grado di affrontare da sole le problematiche legate all'assistenza degli anziani ed avranno pertanto bisogno di essere sostenute. Uno dei problemi più gravi, per una persona anziana è, sicuramente, la solitudine; nonostante si registri in Europa un numero sempre più alto di famiglie allargate, la percentuale di anziani soli, è destinata ad aumentare. Tale situazione pone alla società nuove problematiche, ma anche conseguenti maggiori opportunità di innovazione.

Il progetto HOPES, finanziato dalla Commissione Europea nell'ambito del Programma *Ambient Assiste Living* (AAL), è un esempio di come discipline diverse possano concorrere, attraverso l'utilizzo delle ICT (*Information and Communication Technology*) allo sviluppo di un strumento multimediale ad hoc per gli anziani, che favorisca la loro inclusione sociale nella società, con requisiti piuttosto stringenti per ciò che concerne l'accessibilità, l'usabilità ed i contenuti. Gli aspetti direttamente coinvolti nel progetto della piattaforma sono la progettazione di sistemi informatici per supportare le comunità on-line, la progettazione di ambienti di interazione adatti alle persone anziane, la progettazione di soluzioni intelligenti per l'*e-Care*, e la definizione di criteri di valutazione del miglioramento della qualità della vita indotto dalla piattaforma multimediale.

Lo studio delle comunità e, più in generale, dei gruppi umani, comporta tradizionalmente un'investigazione di tipo sociologico. Una comunità è composta da un insieme di individui, che la forgiano attivamente interagendo l'uno con l'altro, o acquisisce un'identità autonoma, in grado di determinare le attività dei suoi membri? Secondo la più classica e accreditata teoria di Tonnies, il concetto di "società" rappresenta un fenomeno nel quale gli individui interagiscono tra loro perché vi sono costretti, ma non di propria volontà; al contrario, nel fenomeno "comunità" prevarrebbero fattori unificanti; in entrambi i casi, la comunità è considerata come un insieme di relazioni organizzate tra i suoi membri.

Se estendiamo la nostra breve analisi preliminare della comunità, oltre al paradigma sociologico, anche a quello economico, il fenomeno del "gruppo" vede la sua analisi più incisiva nel lavoro di Olson il quale, interpretando il comportamento collettivo, propende decisamente verso una visione egoistica dell'azione umana: all'interno di un insieme collettivizzato – sia esso societario o comunitario -, l'individuo tenderà a beneficiare dei vantaggi che ne derivano senza partecipare attivamente alla produzione degli stessi, in assenza di adeguati disincentivi e di un'autorità regolatrice. Prendendo infine in considerazione l'avvento delle nuove tecnologie sviluppatesi negli ultimi decenni, che rendono in molti casi obsoleti i precedenti concetti di comunità, in quanto non completamente descrittivi dei moderni fenomeni sociali, l'analisi si sposta inevitabilmente dalla comunità geografica alla comunità "virtuale" o "*online*". A tal riguardo non ha dubbi Pierre Levy, secondo cui, in una comunità virtuale (che i suoi partecipanti percepiscono come "reale" indipendentemente dal suo non-status geografico, e che può somigliare alla comunità unificata e "volontaria" di Tonnies), "*si interagisce gli uni con gli altri, si hanno le stesse idee o le stesse competenze o gli stessi centri di interesse perché si condividono dei progetti*" (corsivo nostro). In questo approccio, l'accento non è quindi posto sulla necessità di regole organizzative interne al gruppo-comunità, quanto sulla soddisfazione dei membri rispetto alla costruzione di un progetto comune; coerentemente alla teoria di Koh et al., secondo cui la realizzazione di "spazi" virtuali sostenibili prevede la capacità di sviluppare e sostenere comunità in cui gli individui abbiano sia l'opportunità di partecipare attivamente, sia la necessaria motivazione a contribuirvi.

Ricapitolando e sintetizzando i principali approcci brevemente riassunti, possiamo dedurne che la definizione della natura e delle caratteristiche delle diverse comunità virtuali è possibile sulla base del peso e dell'importanza che, all'interno di essa, avranno determinati fattori individuati e individuabili a partire dalla ricerca scientifica, su gruppi reali quanto virtuali:

- peso della localizzazione (nel nostro caso a-geografica, *online*) nella vita della comunità;

- presenza di fattori di aggregazione attorno a progetti e interessi comuni;

- possibilità per i membri di contribuire attivamente, e di avere una motivazione a farlo;

- eventuale presenza e importanza di regole e di un'autorità normativa, per evitare comportamenti "egoistici" (ad esempio, la fruizione di contenuti senza partecipazione alla loro creazione).

Risultati e conclusioni del progetto HOPES

Per testare l'usabilità della piattaforma HOPES e i benefici che essa introduce sono previste nel corso del progetto HOPES sessioni di test condotte secondo approcci diversificati, anche a seconda della fase di avanzamento del progetto, che, coinvolgendo sia esperti di *Human-Computer Interaction* che gli utenti finali, sono volte a valutare quanto le caratteristiche della piattaforma sotto sviluppo siano rispondenti ai requisiti di usabilità da parte di utenti anziani. Tra gli aspetti che vengono presi in considerazione troviamo:

•*Design*/Immagini: aspetto generale, icone, complessità delle immagini, struttura, *layout*;

• Navigazione ed interazione: ad esempio processo di login, processo di ricerca, orientamento;

• Visualizzazione delle e-SBP: struttura, lunghezza del testo, complessità, formulazione.

Per valutare i benefici che la piattaforma multimediale del progetto HOPES porta nella vita degli utenti è da valutare anche, in termini di costo-efficacia, l'impatto che l'introduzione di un artefatto ICT può avere sulla qualità della vita di anziani. In questo quadro si possono utilizzare diversi sistemi di misurazione della Qualità della Vita basati su un sistema di preferenze: i più comunemente utilizzati includono l'*Health Utilities Index* (HUI) e l'Euro EQ-5D. Entrambi questi indici possono fornire un contributo significativo durante il processo di progettazione della piattaforma, poiché danno una risposta immediata sulla variazione sulla qualità di vita, valutando l'impatto, secondo l'opinione degli utenti, che l'artefatto ICT ha sul proprio stile di vita (abitudini, mobilità, indipendenza, socializzazione). Con l'obiettivo di presentarsi come un servizio e non come un prodotto, HOPES cercherà di affermarsi come il primo *Social Network* a dimensione europea per gli anziani e per il loro *entourage*. Grazie a HOPES ci si aspetta che gli anziani riescano a vivere in casa in maniera indipendente il più a lungo possibile. Questo risultato sarebbe possibile grazie alle e-SBP, ossia soluzioni, consigli, suggerimenti per prevenire la perdita dell'autonomia funzionale e migliorare la qualità della vita.

Il progetto HOPES è partito nel settembre 2010 con un consorzio composto da PMI, Università e centri di ricerca, aziende pubbliche (CUP2000) e private (Microsoft), ONG, ed esperti in contenitori e/o contenuti. Il progetto consiste in un pilot di 30 mesi con 4 paesi europei coinvolti nel progetto stesso (Francia, Germania, Inghilterra ed Italia). I primi mesi hanno permesso di trasformare il consorzio in una squadra attiva, e il progetto in una realtà. In seguito al *kick-off meeting*, i *partner* di HOPES hanno proseguito le attività attraverso due gruppi di lavoro fortemente interdipendenti, di cui uno finalizzato allo sviluppo dei contenuti delle e-SBP e l'altro a raccogliere le specifiche per definire le funzionalità della piattaforma di esercizio. Inoltre sono stati individuati alcuni temi di ricerca rilevanti, da affrontare nel corso delle attività di sviluppo e validazione della piattaforma HOPES, che oltre a consentire la diffusione dei risultati di progetto fornirà anche un contributo di carattere teorico alla letteratura scientifica su diversi ambiti disciplinari. Nell'estate 2011 è stato rilasciato il primo prototipo che attualmente è sottoposto ad una prima fase di *expert-based evaluation* e che sarà successivamente testato direttamente dagli end users.

Con l'aiuto di focus groups e consultazioni con esperti del settore, le cinque caratteristiche della comunità individuate da Pravettoni sono a questo punto riviste e reinterpretate alla luce dei meta-requisiti scelti e analizzati da Spagnoletti e Resca: specifiche tecnologiche, individuate attraverso l'analisi preliminare, vengono fornite ai partner tecnici per garantire la soddisfazione di requisiti necessari tanto alla sicurezza dei dati (standard informatici di identificazione e autenticazione ecc.), quanto al *design* e alla grafica delle pagine di contenuto (dimensione e colori del testo, disposizione di finestre e *pop-up*). Lo sforzo specifico del design IT diventa, a questo punto, la traduzione di concetti teorici in componenti tecnologiche, in grado di garantirne la soddisfazione; le modalità di accesso ubiquo, la forza dei legami (familiari) tra utenti dalle differenti esperienze tecnologiche, l'individuazione di "*personas*" di riferimento richiedono ad esempio lo sviluppo di un'adeguata piattaforma multi-accesso, differenziata in base ai tipo di membri e ai differenti strumenti da loro utilizzati. Allo stesso modo, la presenza di contenuti personalizzati richiederà un'applicazione di traduzione automatica, un sistema di accreditamento tra utenti per permettere funzioni di "amministrazione" a tutela della qualità dei testi, la possibilità di gestire un profilo personale e così via.

Nonostante la durata del progetto non permetta di fornire in questa sede valutazioni finali sulla efficacia di tutte le soluzioni proposte nel passaggio dall'individuazione dell'impianto teorico alla sua implementazione sul piano tecnologico, a livello esemplificativo ci limiteremo in questa sede ad accennare come l'applicazione delle considerazioni sopra individuate alla costruzione ergonomica della piattaforma HOPES® abbia condotto all'individuazione di almeno due ipotesi verificabili disseminate dal Consorzio come risultati di tipo progettuale, a latere della prossima verifica finale da parte degli utenti, sperimentatori e in seguito reali. Tali ipotesi vertono entrambe su un aspetto, evidenziato come tratto comune e ricorrente nell'analisi sopra citata delle cinque caratteristiche delle comunità, ovvero la necessaria interoperabilità tra applicazioni e sistemi quale tratto fondamentale e distintivo di una tecnologia appropriata agli scopi e al target diversificato del prodotto:

• Ipotesi verificabile 1. – Rispetto alla "concezione dello spazio", la tecnologia a supporto delle comunità online deve essere altamente interoperabile a livello tecnico e semantico. Poiché l'accento del progetto è stato posto sull'importanza di costruire una piattaforma tecnologica destinata contemporaneamente a utenti diversi (nel nostro caso, anziani e *caregivers*), una fondamentale difficoltà di progettazione consiste nel fatto che la popolazione anziana non utilizza gli stessi strumenti tecnologici dei loro familiari. Gli anziani hanno maggiore familiarità con strumenti tradizionali, come telefoni cellulari e apparecchi televisivi, mentre i caregivers utilizzano più facilmente personal computer e smartphones. La conseguenza di questa ipotesi, validata da incontri tecnici con esperti di dominio e ICT, è che l'interoperabilità tecnica deve essere garantita dalla piattaforma software attraverso l'uso di standard aperti e architetture service-oriented.

• Ipotesi verificabile 2. – L'identificazione di *"personas"* ovvero categorie di utenti conduce allo sviluppo di tecnologie a supporto delle comunità online altamente interoperabili, a livello sia tecnico che semantico.

La costruzione della piattaforma HOPES® viene delineata, pertanto, a partire da diversi "profili utente" (*"personas"*), presumibilmente interessati a differenti tipologie di utilizzo della

161

piattaforma e pertanto destinatarie di modalità di accesso, di contributo, e di applicazioni diversificate. Come classificazione sperimentale, il consorzio HOPES® ha adottato la definizione di due *"personas"* relative all'utente anziano (l'anziano "estroverso", interessato alla tecnologia, e l'anziano "introverso", che percepisce la tecnologia come un fattore di stress) e quattro tipologie di "caregivers", nelle quali vengono incrociati e rispecchiati i diversi ruoli ricoperti da terze persone nella vita dell'assistito (familiare, medico, badante, assistente sociale...). La possibilità per gli utenti di classificare gli altri membri della propria rete sulla base dell'appartenenza a un determinato ruolo o "persona" è illustrata nella schermata *mock-up*. Poiché lo spazio, in questo contesto, non ha connotazione geografica, i membri della comunità devono poter accedere alla piattaforma da qualsiasi luogo e attraverso diversi tipi di strumenti informatici: il criterio fondamentale di interoperabilità richiede che le *"personas"*/anziani possano accedere da apparecchi che già possiedono (come un pc), mentre le *"personas"*/*caregiver* possano accedere sia da *personal computer* che da dispositivo *mobile* (*smartphone*). Nella pratica, il progetto HOPES® consentirà perciò agli utenti *over* 65, le cui capacità informatiche si limitino anche al solo utilizzo di *Internet Explorer* su un sistema operativo Microsoft/Windows, di visualizzare e commentare materiali audiovisivi caricati dal proprio medico, ma anche dai propri nipoti tramite un'applicazione per Android. In questo modo, la fornitura di contenuti specifici per la terza età (le *"e-Social Best Practices"* che popoleranno il sito con il contributo degli stessi utenti: consigli, brevi "manuali d'uso" e protocolli di azione forniti come risposta ai più comuni problemi della terza età, e taggati per permettere all'utente una visualizzazione intelligente, "customizzata" sulla base delle precedenti visite e delle preferenze espresse) può essere ideata e programmata in un'ottica di inclusione socio-sanitaria, che stimola l'anziano a confrontarsi, anche nella propria comunità "virtuale" (che, come abbiamo visto, secondo Levy viene percepita dai membri quale comunità "reale" a tutti gli effetti), con gli attori più significativi della propria sfera affettiva e assistenziale, concretamente sollecitati dalla piattaforma e dalla sua facilità e flessibilità d'uso a contribuirvi attivamente insieme agli anziani stessi, innescando un "circolo virtuoso" di contatti all'interno e all'esterno della rete online, favorendo l'interazione creativa dell'anziano con il suo entourage, prevenendo l'isolamento sociale attraverso la partecipazione di fasce "forti" della popolazione (familiari più giovani, operatori sanitari, medici di fiducia, associazioni di volontariato ecc.).

Si ricorderà come nell'introduzione a questo articolo abbiamo preso in considerazione alcune ipotesi generali sulla natura delle comunità "reali", dimostrando come esse presentino caratteristiche e tratti fondamentalmente simili alle comunità virtuali/*online*. Tale comparazione, che all'interno del progetto HOPES® ha condotto all'individuazione di appropriate *"Kernel theories"* per il confronto tra i due tipi di comunità (si veda per una descrizione più approfondita di tale approccio e dei suoi vantaggi), ci ha permesso preliminarmente di applicare metodi di analisi delle comunità, in generale, al contesto specifico del design ITC, attraverso l'utilizzo di un *set* di meta-requisiti tecnologici necessari a garantire al prodotto un alto livello di accessibilità e usabilità alle diverse *"personas"* scelte come *target-users* all'interno del progetto. Identificando precisamente nel sistema ITC l'architettura che distingue la comunità online dal suo corrispondente *"offline"*, e che permette tanto di espandere, quanto di limitare le possibilità di azione dei membri del gruppo (di creare perciò quell'insieme di regole/regole organizzative che, presenti, assenti o implicite, richiamano una delle caratteristiche distintive delle comunità secondo molti autori), le analisi del consorzio HOPES® arrivano a evidenziare, nel tratto di interoperabilità tra applicazioni e componenti, il requisito fondamentale per il successo della piattaforma, a garanzia di un reale coinvolgimento nella rete HOPES® tanto di anziani quanto di caregivers; coinvolgimento che, si ricorda, era secondo Koh il fattore più decisivo per la sostenibilità di una comunità. Date le numerose tipologie di "comunità", anche molto differenti tra loro, che possono risultare dal trade-off delle diverse caratteristiche teoriche riportate, nella progettazione di soluzioni ITC che supportino gli scambi informativi tra i membri di comunità online/virtuali bisogna tener conto di tali possibili co-presenze di elementi specificanti; all'interno del progetto, la soluzione proposta è la realizzazione di componenti, "pezzi" di sistema molto eterogenei (possibilità di gestire un'agenda appuntamenti, un'agenda contatti, un *"magazine"* e così via).

Nonostante, in questa fase di sviluppo della piattaforma HOPES® la portata di tale maggiore sostenibilità rimanga un'ipotesi di lavoro in corso di valutazione, i requisiti di progettazione riportati in questo articolo rimangono validi; non è un caso, d'altra parte, che il nostro assunto teorico sulla necessità di fornire al/ai *target user*/s un sistema altamente interoperabile, sia coerente rispetto alle politiche di indirizzo della Comunità Europea e venga richiamato specificamente tra gli obiettivi della *"Digital Agenda"* del 2010, a oggi recepito dalla maggioranza degli Stati membri, e rispetto a ulteriori sforzi compiuti da diversi organi amministrativi internazionali in direzione di standard comuni e concordati assieme al *World Wide Web Consortium*. Concrete opportunità di business innovativo nel campo *dell'Information and CommunicationTechnology* dipendono dalla capacità di istituzioni e aziende di implementare prodotti flessibili in risposta a un mercato interattivo e in movimento, dove sempre più importanza ha il *"prosumer"*– il consumatore desideroso e capace di intervenire nel processo di ideazione, creazione e modifica delle merci, anche informatiche, sulla base delle proprie necessità. Nella definizione di una comunità online di tipo sociosanitario, orientata verso risposte concrete – ed economicamente sostenibili - a esigenze sociali e psicologiche di anziani e *caregivers*, la considerazione dell'interoperabilità possibile, nel panorama *software* e di rete post *Web* 2.0, diventa elemento fondamentale del design ITC, capace di attirare *target users* che siano a un tempo consumatori di applicazioni intelligenti e fruitori di servizi pubblici affidabili e gratuiti.

Accountability nella Pubblica Amministrazione: proposta per una amministrazione Comunale misurabile

2013

di Leonardo Bertini[46]

Uno dei temi critici su cui più si discute negli ultimi anni riguarda il merito e la capacità di promuovere una classe dirigente che sia effettivamente capace. Ma come si misura il merito? E soprattutto come si misura il merito nel settore pubblico, che non è soggetto a indicatori di profitto ma anzi deve rispondere alla soddisfazione del cittadino?

Un altro tema molto dibattuto è anche quello della trasparenza. I cittadini-elettori-contribuenti vogliono conoscere come sono spese le risorse e i progetti realizzati. Questa proposta vuole promuovere un primo passo verso la cultura del merito, della misurabilità e della trasparenza in ambito pubblico.

Facciamo un passo indietro. L'obiettivo prioritario dell'amministrazione comunale deve essere quello di rendere servizi sempre migliori e in tempi sempre più brevi ai cittadini. Oltre a ciò, nella società della conoscenza, un'amministrazione deve anche offrire ai contribuenti e alle imprese un supporto in termini di informazioni, *know-how* e capitale umano. In altre parole l'amministrazione comunale deve anche essere un valore aggiunto per la città. Come misurare questo valore aggiunto? Come rendere evidente ai cittadini la qualità dell'operato del Sindaco, della Giunta e dei dirigenti responsabili per la gestione amministrativa della città?

L'idea è quella di rendere l'intera amministrazione rendicontabile, misurabile o, come dicono gli inglesi *"accountable"*. Significa cioè creare

---

[46] Presidente di Concreta-Mente.

e rendere trasparente una correlazione diretta tra il progetto, il responsabile politico ed il responsabile sulla gestione amministrativa, le risorse stanziate, lo stato di attuazione in tempo reale e il parere espresso dai cittadini. I progetti realizzati dall'amministrazione, sia le nuove azioni che saranno sviluppate sia i servizi di base che vengono abitualmente erogati, saranno quindi impostati e riprogettati come delle scatole di vetro, dentro le quali il cittadino potrà vedere chiaramente i responsabili, i costi e i risultati ottenuti nel tempo. In più, i cittadini potranno anche esprimere delle valutazioni su quel progetto.

Un approccio che promuova così il passaggio dall'autoreferenzialità dell'amministrazione alla trasmissione dei risultati ai cittadini e contemporaneamente aumenti la sensibilità verso la reale percezione degli utenti. Le indicazioni circa il livello di qualità percepito effettivamente dai cittadini-utenti è infatti un elemento rilevante per promuovere e orientare il miglioramento continuo dell'amministrazione stessa. Siamo consapevoli che il cittadino esprime un'opinione e le opinioni messe insieme non rappresentano un indicatore esaustivo e statisticamente "pesato" circa la reale efficacia dell'azione comunale. Le opinioni e i *feedback* diretti offrono però un altro fondamentale indicatore per il decisore istituzionale: la qualità percepita dai cittadini.

Le indicazioni circa il livello di qualità effettivamente percepito dai cittadini-utenti è un elemento rilevante per promuovere e orientare il miglioramento continuo dell'amministrazione stessa.

All'origine della proposta

Il programma re-*Inventing Government* lanciato da Clinton-Gore e poi promosso anche nei governi successivi, insieme ad un importante *re-Government* (non *solo* *e-Government* ma soprattutto re-ingegnerizzazione delle procedure e quindi *re-55overnment*), lancia un progetto legato alla trasparenza e alla misurabilità dell'azione governativa. Attraverso il sito *www.expectmore.gov* il cittadino può scegliere dal *menu* a tendina quale progetto (per Dipartimento o Agenzia) visionare. Per ogni progetto si può avere sia una sintesi con un indicatore di performance, sia la scheda completa con tutti i dettagli. Il cittadino trova, per ogni progetto governativo, una pagina *web* in cui viene riassunto il servizio erogato in modo semplice e non in "legalese", i responsabili, le risorse stanziate e lo stato di avanzamento in tempo reale rispetto agli obiettivi prefissati. L'andamento di ciascun progetto è sintetizzato da un indice sulla performance che bolla i progetti/servizi in tre categorie (*Effective, Moderately Effective, or Adeguate*).

fonte:http://www.whitehouse.gov

Cosa vogliamo proporre per il Comune di Roma

Un approccio che promuova il passaggio dall'autoreferenzialità dell'amministrazione alla trasmissione dei risultati ai cittadini e contemporaneamente aumenti la sensibilità verso la reale percezione degli utenti.

167

Operativamente si propone:

- di realizzare una mappa organizzativa dell'amministrazione comunale;
- di individuare per ciascun assessorato o dipartimento o area funzionale alcune attività strategiche e particolarmente significative in chiave di comunicazione esterna;
- di dedicare a queste iniziative, che chiameremo "iniziative pilota", particolare enfasi con riguardo alle azioni di monitoraggio, misurazione e controllo e collegarne la gestione di bilancio;
- di allestire spazi (pagine *web*) dedicati alla loro comunicazione;
- di recepire le opinioni dei cittadini;
- di utilizzare i risultati periodici che emergeranno (in Italia non è pressoché utilizzata la rilevazione continua sulla qualità percepita dai cittadini) non soltanto in chiave comunicativa e per verificare il buon andamento della gestione e dell'erogazione dei servizi pubblici interessati, ma anche in un'ottica di continuo miglioramento della gestione amministrativa correggendo eventuali inefficienze e criticità.

Ovviamente questo modello si può avviare anche in modalità tradizionale (es con questionari di rilevazione).

Noi però vorremmo sperimentare complementarmente un modello *on line* basato su *web application*.

Proponiamo di individuare dei progetti/servizi pilota (es. 10), per i quali sviluppare pagine *web* di descrizione e di indicazione dello stato di avanzamento rispetto alle risorse stanziate e ai tempi previsti dai piani di progetto.

A questo si propone altresì di aggiungere un sistema per consentire ai cittadini di esprimere on line dei giudizi. Un campo con possibilità di scrivere opinioni in testo libero. I *feedback* inseriti dai cittadini saranno poi elaborati con semplici sistemi di intelligenza artificiale basati su *web* semantico (il CNR ha già sviluppato vari modelli *"open source"*) che permettono di effettuare una valutazione automatica di opinioni espresse dalla comunità.

L'analisi delle opinioni sarà poi sintetizzata in un cruscotto informativo (*tableau de board*) disponibile in tempo reale per il sindaco e l'amministrazione.

Cosa ci immaginiamo

1) il cittadino accede alla *web page* del progetto (es. manutenzione urbana);

2) ha una sintesi immediata sul progetto: descrizione semplice, foto e riferimenti logistici anche con tuttocittà *on line* che offrano al cittadino un informazione chiara e semplice ma esaustiva circa le azioni svolte da quel progetto - es. manutenzione: potatura alberi;

3) trova i contatti diretti del responsabile;

4) sa quanto sono le risorse stanziate a inizio anno e quelle utilizzate fino a quel momento (in %);

5) vede le tempistiche previste di realizzazione con gli stati di avanzamento in tempo reale;

6) si confronta con un indicatore sintetico di quel progetto;

7) può esprimere un'opinione o una richiesta utilizzando un campo di testo libero.

In sintesi

10 casi pilota di progetti/servizi (es. servizio manutenzione strade)

10 *web page* informative e sullo stato avanzamento progetto

1 meccanismo di *feedbacking* e raccolta opinioni

1 motore di ricerca con web semantico

1 cruscotto riepilogativo di monitoraggio

Sistema continuo di miglioramento qualità macchina amministrativa

Swot Analysis

Strengths	Weakeness
• Reingegnerizzazione processi • Più attenzione all'utente • Miglioramento continuo	• Attenzione dei dirigenti solo sui progetti pilota • Difficoltà di misurazione • Difficoltà definizione dello stato di avanzamento • Barriera interna al cambiamento
Opportunities	Threats
• Comunicazione • Aumenta la partecipazione • Sperimenta eDemocracy e eGovernment • Rapporto diretto col cittadino • Sensibilità alla percezione reale dei cittadini	• Scarsa partecipazione • Pareri polarizzati su valori negativi (chi ha tempo per dare un feedback sul sito?) • Aumentano casi da gestire attraverso rapporto diretto dirigenti pubblici/ cittadini • Difficile gestione altri stakeholders

Leonardo Bertini
@LeonardoBertini

Appalti pubblici: eProcurement per monitoraggio della spesa e trasparenza

2009

di Leonardo Bertini[47]

Gli appalti telematici nella pubblica amministrazione italiana: il Mercato elettronico come leva per il cambiamento organizzativo e di processo nella PA

Elemento critico riconosciuto diffusamente è che la PA italiana eroga servizi e opera con l'attenzione mirata al rispetto formale delle regole e dei procedimenti amministrativi, avendo in parte perso di vista il suo obiettivo istituzionale che è quello di erogare servizi di qualità in tempi rapidi al cittadino a cui si aggiunge l'obiettivo del "fare sistema" tipico dell'era digitale.

L'opportunità per l'Italia derivante dall'*eGovernment* (anzi *reGovernment, reingeneering Government*) sta proprio nella gestione del cambiamento dell'impostazione pubblica verso una cultura di soddisfazione dell'utilizzatore finale. Da questo punto di vista, l'*eProcurement* può essere il "cavallo di Troia" (o la *killer application*) per favorire il cambiamento nella PA.

Primo, perché sintetizza tutti gli snodi critici tipici dei processi di *change management*: riorganizzazione delle strutture, integrazione e interoperabilità delle funzioni/servizi, reingegnerizzazione dei processi, formazione e crescita professionale delle risorse umane, revisione della normativa, introduzione di tecnologie, monitoraggio della spesa

---

[47] Presidente di Concreta-Mente.

pubblica e dei risultati (mantenendo decentramento autonomia di spesa), controllo della qualità.

Secondo, perché è una tematica orizzontale a tutte le PA, dai confini e procedure ben note, quindi i risultati conseguibili hanno una più facile visibilità e un valore economico. Terzo, il settore appalti appare favorito rispetto ad altri settori per promuovere questo processo di cambiamento perché ha anche la massa critica in termini di volume di spesa per sostenere l'innovazione. Gli appalti pubblici sono oltre il 16% del Pil. Infine, attraverso un aumento di efficienza degli appalti pubblici si possono ottenere risultati permanenti e consistenti relativi a risparmi di processo, *savings* (risparmi sui costi dei beni e servizi), esternalità positive in termini di innovazione degli strumenti come volano di innovazione nel mercato.

Da un punto di vista normativo il Mercato Elettronico si trova ad operare in un contesto in piena evoluzione: da un lato rimane oggi efficace e applicabile il D.P.R. 101/2002 che lo ha istituito e che tuttora lo disciplina, dall'altro il Codice dei contratti pubblici ha demandato ad un apposito Regolamento attuativo la disciplina delle procedure di acquisto interamente gestite con sistemi telematici e le regole di dettaglio per gli acquisti sottosoglia comunitaria e per le procedure in economia. Da ultimo, la Legge Finanziaria 2007 ha stabilito che, per quanto concerne gli impegni di spesa al di sotto della soglia comunitaria, le Amministrazioni centrali e periferiche dello Stato (ad esclusione degli istituti e delle scuole di ogni ordine e grado, delle istituzioni educative e delle istituzioni universitarie) sono tenute ad effettuare i propri acquisti attraverso il Mercato Elettronico della PA.

L'e-Procurement

Considerando tutta la cosiddetta catena del valore della fornitura, gli strumenti di *eProcurement* possono essere implementati dalla fase di manifestazione dell'esigenza, fino alla fase di gestione della fatturazione e pagamento. Il grafico che segue evidenzia come vi siano sul mercato svariati tool, alcuni dei quali integrabili nei sistemi informatici interni, utili anche per rendere più trasparenti, strutturati e ingegnerizzati i processi.

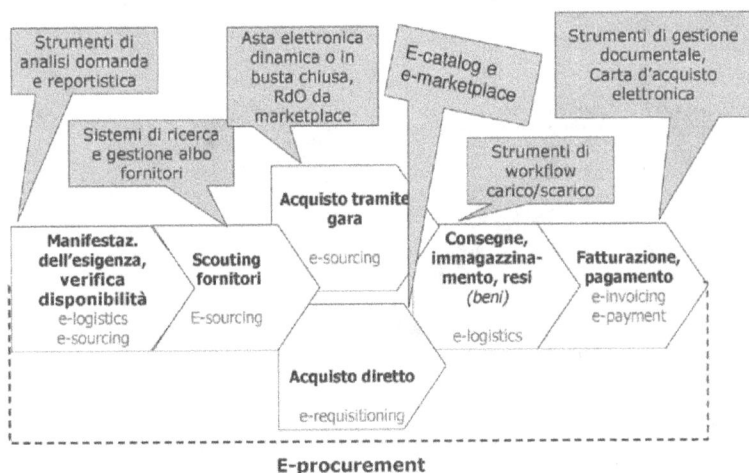

E-procurement

Grafico - Gli strumenti di eProcurement applicabili alla catena del valore della fornitura. Fonte www.acquistiinretepa.it

Gli strumenti di *eCommerce* su cui si concentra questa analisi fanno parte del sottoinsieme dato da strumenti di tipo *Business to Government* (B2G), progettati per chi compra (buy side) e ad accesso riservato a determinate categorie di utenti (selettivi). Queste sono le tre peculiarità che caratterizzano gli strumenti telematici di acquisto nel settore pubblico, il cosiddetto *ePublicProcurement*.

L'*eProcurement* pubblico può essere definito come un insieme di tecnologie, procedure, operazioni e modalità organizzative che consentono la selezione e l'approvvigionamento di beni e servizi on line, grazie alle possibilità offerte dallo sviluppo della rete *Internet* e del commercio elettronico. L'*e-proc* pubblico risente, naturalmente, della diversa impostazione delle fattispecie contrattuali legate al particolare ruolo che la Pubblica Amministrazione (PA) svolge all'interno del sistema ordinamentale. Di conseguenza, gli ambiti di intervento sui quali può avere un impatto importante l'introduzione dell'eProcurement all'interno di una struttura pubblica sono essenzialmente quattro: organizzativi, processuali, tecnologici, della spesa pubblica. La figura che segue sintetizza quali sono gli obiettivi tipici che si perseguono quando

173

si decide di introdurre l'utilizzo di strumenti telematici di acquisto con un approccio strategico di medio periodo.

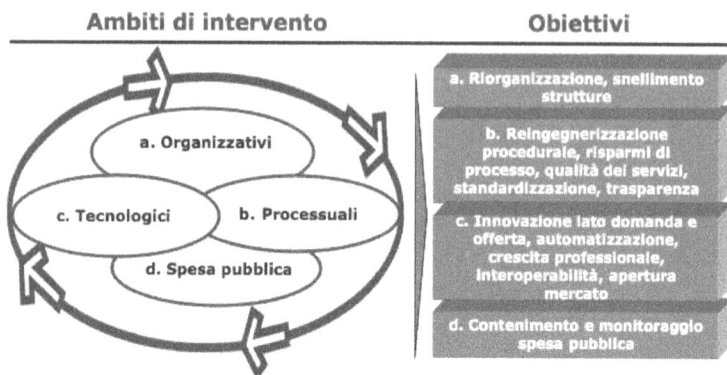

Grafico – Una sintesi degli ambiti di intervento e degli obiettivi dell'eProcurement. Fonte: www.acquistinretepa.it

Per quanto riguarda lo scenario italiano, gli strumenti telematici di acquisto che sono più diffusi sia nella PA Centrale (gestite esclusivamente da Consip) sia a livello regionale e locale (gestite anche da agenzie acquisti ad hoc o dai dipartimenti delle amministrazioni), affrontano essenzialmente le fasi di ricerca, confronto e selezione dei fornitori e prodotti, si rilevano in particolare: negozi elettronici, gare telematiche e mercati elettronici.

A differenza di gare telematiche e aste elettroniche (procedure di scelta del contraente attuate on line per le quali sono possibili diverse tipologie di gara ad esempio busta chiusa con offerta economicamente più vantaggiosa) o dei negozi elettronici (*eShop* - strumenti "statici" di *eProcurement* che mettono a disposizione dei cataloghi *on line* già prenegoziati, sui quali vi è la possibilità di fare acquisti scegliendo le quantità e variando solo alcuni *"optionals"*) gli eMarketplace sono senza dubbio lo strumento di *eProcurement* più innovativo, flessibile e completo.

Oltre a questi strumenti la Direttiva n. 2004/18 e il D. Lgs. n. 163/06 introducono in Italia i Sistemi Dinamici di Acquisto (*Dynamic Purchasing Systems*), ancora non utilizzati, definibili come un processo di acquisizione interamente elettronico per acquisti di uso corrente (con caratteristiche generalmente disponibili sul mercato), sempre accessibile ai fornitori ma limitato nel tempo (massimo quattro anni), con offerte indicative (con cataloghi on line) che possono essere dinamicamente migliorate. Questo strumento è utilizzabile anche per gli acquisti sopra la soglia di rilievo comunitario.

In generale si evidenzia che i benefici nell'utilizzo dell'*eProcurement* sono interessanti lì dove c'è un approccio strategico, dove il committment e gli obiettivi sono ben delineati, dove si è puntato sulla formazione e la gestione del cambiamento della funzione acquisti, dove si è ben comunicato con i propri fornitori.

Con particolare riferimento alla trasparenza, dalla diretta esperienza empirica, si ritiene che l'utilizzo delle procedure telematiche di acquisto porti ad un suo tendenziale aumento dovuto a vari elementi, in sintesi: 1) all'accesso ampio e uniforme alle informazioni senza discriminazioni; 2) alla standardizzazione delle procedure; 3) alla tracciabilità di tutti i contatti e degli scambi di documenti tra le parti; 4) alla minimizzazione dell'intervento discrezionale nelle fasi di valutazione.

Per quanto concerne il lato pubblico, i vantaggi dell'*eProc* sono sia imputabili direttamente agli strumenti on line in senso stretto, sia imputabili agli ambiti di intervento dell'*eProcurement* definito nella sua accezione più ampia. Tra gli ulteriori vantaggi, che in ogni caso devono essere interpretati in un'ottica di sistema, si vogliono citare: l'accelerazione dei tempi di esecuzione delle procedure, la riduzione dei tempi del processo di acquisto, la riduzione degli oneri di gestione delle gare, la semplificazione dei processi, il monitoraggio diretto e costante della spesa pubblica, la crescita professionale degli addetti ai lavori, l'aumento della base potenziale dei fornitori, i risparmi di prezzo, la dematerializzazione della documentazione e la possibilità di attuare progetti di gestione documentale digitale.

Sempre da un punto di vista organizzativo e tecnologico si deve riconoscere che l'adozione di piattaforme di *eProcurement*, soprattutto se non *open source*, è costosa e soprattutto è ancor più costosa la gestione dei backoffice (database e gestione cataloghi on line dei fornitori). Le soluzioni proposte dalle centrali di committenza pubbliche ovviano però a questo problema offrendo soluzioni gratuite a tutte le PA.

Certo sarebbe auspicabile condividere degli standard organizzativi e tecnologici per favorire l'interoperabilità dei dati ed evitare la creazione di barriere digitali nei mercati locali, soprattutto se si immagina un sistema a Rete tra le Centrali Appalto Locali, Regionali e Nazionale (Consip).

Il Mercato Elettronico della PA (MEPA)

Il Mercato Elettronico della PA (MEPA) è uno strumento di *eProcurement* pubblico, gestito da Consip per conto del Ministero Economia e Finanze. E' uno strumento dinamico (cioè con la possibilità per i fornitori di abilitarsi, inserire e cambiare articoli, servizi e prezzi in qualsiasi momento) nel quale i prodotti ed i servizi sono presentati in cataloghi strutturati e descritti nel rispetto di formati standard. Gli acquirenti sono Amministrazioni registrate che possono effettuare, a seguito di una ricerca ed un confronto tra i prodotti, acquisti tramite ordini direttamente dal catalogo e richieste di preventivi. Un identico prodotto/servizio può essere venduto da più fornitori a condizioni diverse (come in un mercato reale) e non c'è una pre-negoziazione da parte di Consip.

Il MEPA si inserisce nel più ampio Programma di Razionalizzazione della Spesa Pubblica, avviato nel 2000, dal Ministero Economia e Finanze (MEF) a seguito dell'introduzione di un nuovo modello per l'ottimizzazione degli approvvigionamenti pubblici. Come anticipato, il MEPA è un mercato digitale, in cui i Punti Ordinanti (PO), costituiti dai soggetti autorizzati nell'ambito delle PA di appartenenza ad effettuare acquisti, possono ricercare, confrontare ed acquisire i beni ed i servizi proposti dalle aziende fornitrici "abilitate" a presentare i propri cataloghi sul sistema, in conformità a specifici bandi, pubblicati dalla Consip, per le diverse categorie merceologiche. Si tratta quindi di un mercato:

▪ selettivo, in quanto l'accesso e l'utilizzo è limitato a soggetti che hanno superato un processo di qualificazione basato sulla verifica del possesso di specifici requisiti;

• specializzato, in quanto rivolto a soddisfare le esigenze procedurali ed amministrative specifiche della funzione approvvigionamenti delle Pubbliche Amministrazioni e delle imprese che con queste instaurano rapporti di fornitura (caratteristiche degli atti, modalità di archiviazione, uso della firma digitale, ecc.);

• basato su un catalogo di prodotti abilitati, in quanto tutte le transazioni commerciali che si svolgono sul mercato hanno come oggetto beni/servizi offerti dai fornitori in forma di catalogo e pubblicati sul sistema in seguito ad un processo di abilitazione gestito da Consip;

• utilizzabile esclusivamente per acquisti di beni e servizi di importo inferiore alla soglia di rilievo comunitario.

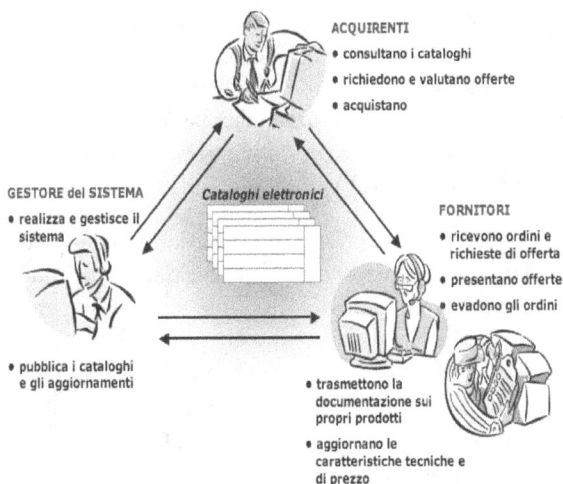

ACQUIRENTI
• consultano i cataloghi
• richiedono e valutano offerte
• acquistano

GESTORE del SISTEMA
• realizza e gestisce il sistema

Cataloghi elettronici

FORNITORI
• ricevono ordini e richieste di offerta
• presentano offerte
• evadono gli ordini

• pubblica i cataloghi e gli aggiornamenti

• trasmettono la documentazione sui propri prodotti

• aggiornano le caratteristiche tecniche e di prezzo

Grafico - Schema del modello di funzionamento del MEPA. Fonte: www.acquistinretepa.it

Oltre ad un motore di ricerca di prodotti e servizi e ad un sistema di archiviazione digitale, il Mercato Elettronico offre alle amministrazioni registrate la possibilità di concludere contratti attraverso due diverse procedure di acquisto:

1) l'ordine diretto: l'amministrazione può acquistare beni e servizi direttamente dai cataloghi dei fornitori abilitati al Mercato Elettronico.

La pubblicazione del catalogo dei prodotti da parte del fornitore costituisce infatti una vera e propria offerta al pubblico riservata alle amministrazioni registrate al Mercato Elettronico;

2) la richiesta d'offerta (RdO): consente all'amministrazione di richiedere ai fornitori abilitati diverse e ulteriori offerte aventi ad oggetto tutti i prodotti ed i servizi abilitabili sul Mercato Elettronico, permette quindi di soddisfare specifiche esigenze. Più semplicemente, tale procedura può essere utilizzata per richiedere più preventivi sullo stesso prodotto/servizio a diversi fornitori, mettendoli in concorrenza tra loro e tentando di ottenere prezzi più vantaggiosi rispetto a quelli presenti a catalogo.

I benefici specifici generati dall'utilizzo del MEPA per chi compra, oltre a quelli generici derivanti dall'*eProc*, possono comprendere sia risparmi di prezzo (circa 3%) e sia risparmi di tempo realizzati all'interno del ciclo degli approvvigionamenti, ma anche cambiamenti che l'utilizzo dello strumento può produrre all'interno di una organizzazione (si evidenzia un risparmio di processo potenziale derivante dall'utilizzo del MEPA di circa 17 ore/uomo, circa due giorni di lavoro, per ogni singola Richiesta di Offerta effettuata dalla PA).

Per quanto riguarda le imprese (in particolare le medie e piccole imprese) si evidenziano i seguenti benefici: attivazione di un nuovo canale di vendita, ampliamento del mercato potenziale, recupero di competitività, diminuzione dei costi di vendita, garanzia di maggior trasparenza nelle procedure di gara, aggiornamento della propria offerta grazie al dinamismo dei cataloghi che permette ai fornitori di attuare delle specifiche strategie commerciali volte ad esempio a smaltire overstock o saturare la propria capacità produttiva.

A fronte di quanto sopra, le imprese, soprattutto per le piccole imprese, devono superare alcune "difficoltà" quali: ostacoli tecnici, ostacoli di tipo culturale, ostacoli di tipo organizzativo.

La criticità è legata al fatto che ancora non si è sviluppato un "mercato" della consulenza legata a questo settore che possa supportare le Piccole e Medie imprese a vendere on-line[48] e che né le associazioni

---

[48] Per un caso studio positivo si veda la start-up innovativa di giovani neo-laureati www.ecommerce-consulting.it

di categoria, né le Amministrazioni supportano le PMI all'utilizzo dei nuovi strumenti.

Le tendenze e l'evoluzione del MEPA

La realizzazione e l'introduzione del MEPA hanno comportato uno sviluppo del progetto in due fasi:

- una fase di sperimentazione (nel corso del 2003) con l'obiettivo di verificare, su un campione di poche decine di Punti Ordinanti e fornitori e per aree geografiche e categorie merceologiche limitate, l'adeguatezza degli strumenti tecnologici, organizzativi e normativi alle effettive esigenze del mercato;

- una fase di diffusione (avviata da fine 2003/inizi 2004) con l'obiettivo di avviare, pur in un contesto suscettibile di miglioramenti ed integrazioni, un utilizzo diffuso dello strumento su tutto il territorio nazionale che comprendesse un numero più ampio di categorie merceologiche rispetto alla fase iniziale.

L'approccio adottato, considerata l'innovatività del progetto, ha portato a raggiungere dal 2003 al 2006 risultati significativi (ad esempio, 38 milioni di euro di volume transato, oltre 230.000 articoli acquistabili, 1.255 buyer pubblici che hanno ricorso all'utilizzo dello strumento).

Nel periodo successivo il MEPA ha continuato a crescere in modo esponenziale sia in termini di volumi di transazioni, sia di Amministrazioni utilizzatrici.

Nel triennio 2008-2010 c'è da sottolineare come si debba tenere conto del nuovo scenario che si sta delineando per l'eProcurement nazionale e che emerge dal DPEF 2007-2011 e dalla LF 2007 (in particolare si pensi all'utilizzo del MEPA per tutte le PA Centrali e alla creazione delle Agenzie Regionali).

In risposta all'attesa evoluzione dei potenziali utilizzatori del sistema, la priorità degli interventi potrebbe essere definita in base a tre criteri principali: 1) il miglioramento della qualità dell'offerta disponibile sul MEPA (*customer satisfaction*), soprattutto sulla qualità della descrizione di prodotti e servizi; 2) l'ottimizzazione degli strumenti e della struttura organizzativa di gestione (maggiore automazione ed efficacia del backoffice), introduzione di strumenti di rating dei fornitori; 3) proseguimento delle attività volte a semplificare le operazioni di amministrazioni e fornitori sul sistema telematico.

Conclusioni

Sia a livello europeo che internazionale, nel più ampio ambito dei piani di *eGovernment* o più semplicemente di razionalizzazione della spesa pubblica, l'*eProcurement* riveste ormai un ruolo chiave sia di ammodernamento e aumento di efficienza della PA sia di monitoraggio dei conti. L'importanza e l'impatto che gli strumenti telematici di acquisto possono avere deriva non solo dal fatto che gli appalti pubblici sono circa il 16 per cento del Pil (in media nei paesi UE), ma dai benefici che possono portare nei programmi di gestione del cambiamento della PA.

Il Mercato Elettronico della PA (MEPA) è indubbiamente uno degli strumenti di B2G più avanzati e riconosciuto come una best practice a livello europeo. Come per molti progetti innovativi e relativamente giovani, oltre ai benefici apportati, molti sono gli elementi critici che rallentano la diffusione del MEPA. In particolare si sono evidenziati: a) dal lato della domanda (PA), oltre alle problematiche del *digital divide* (legate alla non adeguata diffusione di *internet* e della firma digitale), la carenza di progetti di gestione del cambiamento da un punto di vista organizzativo e culturale; b) dal lato dell'offerta (imprese), una resistenza, soprattutto a livello locale, nel volersi mettere in gioco e confrontarsi all'interno di un sistema tendenzialmente più concorrenziale con il rischio di perdere le proprie consolidate "nicchie di mercato" e la scarsa propensione ad investire in *eCommerce* senza una chiara visione dei ritorni nel lungo termine.

Tra i benefici che l'*eProcurement* apporta (tra i quali sopra a tutti la maggiore trasparenza), si vogliono enfatizzare i risparmi di processo in termini di ore/uomo rispetto ai sistemi tradizionali di appalto e la possibilità di avere un monitoraggio di dettaglio e costante della spesa pubblica (con conseguente possibilità di analisi comparata della spesa tra amministrazioni diverse).

Tra gli spunti teorici che l'esperienza ha portato ad evidenziare non vanno dimenticate le esternalità positive reciproche tra il lato della domanda e quello dell'offerta ed i rischi di segmentazione digitale dei mercati che una mancanza di interoperabilità tra sistemi di eProc può comportare. Da quanto esposto, si comprende come strumenti di e-procurement quali il MEPA possano essere guida e volano per la promozione di un cambiamento organizzativo e procedurale nella PA che ha impatti ed offre opportunità non solo per il lato della domanda pubblica ma anche per quello dell'offerta.

Lo sviluppo delineato potrebbe implicare un'evoluzione del ruolo di Consip da stazione appaltante a *market maker* e a soggetto che eroga "consulenza" e servizi come *application provider* alle altre stazioni appaltanti.

Nel 2010 si scriveva che, in tale ruolo e forte della consolidata esperienza progettuale e gestionale nell'attivazione di nuovi strumenti e modalità di acquisto, la "Centrale a livello nazionale" può assumere, nell'ambito del sistema a rete con le centrali di acquisto regionali e locali, un ruolo di servizio e di "facilitatore" contribuendo a promuovere un modello efficiente in cui le Centrali stesse o gruppi di acquisto, oltre ovviamente alle singole PA, possano effettuare in modo semplificato e strutturato proprie procedure telematiche sia sopra che sotto la soglia.

Dal 2010 ad oggi questo scenario è rimasto pressochè immutato, con una scarsa capacità di coordinamento degli strumenti di eProcurement di Consip con quelli delle Centrali di Appalto Regionali e Locali, la non implementazione degli standard di interoperabilità sviluppati dal progetto www.peppol.eu, una scarsa capacità di *engagement* e formazione degli utilizzatori finali del MEPA nelle Amministrazioni (ancora in attesa del disegno di una categoria professionale dei *buyer* pubblici).

A livello locale Concreta-Mente ha più volte proposto al Comune di Roma Capitale di utilizzare il Mercato Elettronico della PA (MEPA) per il 100% degli appalti sotto la soglia di rilievo comunitario, in particolare, di utilizzare il MEPA per ragioni di trasparenza per il 100% delle procedure di appalto del Giubileo della Misericordia. Non abbiamo ricevuto risposte.

Da questi e dai precedenti spunti di riflessione, derivano ampi margini di miglioramento per aumentare la trasparenza e l'efficacia delle procedure d'appalto pubbliche attraverso gli strumenti telematici.

Leonardo Bertini
@LeonardoBertini

QR code n.8: Intervista a Luca Mastrogregori, **Luca Mastrogregori,** Direttore eProcurement CONSIP.

QR Code n.9: Smart Hub: an eCommerce Consulting idea. Il video è stato realizzato per descrivere l'idea nell'ottica dello sviluppo di un progetto pilota che dimostri che "fare riforme" ed erogare servizi innovativi a vantaggio dei cittadini è possibile. La "sceneggiatura" del video è stata scritta da Leonardo Bertini, i video sono stati girati, montati, editati da Max Alessi e Marta Sempreboni. Si ringraziano i partecipanti al video, che hanno anche collaborato allo sviluppo dell'idea: Stefania Perrelli, Veronica Lattanzio, Gabriele Sanvitale.

eProcurement in Italia: punti aperti e azioni proposte

2007

di Leonardo Bertini[49]

Lo scenario attuale in Italia: Consip

Dal 1999 con la delega del Governo a Consip per gli appalti pubblici si possono individuare due derive rispetto all'obiettivo iniziale del Programma di Razionalizzazione della Spesa Pubblica: 1) una serie di *stop and go* normativi hanno portato rallentamenti e confusione nel mercato (lato domanda e offerta), 2) Consip è stata utilizzata come strumento di finanza pubblica per ottenere risparmi. Nonostante ciò si sono sviluppati servizi di gare telematiche (anche in modalità ASP per le PA), i negozi elettronici, il Mercato elettronico della PA (utilizzato oltre che dalla PA Centrale anche dagli Enti Locali).

Le iniziative Regionali e Locali

Con la riforma costituzionale e la delega alle Regioni della gestione della spesa in ambito sanitario si sono moltiplicate iniziative indipendenti (es. Piemonte, Toscana, Emilia Romagna) che hanno realizzato, affittato o stanno sviluppando piattaforme essenzialmente per gare telematiche, albi fornitori on line, mercati elettronici e convenzioni territoriali. Circa 40 (quelli "censiti") i Comuni e le Province che hanno utilizzato o stanno sviluppando soluzioni indipendenti di *eProc*, in modo non strutturato, principalmente con piattaforme in affitto.

---

[49] Presidente di Concreta-Mente.

Questi tre livelli (Comuni, Province, Regioni) hanno trovato un coordinamento nel Gruppo di Lavoro "I sistemi di *e-procurement* pubblico in Italia" che in un anno (2004) ha portato alla pubblicazione di: ontologie, mappatura delle esperienze, avvio dell'interoperabilità (Consip-Comune di Firenze). Dato il non riconoscimento formale, la non condivisione degli obiettivi politico-strategici tra i *management*, il non supporto istituzionale, il Gruppo di lavoro si è sciolto. Ad oggi manca un coordinamento tra questi 3 livelli[50].

Con la Legge Finanziaria 2007, oltre a fare chiarezza sul ruolo di Consip come centrale di committenza per le PA Centrali e a spingere sull'*eProc* (Negozi elettronici e Mercato elettronico), si ribadisce la necessità di un sistema a rete tra le Agenzie Regionali e Consip (ma non sono contemplati Comuni e Province). Anche la letteratura economica mette in guardia proprio dai meccanismi anticoncorrenziali che potrebbero derivare da una segmentazione digitale dei mercati in aree regionali (cosa che potrebbe avvenire con Agenzie regionali per gli acquisti che sviluppano "n" sistemi di *e-proc* non in rete).

Snodi critici e azioni proposte

Il modello che emerge da DPEF e LF2007 non è in discussione ed è quello condiviso da vari tavoli politici nello scorso anno:

a) Consip si configura come centrale di committenza essenzialmente per le PA Centrali dello Stato, come erogatore in ASP della piattaforma, come centro nazionale di competenze per appalti ed *eProcurement*;

b) le Agenzie regionali consolidano il ruolo di aggregazione della domanda a livello regionale, essenzialmente sul settore Sanità (per cui l'utilizzo delle convenzioni regionali è obbligatorio).

In questo disegno, se si condivide la premessa che pone l'*eProcurement* come un "Cavallo di Troia per il cambiamento della PA, alcuni elementi dovrebbero essere rivisti e promossi.

Per la Direzione Acquisti in Rete di Consip si dovrebbe promuovere il passaggio da strumento di finanza pubblica a strumento di innovazione e cambiamento nella PA. Ciò significherebbe accentuare

---

[50] Questo è rimane valido ancora nel 2015, manca un coordinamento tra le Centrali Appalti.

le attività di formazione, *change management* organizzativo, trasferimento di *best practice* sia verso le PA Centrali sia verso gli EELL, definizione di standard su *eProc* (in collaborazione con CNIPA).

Ma soprattutto il passaggio della delega al Ministro per le Riforme e Innovazioni nelle PA, che si dovrebbe assumere la responsabilità della diffusione e del coordinamento dell'*eProc* in Italia.

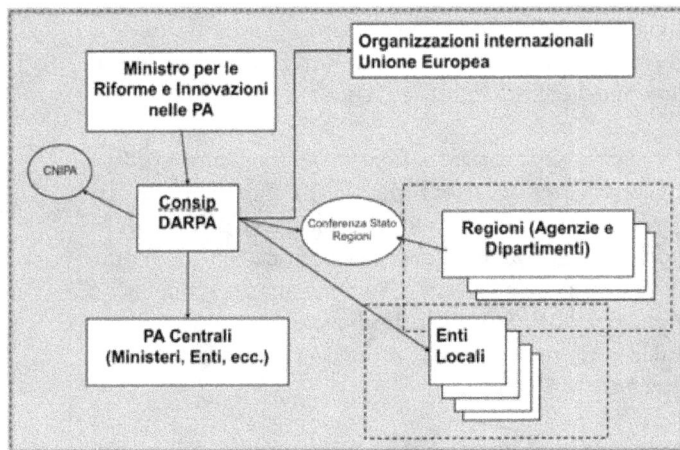

Quattro sono gli snodi critici per la diffusione dell'e-procurement in Italia:

A) Informazione/formazione
B) Condivisione obiettivi e coordinamento
C) Tecnologie
D) Completamento attuazione normativa

A) Gestione del cambiamento: informazione/formazione

Dagli incontri realizzati sul territorio emerge una diffusa non conoscenza di cosa sia l'*eProcurement*.

Obiettivo: Informare la domanda (PA) e l'offerta (imprese) circa l'esistenza di programmi e strumenti di e-procurement già attivi, sulle potenzialità e sui benefici.

Azioni: campagna pubblicitaria Ministro Riforme e Innovazione e PA e MEF attraverso roadshow e materiale informativo on line e cartaceo da distribuire alle PA, Associazioni categoria, Camere Commercio.

Obiettivo: formare gli utilizzatori finali essenzialmente nel lato domanda (anche attraverso le azioni per la patente europea del computer e programma *e-citizen*) e fornire consulenza all'offerta per la predisposizione dei cataloghi on line e la partecipazione.

Azioni: consolidare corsi attraverso Scuole formazione pubbliche (SSPA, SSEF, ecc.) per le PA Centrali, facilitare formazione privata, consolidare sportelli imprese per l'e-proc presso le Camere Commercio e sportelli PA attraverso le Università.

B) Condivisione obiettivi e coordinamento

La mancanza di una visione e di obiettivi condivisi (anche negli incentivi) tra le PA Centrali ma soprattutto con Regioni ed EELL anche nell'ottica di un coordinamento fa procedere a "macchia di leopardo" e in modo non interoperabile. La Conferenza Stato Regioni è un adatto "luogo di incontro" che però deve essere adeguatamente supportato/integrato nelle competenze evitando di creare l'ennesima struttura priva di responsabilità.

Obiettivo: definire priorità negli obiettivi, programmare le azioni e identificare le responsabilità (chi fa cosa). Coordinare i piani di sviluppo e le azioni sia tra Consip e Amministrazioni Centrali, tra Consip e Regioni e con EELL.

Azioni: creare un tavolo di program management per la diffusione del Piano d'Azione della Direttiva 2004/18/CE. Definirne obiettivi quantitativi, scadenze temporali e responsabilità per l'adozione e la diffusione. Condividere con Regioni ed EELL le aree e i livelli nei quali è necessaria l'interoperabilità. Identificare incentivi per la misurazione dei Dirigenti e per i trasferimenti di risorse alle Regioni orientati all'uso dell'*eProc*. Prevedere coordinamento anche con le azioni di innovazione sul territorio (es. ALI, riuso)

C) Tecnologie

Il gap tecnologico non riguarda tanto i pc o la rete, quanto gli strumenti accessori, gli standard e le piattaforme *e-proc*.

Obiettivo: abbattere i vincoli tecnologici all'utilizzo degli strumenti e creare standard condivisi per la messa in rete dei sistemi di *e-proc* sul territorio.

Azioni: favorire la diffusione delle firme digitali e della posta certificata in ambito pubblico, semplificazione tecnologica. Definire standard interoperabilità. Favorire interoperabilità tra piattaforme *e-proc* con sistemi gestionali open source.

Per le PAL che hanno già sistemi *e-proc* indipendenti o per quelle che vogliono svilupparli: attivare coordinamento tra responsabili IT di Consip, Regioni, Province, Comuni con il CNIPA al fine di identificare standard per interoperabilità piattaforme di e-proc (es. *single sign-on* delle imprese, codificazione merceologica, *virtual company dossier*).

Per le PAL che non hanno e non intendono sviluppare soluzioni indipendenti: consolidare il modello ASP Consip anche attraverso la possibilità di utilizzare la piattaforma e il *back-office* gestionale (abilitazione fornitori) Consip con personalizzazioni ad hoc.

D) Completamento attuazione normative

Mancano ancora regolamenti attuativi che disciplinino e chiariscano alcuni punti aperti, tale elemento offre l'opportunità alle PA meno innovative di adottare comportamenti conservativi e di non adozione dei nuovi strumenti. Obiettivo: chiarire chi sono i soggetti che sono tenuti a fare uso di certi strumenti e le procedure da adottare. Azione: emanazione di un regolamento attuativo per l'eProcurement. Coordinamento nella normativa a livello regionale e locale.

Questo documento, prodotto nel 2007 e veicolato al Ministro per l'Innovazione e le Riforme nella PA e al Ministro dell'Economia e Finanze, rimane in parte ancora attuale e sottolinea la capacità di Concreta-Mente di sviluppare una visione strategica e prospettare soluzioni concrete.

Leonardo Bertini
@LeonardoBertini

Sicurezza e software

2010

a cura del Gruppo di Lavoro Informatica e Sicurezza

La situazione dell'Informatica in Italia si sta allinenando alla visione mondiale che da tempo vede l'espandersi del fenomeno della "Informatica NETcentrica", una visione in grado di estendere il concetto di "mezzo computazionale" non al solo insieme di *Hardware* e *Software* localizzato ma all'insieme di risorse computazionali dislocate in un'area geografica più o meno estesa. Questa visione distribuita delle disponibilità informatiche è la naturale estensione dell'espandersi delle reti a larga banda (*Internet, Metropolitan Area Network* etc.) che permettono la connessione di risorse, anche di diversa natura, tramite uno strato comune come il protocollo IP ad una velocità tale da garantire una distribuzione dei processi attivi fra le varie aree computazionali come se fossero parte di una unica matrice.

La parte da leone la fanno diverse soluzioni Informatiche all'avanguardia che hanno lo scopo di condividere risorse "costose" fra diversi attori al fine di ottimizzarne l'utilizzo e di migliorarne l'efficienza globale, alcune di queste sono:

• La *Hardware e Software Virtualization*: si tratta di un meccanismo che permette di sfruttare una stessa piattaforma, che sia HW o SW, come strato base per simulare più unità computazionali indipendenti al fine di ottimizzare i costi HW e sfruttarne le massime potenzialità;

• I *Server Blade*: si tratta di una visione di soluzione *Hardware* che ottimizza alla fonte le componenti non computazionali dei sistemi (alimentatori, ventole, bus di comunicazione esterna etc.) sfruttando *chassis* espandibili con un certo numero di *server* ridotti ai soli componenti elaborativi; questo permette una notevole espandibilità dei sistemi senza aggravare la soluzione di costi non prettamente legati agli aspetti Informatici;

• Il *Grid Computing*: si può definire come la soluzione di aggregazione delle capacità computazionali di sistemi eterogenei deputati alla produzione di *output* specifici, in una visione più estesa e di livello superiore che sfrutta l'interconnessione dei sistemi base per generare *output* di più alto livello, questo viene fatto sfruttando reti di connessione a larga banda (10 *Gigabit Ethernet*, DWDM, *Infiniband* etc.) che garantiscono il trasferimento dei dati fra le varie unità ad una velocità analoga a quella dei processi computazionali *hardware*;

• Il *Virtual Storage* e *il Disaster Recovery*: si tratta di una visione di soluzione che prevede la condivisione di aree di memoria al fine dello storage dei dati di processo e dei DB relazionali sia dislocate in luoghi diversi sia virtualizzate su macchine differenti; scopo ultimo è la condivisione di risorse onerose fra più enti e la capacità di un veloce recovery dei dati in caso di disastro localizzato anche grave.

Questa evoluzione nelle soluzioni informatiche NETcentriche che richiedono la condivisione di risorse e di sistemi su scala geografica, ha necessariamente imposto l'estensione di una visione più allargata nel campo della Sicurezza Informatica che non si focalizza più sull'aspetto perimetrale e localizzato ma si estende ad una visione distribuita geograficamente e legata sostanzialmente al riconoscimento dell'utente e non al mero filtraggio degli attacchi illeciti. Questo richiede sistemi di riconoscimento di elevata sicurezza e distribuiti (chiavi pubbliche e private, identità elettronica etc) in grado di stabilire l'autorizzazione all'accesso alla informazione e alle capacità computazionali dei sistemi condivisi; tutto ciò richiede agli esperti di IT un *know-how* che integri le conoscenze legate all'ottimizzazione dei sistemi con una adeguato substrato di *Information Security*, unica strada per garantire una corretta integrazione dei due aspetti e l'ottimizzazione della spesa globale; naturale conseguenza di ciò è il proliferare anche in Italia delle figure dell'IT and *Security Manager* all'interno delle Pubbliche Amministrazioni, Università e aziende private, persona non più puramente tecnica legata agli aspetti locali ma decisionale per quanto riguarda le strategie informatiche di gruppo.

Infine, si vuole sottolineare anche l'importanza dell'approccio *"open"* anche alla Sicurezza. L'*Open Web Application Security Project* (OWASP) è un'organizzazione mondiale *no profit*, che si pone come obiettivo il miglioramento continuo della sicurezza delle applicazioni *software*. La sua missione è proprio quella di evidenziare sfide e criticità legate ai temi della sicurezza applicativa, in modo da permettere a imprese e organizzazioni di prendere decisioni efficaci e adottare soluzioni concrete per contrastarne i rischi. L'obiettivo del progetto Top 10 di OWASP[51] va in questa direzione, prendendo come riferimenti diversi standard, libri ed organizzazioni tra cui MITRE, PCI DSS, DISA, FTC.

---

[51] http://www.owasp.org/index.php/Top_10

Fare acquisti on line in modo sicuro: il decalogo della sicurezza e-commerce

2015

di Matteo Lucchetti[52]

Concreta-Mente è ormai da anni attenta ai temi dell'ICT ed in particolare dell'*eCommerce*, dell'*eProcurement* e di tutta la catena del valore del commercio elettronico fino alla fatturazione elettronica e alle piattaforme di *eLogistic* in quanto rappresentano modalità innovative di organizzazione dei fattori produttivi. Il tema della sicurezza ICT è stato affrontato più volte, anche con eventi in collaborazione con *Open Web Application Security Project* – OWASP Italia e partner tecnologici ed accademici. Questo decalogo, curato dall'ing. Matteo Lucchetti, vuole essere utilizzato come strumento di gestione del cambiamento per gli stakeholder pubblici, privati e per i consumatori e utilizzatori della rete.

Il presente decalogo vuole fornire un elenco di buone pratiche, tecniche e comportamentali, per:

- prevenire e contrastare possibili minacce agli utenti di servizi transattivi on-line (es. finanziari, *e-commerce*, *e-government*)
- proteggere la loro identità digitale da furti e compromissioni
- promuovere un utilizzo consapevole di Internet per il pieno sfruttamento delle sue potenzialità
- consolidare azioni di sensibilizzazione collettiva per il raggiungimento di un livello adeguato di conoscenza delle relative tematiche.

Per sua stessa natura, un decalogo che inquadra un fenomeno in continuo divenire come quello della sicurezza su *Internet* non può che essere una fotografia, ad oggi, delle migliori pratiche che ci sentiamo di voler suggerire. Tali pratiche però, saranno costantemente aggiornate.

---

[52] Ingegnere elettronico, esperto di Cyber Security.

Mettere in pratica tutte le buone pratiche illustrate aiuta a ridurre il rischio di essere esposti a minacce che potrebbero incidere sulla persona o sulla sua capacità di fruire di un servizio, ma non garantiranno mai la sicurezza di essere al completo riparo. Pur essendo la sicurezza totale l'obiettivo di tutti coloro che lavorano nel mondo della sicurezza su Internet, nessuno la può (e la potrà mai) garantire.

Il decalogo si rivolge agli utenti dei servizi on-line e non fa riferimento ad azioni che potrebbero e dovrebbero essere implementate dagli altri attori che compongono la catena dei servizi, quali gli *Internet Service Provider*, le aziende che erogano i servizi, le Istituzioni.

Anche con l'obiettivo di voler significare una corresponsabilità dei fattori tecnologico e umano, il decalogo si compone di due sezioni:

1. Protezione degli STRUMENTI
   o Postazione protetta
   o Sistemi aggiornati
   o Installazioni controllate
   o Gestione credenziali
   o Connessione sicura

2. Comportamenti di SICUREZZA
   o Attenzione a messaggi sospetti
   o Attenzione a cosa condividi
   o *Safe social networking*
   o Usa il buon senso
   o Segnala alle Forze dell'Ordine

Decalogo per la sicurezza delle transazioni *on-line*

1. Effettua tutte le operazioni transattive, in particolare i pagamenti on-line, da postazioni protette;

2. Aggiorna il sistema operativo, gli applicativi (*Office, Acrobat, App* su mobile etc.) e i programmi di sicurezza (anti-virus);

3. Attento a cosa installi sul tuo PC (o sul tuo *smartphone*): valuta sempre la fonte, la reale necessità e il reale utilizzo;

4. Utilizza *password* forti e gestisci le credenziali di accesso come se fossero le chiavi della tua cassetta di sicurezza;

5. Verifica che il pagamento avvenga su connessione sicura, verificata e che siano adottati standard di sicurezza opportuni;

6. Fai attenzione ai messaggi che ricevi – via email, SMS, *social network*. Ad oggi sono ancora punto di innesco di gran parte delle frodi

7. Fai attenzione a cosa condividi on-line, l'obiettivo dei frodatori non è solo ottenere le tue credenziali di *home banking;*

8. Utilizza consapevolmente i *social network* per proteggere te stesso e i tuoi conoscenti, *safe social networking;*

9. Usa il buon senso. *Internet* è come il mondo reale, fare *e-commerce* è come fare la spesa, solo un po' più comodamente;

10. In caso di dubbi, segnalazioni, denunce, contatta la Polizia Postale e delle Comunicazioni, è possibile anche *on-line.*

Decalogo per la sicurezza delle transazioni *on-line*

1. Effettua tutte le operazioni transattive, in particolare i pagamenti *on-line*, da postazioni protette
   • Installa e mantieni sempre aggiornato un *software anti-virus*
   o Ne esistono di molto validi anche gratuiti, sia per desktop che per mobile
   • Evita operazioni di *rooting/ jailbreaking* del tuo telefono
   o Lo stai indebolendo e stai aprendo la porta a versioni di malware residenti sul telefono in modo permanente e non solo run-time
   Evita di utilizzare computer condivisi e/ o postazioni in posti poco sicuri per effettuare operazioni transattive
   o L'*Internet café* non è un luogo dal quale effettuare transazioni
   o Connessioni *WiFi* non protette di cui si ignora il gestore sono fortemente sconsigliate

2. Aggiorna il sistema operativo, gli applicativi (*Office, Acrobat, App* su mobile etc.) e i programmi di sicurezza (*anti-virus*)
   • Utilizza esclusivamente *software* originale e mantienilo regolarmente aggiornato
   o Almeno sulla postazione dalla quale effettui operazioni *online*
   • Utilizza esclusivamente app ufficiali, scaricate da *market* ufficiali e mantienile regolarmente aggiornate

o Le *app* malevole sono ad oggi il primo vettore di contagio nel mondo mobile

• Verifica periodicamente che gli aggiornamenti automatici non siano stati disattivati

o In particolare quelli dei software anti-virus, comportamento usuale dei malware

3. Attento a cosa installi sul tuo PC (o sul tuo *smartphone*): valuta sempre la fonte, la reale necessità e il reale utilizzo

• Attenzione ai falsi *anti-virus*

o È attualmente uno dei metodi più diffusi ed efficaci per la diffusione di *malware*

• Attenzione a memorie esterne (chiavette USB) di dubbia provenienza

o I principali *software anti-virus* effettuano scansioni automatiche al momento stesso dell'installazione

• In fase di installazione di un'*app* sullo *smartphone*, fai attenzione a quali permessi ti viene richiesto di concedere

o Un'*app* di pagamento difficilmente avrà bisogno dell'attivazione della fotocamera. In caso di dubbio contatta il *provider* prima di procedere all'installazione

4. Utilizza *password* forti e gestisci le credenziali di accesso come se fossero le chiavi della tua cassetta di sicurezza

• Utilizza *password* forti

o Che possano resistere almeno ad attacchi a dizionario

o Lunga almeno 8 caratteri, con maiuscole, numeri e caratteri speciali

o La tua data di nascita o il nome di tua moglie non sono password

• Adotta un tuo metodo per definire le *password* a partire da qualcosa che ricordi bene

o Dovrai ricordarti solo il metodo e potrai ricalcolare la *password*

• Utilizza credenziali differenti per siti differenti

o Non conservarle tutte insieme in un unico luogo (es. foglietto nel portafogli, *app* dello *smartphone*, etc.)

• Cambia periodicamente tutte le *password*

5. Verifica che il pagamento avvenga su connessione sicura, verificata e che siano adottati standard di sicurezza opportuni
- Digita sempre tu, nella barra del *browser*, l'indirizzo del sito che vuoi utilizzare
o *Link* forniti da terzi spesso appaiono in un modo e rimandano ad altro
o Fai attenzione a come scrivi l'indirizzo
- Verifica che la sessione di pagamento avvenga su una connessione protetta
o Verifica che il protocollo sia https:// e non http://
o Clicca sul lucchettino nella barra degli indirizzi e verifica il certificato: valido e assegnato al sito corretto
- Quando paghi con carta verifica che il sito adotti standard di sicurezza per il sistema di pagamento
o *3DSecure* (utilizzo di una *password*/ OTP/ sistema di autenticazione/ SMS per autorizzare il pagamento)
o Potrai ottenere il rimborso in caso di frode

6. Fai attenzione ai messaggi che ricevi – via *email*, SMS, *social network*. Ad oggi sono ancora punto di innesco di gran parte delle frodi
- Impara a riconoscere una e-mail di phishing, potrebbero imitare anche siti differenti da quelli finanziari
- Non aprire mai allegati sospetti
o In particolare .exe, .dll, .zip, .xls, .doc, .ppt, .pdf
- Non cliccare mai su link sospetti
o Potrebbero essere anche in messaggi apparentemente provenienti da tuoi contatti
- Non credere a richieste anomale di aiuto
- Impara a riconoscere un messaggio di *Smishing – Phishing* via SMS
o Inizia a diffondersi anche in Italia
- Fai attenzione al *Vishing – Phishing* via telefono, alcuni casi
- Altre tipologie
o Falsa assistenza tecnica Microsoft
o Truffa nigeriana

7. Fai attenzione a cosa condividi *on-line*, l'obiettivo dei frodatori non è solo ottenere le tue credenziali di *home banking*

• Una volta messo su *Internet*, un contenuto non appartiene più esclusivamente a te

o È possibile richiamarlo ma non si avrà mai la certezza che nel frattempo non sia stato intercettato da terze parti

• Non comunicare a sconosciuti i tuoi codici identificativi

o O a conoscenti che agiscono in modo sospetto

• Prendi consapevolezza delle attuali politiche di gestione della tua privacy adottate dai siti social ed eventualmente intervieni per modificare ciò che ritieni opportuno

8. Utilizza consapevolmente i social network per proteggere te stesso e i tuoi conoscenti, *safe social networking*

• Fai attenzione alle richieste di amicizia, contatto o chat da parte di sconosciuti

o Possono essere utilizzate per disegnare attacchi di tipo mirato (*spear phishing*)

• Valuta con attenzione richieste di contatto o di chat anche da persone conosciute, o con riferimenti in comune

o Potrebbero essere profili falsi con identità rubate

o Le immagini possono essere copiate da altri profili, non esiste un processo di verifica certa delle identità reali che si nascondono dietro ai profili.

9. Usa il buon senso. *Internet* è come il mondo reale, fare *e-commerce* è come fare la spesa, solo un po' più comodamente

• Diffida di facili guadagni o forti sconti, nessuno ha intenzione di regalare nulla a sconosciuti, senza una contropartita

o *Financial manager/ Money mule*

o Rischio di attività di riciclaggio di denaro, esistono sentenze passate in giudicato pur se inconsapevoli

o Pubblicità su *app* contraffatte in cambio dell'abbattimento del costo dell'*app* originale.Cosa si nasconde realmente nell'app?

• Verifica la credibilità della controparte (sito nel caso B2C, privato nel caso C2C)

o Alimenta i sistemi di *feedback*

• Tieniti sempre aggiornato sulle evoluzioni di strumenti, contesti, rischi e opportunità

10. In caso di dubbi, segnalazioni, denunce, contatta la Polizia Postale e delle Comunicazioni, è possibile anche on-line. Visita il sito www.commissariatodips.it

Matteo Lucchetti

Donne e mondo del lavoro: da "quote di genere" a risorse per l'innovazione

2012

di Alessandra Atripaldi[53], GdL Donne e Corporate Governance

Concreta-Mente, nell'ambito della continua attenzione ai temi dell'innovazione sociale e del ruolo delle donne, viste come fattore produttivo determinante per una maggiore crescita del Pil, nella società ha voluto dedicare attenzione al tema della loro rilevanza nell'ambito della *corporate governance* di società quotate, in altre parole, all'adeguata rappresentanza delle donne nei relativi organi di gestione e controllo.

Concreta-Mente ha, allo scopo, istituito un Gruppo di Lavoro che si è occupato, come primo "progetto" di monitorare ed esaminare l'attuazione e gli sviluppi conseguenti all'applicazione della legge 12 luglio 2011, n. 120 recante talune modifiche al testo unico delle disposizioni in materia di intermediazione finanziaria (d.lgs. n. 58 del 1998) concernenti la parità' di accesso agli organi di amministrazione e di controllo delle società' quotate in mercati regolamentati (anche detta, Legge Golfo-Mosca).

Il quadro normativo di riferimento

Come noto, la Legge Golfo-Mosca, prendendo le mosse dalla situazione di cronico squilibrio nella rappresentanza dei generi nelle

---

[53]* Alessandra Atripaldi è avvocato presso la Commissione Nazionale per le Società e la Borsa (CONSOB), ma la collaborazione al Gruppo di Lavoro ci cui è stata coordinatrice, è stata prestata a titolo meramente personale e il contributo apportato nel corso dei convegni e della redazione degli scritti elaborati sono unicamente frutto del proprio pensiero e non vincolano in nessun modo l'istituto di appartenenza. Le stesse precisazioni vanno, conseguentemente, riferite al contenuto del presente scritto che riassume il lavoro svolto dal Gruppo di Lavoro.

posizioni apicali delle società italiane quotate e pubbliche, intende dettare misure minime per riequilibrare, a favore del genere femminile, l'accesso alle cariche direttive e di controllo di tali società. Tale obiettivo viene perseguito imponendo alle società interessate l'inserimento nei propri statuti di clausole che prevedano percentuali di rappresentanza delle donne negli organi di amministrazione e controllo non inferiori ad un quinto per il primo rinnovo dei consigli e non inferiore a un terzo per il secondo e il terzo rinnovo. Dette recenti disposizioni legislative hanno un ambito di applicazione: 1) temporaneo (previsto solo per i tre mandati degli organi sociali successivi all'entrata in vigore della stessa), 2) graduale (si prevede che gli organi sociali dovranno essere composti da rappresentanti del genere femminile per 1/5, nel primo mandato il cui rinnovo ha luogo nell'anno successivo all'entrata in vigore della legge e per 1/3, per i due successivi mandati) nonché 3) limitato ai soli consigli di amministrazione e agli organi di controllo interno delle società destinatarie di tali provvedimenti.

In relazione alle società quotate, detta legge ha affidato alla CONSOB (l'Autorità di Vigilanza del mercato finanziario) il potere sanzionatorio per le violazioni compiute in relazione alle disposizioni di cui si tratta, nonché il potere regolamentare di statuire "*in ordine alla violazione, all'applicazione ed al rispetto delle disposizioni in materia di quote di genere, anche con riferimento alla fase istruttoria e alle procedure da adottare*". Con la delibera n.18098 dell'8 febbraio 2012, la CONSOB, ad esito di una consultazione del mercato (a cui Concreta-Mente ha partecipato con proprie osservazioni e, comunque, condividendo in via generale le scelte compiute dall'Autorità[54]), ha adottato le disposizioni regolamentari attuative della citata delega regolamentare.

In relazione alle società non quotate e soggette a controllo pubblico, la legge n.120/2011 ha delegato ad un regolamentpo ministeriale la previsione di modalità di attuazione "*al fine di disciplinare in maniera uniforme per tutte le società interessate [...], la vigilanza sull'applicazione della stessa, le forme e i termini dei provvedimenti previsti e le modalità di sostituzione*

---

[54]Il documento contenente le proposte dell'associazione Concreta-Mente al documento di consultazione della Consob, nonché l'esito della consultazione CONSOB stessa (che recepisce le osservazioni inviate da Concreta-Mente) sono disponibili al sito: http://www.consob.it/main/documenti/Regolamentazione/osservazioni_consultazione/quoterosa/osservazioni.html nonché al sito www.concreta-mente.

dei componenti decaduti": tale regolamento, è stato adottato dal Governo nell'ambito del pacchetto recante la riforma del lavoro. Gli obblighi imposti dalla normativa interna sulle quote di genere troveranno applicazione per i rinnovi degli organi societari che hanno terminato il mandato triennale successivamente al 12 agosto 2012 (un anno dalla data di entrata in vigore, ai sensi dell'art. 2 della Legge Golfo-Mosca, e che dovranno, dunque, procedere ai rispettivi rinnovi sulla base delle nuove disposizioni legislative. Per completezza, si rileva che, successivamente anche la Commissione europea, da tempo interessata all'equilibrio di genere nei processi decisionali aziendali, è intervenuta in materia avviando una consultazione pubblica sui possibili interventi a livello comunitario, tra cui misure legislative che permettano di riequilibrare la rappresentanza dei generi nei consigli di amministrazione. Anche a tale intervento, il Gruppo di Lavoro Donne e *Corporate Governance* di Concreta-Mente ha fornito il proprio contributo rispondendo con un proprio documento alla consultazione pubblica[55].

Gli obiettivi del Gruppo di Lavoro

In vista dell' operatività della Legge Golfo-Mosca, il Gruppo di Lavoro ha inteso innanzitutto, perseguire una sensibilizzazione culturale che, alla cooptazione nepotistica e clientelare, prediliga un processo di selezione basato sul riconoscimento e la valorizzazione del merito di professionalità, ma anche supportare la realizzazione degli obiettivi disciplinati dal nuovo provvedimento legislativo attraverso una serie di iniziative "concrete" da presentare a tutte le società ed aziende interessate. In particolare, il Gruppo di Lavoro, al fine di raggiungere i predetti obiettivi, si è proposto, *inter alia*, di:
- creare e promuovere, in collaborazione con altre associazioni che si occupano del settore, una rete di professionalità femminili idonee ad

---

[55] Il documento contenente le proposte dell'associazione Concreta-Mente al documento di consultazione della Commissione europea, nonché l'esito della consultazione stessa (che recepisce le osservazioni inviate da Concreta-Mente) sono disponibili al sito http://ec.europa.eu/justice/newsroom/gender-equality/opinion/files/120528/all/81_en.pdf

essere selezionate per l'inserimento nei ruoli direttivi di gestione e controllo di aziende e amministrazioni. Ed invero, posto che alcuni studi hanno stimato che l'entrata in vigore della Legge Golfo-Mosca richiederà, già nei primi anni di applicazione, la candidatura di migliaia di professioniste per ricoprire i ruoli riservati al *"genere meno rappresentato"* in società quotate e pubbliche, il Gruppo di Lavoro ha creato un *network* di professioniste e di contribuire, con il proprio "serbatoio" di socie e con la ricerca e lo *screening* di professionalità al femminile, alla selezione di candidate da proporre per l'elezione nei *board* o, comunque, per rivestire posizioni apicali in società italiane, con particolare riguardo a quelle pubbliche e private a livello locale e alla creazione, in collaborazione con *società* di *head hunting*, di un *data base* di professionalità idonee;

- costituire, anche in collaborazione con altre organizzazioni già impegnate sul tema, un osservatorio permanente sulle società interessate dalla Legge Golfo-Mosca con particolare attenzione a quelle localizzate nella provincia di Roma e nella regione Lazio, volto a raccogliere e pubblicare, con cadenza da definire, informazioni e dati e sulla base dei quali:

- monitorare con continuità le modalità di adempimento agli obblighi imposti, al fine di verificarne la *compliance* con le *best practice* a livello europeo ed internazionale, nonché verificare l'esistenza di margini di miglioramento della disciplina da sottoporre al decisore istituzionale. Posto che il legislatore ha previsto con maggiore dettaglio le modalità applicative del precetto normativo con riferimento alle società quotate (ad esempio, individuando nella CONSOB l'Autorità incaricata della vigilanza e del potere sanzionatorio) e che il regolamento della stessa CONSOB ne ha ulteriormente specificato i dettagli, sarà di estremo interesse per lo svolgimento del lavoro del Gruppo di Lavoro, in relazione alle società pubbliche, apprendere il contenuto del regolamento recentemente adottato dal Consiglio dei Ministri. Si noti che in relazione alle società a controllo pubblico, gli esiti dello studio del Gruppo di Lavoro hBBO rivestano un interesse ancora maggiore posto l'elevato grado di opacità che, allo stato, le connota in termini di dati disponibili sulla *corporate governance* che ne rendono più difficile il monitoraggio e la vigilanza;

- rilevare ed esaminare l'esistenza di concreti benefici apportati dalla presenza di un maggior numero di rappresentanti femminili nei consigli di gestione e di controllo alle società stesse che hanno conferito i relativi mandati in termini di (i) *performance*, (ii) miglioramento della trasparenza, e (iii) contribuito a una migliore dialettica di gruppo con innalzamento delle *best practice* di *corporate governance*, nonché, per quanto possibile, riscontrando l'evidenza di effetti economici positivi all'intero sistema paese;

- rispondere alla consultazione pubblica avviata dalla Commissione europea con osservazioni volte a supportare l'intervento del legislatore comunitario anche sulla base del modello nazionale;

- coadiuvare le centinaia di società private e pubbliche ad ottemperare alle modifiche statutarie previste dalla Legge Golfo-Mosca predisponendo modelli di clausole statutarie che, avuto riguardo alla normativa vigente in materia, contemplino le percentuali di rappresentanza femminile imposte dalla legge Golfo-Mosca e possano essere da dette società ed aziende immediatamente utilizzate inserendole nei rispettivi statuti.

- partecipare alla consultazione Consob volta alla predisposizione del regolamento applicativo della Legge Golfo-Mosca:

Concreta-Mente ha presentato le proprie osservazioni al Documento di Consultazione della CONSOB in attuazione della delega conferita dalla legge n. 120 del 12 luglio 2011 in materia di rispetto delle cd. "quote rosa". Per presentare il documento allegato e lanciare il nuovo gruppo di lavoro Concreta-Mente Donne e Corporate Governance, è stato organizzato un seminario di approfondimento a marzo 2012.

Manifesto del Gruppo di Lavoro Donne e *Corporate Governance*

Per sensibilizzare il decisore istituzionale e i *management* aziendali alla parità di genere e ai temi della corporate governance, Concreta-

Mente ha lanciato il Gruppo di Lavoro *"Concreta-Mente Donne e Corporate Governance"*. Gli obiettivi del gruppo sono:

1. costruire un *network* al femminile per supportare una PROMOZIONE MERITOCRATICA delle nostre migliori professionalità ed energie nella politica, nelle amministrazioni e nelle aziende. Per fare questo abbiamo già dato vita al primo gruppo su Linkedin di professionalità al femminile e abbiamo realizzato una serie di accordi con società di selezione e head hunter;

2. supportare la realizzazione degli obiettivi individuati dalla legge sulle "quote" attraverso un'attività di monitoraggio del suo impatto, con particolare riguardo alle società pubbliche e private a livello locale nell'area di Roma e della Regione Lazio;

3. attivare una serie di iniziative "concrete" da presentare alle società interessate nonché proposte da avanzare al legislatore comunitario recentemente sensibilizzatosi sul tema;

4. attivare il nostro network per favorire la circolazione di informazioni su premi e bandi per l'imprenditoria femminile e borse di studio per la formazione di donne.

Inoltre, nell'ambito dell'attività istituzionale di networking , il Gruppo di lavoro Concreta-Mente Donna e *Corporate Governance*, ha intrapreso un'attività di collaborazione con l'EWLA sui temi di comune interesse e ha contribuito con la partecipazione di Alessandra Atripaldi al congresso annuale di EWLA (*European Women Lawyer Association*), un'associazione di donne laureate in giurisprudenza nei diversi stati europei che si è tenuto a Praga il 18 maggio 2012 dal tema *"Empowering Women across Europe in Times of Crisis"*)[56] nell'ambito del workshop in Business Law avente ad oggetto *"Quota for Women on company boards"* presentando il quadro legislativo italiano e le iniziative intraprese dal Gruppo sul tema.

[56] Per maggiori informazioni: www.ewla.org.

Parte III
La Roma al 2020 che vorremmo

Introduzione alla Parte III

Dopo aver parlato di temi internazionali e nazionali nei due precedenti capitoli, in questo capitolo ci caliamo sul territorio, anche con un'analisi comparata e prendendo spunti da quanto accade in altre città europee e del Mondo.

"La Roma al 2020 che vorremmo" è una sorta di storytelling, descrive una Città "sapiente" che mette al centro il cittadino e, anche grazie alle nuove tecnologie, ne migliora la qualità della vita intesa, ad esempio, come riduzione dei divari sociali, maggiore senso di sicurezza, diminuzione dei tempi di percorrenza, migliore gestione dei rifiuti. Attraverso una serie di seminari, position paper e proposte di progetti pilota (ad esempio braccialetti biometrici per assistenza sociale innovativa agli anziani) abbiamo prodotto nel corso dell'ultimo triennio molte tessere di quello che sarà il puzzle che descrive il nostro progetto strategico per la Città.

Dalla gestione dei rifiuti attraverso cassonetti "intelligenti" che permettano di riconoscere e pesare i rifiuti stessi e quindi di pagare in base a quanto prodotto (e non ai mq della propria abitazione), a sistemi di sicurezza urbana attraverso droni intelligenti, alla generazione distribuita di energia rinnovabile, ad azioni di resilienza, a progetti per la tracciatura della filiera alimentare "dal campo alla tavola", all'ottimizzazione dei flussi di traffico attraverso sensori, alla realtà aumentata per la creazione di un parco archeologico 3D, si sviluppa un progetto strategico con un approccio olistico. In presenza di un piano strategico di lungo periodo è possibile pensare a modelli pubblico-privato, a sponsor privati, alla partecipazione a bandi europei, per la sostenibilità economica e il finanziamento degli investimenti.

Per realizzare "La Roma al 2020 che vorremmo" riteniamo che un elemento di successo sia la convergenza di più attori, ecco perché abbiamo iniziato un percorso di creazione di una rete trasparente di capitale umano con altre associazioni nazionali e locali.

In particolare, dopo una fase che ci ha portato alla pubblicazione di un "Manifesto delle giovani classi dirigenti", vorremo creare una convergenza con le associazioni giovanili del territorio di Roma basata sulla realizzazione di progetti pilota concreti.

La Roma al 2020 che vorremmo: il nostro story-telling in una chat tra due cittadini del futuro

2015

di
Leonardo Bertini[57] e Giuseppina Alati[58]

Queste schermate "rubate" da un *mobile phone* del 2020, descrivono la "Roma al 2020 che vorremmo" sotto forma di story-telling, attraverso una chat tra una coppia di giovani.

---

[57] Presidente di Concreta-Mente
[58] Dottoressa in Scienze Politiche

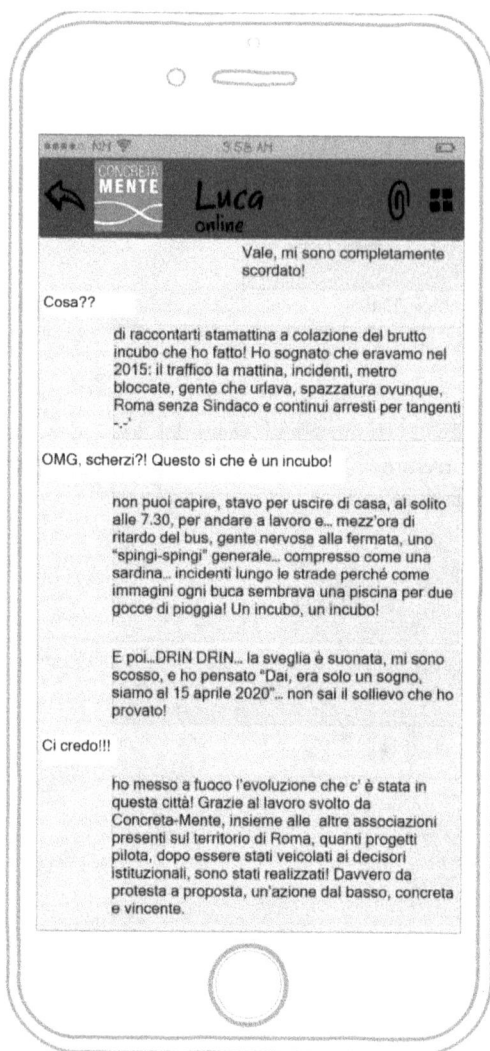

Luca
online

Vale, mi sono completamente scordato!

Cosa??

di raccontarti stamattina a colazione del brutto incubo che ho fatto! Ho sognato che eravamo nel 2015: il traffico la mattina, incidenti, metro bloccate, gente che urlava, spazzatura ovunque, Roma senza Sindaco e continui arresti per tangenti -.-'

OMG, scherzi?! Questo sì che è un incubo!

non puoi capire, stavo per uscire di casa, al solito alle 7.30, per andare a lavoro e... mezz'ora di ritardo del bus, gente nervosa alla fermata, uno "spingi-spingi" generale... compresso come una sardina... incidenti lungo le strade perché come immagini ogni buca sembrava una piscina per due gocce di pioggia! Un incubo, un incubo!

E poi...DRIN DRIN... la sveglia è suonata, mi sono scosso, e ho pensato "Dai, era solo un sogno, siamo al 15 aprile 2020"... non sai il sollievo che ho provato!

Ci credo!!!

ho messo a fuoco l'evoluzione che c'è stata in questa città! Grazie al lavoro svolto da Concreta-Mente, insieme alle altre associazioni presenti sul territorio di Roma, quanti progetti pilota, dopo essere stati veicolati ai decisori istituzionali, sono stati realizzati! Davvero da protesta a proposta, un'azione dal basso, concreta e vincente.

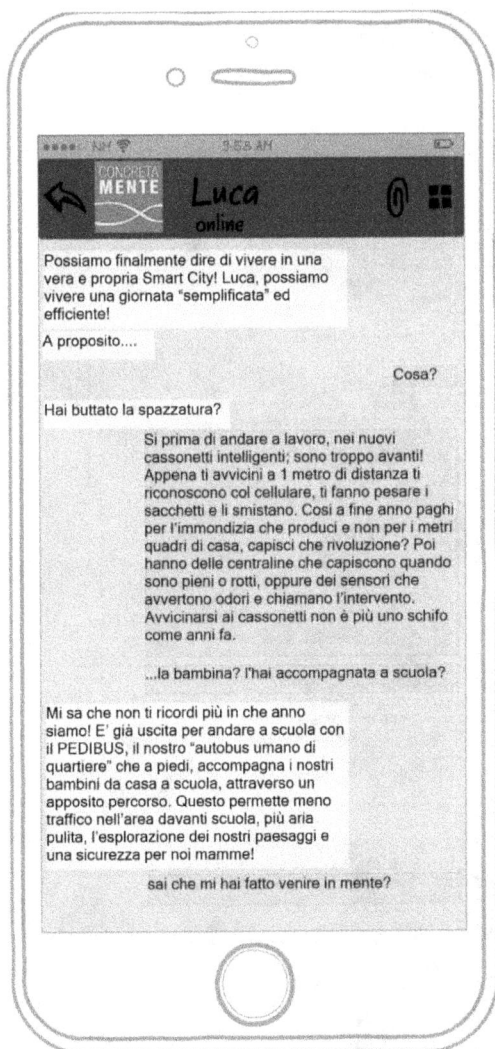

Possiamo finalmente dire di vivere in una vera e propria Smart City! Luca, possiamo vivere una giornata "semplificata" ed efficiente!

A proposito....

Cosa?

Hai buttato la spazzatura?

Si prima di andare a lavoro, nei nuovi cassonetti intelligenti; sono troppo avanti! Appena ti avvicini a 1 metro di distanza ti riconoscono col cellulare, ti fanno pesare i sacchetti e li smistano. Cosi a fine anno paghi per l'immondizia che produci e non per i metri quadri di casa, capisci che rivoluzione? Poi hanno delle centraline che capiscono quando sono pieni o rotti, oppure dei sensori che avvertono odori e chiamano l'intervento. Avvicinarsi ai cassonetti non è più uno schifo come anni fa.

...la bambina? l'hai accompagnata a scuola?

Mi sa che non ti ricordi più in che anno siamo! E' già uscita per andare a scuola con il PEDIBUS, il nostro "autobus umano di quartiere" che a piedi, accompagna i nostri bambini da casa a scuola, attraverso un apposito percorso. Questo permette meno traffico nell'area davanti scuola, più aria pulita, l'esplorazione dei nostri paesaggi e una sicurezza per noi mamme!

sai che mi hai fatto venire in mente?

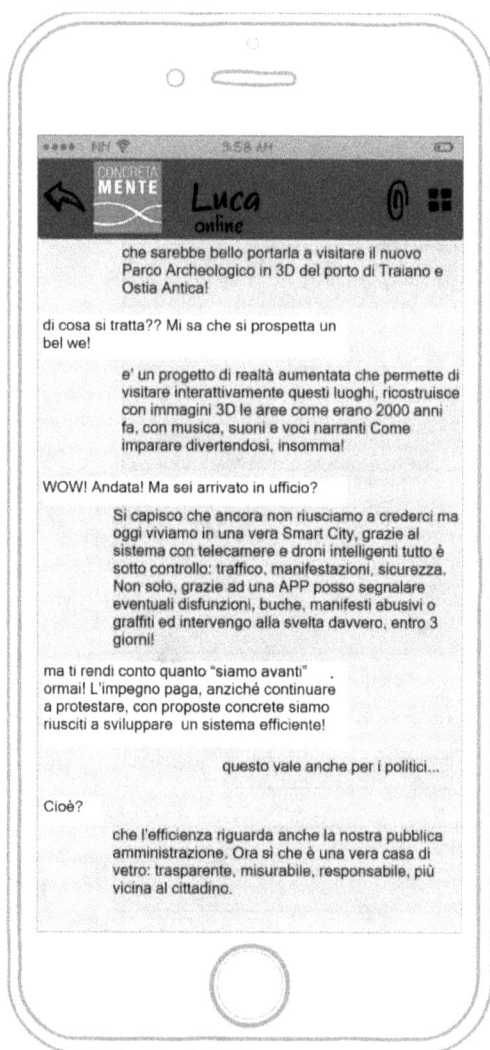

che sarebbe bello portarla a visitare il nuovo Parco Archeologico in 3D del porto di Traiano e Ostia Antica!

di cosa si tratta?? Mi sa che si prospetta un bel we!

e' un progetto di realtà aumentata che permette di visitare interattivamente questi luoghi, ricostruisce con immagini 3D le aree come erano 2000 anni fa, con musica, suoni e voci narranti Come imparare divertendosi, insomma!

WOW! Andata! Ma sei arrivato in ufficio?

Si capisco che ancora non riusciamo a crederci ma oggi viviamo in una vera Smart City, grazie al sistema con telecamere e droni intelligenti tutto è sotto controllo: traffico, manifestazioni, sicurezza. Non solo, grazie ad una APP posso segnalare eventuali disfunzioni, buche, manifesti abusivi o graffiti ed intervengo alla svelta davvero, entro 3 giorni!

ma ti rendi conto quanto "siamo avanti" . ormai! L'impegno paga, anziché continuare a protestare, con proposte concrete siamo riusciti a sviluppare un sistema efficiente!

questo vale anche per i politici...

Cioè?

che l'efficienza riguarda anche la nostra pubblica amministrazione. Ora sì che è una vera casa di vetro: trasparente, misurabile, responsabile, più vicina al cittadino.

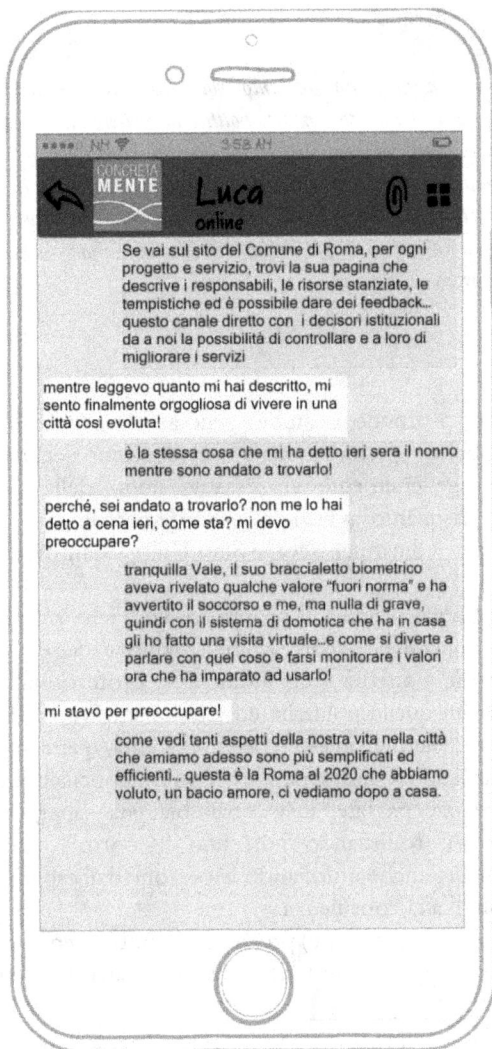

Se vai sul sito del Comune di Roma, per ogni progetto e servizio, trovi la sua pagina che descrive i responsabili, le risorse stanziate, le tempistiche ed è possibile dare dei feedback... questo canale diretto con i decisori istituzionali da a noi la possibilità di controllare e a loro di migliorare i servizi

mentre leggevo quanto mi hai descritto, mi sento finalmente orgogliosa di vivere in una città così evoluta!

è la stessa cosa che mi ha detto ieri sera il nonno mentre sono andato a trovarlo!

perché, sei andato a trovarlo? non me lo hai detto a cena ieri, come sta? mi devo preoccupare?

tranquilla Vale, il suo braccialetto biometrico aveva rivelato qualche valore "fuori norma" e ha avvertito il soccorso e me, ma nulla di grave, quindi con il sistema di domotica che ha in casa gli ho fatto una visita virtuale...e come si diverte a parlare con quel coso e farsi monitorare i valori ora che ha imparato ad usarlo!

mi stavo per preoccupare!

come vedi tanti aspetti della nostra vita nella città che amiamo adesso sono più semplificati ed efficienti... questa è la Roma al 2020 che abbiamo voluto, un bacio amore, ci vediamo dopo a casa.

211

Il Manifesto delle giovani classi dirigenti

2012-2013

Il presente documento è frutto di un lavoro congiunto svolto tra il 2012 e 2013 tra un gruppo di associazioni[59] e che ha avuto il merito politico di mettere intorno ad un tavolo i giovani dirigenti del settore pubblico e del settore privato. Il documento è stato poi presentato ad una serie di parlamentari di maggioranza e opposizione e a decisori istituzionali con l'obiettivo di sensibilizzarli alle proposte. Il passo successivo vuole essere quello di individuare dei progetti pilota concreti da realizzare insieme e attraverso i quali dimostrare che fare riforme è possibile.

Premessa

Al Paese serve un profondo ricambio generazionale delle classi dirigenti. Tutte le statistiche e gli studi in materia evidenziano l'età media molto alta (superiore generalmente ai sessanta anni) della classe dirigente, a differenza di quanto avviene all'estero, specialmente nelle realtà economiche oggi più dinamiche come Stati Uniti, Gran Bretagna e paesi BRICS.

Se vogliamo che l'Italia recuperi il proprio ruolo anche sul piano della competizione internazionale occorre aggregare nuove idee e nuove leadership tanto nelle attività economiche, professionali e imprenditoriali, quanto in quelle politiche ed amministrative. Il Paese deve utilizzare il "potenziale inespresso", dei suoi trenta/quarantenni, rinnovando e modernizzando. Questo, peraltro, non è inconciliabile con il rispetto delle esperienze passate, dalle quali bisogna saper trarre esempi ed insegnamenti, realizzando non uno "scontro", ma un "passaggio" generazionale, anche utilizzando le persone dall'esperienza più consolidata in ruoli di alta consulenza.

Per aiutare questo (oramai urgente) processo di cambiamento, dalla scorsa primavera, noi, rappresentanti dei giovani dirigenti pubblici

---

[59] Associazione Dirigenti PA, Federmanager, Concreta-Mente, Numeri Primi, La Scossa.

(membri dell'AGDP), dei giovani manager privati (aderenti a Federmanager), dell'Associazione Concreta-Mente, Numeri Primi ed anche alcuni politici quarantenni di provenienza trasversale, ci siamo riuniti ed abbiamo deciso di proporre al Paese le nostre idee per la sua "ripartenza". Sulla base delle nostre competenze specifiche, abbiamo elaborato proposte per la Pubblica Amministrazione, per un nuovo mercato del lavoro ed un nuovo modello di welfare state, per la modernizzazione del sistema scolastico/universitario e la promozione della ricerca, nonché per la ripresa delle attività economiche, condizione essenziale per il rilancio complessivo del Paese.

Sottoponiamo queste nostre prime proposte ai contributi e miglioramenti che emergeranno nel dibattito, in primo luogo sulla rete, nella convinzione che questo sia il momento giusto per proporre figure e idee nuove.

Le proposte per la crescita

Per far "ripartire" il Paese occorrono profonde riforme strutturali, con un approccio non settoriale ma sistemico, operando contestualmente per:

- una maggiore apertura dei mercati alla concorrenza (concorrenza nel mercato e per il mercato) e una efficace legislazione *antitrust*, per liberare spazi per l'iniziativa economica, l'occupazione, gli investimenti nazionali ed esteri, nonché applicazione omogenea sul territorio nazionale delle politiche pro-concorrenziali, di crescita e di finanza pubblica, superando l'attuale frantumazione del sistema amministrativo-istituzionale;

- proseguire nell'opera di semplificazione delle procedure amministrative, di riforma del sistema giudiziario, con particolare riferimento al processo civile, e di lotta alla corruzione, al fine di abbattere le attuali barriere che impediscono l'attrazione in Italia di capitali stranieri;

- aumentare il tasso di innovazione tecnologica e completare la digitalizzazione del Paese, modificando radicalmente anche i rapporti dei cittadini con la Pubblica amministrazione, adottare una nuova politica energetica, perseguire la concentrazione della spesa pubblica sulle variabili di sviluppo e competitività e realizzazione di un sistema fiscale più equo, prevedendo la destinazione delle risorse derivanti dalla lotta all'evasione per la riduzione della pressione fiscale e attraverso un moderno sistema di contrasto di interessi;

- puntare sull'occupazione giovanile e femminile, i cui tassi sono in Italia tra i più bassi d'Europa. In particolare, puntare sull'*empowerment* delle donne nelle fasce di età più giovani è oggi non solo una questione di equità ma rappresenta la scommessa più "conveniente" per il Paese: se il tasso di occupazione delle donne diventasse in Italia eguale al tasso di occupazione maschile, ciò produrrebbe un aumento del PIL del 18%, cioè di quasi 300 miliardi.

Alcune proposte operative:

• rivoluzionare gli ordini professionali, abolendo quelli superflui e le relative barriere d'ingresso alle professioni;

• proseguire nell'attività di promozione delle società con soci under 35, anche attraverso fondi pubblici per l'accesso al credito agevolato per i giovani imprenditori e la riduzione degli oneri contributivi e fiscali (in particolare l'IRAP, che andrebbe azzerata nei casi in cui la società non produca utili);

• promuovere le imprese start-up innovative, in particolare tramite la rete, con l'ausilio di sistemi di *crowdfunding*;

• prevedere agevolazioni fiscali a sostegno della crescita dimensionale delle imprese, dell'internazionalizzazione e della diffusione di managerialità nelle PMI;

• introdurre strumenti di fiscalità di vantaggio a sostegno dell'occupazione giovanile e femminile e dell'ingresso di donne e giovani nel mondo del lavoro (prestiti d'onore, crediti d'imposta, etc);

• detassare la parte variabile delle retribuzioni, focalizzando le risorse a sostegno delle iniziative che realizzano aumenti di produttività;

• assicurare un efficiente accesso delle PMI alle incentivazioni per ricerca e sviluppo;

• elaborare un piano programmatico di ricerca sulle fonti energetiche trasversale ad enti e ministeri operanti nel settore (es. unico piano per Eni ed ENEL), puntando su "tecnologie green" ed una riforma, in particolare, del sistema della raffinazione;

• reperire risorse per la crescita, traendo reddito (ad esempio, concedendo diritti di utilizzo) dal patrimonio pubblico.

Un nuovo mercato del lavoro ed un nuovo welfare

Troppo a lungo le regole del mercato del lavoro e la struttura del *welfare* italiano hanno favorito i diritti acquisiti, gli insiders e le categorie anziane, penalizzando i giovani. La riforma delle pensioni ha costituito solo un primo passo avanti in questa direzione, se si pensa che nel quadro della nostra spesa pubblica ben 2 euro su 3 sono destinati alle pensioni.

Si tratta ora di proseguire sul percorso delle riforme, migliorando le condizioni di accesso ad un mercato del lavoro che deve necessariamente essere dinamico e non statico. Un mercato statico, che difende privilegi o rendite di posizione è un mercato, che esclude e che non favorisce la crescita. Un mercato dinamico, che promuove il lavoro, più dei posti di lavoro, é un mercato inclusivo, che conta molto sul ruolo delle imprese.

A differenza del passato, è probabilmente dalle imprese che verrà la ripresa economica e il lavoro per le nuove generazioni. Non tanto dalla Pubblica Amministrazione che sarà costretta invece ad un progressivo ridimensionamento per il recupero della produttività.

In questa prospettiva, occorre favorire quindi:

- una maggiore apertura del mercato del lavoro, favorendo la diffusione di modelli contrattuali flessibili, che però non sfruttino i giovani, costringendoli in forme prolungate di precarietà, valorizzando in primo luogo l'apprendistato, per migliorare la cd. *employability* dei giovani attraverso una formazione sul "campo" strettamente collegata alla domanda del mercato del lavoro;

- una maggiore mobilità di carriera, introducendo, sul modello delle principali esperienze straniere, sistemi di progressione di carriera che valorizzino il merito e le potenzialità;

- una radicale riforma del *welfare*, procedendo ad una riallocazione delle risorse disponibili, concentrandole su iniziative a sostegno delle giovani coppie ed in particolare della genitorialità, rendendo maggiormente flessibili i congedi parentali e le forme di flessibilità

215

lavorativa attualmente previsti, nonché incentivando l'adozione degli strumenti del telelavoro.

Alcune proposte operative:

• proseguire e rafforzare le iniziative esistenti in materia di crediti di imposta per aziende che assumono under 35;
• prevedere per un periodo transitorio di 3-5 anni che le aziende quotate ovvero quelle controllate direttamente o indirettamente da enti pubblici abbiano una quota del proprio middle e top management (anche dell'ordine del 10%) di under 40/45;
• realizzare un vasto programma di creazione di asili nido (in particolare aziendali), scuole materne, centri per bambini, etc., anche eventualmente reperendo risorse attraverso contributi di solidarietà sulle reali "pensioni d'oro";
• valorizzare il ruolo della bilateralità, incentivando lo sviluppo dei Fondi professionali e non in materia di assistenza sanitaria integrativa e di previdenza complementare;
• prevedere la fruizione in modalità part-time (orizzontale o verticale) dei congedi parentali, allungandone corrispondentemente la durata;
• prevedere formazione e aggiornamento on line sulle attività d'ufficio su base volontaria durante il congedo di maternità, i congedi parentali e tutte le interruzioni lavorative superiori a tre mesi.

Riforma dell'istruzione e rilancio della ricerca

Per competere nel mercato globale del terzo millennio, l'Italia ha bisogno di investire in istruzione e ricerca, il "petrolio dell'epoca moderna".

Istruzione e ricerca debbono diventare la priorità dell'azione di governo dei prossimi anni, anche con un miglior collegamento al mercato del lavoro.

In Italia, tra l'altro, mancano università valutate nella classifica delle prime 10 mondiali, mentre paesi come la Spagna e la Francia sono stabilmente presenti in tali classifica.

In particolare, bisogna:

- concentrare risorse a favore della ricerca, proseguendo nell'attività di razionalizzazione ed efficientamento dei fondi esistenti, ma anche reperendo risorse da interventi pubblici meno strategici;
- proseguire con la riforma dell'università, promuovendo merito e trasparenza e combattendo baronie e familismi;
- promuovere sin dalle scuole dell'obbligo l'internazionalizzazione (studio delle lingue straniere) e l'informatizzazione;
- sviluppare, come all'estero, sistemi di aggiornamento permanente.

Alcune proposte operative:
• rifinanziare il credito di imposta per investimenti in ricerca e rafforzare le politiche UE a favore della ricerca, anche eventualmente reperendo risorse da razionalizzazione incentivi alle imprese e politiche UE di sostegno all'agricoltura;
• concentrare gli investimenti e prevedere incentivi agli studenti meritevoli, specie fuori sede, e razionalizzare, rafforzandoli, i poli di formazione/ricerca territoriali di eccellenza e specializzati in settori scientifici;
• rafforzare il sistema di verifica periodica dell'attività scientifica dei docenti anche attraverso l'obbligo di pubblicazione via internet ed aggiornamento costante dei relativi curricula;
• favorire un rapido ricambio degli attuali cattedratici, anche abbassando l'età per il pensionamento e vietando incarichi a contratto dopo la pensione, e proseguire celermente nella nuova procedura di abilitazione unica nazionale per il reclutamento dei docenti.

Una PA moderna ed efficiente

Il rilancio del Paese non può prescindere dal rilancio della sua Pubblica Amministrazione.

All'Italia, in particolare, serve:
- una PA più moderna e più efficiente, al servizio dei cittadini e delle imprese;
- una PA con strutture centrali ridotte e decentralizzazione dei compiti, in cui si proceda alla progressiva eliminazione delle "amministrazioni

parallele" e delle amministrazioni straordinarie", enormemente cresciute negli ultimi anni;
- una PA senza corruzione (piombo nelle ali del Paese) e con meno invadenza della politica, che specialmente negli ultimi dieci anni, dopo i condivisibili tentativi di separazione tra politica e amministrazione degli anni Novanta, è tornata a "occupare il campo";
- una PA più europea ed internazionalizzata, in cui si utilizzi il "potenziale inespresso" di giovani e donne, superando tradizionalismi e gerontocrazie;
- una PA pienamente digitalizzata e tecnologicamente attrezzata.

Alcune proposte operative:

• promuovere politiche di "tagli selettivi", superando il deleterio approccio dei "tagli lineari", sopprimendo enti inutili (ad es., le sei scuole di formazione nella PA), razionalizzando le strutture esistenti (in primo luogo, gli uffici periferici statali e le sedi delle Forze dell'Ordine) e favorendo fusioni, aggregazioni e la concentrazione delle attività in un numero ridotto di funzioni;

• rivedere il rapporto fra centro e periferia riscrivendo compiti e funzioni delle Amministrazioni centrali e delle Autonomie territoriali, in un quadro di risorse più limitate, per l'attuazione definitiva delle riforme sul federalismo;

• potenziare i controlli interni/esterni, ricostituendo un sistema di controllo di regolarità amministrativa sulle attività degli enti locali e rafforzando forme di internal audit in tutta la PA (con controllori indipendenti, di comprovata professionalità);

• promuovere il merito per dirigenti, funzionari ed impiegati, implementando efficaci meccanismi di misurazione delle *performance* e valutazione dei risultati, con divieto di distribuzione dei premi a pioggia (in particolare, rafforzando il ruolo di valutazione dei dirigenti);

• reclutare, compatibilmente con le esigenze di finanza pubblica, giovani funzionari, anche con una procedura unica di concorso su base nazionale, che consenta razionalizzazione di costi di selezione e maggiore trasparenza;

• equiparare la posizione del dirigente pubblico a quella del datore di lavoro privato, con maggiori poteri nella organizzazione dei processi di lavoro e conseguenti maggiori responsabilità in termini di risultati finali (reali sistemi di valutazione delle performance e attribuzione selettiva dei premi di produttività);

- limitare fortemente la nomina di dirigenti esterni, consulenti, etc, recuperando risorse da investire per concorsi per giovani funzionari/dirigenti;
- far migrare al digitale tutte le pratiche amministrative che possono essere realizzate on line, interconnessione delle banche dati e interoperabilità dei sistemi informativi;
- promuovere il telelavoro nel settore pubblico (sul modello già sperimentato in alcune realtà come l'INAIL), trattandosi di una misura che produce notevoli risparmi di spesa e, se correttamente attuato, aumenta la produttività.

Roma Caput Mediterranei

2015

di Alessandro Politi[60]

I presupposti ideali

Roma in questi ultimi 20 anni è decaduta vertiginosamente dalla condizione di capitale di una media potenza con una sua politica estera, locale e culturale ad un oggetto turistico ancora scarsamente valorizzato per il suo patrimonio, un centro che si sta sempre più chiudendo in un ghetto di lusso e ad una capitale senza un vettore nazionale ed internazionale che la definisca. La decadenza della politica dello Stato della Città del Vaticano, ripiegatasi dopo un grande afflato universale, non aiuta affatto.

Da un patrimonio estremamente ampio e trimillenario cosa bisogna scegliere per individuare delle proposte?

1. Il cosmopolitismo di Roma. Roma è stata grande quando si è aperta al mondo ed ha saputo offrire al mondo una visione globale. Tutte le grandi città del mondo o sono cosmopolite o non avranno futuro. Cosmopolitismo significa saldo governo della diversità in un quadro culturale denso.

2. La cultura di Roma. Roma senza cultura è un centro di potere forse politico-militare ma senza una prospettiva.

3. La religione di Roma. Roma è stata un centro religioso importante prima dell'ellenismo poi della cristianità. Questa eredità non può essere né statica, né data per garantita: la crisi del sacro accomuna in maniere diverse 7 miliardi di abitanti nel mondo e le correnti intolleranti in varie religioni sono il sintomo più sicuro di questa crisi.

Cosa va aggiunto/rivitalizzato nel patrimonio di Roma che è meno evidente, ma che è essenziale per un orizzonte comune? La definizione

---

[60] Analista politico e strategico.

di un processo di liberazione, che vada oltre vecchie libertà, ormai svuotate dalla globalizzazione. Roma, con tutti i suoi pregi, non è stata sovente una capitale della libertà o della liberazione. Basti pensare a pochi episodi come l'avvento della repubblica romana dopo il periodo delle monarchie arcaiche, il breve governo di Cola di Rienzo, la Repubblica Romana del 1789 e del 1848, la Liberazione e la Repubblica Italiana sino al 1950 e tra il 1968 ed il 1970.

Sei proposte:

1. Creazione del progetto MedRasmus (un Erasmus romano) che offra borse di studio a studenti extra europei dei paesi rivieraschi del Mediterraneo dalla Moldavia sino al Marocco perché compiano l'ultimo anno di studi superiori a Roma. Questo programma può comprendere nel tempo la cosponsorizzazione di scuole d'italiano e istituti di cultura prima nelle grandi capitali dello spazio Med (Mosca, Istanbul, Cairo, Tel Aviv, Tunisi, Algeri) poi in altri paesi.

2. Cosmopolis: uno statuto comunale per le coppie di fatto internazionali, interconfessionali e gender-inclusive; creazione di procedure snellite per l'adozione rapida degli orfani nel territorio comunale.

3. Progetto "Che lingua ti serve?". Riqualificazione del trasporto pubblico taxi e NCC con corsi di lingua inglese, araba e russa; analoga iniziativa nel settore ristorazione e culturale.

4. Creazione del progetto "Alessandria chiama Roma" di digitalizzazione online dei libri rilevanti nelle culture delle grandi città mediterranee, Roma inclusa, e loro traduzione nelle rispettive lingue ed inglese, se manca.

5. Apertura o rivitalizzazione di un polo teologico interconfessionale (Progetto Religioni del Libro) con una chiara impronta europea, riformatrice e progressista.

6. Urbanistica: "demolizione" e ricostruzione sistematica secondo moderni canoni urbanistici ed estetici degli orrori delle periferie derivanti dalle speculazioni edilizie (Progetto "Non siamo in fondo al mondo") con ridisegno della viabilità a favore di mezzi elettrici o non a

combustione interna prendendo ispirazione dai migliori progetti delle grandi città del Mediterraneo o del Mondo.

Alessandro Politi
@ozeanadler

QR Code n.10: La Spring School di Concreta-Mente. Il 23 e 24 maggio 2015 ad Ardea (Roma) si è svolto l'evento "Blue economy e resilienza: nuovi paradigmi per ridisegnare il vivere comune". Come si evince dal video realizzato per l'occasione, si è trattato di un incontro per discutere e confrontarsi sul tema, con una visione di lungo periodo a cui hanno partecipato diverse associazioni presenti sul territorio ,nella cornice di YES4ROMA, nonché relatori scientifici e istituzionali, tra cui gli Assessori all'Ambiente e rifiuti Estella Marino e alle Attività Produttive Marta Leonori del Comune di Roma.

Roma resiliente: la nuova frontiera della rigenerazione urbana

2015

di Martina Iorio[61] e Nicola Caravaggio[62]

Questo documento si ricollega al documento intitolato Blue Economy e Resilienza: nuovi paradigmi per ridisegnare il vivere comune di apertura del presente volume.

Se ci si chiede quanto delle applicazioni proposte dalla economia blu di Gunter Pauli sia riscontrabile sul territorio della Capitale, la risposta potrebbe essere alquanto complessa. E' possibile tuttavia individuare notevoli passi avanti in ciascuna delle micro-aree che la blue economy pervade, in assenza di progetti e attività organicamente concepiti in modo trasversale a tutte. Di notevole importanza è sicuramente lo sforzo che la città di Roma sta facendo per potenziare la propria capacità di resilienza, come attestano risultati ottenuti nel 2013, anno in cui entra a far parte delle 100 Resilient Cities – iniziativa internazionale volta a facilitare la costruzione di una pratica globale di resilienza tra i governi, le ONG, il settore privato e singoli cittadini.

100 Resilient Cities

L'iniziativa è sostenuta finanziariamente dalla Fondazione Rockefeller (che ha stanziato circa 100 Milioni di dollari) ed ha l'obiettivo di affrontare una delle principali sfide del ventunesimo secolo: aiutare le città di tutto il mondo a diventare più resistenti alle sfide fisiche, sociali ed economiche. Il concetto di resilienza così proposto non afferisce ai soli eventi catastrofici ed imprevisti (acute

---

[61] Dottoressa in Economia aziendale, studiosa delle energie rinnovabili.
[62] Dottore in Economia Politica, esperto in gestione delle risorse idriche.

shoks), ma anche a quelle sollecitazioni che indeboliscono il tessuto di una città giorno per giorno (*chronic stresses*). La sfida partita nel 2013 è quella di individuare le 100 città più resilienti del mondo entro il 2016, selezionando anno per anno, tra tutte le *applicant cities*, quelle meglio rispondenti al *Resilient City Framework* elaborato dalla Fondazione insieme con ARUP e altre aziende di consulenza, sulla base di una idea progettuale e di un piano di lavoro presentato alla commissione giudicante. Tale cornice permette di leggere la performance di ogni città attraverso i risultati in quattro aree fondamentali: Salute e Benessere, Infrastruttura e Ambiente, Economia e Società, Strategia e Gestione. Oltre al vantaggio di rete garantito dall'ingresso nel network, Roma riceverà un supporto finanziario, logistico e tecnico per realizzare la sua idea progettuale selezionata tra le prime 33 al mondo, secondo il piano di lavoro elaborato e proposto dall'Assessorato alla Trasformazione Urbana guidato da Giovanni Caudo. Il progetto vincente, chiamato "Roma Resiliente" verrà realizzato attraverso il coordinamento di Alessandro Coppola.

URBACT

Nel 2013 Roma vince anche URBACT, iniziativa promossa dall'Unione Europea, con Roma-Net, un progetto di rivalutazione urbanistica che tratta il riutilizzo di aree dismesse in un'ottica di inclusione social e non ghettizzazione. Quello di Roma-Net può essere in effetti un buon esempio di rigenerazione urbana attraverso il quale è possibile riallacciarsi al concetto di *circular economy*, in cui la resilienza di un territorio passa anche attraverso la sua capacità di dare nuova vita a spazi e materie, anche se l'impegno romano con riguardo alla rigenerazione vanta ancora un grosso bagaglio di potenziale inespresso. Intanto non resta immobile il dibattito su tali temi, fondamentale per creare maggiore consapevolezza a tutti i livelli. Di non poco conto il convegno internazionale "*Towards a European Circular Economy*", tenutosi l'anno scorso tra Palazzo Valentini ed Eataly, aperto da una lectio magistralis tenuta da Gunter Pauli in persona. Tra le realtà isolate ed estremamente innovative nell'ambito della biomimetica, terzo pilastro dell'economia blue, Roma fa la sua parte. La cellula solare in grado di "imitare" il processo di fotosintesi naturale è tra i più recenti contributi dati alla nuova scienza della biomimetica: sviluppato da ricercatori dell'Università di Roma Tor Vergata, dell' Ipcf-CNR (Consiglio Nazionale delle Ricerche) e dell' Istituto Italiano di Tecnologia (IIt), rappresenta un passo avanti per la ricerca e un vanto per la città capitolina.

Architettura e design: la frontiera della biomimetica a Roma

Le dinamiche degli ecosistemi possono essere implementate non soltanto in modelli economici, ma anche – e con sorprendenti risultati – nell'architettura e nel design. L'architetto, ingegnere e designer Enzio Manzini, professore al Politecnico di Milano, parla di "soluzioni di design ed architettura eco-efficienti e ad alto potenziale rigenerativo", cioè aventi la capacità di veicolare la rigenerazione dei fattori (di tipo ambientale, sociale, culturale e tecnologico) caratterizzanti il contesto in cui si inseriscono. Anche Luigi Bistagnino, architetto e professore del Politecnico di Torino, propone una innovativa visione del design come "design sistemico", ossia design concepito in un'ottica di sistema aperto in cui non è prevista generazione di rifiuti bensì è abbracciato un approccio rigenerativo e circolare alle risorse (input, scarti, rifiuti). Infine, ma non di minore importanza, Carla Langella, ricercatrice presso la Seconda Università degli Studi di Napoli, crea nel 2006 *l'Hybrid Design Lab*, un laboratorio progettuale dedicato al rapporto tra design e scienza con particolare attenzione alla sperimentazione della biomimetica nel design.

All'interno dell'emergente framework delle applicazioni della biomimetica nell'architettura e nel design, si inserisce brillantemente anche la città di Roma. Nel 2014 l'Università di Roma Tre vince il primo premio della competizione internazionale *Solar Decathlon Europe 2014* grazie al progetto presentato dal *multidisciplinary work team RhOME for denCity*. Il gruppo ha ideato un modello di abitazione totalmente sostenibile basato sull'applicazione dei principi della bioarchitettura, e con previsioni di costi di realizzazioni decisamente accessibili. Battendo 19 progetti presentati da gruppi provenienti da università di tutto il mondo, l'idea di *RhOME for denCity* è stata definita la migliore soluzione abitativa a basso impatto ambientale in grado di limitare externalities sociali e territoriali. Progetti come questo celano interessanti prospettive di rendimento che possono (e devono) essere sfruttate come catalizzatori di investimenti (essendo anche l'Italia il secondo paese al mondo per numero di brevetti di eco-design).

Altre iniziative come *Recycle-Italy* o anche la Biennale dello Spazio Pubblico scelgono la "risorsa urbana" come elemento chiave da valorizzare e preservare. Si inserisce bene in questo contesto il grande stimolo che il Comune di Roma sta dando allo sviluppo della Street Art sul territorio della capitale, per cancellare il grigiore dell'abusivismo veicolando, dal degrado, la rigenerazione urbana.

Spring School di Concreta-Mente

100 nuove idee che creeranno 100 Milioni di nuovi posti lavoro attraverso la biomimesi, cioè replicando idee e modelli dalla semplicità della Natura: dal riuso, all'economia circolare. Sembra un altro film da fantascienza? E' invece è solo blue economy, che è stata oggetto di una due giorni di riflessione e co-working organizzato dal *think tank* Concreta-Mente il 23 e 24 maggio in un casale sul litorale.

La Spring School ha svolto, assieme ad un pubblico variegato, un percorso di ragionamento sul significato della blue economy, intesa come opportunità per ripensare il ruolo e le forme di governance, nonché per avviare un modello di sviluppo che sia in grado di cogliere le sfide dell'innovazione e della sostenibilità ambientale attraverso azioni resilienti, adottate cioè per rispondere ai cambiamenti climatici e ai loro effetti sempre più estremi. Momenti di confronto e approfondimento - su blue economy e resilienza, il tutto all'interno del contesto della crisi e dell'auspicata ripresa economica - si sono alternati a fasi di brainstorming, attraverso il metodo Canvas, con l'obiettivo duplice di migliorare l'*awarness* sul tema e concepire idee per progettare *pilot schemes* da poter sviluppare nel prossimo biennio. Idee concrete, così come l'associazione Concreta-Mente ama definirle, che nate da e per la fattispecie della città di Roma, devono rappresentare modelli sviluppabili ed applicabili anche ad altri contesti, nazionali ed internazionali, affrontato le tematiche del territorio, dei giovani e degli anziani, nell'ottica di una Roma blue e resiliente.

Nell'incontro di apertura della *spring school*, molti sono stati gli interventi e, molto eterogenea la formazione e l'area di competenza degli invitati. Il primo tavolo di relatori, sabato 23, ha visto gli interventi introduttivi di scenario di Andrea Ferraretto (Esperto di Economia della Sostenibilità), Alessandro Coppola (Coordinatore di *100 Resilient Cities* Roma) ed Edoardo Zanchini (Vicepresidente nazionale di Legambiente). Ferraretto apre la conferenza evidenziando la relazione tra resilienza e climate change. La resilienza è principalmente resilienza urbana, il cui driver principale è, tra gli altri, il trasporto pubblico. Fondamentale diventa allora la manutenzione urbana, articolata in trasformazione (dell'architettura e degli spazi per individuarne sempre nuove funzioni in adattamento ai cambiamenti) e gestione dei beni pubblici come beni comuni (caso emblematico degli spazi verdi). Queste, secondo Ferraretto, le nuove frontiere della rigenerazione urbana, che va verso la creazione di nuove figure professionali all'interno della pubblica amministrazione (sull'esempio londinese dell'action planner) accompagnate dal consolidamento di un'ottica di pianificazione di medio-lungo termine.

Arricchendo la definizione di Ferraretto, Alessandro Coppola definisce la resilienza come un nuovo paradigma globale, in cui la resilienza non implica solo un resistere, ma un cambiare per resistere meglio a shock improvvisi (generalmente intesi come catastrofi naturali o comunque eventi imprevedibili fuori dal controllo dell'uomo) o debolezze strutturali del sistema. In questo senso, pur utilizzando una dicotomia eccessivamente semplificata, pone l'attenzione sull'importantissima questione delle debolezze croniche di un sistema come elementi strutturanti una certa vulnerabilità del sistema stesso agli shock improvvisi. Riduzione della disponibilità economica per interventi del settore pubblico e corruzione sono ulteriori elementi di indebolimento di una città – nel caso specifico del progetto da lui coordinato, Roma – che dovrebbe invece imparare a riconoscere i rischi e a riconoscerne le opportunità, operando per coglierle all'interno del framework della resilienza. Sulla base di tali premesse, coordinare un progetto come quello della *Rockfeller Foundation* che prevede di lavorare attraverso un approccio partecipativo (*workshop* con un gruppo eterogeneo di interlocutori), usufruendo del supporto teorico e pratico di diversi *partner* e del controllo continuo della fondazione, è una grande opportunità per Roma.

Nella pratica romana, ma soprattutto italiana, si è già intrapresa in passato, spiega Edoardo Zanchini, una strada verso il *green*, importante passo in avanti verso la più ambiziosa rivoluzione blue. Questo è avvenuto, a partire dal settore dell'energia rinnovabile, attraverso l'affermarsi di una gestione collettiva e dal basso delle risorse, in un'ottica di valorizzazione del territorio e rispetto della bellezza locale. Sono emersi una serie di esempi e best practices "importabili", come quelle Scozzesi o dei Comuni Altoatesini, che vanno verso modelli di "comunità" che autoproducono energia. Infatti, la partecipazione delle cooperative alla gestione dell'energia ha rappresentato uno storico punto di svolta per l'evoluzione del settore energetico italiano, ed è ad oggi, secondo Zanchini, l'elemento chiave per il raggiungimento di ambiziosi obiettivi di resilienza futuri, per lasciare indietro il deleterio catastrofismo degli anni '90 facendo spazio a reti per la diffusione della resilienza che generino sopravvivenza ed equità sociale.

A conclusione delle attività di confronto e brainstorming per lo sviluppo di "progetti pilota", l'assemblea plenaria è stata affidata agli interventi di Joshtrom Isaac Kureethadam (Facoltà di Filosofia della Università Pontificia Salesiana), di Salvatore Monni (Facoltà di Economia, Università di Roma Tre) ed Estella Marino (Assessore Ambiente e Rifiuti Comune di Roma). Il Prof. Kureethadam apre il suo intervento con una notazione etimologica alla parola ecologia, che vuol letteralmente dire logica (λόγος) della casa (οἶκος). L'ecologia deve dunque essere per gli uomini la logica dell'ambiente che ci circonda inteso come casa comune e condivisa.

L'amoralità del nostro rapporto con l'ambiente e del nostro atteggiamento nello sfruttamento delle sue risorse sta nella disparità tra chi consuma risorse e chi ha difficoltà di acceso ad esse, tra chi inquina l'ambiente e chi subisce gli eventi catastrofici di tale inquinamento. Inoltre, considerando la teoria delle nove sfere, ripresa anche da Gunther Pauli, l'uomo sulla terra ha già superato i limiti che consentono una rigenerazione naturale in almeno tre aree quali il ciclo dell'azoto, la perdita di biodiversità e l'emissione di gas serra. In questo senso l'enciclica verde di Papa Francesco è concepita per generare consapevolezza ed atteggiamento proattivo a tutti i livelli della società, ma spianerà anche la strada ai prossimi lavori ONU per la definizione dei nuovi obiettivi del millennio (settembre 2015), tema molto sentito anche da Salvatore Monni, che sottolinea invece come temi quali l'ambiente e la sostenibilità non fossero stati prioritari nella definizione dell'agenda passata. Monni invita ad una "rivoluzione delle idee", così come delle istituzioni. Infatti, in presenza di questioni come il climate change, non sussiste la pretesa dell'individuazione di un'unica soluzione al problema, ma ha ragione d'esistere solo l'individuazione di una soluzione per ciascuna idea. Idee che, per essere concepite prima ed implementate poi, devono essere correttamente veicolate dalle istituzioni. Le idee vengono filtrate dalle istituzioni ma se le istituzioni non funzionano, nemmeno le buone idee diventano soluzioni.

Con in mano nuove idee (Monni) ed una nuova weltanschauung (Kureethadam) il pragmatismo dell'assessore Estella Marino riporta l'attenzione agli obiettivi 2020 di una Roma più consapevole. I punti focali del processo verso la resilienza della Capitale sono tre: da una parte il rafforzamento delle politiche di prevenzione di medio lungo termine, sottovalutate dalle amministrazioni così come dalla società civile, e dall'altra necessità del ripristino della legalità, con una lotta agli abusivismi edilizi ed alla corruzione diffusa, passando per l'ottimizzazione del ciclo dei rifiuti con politiche di prossimità.

Differente ma non meno interessante e dinamica la giornata conclusiva, che ha ospitato anche alcune relazioni in videoconferenza, prima tra tutte quella del Sottosegretario al Ministero Beni e Attività Culturali Ilaria Borletti Buitoni, intervenuta su un tema fin ora poco trattato in Italia quale quello della resilienza delle Città d'Arte, passando in rassegna alcune possibili azioni per proteggere il nostro patrimonio artistico e storico. Le conclusioni, dopo le lettere di sostegno all'iniziativa del Ministro dell'Ambiente Galletti e del Presidente del PSE al Parlamento Europeo Gianni Pittella, sono state affidate a Marta Leonori (Assessore Attività Produttive Roma Capitale). Leonori ha sottolineato la necessità di una visione olistica e di una "alleanza tra cittadini e Amministrazione", perfettamente in linea con i principi della blue economy. Concreta-Mente ha inoltre predisposto, durante la due giorni, l'avvio di tre tavoli paralleli finalizzati allo sviluppo di idee progettuali in tema di territorio, giovani ed anziani, sfruttando le potenzialità derivanti dall'interazione delle competenze eterogenee dei partecipanti ai lavori.

Tre tavoli per tre "idee concrete"

Oltre ai momenti di riflessione si è dato anche spazio al co-working, attraverso tre tavoli di lavoro che hanno aggregato 15 associazioni in un brainstorming strutturato con il modello Canvas. Da questi tavoli sono emersi 7 progetti pilota da realizzare nei prossimi anni per dimostrare che, anche a Roma, fare riforme è possibile.

Il primo tavolo è stato dedicato allo sviluppo di modelli partecipati di utilizzo di assets pubblici, ed è stato coordinato da Alessandro Piazzi di Federtrek, Escursionismo e Ambiente.

Lo spunto per i lavori è stato il concetto di *"c'è resilienza dove c'è più senso di comunità"* e quindi in presenza di una più stratificata rete di relazioni. Cinque sono state le proposte analizzate (Pedibus, *Car pooling locale, Mobility bike*, Portale della cittadinanza attiva e Turismo a piedi) di cui soltanto due hanno ricevuto un consenso generale.

Il primo, Pedibus, è rivolto in particolare alle scuole primarie ed ha come obiettivo quello di creare un sorta di "autobus di bambini" per accompagnarli da casa a scuola, attraverso un apposito percorso di quartiere. Il progetto garantirà adeguata sicurezza ed allo tesso tempo attività ludiche volte a stimolare l'educazione ambientale attraverso l'esplorazione del proprio territorio. Il progetto aiuterebbe a combattere il problema del traffico in prossimità degli istituti scolastici e funzionerebbe da stimolo ad una vita meno sedentaria. Il secondo, *Car Pooling* Locale, è rivolto principalmente ai pendolari ma anche a chi deve spostarsi per motivi di salute (es. andare in ospedale). Sfruttando e migliorando il senso di comunità locale, questo progetto - che può essere affiancato da un'apposita *app* per cellulari - aiuterebbe a promuovere e l'utilizzo condiviso dei mezzi di trasporto privato, riducendo anche traffico ed air pollution.

Riguardo ai possibili partner il primo progetto avrebbe come riferimento certamente il comune di Roma, seguito da associazioni locali, limitrofe alle scuole, nonché studenti universitari, mentre nel secondo progetto oltre alla presenza del comune sarebbe richiesta quella attiva dei cittadini, unita all'interazione con soggetti privati per poter realizzare l'app. I progetti hanno entrambi come partner di riferimento le istituzioni locali ma mentre il Carpooling è indirizzato prettamente ai lavoratori, Pedibus si rivolge maggiormente ai genitori e ai bambini. Per la diffusioni di siffatte proposte i principali canali da sfruttare sono l'Assessorato dell'Istruzione del Comune di Roma, le Scuole e i Municipi. I costi di realizzazione sono ovviamente variabili in base all'articolazione del progetto e quindi varieranno in base alle municipalità.

La *Spring School* è stata anche il palcoscenico per il lancio del progetto YES4ROMA. Il secondo tavolo infatti, coordinato da Renato Fontana della Federmanager Giovani, è stato dedicato al rapporto tra giovani e resilienza. L'obiettivo? Far nascere YES4ROMA, un tavolo inter-associativo - 18 diverse associazioni - costituito per contribuire, con la formulazione di proposte unitarie e condivise, alle scelte strategiche e politiche per lo sviluppo del territorio. Renato Fonata, coordinatore di Federmangare Giovani, non ha dubbi che l'applicazione di questa idea torinese (YES4TO) al contesto romano sarà un successo certo. La proposta pilota prevede come primo step la realizzazione di una survey in grado di mappare i bisogni reali del territorio e dei cittadini ma anche nell'ottica della fattibilità pratica ed economica dei progetti da proporre. La survey verrà realizzata, sfruttando una piattaforma web, congiuntamente dalle associazioni del network, come Federmanager Giovani, Concreta-Mente, Associazione dei giovani architetti, Manageritalia Roma, Nextpolis, Colap, di fianco ad altri partner quali università, scuole superiori, associazioni di quartiere e ovviamente il Comune di Roma. Prevedendo un periodo di almeno tre mesi per il suo sviluppo, la survey verrebbe lanciata per un mese sul campione prestabilito. Sulla base dei risultai ottenuti, e con un business plan realizzato entro il 2015, il progetto pilota che verrà individuato potrebbe essere realizzato già nella primavera del prossimo anno. Gabriele Sanvitale, di eCommerce Consulting ha invece coordinato un tavolo di lavoro chiamato "eCare, sfide socioassistenziali e tecnologie biometriche per gli anziani". Il target stavolta sono gli anziani e le categorie svantaggiate della popolazione che possono essere aiutate grazie all'utilizzo della tecnica biometrica. Nello specifico, le proposte sono state due: da una parte l'utilizzo di braccialetti biometrici per le categorie di soggetti più svantaggiati in vista del Giubileo straordinario della misericordia indetto da Papa Francesco per il 2016, dall'altra la realizzazione di una app per non udenti in grado di fornire, attraverso sottotitoli o linguaggio dei segni, spiegazioni per la comprensione delle opere d'arte. La realizzazione pratica richiede una preliminare individuazione di partner in grado di fornire le tecnologie. Di fianco a questi si collocano indubbiamente anche i decisori istituzionali, ovvero municipi e comuni, nonché i pronto soccorso che devono prontamente ricevere – attraverso delle centralini ad hoc – le richieste di aiuto degli utenti del servizio. Riguardo le risorse per poter sviluppare queste proposte si può usufruire degli stessi partner nonché di bandi pubblici. I costi varieranno in base alla strutturazione del servizio, ma si auspica un abbattimento dei costi per gli utenti finali sfruttando il canale pubblicitario. Il prossimo Giubileo potrebbe essere il canale migliore per promuovere tali tecnologie tra anziani e svantaggiati che si recheranno a Roma se, di fianco ad una divulgazione promossa dagli istituti cattolici, si affiancherà l'intervento attivo di agenzie di viaggio, ASL e Comuni.

Il Premio di Concreta-Mente

Concreta-Mente ha lanciato il primo Premio Innovazione e Resilienza a Roma, per idee-progetto inviate da under 35. Nell'ambito del Progetto "Concreta-Mente 2.0", con il supporto della Fondazione Terzo Pilastro - Italia e Mediterraneo e per la prima volta a Roma, l'associazione Concreta-Mente vuole promuovere, supportare e premiare giovani idee al fine di favorire i processi di innovazione sui temi della Blue Economy e Resilienza (intesa come la capacità di Roma di reagire a shock derivanti dai cambiamenti climatici).

L'obiettivo è quello di premiare giovani idee e progetti concreti, supportandoli nella fase di lancio come un vero e proprio "Incubatore di start up".

Il progetto vincitore è stato Food in Rete, premiato da Marta Leonori, Assessore Roma Produttiva, Comune di Roma Capitale.

Conclusioni

Concreta-Mente sta lavorando alla visione "La Roma che vorremo al 2020", ma alla luce di quanto detto sin ora, come si può immaginare un'Italia ed una Roma blu, circolari e resilienti al 2020? Per Leonardo Bertini (Presidente di Concreta-Mente) *"il main-stream monetarista della scuola di Chicago ha dimostrato in questi ultimi 20 anni di non essere più in grado di interpretare l'economia e la società. E' necessario pensare ad un nuovo modello di sviluppo e quello della Blue Economy può essere preso in considerazione."* Concreta-Mente vuole dunque promuovere una visione di lungo periodo innovativa e sostenibile per la Roma al 2020, perché trasformare la protesta in proposta è possibile, ma passa attraverso la generazione di "idee-progetti concreti" come quelle che Concreta-Mente ha fatto emergere attraverso il Premio sopracitato.

QR Code n.11: Intervista all'Onorevole Ilaria **Borletti Buitoni,** Sottosegretario al Ministero dei Beni Culturali.

eCare, nuovi servizi socio-assistenziali per gli anziani

2010

a cura del Gruppo di Lavoro eHealth e Innovazione nella Sanità e nell'Assistenza Sanitaria

Sintesi

Considerando il trend demografico che vede l'età media in aumento e considerando anche che il modello di famiglia tradizionale sta cambiando e che gli anziani sono sempre più "soli", si registra la conseguente domanda di nuovi e innovativi servizi socio assistenziali per questa fascia di cittadini più deboli (oltre che per l'età anche per eventuali altre insorgenze croniche o d'emergenza) che li facciano sentire più sicuri, protetti, vicini.

Partendo da qui, nel 2010 abbiamo avuto l'idea di applicare una tecnologia biometrica (braccialetti) per il tele-monitoraggio degli anziani. Abbiamo realizzato un progetto pilota con il Comune di Roma, un Municipio, un Centro Anziani dando in comodato d'uso gratuito 10 braccialetti biometrici ad altrettanti utenti per tutta l'estate risolvendo così il problema "familiari in vacanza a anziani da soli in città".

Gli anziani sono stati dotati di un innovativo braccialetto della dimensione di un orologio che registrava i dati biometrici della persona (frequenza cardiaca, temperatura, ecc.), ne rilevava l'attività fisica (es. eventuali cadute) e in caso di valori "fuori norma" o di pericolo, lanciava automaticamente messaggi a un centro servizi il quale attiva le chiamate di soccorso al 118 e ai familiari.

Il progetto è stato realizzato a carico di Concreta-Mente e in modo interamente gratuito per gli utenti e il Comune. A fine estate i nostri docenti universitari hanno registrato i feedback degli utenti e proposto al Comune di Roma un progetto pubblico-privato e un modello organizzativo innovativo.

Negli anni successivi la proposta di Concreta-Mente si è arricchita di nuove idee e tecnologie ed oggi la nostra abbraccia l'utente anziano in un'assistenza di prossimità fatta da tecnologia domotica (in casa), biometrica (per quando esce), piattaforma social 2.0 e un "cloud" per la gestione dei suoi dati.

Abbiamo preso parte attiva al percorso partecipato per la definizione del piano sociale e sanitario copromosso dal Primo Municipio di Roma Capitale e dalle ASL RmA e RmE

In quest'ottica il nostro obiettivo è di disegnare un progetto che eroghi servizi agli utenti non solo di tipo socio-assistenziale ma anche "sanitario" entrando in quell'area grigia tra il livello amministrativo regionale e comunale.

Il progetto – la sperimentazione

Questo progetto nasce da una sperimentazione sulla base del primo progetto nazionale di volontariato tecnologico per anziani con braccialetti biometrici condotto dall'Ass. Concreta-Mente nel 2010, ma porta allo sviluppo di un nuovo modello organizzativo con la creazione di una nuova figura professionale: il teleassistente con braccialetti biometrici per gli anziani. Il progetto pilota del 2010 è stato un vero e proprio progetto di "volontariato tecnologico" a favore dei cittadini meno forti, proposto e coordinato dall'Associazione non profit nel territorio di a Roma, ha visto l'introduzione di un braccialetto biometrico che segnala automaticamente malori o cadute al 118 e ai familiari. Un progetto concreto per vincere una sfida importante: offrire assistenza agli anziani nella stagione di maggiore difficoltà, l'estate. Una soluzione che non è un semplice numero verde per gli anziani.

Un servizio veramente innovativo: il Telesoccorso con braccialetti biometrici. Gli anziani vengono dotati di un braccialetto della dimensione di un orologio che registra i dati biometrici della persona (frequenza cardiaca, temperatura, ecc.), ne rileva l'attività fisica (es. eventuali cadute) e in caso di valori "sballati" o di pericolo, lancia automaticamente messaggi a un centro servizi il quale attiva le chiamate di soccorso al 118 e ai familiari.La sperimentazione è stata realizzata senza nessun onere o costo a carico del Municipio o delle persone che vi hanno partecipato. È stato un progetto pilota realizzato nel 2010 nel VI Municipio a Roma e la nostra volontà è proprio quella di proporre l'idea relativa a questo modello tecnologico al Comune di Roma affinché possa estenderlo ai cittadini dell'intera area metropolitana.

Dalle agenzie di stampa dell'epoca per Leonardo Bertini, Presidente dell'associazione no profit e inventore del progetto, *"è la prima sperimentazione di Telesoccorso supportata da braccialetti biometrici effettuata sul territorio romano da un'associazione no profit, coniuga le più avanzate tecnologie e modelli organizzativi al livello amministrativo più vicino ai cittadini, il Municipio". "Un progetto di volontariato innovative, concreto e gratuito a favore degli anziani e delle fasce più deboli, che parte volutamente dalle periferie della città"* (ANSA, 15 luglio 2010).

La sperimentazione nel VI° Municipio (Roma) iniziata nel mese di Luglio 2010, su circa 10 anziani selezionati attraverso i Centri Anziani, ha avuto durata di oltre 60 giorni, al suo completamento (30 settembre) è seguita una analisi e studio dei dati e risultati raccolti, che è condivisa tra i partecipanti e messa a disposizione della pubblica amministrazione per la definizione delle procedure mirate alla creazione di una Sanità digitale.

Le fasi del progetto sperimentale sono descritte nella figura sotto riportata:

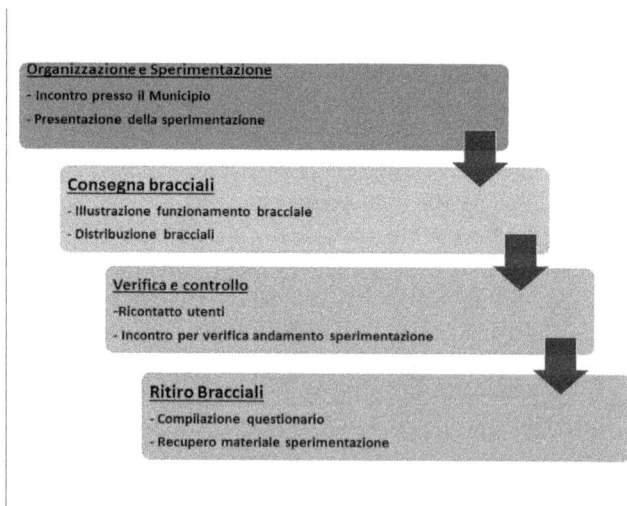

Organizzazione e Sperimentazione
- Incontro presso il Municipio
- Presentazione della sperimentazione

Consegna bracciali
- Illustrazione funzionamento bracciale
- Distribuzione bracciali

Verifica e controllo
- Ricontatto utenti
- Incontro per verifica andamento sperimentazione

Ritiro Bracciali
- Compilazione questionario
- Recupero materiale sperimentazione

Le domande del questionario di valutazione post sperimentazione che sono state sottomesse agli utenti del Centro Anziani che hanno partecipato alla sperimentazione:

1. In generale l'idea di un braccialetto di telassistenza le sembra utile?
2. I braccialetti sono di facile utilizzo? Quali sono le difficoltà registrate in utilizzo quotidiano?
3. Ritiene utile il supporto di una persona di riferimento per tutte le problematiche?Nel caso in cui fosse stato, lo avrebbe usato maggiormente? Quale assisitenza ritiene sarebbe stata utile per facilitarne l'uso?
4. Le modalità seguite durante la consegna sono state efficiaci? Sono stati chiaramente spiegati gli scopi? Modalità di uso? Modalità di assistenza?
5. Quali sono le migliorie che apporterebbe al braccialetto? Preferirebbe avere lo stesso servizio con uno strumento diverso?
6. Si è sentito più tranquillo, indipendente e sicuro quando portava il braccialetto? Lo consiglierebbe ai suoi amici?
7. Chiederebbe al sindaco di Roma di estendere il servizio dei braccialetti ad un numero maggiore di utenti in tutta la città?
8. Se fosse un servizio erogato da un privato, da un'azienda o un'associazione, in modo non gratuito: quanto sarebbe disposto a pagare per averlo? Fino a 10 euro al mese; da 10 a 50 euro al mese; anche più di 50 euro al mese.

I risultati dei questionari compilati dal campione di utenti anziani che utilizzano i braccialetti sono sintetizzati nella tabella seguente:

Domanda	Val. Minima	Val. Massima	Val. Media	Note
1	Buono	Eccellente	Ottimo	Molto utile per le persone che vivono da sole
2	Insoddisfacente	Ottimo	Discreto	Non sono state riscontrate particolari difficoltà di utilizzo fatta eccezione per l'impiego durante le faccende domestiche
3	-	-	Si	Molto gradita l'assistenza telefonica e domiciliare. Alcuni sarebbero anche disposti a rivolgersi personalmente al centro di assistenza.
4	Buono	Eccellente	Buono	Ben accolta la distribuzione presso il centro ricreativo ed apprezzata l'illustrazione della sperimentazione e del funzionamento del dispositivo
5	-	-	Discreto	Suggerito miglioramento estetico con riduzione delle dimensioni ed integrazione con orologio
6	Discreto	Ottimo	Buono	Percepita sicurezza e tranquillità, il braccialetto viene considerato anche come dispositivo di allarme
7	-	-	Si	Tutti ritengono che il servizio vada esteso in tutta la città in quanto assicura una migliore assistenza sanitaria ed aumenta la sicurezza individuale
8	-	-	Si	Quasi tutti sarebbero disposti ad usufruire del servizio a pagamento seppure con una spesa massima di 10€/mese.

Il progetto – l'evoluzione e la proposta

Come anticipato, dopo la sperimentazione si sono distribuiti questionari di soddisfazione agli utenti anziani che hanno utilizzato i braccialetti e si sono analizzati i dati raccolti in collaborazione con le Università Luiss e La Tuscia. Dalla sperimentazione sono emerse diverse soluzioni organizzative ad una delle sfide maggiori per la Capitale: offrire elevati livelli di attenzione alla Terza Età. Come noto infatti il *trend* demografico della Capitale comporterà nei prossimi anni la necessità di gestire livelli di servizio socio assistenziale di alta qualità a fasce di popolazione sempre più anziana. La proposta organizzativa che, nel 2010, è apparsa più efficace prevedeva la proprietà dell'*hardware* da parte del Comune di Roma e la gestione del servizio di logistica (distribuzione), gestione, formazione e supporto in *"outsourcing"* al Terzo Settore in quanto risulta il più idoneo nei servizi assistenziali.

Il Terzo Settore (ad esempio cooperative sociali, associazioni, IPAB, ecc.) dovrà staffarsi ed internalizzare competenze in grado di gestire i braccialetti biometrici ricevuti in "comodato d'uso" (o altre formule da verificare) dal Comune per un periodo di tempo (ad esempio 3 anni rinnovabili). Ecco che si crea la nuova figura professionale dei Teleassistenti 2.0 con braccialetti biometrici. Si potrebbe quindi configurare prima una gara d'appalto del Comune per l'acquisto di braccialetti biometrici e del servizio di *system integration, call center* e coordinamento, e successivamente dei bandi per la concessione dei braccialetti. Altri modelli organizzativi potrebbero prevedere delle *private-public partnership* tra Comune e privati o Terzo Settore per l'acquisto e la gestione/distribuzione agli anziani dei braccialetti biometrici.

I modelli organizzativi rivisti da Concreta-Mente negli anni, trovano invece un maggiore orientamento verso l'erogazione di questi servizi da parte del mercato privato.

Il servizio erogato

Di seguito, la descrizione delle attività inerenti la gestione dei braccialetti che si sono realizzate nel progetto pilota del 2010:
- Selezione dei partner tecnologici
- "Acquisto" dei braccialetti
- Selezione degli operatori
- Attivazione di un centro servizi telefonico di assistenza tecnica
- Formazione agli operatori
- Formazione agli anziani
- Assistenza domiciliare in caso di problemi
- Creazione sito *internet* con applicazione *webgis* per il monitoraggio dei braccialetti
- Consegna e riparazioni
- Coordinamento tra *stakeholder* (comune, municipi, centri anziani, ospedali, famiglie), operatori e utenti

Il braccialetto biometrico: come funzionava

Nel 2010, gli anziani sono stati dotati di un braccialetto della dimensione di un orologio che registra i dati biometrici della persona (frequenza cardiaca, temperatura, ecc.), ne rileva l'attività fisica (es. eventuali cadute) e in caso di valori "fuori norma" o di pericolo, lancia automaticamente messaggi a un centro servizi il quale attiva le chiamate di soccorso al 118 e ai familiari.

Fonte: Aditech, 2010.

M
o
b
i C
l a
e r
e S
y
s
t
e
m
s

La Centrale Operativa, può comunicare in ogni istante con qualsiasi Mobile Care, sia per rispondere alla chiamata, sia per localizzare il dispositivo e nella versione *LAB* di visualizzare via web i parametri fisiologici acquisiti

Antenna GPS

Oltre al segnale d'allarme il dispositivo MoCa è in grado, tramite un antenna GPS di inviare anche la posizione di chi lo indossa.

Fonte: Aditech, 2010.

Ovviamente la tecnologia utilizzata sei anni fa oggi sembra paleolitico se pensiamo alle tecnologie biometriche "indossabili" nei tessuti di abbigliamento, ma ha costituito un livello pionieristico notevole per Roma se si pensa anche che il progetto è stato totalmente gratuito per gli utenti, il centro anziani, il Comune.

Alcune informazioni in sintesi

Il Telesoccorso è un servizio che affronta le situazioni di emergenza degli utenti, individuando subito la provenienza della "chiamata" e la natura dell'evento rischioso (attraverso l'invio e la condivisione di dati biometrici), al fine di rispondere con interventi mirati (anche preventivi) alle patologie alle quali l'assistito è in osservazione. Attraverso il servizio si permette all'utente di vivere con maggiore tranquillità e sicurezza perché, in caso di necessità, si attiva immediatamente il soccorso indipendentemente da dove si trova e dal suo stato fisico mentale.

Cosa si è già fatto a Roma: attraverso Farmacap, il Comune ha attivato un servizio di "telecontrollo", che prevede che un operatore chiami telefonicamente l'anziano a casa, a giorni e orari concordati, e offra altri servizi per telefono. Una sorta di numero verde per gli anziani, un "centralino specializzato".

Punti di forza emersi dal progetto pilota realizzato da Concreta-Mente nel 2010

- Attuabilità immediata nel contesto sociale: il braccialetto biometrico è già operativo e in fase di pre-commercializzazione da una azienda italiana con tecnologia italiana.

- Concretezza, intesa come reale contributo ai bisogni della società: il forte apprezzamento dell'idea è stato dimostrato sul campo e con le valutazioni espresse dagli utenti sperimentatori (anziani) documentato dai questionari di *feedback*.

- Utilità interdisciplinare, intesa come la possibilità, in astratto, di applicare il progetto: il progetto può essere riusato con diversi modelli organizzativi e contesti, da quello sportivo a quello ospedaliero, oppure anche in contesti geografici differenti.

- Il progetto è essere orientato alla risoluzione di problematiche presenti nel tessuto sociale romano: costituisce una delle soluzioni alla sfida della sicurezza e assistenza agli anziani, tutti i trend demografici evidenziano l'aumento dell'età media e di conseguenza rappresenta anche una delle soluzioni alla sfida del miglioramento della qualità della vita legata a questa fascia di età.

- Utilità sociale, capacità di attivare risposte professionali a bisogni individuali e collettivi dei cittadini: crea un nuovo modello di assistenza sociale per la collettività e contemporaneamente una nuova professione. Lega i giovani (per i quali si possono creare nuovi sbocchi occupazionali legati alle tecnologie ICT applicate alla teleassistenza) e gli anziani.

Conclusioni

Il progetto pilota realizzato da Concreta-Mente nel 2010 è stato un grande successo confermato dai risultati dei questionari compilati dagli utenti-anziani. Attraverso protocolli di intesa con Comune, Municipio e

Centro Anziani si sono distribuiti con comodato d'uso gratuito (tutto il progetto è stato totalmente gratuito per il Comune, il Municipio e gli anziani e a carico di Concreta-Mente) dei braccialetti biometrici ad alcuni anziani che hanno partecipato alla sperimentazione. I braccialetti registravano tutti i dati degli anziani (temperatura, pressione, battito cardiaco, ecc.) e in caso di valori devianti segnalavano la criticità con un sms ai numeri dei familiari inseriti nei braccialetti. Al termine dell'utilizzo, tutti gli utenti coinvolti hanno segnalato, nei questionari di feedback sottomessi, risultati altamente soddisfacenti.

Da questo progetto Concreta-Mente, attraverso il supporto dell'Università della Tuscia (prof. Tommaso Federici) e della Luiss (prof. Paolo Spagnoletti), ha elaborato un modello organizzativo innovativo di collaborazione pubblico-privato (Comune e Terzo Settore) per erogare servizi socio-assistenziali innovativi. Nel modello proposto nel 2010 ci si immaginava che i braccialetti biometrici sarebbero stati acquistati con appalto pubblico dal Comune di Roma e poi fatti "gestire" attraverso assegnazioni ad associazioni di volontariato, cooperative sociali ecc. o con formule di Iniziative Pubblico-Privato.

Il servizio si immagina realizzato attraverso la formazione e l'occupazione giovanile. Questo modello porta infatti alla necessaria creazione della nuova professione del "Teleassistente 2.0" per la gestione della piattaforma social, della logistica, la formazione e il supporto all'uso dei braccialetti biometrici per gli anziani. Una nuova professione a metà tra l'ICT e l'assistenza, per sua natura mirata ad un *target* occupazionale giovane.

In un aggiornamento del progetto realizzato nel corso del 2014-2015 si sono introdotte, oltre alle tecnologie biometriche, anche tecnologie domotiche e un portale social 2.0, il tutto coordinato da un sistema di *Business Process Management* per la gestione automatizzata dei flussi informativi e delle chiamate attraverso operatori dedicati. Anche il modello organizzativo e l'analisi della domanda di servizi sono stati integrati da studi e riflessioni e adesso Concreta-Mente è pronta come "incubatore" di idee-progetto a verificare se questo pilota può diventare un asset per la città.

eCare e servizi socio-assistenziali erogati dal Comune di Roma Capitale. Impatto demografico e sviluppi futuri

2015

a cura di Andrea Di Schiavi[63]

Introduzione

Scopo dello studio è quello di analizzare la domanda di servizi socio-assistenziali da parte degli anziani residenti nel Comune di Roma e nell'area della Città Metropolitana. Per questo motivo siamo partiti dalla struttura demografica del Comune fino al livello municipale, la sua evoluzione con proiezioni fino al 2020, fino ad esaminare l'attuale offerta di servizi assistenziali da parte dei Municipi. Inoltre è stata approfondita la domanda privata (da parte degli anziani) con una correlazione anche reddituale, per capire se vi siano delle opportunità per ridurre il divario sociale.

L'impatto demografico

Dalla nascita del Regno d'Italia nel 1861 la popolazione italiana ha subito evidenti trasformazioni demografiche, dovute principalmente ai cambiamenti nelle abitudini, negli stili di vita ma soprattutto alla crescita economica e all'evoluzione tecnologia. In pratica nell'arco di 150 anni la popolazione italiana è più che raddoppiata. E 'doveroso ricordare come le due guerre mondiali e il grande sviluppo economico avuto nei primi anni Sessanta, con il conseguente innalzamento del tasso di fecondità (TFT) che ha contraddistinto quegli anni con il fenomeno

---

[63] Dottore in Business Administration presso l'Università di Roma Tor Vergata.

del cd. *baby boom*, abbiano influenzato in maniera decisiva la struttura demografica nazionale.

Per queste dinamiche, è ora più che mai necessario studiare l'impatto demografico sulle grandi metropoli e pianificare azioni tese al soddisfacimento dei nuovi bisogni sociali. Per questo motivo, l'invecchiamento nelle grandi città è la nuova sfida che i legislatori e gli amministratori locali devono saper cogliere per ridurne le esternalità negative. E' più che mai vivo il tema delle *age-friendly cities*[64], ovvero città che sanno rispondere alle necessità della crescente fascia di popolazione anziana. In altre parole una città *age-friendly* è in grado di adattare le sue strutture e i servizi che offre per renderli accessibili ed usufruibili agli anziani, rispettando la loro varietà di bisogni e di capacità. A questo processo di trasformazione non è esente il Comune di Roma, ora verso il nuovo contesto di Città Metropolitana. La popolazione residente nella capitale, al 31 dicembre 2014[65], è di 2.873.976 abitanti, con una percentuale di over 65 del 22%. La distribuzione per classi di età e sesso è rappresentata nei grafici seguenti.

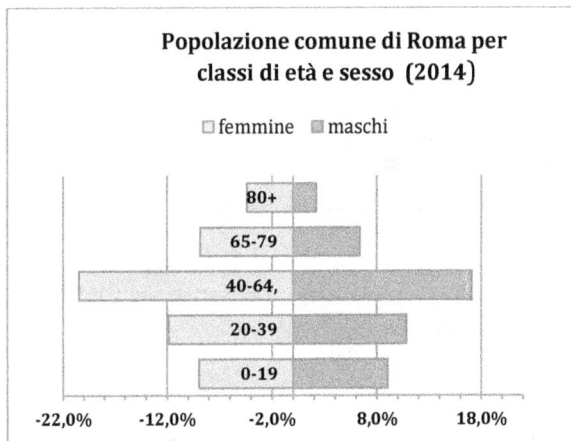

Popolazione comune di Roma per classi di età e sesso (2014)

□ femmine ■ maschi

80+
65-79
40-64,
20-39
0-19

-22,0%   -12,0%   -2,0%   8,0%   18,0%

---

[64] World Health Organization; *Global Age-friendly Cities: A Guide* http://www.who.int/ageing/publications/Global_age_friendly_cities_Guide_English.pdf
[65] Dati Comune di Roma – Anagrafe della popolazione residente http://www.comune.roma.it/wps/portal/pcr?jppagecode=dir_es_roma_pop.wp

Classi di età popolazione Roma

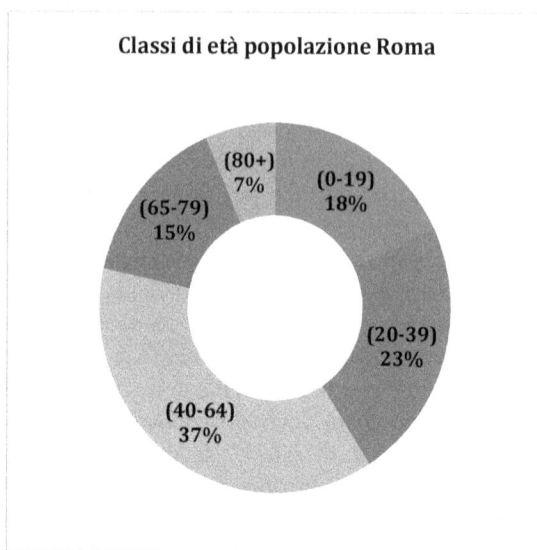

Fonte: Anagrafe Comune di Roma, anno 2014

Il 22% dell'intera popolazione di Roma ha almeno 65 anni, di questo un terzo sono ultraottantenni, a dimostrazione di come l'impatto dell'invecchiamento inizi ad influire sulla struttura demografica della capitale. La percentuale di anziani risulta inoltre essere maggiore rispetto a quella dei giovani sotto i 19 anni.

Interessante è anche analizzare la situazione nei 15 Municipi di Roma e vedere come varia in essi la percentuale di anziani rispetto alla loro popolazione complessiva.

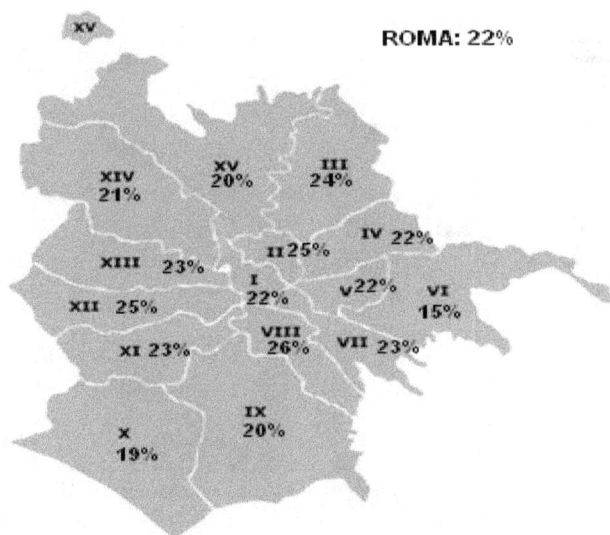

ROMA: 22%

Mappa 1: Classi di età per Municipi di Roma e percentuale over 65. Anno 2014.
Fonte: Anagrafe Comune di Roma

Da questa analisi è possibile notare alcune criticità e capire in seguito se i Municipi, provider di primari di servizi assistenziali, stanno reagendo all'impatto demografico.

Se per esempio il Municipio VI conta un 15% di anziani sul totale della sua popolazione (1 su 6 è over 65), registrando la percentuale più bassa, ci sono Municipi quali il II, l' VIII e il XII che contano più di un anziano ogni 4 residenti. Differenze così rilevanti richiedono quindi pianificazioni dettagliate ed una razionale allocazione delle risorse.

Come accennato, il trend demografico è stabilito e risulta essere un parametro non modificabile nel medio periodo, salvo massicci shock immigratori di popolazione giovane. Per questo motivo il Comune e l'Università degli Studi di Roma "La Sapienza" hanno elaborato alcuni scenari futuri che prevedono il mutamento della struttura demografica in ogni Municipio nel 2020[66].

Municipio	Variazione percentuale per fascia di età (2005-2020)					Popolazione totale
	Prescolastica (0-4)	Scolastica (5-14)	Lavorativa (15-64)	Anziani (65-79)	Grandi anziani (80+)	
1	-5,5	-0,2	11,9	4,5	14,4	9,5
2	-12,6	1,7	2,2	1,3	10,8	2,1
3	-11,1	-5,8	-7,6	-2,2	8,3	-5,5
4	-11,8	3,1	-9,1	-0,7	55,1	-3,4
5	-18,0	-12,5	-13,3	10,6	99,5	-6,0
6	-14,7	-11,4	-11,6	-24,2	40,5	-10,9
7	-14,8	-10,7	-10,3	-11,6	54,0	-7,7
8	6,6	21,7	18,5	22,4	119,6	21,4
9	-14,6	-6,6	-7,5	-9,8	12,1	-6,6
10	-11,1	5,3	-1,8	-0,7	70,2	1,9
11	-15,0	1,9	-7,5	-5,5	28,6	-4,3
12	-20,7	-3,5	3,0	18,5	107,5	6,7
13	-4,4	20,9	16,2	30,9	128,0	21,1
15	-20,8	-1,4	-7,7	-9,1	91,0	-3,9
16	-20,3	-5,6	-6,0	-12,9	42,1	-4,8
17	-14,5	-4,6	-9,0	-6,3	16,8	-6,3
18	-15,5	2,8	-2,3	-6,9	58,1	-0,1
19	-14,5	0,2	0,8	-2,9	53,9	2,1
20	-6,3	3,4	5,6	3,6	69,0	7,2
ROMA	-11,7	1,9	-0,7	0,5	54,4	2,0

Tabella 1: Variazione percentuale della popolazione residente nei Municipi per alcune fasce di età. Periodo 2005-2020 (ipotesi alta). Fonte: Comune di Roma e Università degli Studi di Roma "La Sapienza"- Centro di ricerca su Roma ; Previsioni demografiche per Roma. Città e municipi. Anno 2009

I dati sono esplicativi e danno la misura di come il tema dell'invecchiamento vada considerato con il massimo interesse. Se la percentuale di anziani tra i 65 e i 79 anni aumenterà dello 0.5%, le variazioni a livello municipale differiscono in maniera significativa tra loro. Nella maggioranza dei Municipi (11 su 20) ci sarà una diminuzione della popolazione anziana, rispetto a quella esistente nel 2005. Ma se la decrescita toccherà anche livelli consistenti (-24% nell'ex Municipio 6)

---

[66] Nota metodologica: a seguito della deliberazione n°11 del 11 Marzo 2013, l'assemblea capitolina ha approvato la riduzione del numero dei municipi da 19 a 15. In base alla delibera il I Municipio sarà quindi formato dagli attuali I e XVII; il II dagli attuali II e III; il III coinciderà con l'attuale IV e il IV con l'attuale V; il nuovo V sarà l'unione tra gli attuali VI e VII; il VI corrisponderà all'attuale VIII; il VII coinciderà con l'unione degli attuali IX e X; l'VIII sarà formato dall'attuale XI; il IX dal XII; il X coinciderà con quello che fino a ora è stato il XIII e l'XI con quello che è stato il XV; così di seguito il XII sarà il vecchio XVI e il XIII sarà formato dal territorio del XVIII; il XIV da quello del XIX e il XV da quello del XX.

in alcuni casi ci sarà un incremento considerevole, come nel caso dell'ex Municipio 13, che vedrà aumentare del 30.9% la percentuale di residenti tra i 65 e i 79 anni.

Le variazioni saranno ancora più significative per la fascia di over 80, i cosiddetti *Grandi anziani*. In questa classe non sono previste diminuzioni rispetto alla popolazione del 2005 ed anzi, si stima che mediamente a Roma essa crescerà del 54.4%. L'analisi municipale è ancora più sorprendente: in alcuni casi gli over80 raddoppieranno, con punte del 128% e del 120% rispettivamente negli ex Municipio 13 e 8. Emblematico è il caso dell' ex tredicesimo, in quanto la crescita nelle due fasce di età più avanzate dimostra come l'enorme incremento della 80+ non è frutto di un "travaso" dalla 65-79, ma bensì è risultato dell'invecchiamento stesso della popolazione. In sostanza, ben 11 territori su 20 vedranno nel 2020 un aumento di oltre il 50% dei *Grandi anziani* rispetto alla popolazione nel 2005.

L'offerta di servizi socio-assistenziali a livello Municipale

A Roma sono molteplici i servizi assistenziali gestiti dai Municipi, ma i più diffusi sono il "Servizio per l'autonomia e l'integrazione sociale della persona disabile" (SAISH) e il "Servizio per l'autonomia e l'integrazione sociale della persona anziana" (SAISA).

L'erogazione del servizio coinvolge sia i servizi sociali del Municipio sia i servizi socio sanitari della ASL il cui fine è il mantenimento e il miglioramento dell'autosufficienza, dell'autonomia e dell'integrazione sociale di ogni utente.

Dal punto di vista pratico, sono previsti interventi individuali e/o di gruppo con attività di: *i)* aiuto e sostegno alla cura della persona in ambito domiciliare e non; *ii)* accompagnamento e sostegno nello svolgimento delle attività di vita quotidiana; *ii)* promozione e sostegno alla partecipazione ad attività culturali, formative, sportive e ricreative; *iv)* sviluppo e sostegno dell'autonomia personale e sociale. Essendo un servizio a carattere socioassistenziale, lo stesso non comporta interventi riabilitativi di tipo specialistico le cui prestazioni sanitarie e socio-sanitarie rimangono di pertinenza delle ASL; pertanto tale tipologia di assistenza, di natura prettamente sociale, è fornita da Roma Capitale solo nei limiti delle risorse finanziarie disponibili, ai sensi delle leggi 104/1992 e 328/2000.

Per quanto riguarda gli anziani, ossia le donne oltre i 60 anni e uomini oltre i 65 anni in condizioni di temporanea o permanente limitazione della propria autonomia, parzialmente autosufficienti e non, è previsto il SAISA. Il servizio viene erogato dai Municipi attraverso la collaborazione di enti accreditati, ed è realizzato sulla base della valutazione del bisogno assistenziale della persona, effettuata dal servizio sociale municipale.

La consultazione del sito web del comune di Roma Capitale, ci ha permesso di capire quali sono attualmente i servizi socioassistenziali erogati dai Municipi romani e di elaborare la seguente tabella riepilogativa

Servizi erogati	Municipi di Roma														
	1	2	3	4	5	6	7	8	9	10	11	12	13	14	15
Sostegno economico	x	x			x			x	x		x	x			
Assistenza domiciliare anziani	x	x			x		x	x			x	x			x
C.E.D.A.F. Centri Diurni Anziani Fragili	x	x			x		x	x	x		x	x	x		
Soggiorni anziani	x	x	x		x			x	x		x				

250

	1	2	3	4	5	6	7	8	9	10	11	12	13	14	15
Residenze sanitarie assistite (RSA)	x	x*	x*		x	x	x	x	x*	x*		x*	x*		x
Case di riposo	x	x			x		x	x	x*	x		x	x		
Centri Anziani	x	x			x		x	x	x			x*	x	x	x
Centro Diurno Alzheimer		x		x			x	x	x			x	x	x	
Dimissioni protette	x	x		x			x	x	x			x	x	x	
Inserimento mensa e dormitorio		x													
Punti Blu (soggiorni loc. marittime)	x					x					x				
Soggiorni estivi	x			x	x	x		x			x			x	x
S.A.I.S.A	x						x			x				x	
Assistenza leggera	x									x					
Attività riabilitative	x	x*		x*	x		x		x*						

251

Telesoccorso e teleassistenza								x							x
Assistenza malati oncologici									x						
Sostegno sociale			x												
Attività ricreative								x	x	x	x	x			
Centri residenzialità temporanea													x		
Mensa e dormitori													x	x	
Assistenza malati di demenza															x
Assistenza malati SLA															x
Assistenza malati Parkinson															x
Mensa a domicilio															x

Tabella 2: Servizi socioassistenziali erogati dai Municipi di Roma Capitale. Anno 2015. Fonte: elaborazione su dati Comune di Roma Capitale *= contributo economico alla retta

Come si evince dalla tabella, l'erogazione dei servizi varia molto tra Municipi, non solo per quantità ma anche per tipologia. Se alcuni servizi sono comuni in molti territori (RSA, Case di riposo, Centri Anziani, Centri Diurno Alzheimer, Soggiorni estivi, Sostegno economico, Assistenza domiciliare anziani, Centri Diurni per Anziani Fragili) altri sono invece peculiari. Questa eterogeneità dell'offerta crea molte differenze tra quartieri e quindi discriminazione. Da notare le esperienze dei Municipi 8 e 14 con i servizi e eCare di telesoccorso e teleassistenza.

Per meglio conoscere i servizi offerti, abbiamo studiato il caso del Municipio 12 (ex 16), che dal 2003 implementa ed aggiorna il *Piano regolatore sociale.*

Il Municipio vedrà nel 2020 una cresciuta della popolazione over 80 di circa 42% e una decrescita del 13% in quella 65-79 rispetto ai livelli del 2005. Per questi motivi una programmazione in questo senso pare obbligata. Di primo rilievo è l'istituziione del *Segretariato Sociale e di Prossimità,* che offre servizi di:

✓ raccolta e gestione delle richieste di servizi sociali inoltrate dalla popolazione anziana (esame delle richieste di contributi economici continuativi ed una tantum, raccolta delle domande per l'accesso nelle Residenze Sanitarie Assistenziali e Case di Riposo e nei Centri Diurni e per l' Assistenza Domiciliare)

✓ assistenza leggera per gli anziani in lista di attesa: cura della persona e della casa: è un servizio che aiuta l'anziano nell'igiene personale, nella preparazione dei pasti e nelle piccole commissioni esterne e offre aiuto per gli accompagnamenti

✓ interventi straordinari: vengono disposti quando sussistano motivi d'urgenza e attuati anche con la collaborazione dell'Unità Mobile;

✓ vigilanza telefonica;

✓ vigilanza domiciliare,

✓ interventi rivolti ad anziani soli nell'eventualità di particolari condizioni meteorologiche;

✓ interventi di prossimità rivolti particolarmente a quelle zone di nuovo insediamento che presentano difficoltà nei collegamenti e nel disbrigo delle necessità basilari;

✓   accompagnamento con il mezzo a disposizione per il disbrigo pratiche;

✓   raccolta richieste e organizzazione per il servizio Trambus.

Per ognuna di queste aree è previsto un ente specifico erogatore del servizio (per lo più cooperative ed ONLUS). I destinatari dell'assistenza e gli usufruitori dei servizi sono di volta in volta individuati in base a determinate caratteristiche. Normalmente due sono le discriminati: il reddito disponibile e il grado di invalidità in relazione all' handicap oggetto del servizio. Ovviamente le classi più deboli hanno la precedenza rispetto a quelle abbienti.

Ovviamente il successo e l'efficacia di questi strumenti è largamente influenzato dalle risorse impiegate e una prima analisi del report dimostra come esse appaiano insufficienti a coprire l'effettivo bisogno della comunità. Uno degli strumenti più importanti, il *Servizio di Assistenza Domiciliare* (SAISA) ha impiegato nel 2011 695.658 euro e ha coinvolto 160 anziani e 4 cooperative accreditate (provider). I servizi offerti sono essenzialmente interventi a domicilio (igiene personale, cura ambientale, spesa, aiuto nella preparazione dei pasti, controllo farmaci, segretariato sociale, accompagni, commissioni varie, compagnia, socializzazione) e nel territorio. I risultati attesi sono il *"miglioramento delle condizioni di vita dell'anziano e recupero dell'autonomia"*. A nostro avviso risulta difficile immaginare come i 160 anziani assistiti corrispondano all'effettiva domanda di una popolazione di oltre 35.000 residenti over 65 anni. Le stesse considerazioni possono essere estese ad altri progetti implementati dal Municipio 12, tra cui quello per le *Dimissioni Protette,* che offre il servizio di assistenza domiciliare volto al recupero dell'anziano dimesso da un Ente Ospedaliero con la continuazione delle cure e delle prestazioni mediche (30 assistiti per un costo di 50.552 euro nel 2011) e il progetto *SADISMA –* (Servizio Di Assistenza Domiciliare Integrata Specializzata Malati Di Alzheimer) che nel 2011 assisteva 30 anziani affetti da Alzheimer e sosteneva un costo di 239.000 euro.

Per questo motivo è di primario interesse analizzare la domanda effettiva di servizi socio-assistenziali e capire se l'offerta attuale sia in grado di soddisfarla.

Come confermato dall' ISTAT nel suo Contributo n° 4/2010[67], *"La relazione tra offerta di servizi di Long Term Care ed i bisogni assistenziali dell'anziano"* il progressivo e crescente invecchiamento della popolazione e il cambiamento della struttura per età della popolazione *"contribuiscono ad accrescere lo squilibrio tra una sempre più elevata domanda di assistenza ed un'offerta finanziata tramite risorse pubbliche sempre più scarse o che comunque non riescono a crescere con lo stesso ritmo"*. Inoltre questa esigenza si scontra con le difficoltà economiche che richiedono un contenimento della spesa in tutti i Paesi.

La domanda di servizi socio-assistenziali: l'impatto del reddito

L'ISTAT evidenzia anche che permangono numerose barriere soprattutto per quanto riguarda il finanziamento di tale modalità assistenziale. Alcuni paesi hanno affrontato il problema con largo anticipo ma limitano l'assistenza solo ad alcune fasce di popolazione. Per esempio negli Stati Uniti, i servizi a domicilio solo erogati solo ai casi di disabilità grave. La maggioranza dei Paesi dell'Europa Occidentale riescono a finanziare l'assistenza formale ed in alcuni Paesi dell'Europa del Nord si sono sviluppate delle convenzioni atte a finanziare almeno parzialmente l'assistenza informale. Paesi come Italia e Spagna, sono deficitari in questo settore e ancora non hanno un piano nazionale consolidato, *"facendo affidamento su caregiver informali accanto ad una serie di servizi formali che variano per qualità e luogo in cui sono erogati"* (quelli erogati nei Municipi di Roma ne sono un esempio).

La precedente analisi bene si lega con il discorso del reddito a disposizione degli anziani. Il trend d'invecchiamento trascina con sé un maggior numero di persone in età pensionabile e le loro condizioni sociali ed economiche inevitabilmente sono sempre più importanti ed impattanti sull'intero sistema.

---

[67] Contributo ISTAT 4/2010, *La relazione tra offerta di servizi di Long Term Care ed i bisogni assistenziali dell'anziano*. A. Burgio, A. Battisti, A. Solipaca, S.C. Colosimo, L. Sicuro, G. Damiani, G. Baldassarre, G. Milan, T. Tamburrano, R. Crialesi e W. Ricciardi http://www3.istat.it/dati/pubbsci/contributi/Contributi/contr_2010/04_2010.pdf

Secondo i dati INPS[68], nel 2013, sono 772.862 i pensionati con almeno 65 anni di età nella provincia di Roma, che percepiscono mediamente 22.226,02 euro l'anno. Di questi, 237.410 appartengono alla categoria dei *Grandi anziani* (80 anni in su) la cui pensione media annua è leggermente più bassa, 21.294 euro.

Tuttavia, è importante menzionare come buona parte di questi individui potrebbe voler garantiti un maggior numero e soprattutto una più elevata qualità dei servizi assistenziali oggi esistenti. Risulta quindi interessante guardare alla quota di pensionati con un assegno maggiore o uguale ad una certa soglia, che abbiamo scelto essere 2.000 euro lordi al mese, per i quali potrebbe essere molto attraente un servizio assistenziale integrativo e/o alternativo a quello fornito dal Comune attraverso i Municipi.

Guardando a questi dati, si nota come il numero di pensioni erogate ai cittadini con almeno 65 anni di età rappresenta ben il 32,7% (252.365) della popolazione di riferimento e percepiscono 40.909,10 euro l'anno. I *Grandi anziani* con un assegno di almeno 2.000 euro/mese sono il 29,1% (69.147) e l'importo medio annuo ricevuto è anche qui di poco inferiore, 39.146,40 euro l'anno. Per avere un quadro complessivo andrebbero affiancati a questi dati quelli delle pensioni del settore pubblico, delle casse previdenziali per il settore autonomo, le rendite finanziarie ed immobiliari e ovviamente il patrimonio disponibile dei residenti over 65 nella Provincia di Roma. Anche avvalendoci dei risultati di un campione di 20 interviste fatte a pensionati "ex manager" d'azienda con assicurazione privata, si rileva in conclusione un notevole interesse a servizi integrativi di assistenza soprattutto se basati su nuove tecnologie che tengano informate le rispettive famiglie sullo stato di "benessere" dell'utente.

Conclusioni

Scopo di questo studio, realizzato nel corso del 2015, era capire se attualmente i servizi socio assistenziali erogati a livello comunale, che esulano da quelli erogati dal S.S.N., riescano a soddisfare la domanda da parte degli anziani e delle fasce deboli. Appare evidente che le sole

---

[68] INPS, Statistiche della previdenza e dell'assistenza - Casellario centrale dei pensionati http://www.inps.it/webidentity/banchedatistatistiche/menu/casellario/main.html

Istituzioni pubbliche non siano in grado di coprire la domanda effettiva e soprattutto soddisfare tutte le fasce di popolazione, soprattutto quella del quartile con reddito più elevato e più "esigente". Per questi motivi, anche a causa del sempre maggior impatto dell'invecchiamento, è auspicabile una più determinata collaborazione tra settore pubblico e privato (dove per privato si intende anche il cosiddetto Terzo Settore), non solo per il co-finanziamento dei progetti e la loro implementazione, ma anche per individuare degli standard organizzativi, tecnologici e dei livelli di servizio, di tipo aperto, che possano essere utilizzati da tutti gli operatori (anche quelli privati). Dati empirici e studi sul tema, che dovranno essere ulteriormente approfonditi, fanno capire come vi siano ampi margini di crescita per il settore socio-assistenziale privato nell'erogazione di servizi complementari a quello già forniti dalle PA e come il coordinamento *pubblico-privato* potrebbe rispondere alle nuove esigenze della popolazione.

QR Code n.12 : eCare Project. Il video è stato realizzato per descrivere l'idea nell'ottica dello sviluppo di un progetto pilota che dimostri che "fare riforme" ed erogare servizi innovativi a vantaggio dei cittadini è possibile. La "sceneggiatura" del video è stata scritta da Leonardo Bertini, i video sono stati girati, montati, editati da Max Alessi e Marta Sempreboni. Si ringraziano i partecipanti al video, che hanno anche collaborato allo sviluppo dell'idea: Francesco Scotti, Alessandro Coppola, Ezio Berenci, Irene Rossi, Francesca Palazzo.

Il turismo del futuro: la realtà aumentata[69]

2014

a cura di Leonardo Bertini[70]

I Paesi "sviluppati" stanno attraversando una crisi inedita, che mette in discussione il *mainstream* economico legato alla crescita del Pil e le sue rassicuranti certezze ed offre al tempo stesso opportunità nuove in un contesto fluido, dinamico e creativo. Le risorse culturali, soprattutto in Italia, possono rappresentare un fattore di produzione sottoutilizzato che metta al centro di un nuovo design dei modelli produttivi la gestione condivisa degli spazi urbani, la forza identitaria del paesaggio, la capacità innovativa legata all'arte e anche all'archeologia. Se pensiamo alla rivoluzione industriale inglese, il modello di sviluppo fu legato alla capacità di utilizzare in modo efficace i giacimenti di carbone come fattore produttivo determinante.

Allo stesso modo l'Italia dovrebbe essere in grado di utilizzare al meglio il "giacimento cultura" su cui è seduta e che dovrebbe poter diventare un fattore produttivo per lo sviluppo di un nuovo modello di sviluppo per il nostro Paese. Dopo la rivoluzione industriale inglese di fine '700, una "rivoluzione culturale" italiana del 2000. Si devono far uscire i nostri beni culturali e siti archeologici da sotto le teche polverose dove hanno sopito per anni, per farli diventare *asset* di sviluppo dei territori.

Il nostro sotto utilizzato e poco valorizzato patrimonio artico-culturale-paesaggistico, forse il più ricco del Mondo, merita di essere valorizzato puntando su due sfide:
 1. Utilizzo delle nuove tecnologie a supporto di una fruizione moderna della cultura e per l'abbattimento dei costi di conservazione;

---

[69] Il "giacimento di cultura" per un nuovo modello di sviluppo in Italia, a cura di Leonardo Bertini.
[70] Presidente di Concreta-Mente.

2. Rivisitazione dei processi organizzativi e gestionali della cultura e la creazione di una nuova partnership tra la Pubblica Amministrazione, cittadini e imprese (anche nei modelli finanziari).

Sul tema tecnologico, senza far diventare i nostri siti archeologici dei parchi giochi divertimenti, si deve riuscire a rendere fruibile e "intrigante" la cultura per tutti, anche a quei visitatori esteri che hanno sensibilità diverse (se un turista straniero vuole vedere Ostia Antica in 3d con le musiche del film il Gladiatore perché non offrirglielo?). Inoltre, rendere dei siti accessibili e aperti 24h almeno in modo virtuale, può far abbattere costi di conservazione e gestione (si pensi al rischio e al costo di riportare alla luce i pavimenti a mosaico di ville romane sepolti sotto terra ed erba, mentre come sarebbe più semplice renderli visibili su APP in modo virtuale). Sul tema organizzativo deve invece far leva la spinta verso la "rivoluzione culturale": la pubblica amministrazione, ai diversi livelli di governo, il sistema imprenditoriale e la comunità residente devono ridisegnare modelli collaborativi di utilizzo degli asset del patrimonio culturale. Ad esempio, sul modello delle iniziative pubblico-privato, il settore pubblico potrebbe dare in gestione dei siti archeologici a privati e a comunità di cittadini per alcuni anni, in cambio di investimenti e opere di manutenzione.

Per fare ciò occorre rivedere il contesto normativo e regolamentare (anche il ruolo delle Sovrintendenze), incentivare gli investimenti nel settore (ad esempio con la defiscalizzazione) e la cooperazione dei cittadini.

In sintesi, è auspicabile rivedere:
- l'approccio ai beni culturali mettendo al centro la "domanda" in modo da ottimizzare l'utilizzo di questi asset;
- la governance del settore e del framework normativo e regolamentare;
- l'apertura all'utilizzo di modelli pubblico-privato;
- l'integrazione delle tecnologie dell'ICT.

Questo è un processo lungo che richiede una gestione del cambiamento, quello che si può fare immediatamente sono invece dei progetti pilota su piccola scala. La nostra proposta è quella di realizzare il primo parco archeologico in 3D del litorale romano unificando, almeno virtualmente, i siti di Ostia Antica e del Porto di Traiano.

Il "cavallo di Troia" di questa operazione potrebbe essere lo sviluppo di una *app* per *mobile*. Coinvolgendo le comunità locali nella definizione dei requisiti utente ex-ante e nella diffusione della *app* ex post, si potrebbe veicolare ai cittadini una proposta di "adozione" dei siti archeologici con un *crowdfunding* e una "banca del tempo" per lavori di manutenzione (dando in cambio accesso gratuito o sconti sulla fiscalità locale). Si potrebbero coinvolgere imprese interessate alla gestione dei siti sulla base di un piano di *marketing* pluriennale che porti allo sviluppo del territorio e a nuova occupazione. Il "giacimento cultura", sul quale l'Italia è seduta, deve diventare uno dei fattori produttivi per un nuovo modello di sviluppo economico, organizzato con modelli di partecipazione pubblico-privato, ad alta intensità tecnologica, basato sulla sostenibilità e sulla qualità della vita.

Viaggio in 3D a Ostia Antica e al porto di Traiano: il progetto di Imago Archeo 2.0

a cura di Alessandro Coppola Suriani[71]

Contenuto innovativo

Il progetto pilota prevede la realizzazione di una *application* georeferenziata per *mobile phone*, dedicata alla Restituzione Virtuale degli scavi archeologici di Ostia Antica e Porto di Traiano. L'acronimo del progetto è Imago Archeo 2.0.

L'App vuole sviluppare un modello innovativo per migliorare la fruizione dei beni culturali, aumentando il coinvolgimento degli utenti nella visita archeologica. Il progetto si propone di sviluppare un sistema di realtà aumentata per promuovere *l'experience* del turista durante la

---

[71] Avvocato e dirigente nella Polizia di Stato.

visita del Porto di Traiano del Comune di Fiumicino e degli scavi archeologici del litorale romano (Ostia Antica, Comune di Roma), accrescendo così il flusso di pubblico. L'innovazione risiede nella possibilità di fruire di questi contenuti in mobilità, con una modalità *social* che permetta la condivisione di informazioni e l'arricchimento dei contenuti multimediali con commenti, foto fatte dai visitatori e con l'offerta turistica locale. Una seconda innovazione riguarda il fatto che la definizione dei requisiti utente avverrà in modo partecipato coinvolgendo le comunità locali: scuole e abitanti del comune di Fiumicino.

Tecnologie di mobilità standard di mercato

La tecnologia che ci si propone di utilizzare è *Time Window* un sistema MVR (*Mixed Virtual Reality*) che utilizza delle finestre temporali aperte dall'applicazione nelle principali aree monumentali dell'area storica, permettendo di visualizzare lo stato del sito archeologico, di un'area o di un monumento, nei diversi momenti della sua storia, sovrapponendo interattivamente in dissolvenza le ricostruzioni 3D allo stato attuale dei luoghi. Se si utilizzerà l'applicazione in prossimità delle aree per cui sono disponibili le finestre temporali, il sistema MVR, che sfrutta i dati Gps, della bussola e del giroscopio, ci mostrerà una visione panoramica attuale e georeferenziata della zona; spostando lo *smarthphone* l'immagine seguirà i nostri movimenti individuando i monumenti che ricadono nel campo visivo. Saranno utilizzate immagini Video per *WebTV Demo* HD 1080i che garantiranno CGI in HD Video e HD *animation* poi tradotte in *interactive dinamic vision*.

L'utente, dopo avere scaricato l'APP sul proprio telefono all'ingresso dell'area archeologica, semplicemente inquadrando una statua, una colonna o uno scorcio, potrà, a titolo esemplificativo:

- visualizzare ricostruzioni di immagini 3D degli edifici e di vita quotidiana di 2000 anni fa;
- avere informazioni generali sul sito archeologico;
- avere informazioni con mappa georeferenziata e percorsi per tematiche diverse;

- avere schede con approfondimenti e citazioni e scritti di autori noti dell'epoca;
- sentire un'audio guida;
- ascoltare delle musiche o dei suoni e rumori (passaggio di soldati, acqua delle fontane, ecc.) oppure brani di film famosi;
- avere e condividere informazioni lasciate da altri utenti o dai sistemi turistici locali.

L'*app* potrà essere proposta in formato "*light*" (come demo) gratuitamente attraverso associazioni partner o dai siti istituzionali della Regione Lazio, del Comune di Roma e Fiumicino e della Sovrintendenza.

Validità tecnico-economica del progetto

Il Turismo culturale riveste un'importanza strategica per lo sviluppo della realtà economica sia come sistema Paese, sia come specifiche realtà locali. Attraverso i settori più direttamente ad esso collegati come l'alberghiero, la ristorazione ed i trasporti, il turismo è in grado di attivare crescita ed occupazione nonché un indotto significativo sull'economia generale.

Per comprenderne il peso è sufficiente guardare il contributo dato al Pil italiano che è stimato nel 3,8% per il settore turistico "ristretto" e nel 9,3% per il "settore allargato" pari cioè rispettivamente a 61 miliardi di euro e 147 miliardi di euro. Nel Lazio si concentrano oltre 10 milioni di arrivi turistici e oltre 30 milioni di presenze. Gran parte dei turisti sono stranieri, oltre il 70 per cento. In un momento di crisi economica internazionale che ha penalizzato maggiormente il mercato interno, gli stranieri continuano a scegliere Roma, proprio grazie al fascino esercitato sui visitatori stranieri. Un'analisi obiettiva e realistica ci porta a dire che, oggi, il sistema di fare turismo nel Mondo è cambiato in modo radicale sia per gli operatori turistici che per il turista, in un mercato dove dinamicità, tecnologie e strumenti di comunicazione la fanno da padrone. Si parla allora di un turismo innovativo, che dev'essere in grado di realizzare una serie di iniziative e infrastrutture per valorizzare l'attrattivo di un certo territorio al fine di soddisfare la domanda dei turisti.

Per questo le destinazioni turistiche e gli operatori per rimanere competitivi ma soprattutto per evitare di soccombere, dovranno attuare in modo altrettanto rapido un processo di strutturazione tale da permettere al tessuto organizzativo e territoriale di assorbire i moderni sistemi e le nuove tecnologie per favorire il cosiddetto *eTourism* e fare innovazione turistica. Inoltre, la domanda legata al turismo sta subendo una forte diversificazione a seguito dell'entrata in questo mercato della cosiddetta generazione Y (con il termine Generazione Y si definisce il seguito demografico della Generazione X quella degli attuali 40enni).

Questa generazione è stata la prima a crescere senza la minaccia della guerra fredda; generalmente è caratterizzata da un maggiore utilizzo e familiarità con la comunicazione, i media e le soprattutto con le tecnologie digitali. Le *app* per destinazioni turistiche dedicate al turismo *Mobile* (applicativi per *Smartphone* o *Tablet* cosiddetti *iDestination App*) sono l'ultima frontiera per catturare questo enorme target formato di milioni di "utenti mobile" cioè utilizzatori delle moderne tecnologie ICT in modalità mobile. A questo si deve aggiungere l'impatto sempre maggiore delle reti social 2.0 per la condivisione delle esperienze e l'utilizzo di sistemi di ricostruzione 3D per rendere tali esperienze uniche.

Applicando queste idee su una APP di ricostruzione 3D sugli scavi archeologici del litorale Ostia Antica (innovativa in quanto non esiste niente del genere) si può immaginare l'impatto in termini di utilizzo e ricadute sul territorio. L'idea legata al progetto che si vuole realizzare è di rendere l'esperienza turistica indimenticabile. La Restituzione 3D ha portato una ventata di innovazione nel panorama culturale e turistico.

Con le Ricostruzioni virtuali tridimensionali il settore turistico si potrà avvalere di uno strumento nuovo e di grosso impatto emotivo che rivoluzionerà la presentazione dei prodotti culturali o artistici. Il progetto riguarda un'applicazione per sistemi mobile di ultima generazione che consente di visualizzare direttamente una sovrapposizione fra elementi reali e virtuali (animazioni 3D, filmati, elementi audio e multimediali).

Finalità e obiettivi

L'*app* sarà una versione pilota, fortemente innovativa e necessaria al fine di verificare gli aspetti tecnologici (es. utilizzo in *mobile e 3D*) e organizzativi (es. applicazione Rfid sugli scavi o altri modelli organizzativi) tesi allo sviluppo di un futuro "Parco Archeologico 3D del Litorale romano di Ostia antica e del Porto di Traiano". L'obiettivo è quello di proporre agli utenti un modo innovativo e più coinvolgente di fruire l'arte e l'archeologia.

Il progetto pilota descritto è un piccolo esempio concreto di come vorremmo che tutto questo si realizzasse.

Acquisti verdi (Green Public Procurement): appalti pubblici sostenibili

2010

a cura del Gruppo di Lavoro Appalti Pubblici e eProcurement

Green Public Procurement – il contesto

Il *Green Public Procurement* – GPP si può definire come l'approccio in base al quale le Amministrazioni Pubbliche integrano i criteri ambientali in tutte le fasi del processo di acquisto, incoraggiando la diffusione di tecnologie ambientali e lo sviluppo di prodotti validi sotto il profilo ambientale, attraverso la ricerca e la scelta dei risultati e delle soluzioni che hanno il minore impatto possibile sull'ambiente lungo l'intero ciclo di vita. Solo per fare alcuni esempi, l'approccio verde, attraverso l'introduzione di eco-obiettivi nei documenti di gara, può riguardare settori merceologici diversi: da quello energetico, a quello di prevenzione dell'inquinamento, di smaltimento dei rifiuti. La tabella che segue riporta alcuni ambiti e leve utilizzate da Consip (Ministero Economia e Finanze) per promuoverli.

Ambiti	Eco-obiettivi	Leve
• **Risparmio Energetico**	- Contribuire a generare risparmi - Promuovere l'uso di fonti rinnovabili - Promuovere l'uso di combustibili verdi	- Contratti per monitorare i consumi/domanda - Fornitura di combustibili verdi - Auto-produzione/acquisto di energia da risorse rinnovabili
• **Prevenzione dell'inquinamento**	- Utilizzare veicoli a basso impatto ambientale - Promuovere beni e servizi prodotti nel rispetto dell'ambiente	- Punteggio tecnico per riduzione valori inquinanti o possesso di certificazioni ecologiche (EMAS, Ecolabel,..)
• **Promozione del ciclo dei rifiuti**	- Promuovere prodotti/materiali riciclati - Adempiere DM 203/2003 (30% fabbisogno con beni riciclati)	- Acquisto di beni che prevedono uso di carta riciclata (fotocopiatrici e stampanti) - Acquisto di carta riciclata
• **Smaltimento Rifiuti**	- Promuovere la separazione rifiuto/materiale riciclabile - Promuovere la "valorizzazione" del rifiuto	- Recupero e smaltimento dei beni utilizzati (es. toner) - Applicazione della Direttiva RAEE

Tabella – Alcuni esempi di ambiti e leve per realizzare eco-obiettivi in Consip. Fonte: Capparelli, L., "Le iniziative verdi", Consip working document, 2007.

Il GPP è considerato uno strumento importante non solo per le sue potenzialità ambientali, ma anche nel contesto delle politiche sulla competitività e per l'innovazione (all'interno delle Strategia di Lisbona). Infatti, si tratta di uno strumento trasversale e funzionale a diversi ambiti di intervento UE quali ad esempio il Programma ETAP (Piano d'Azione per le Tecnologie Ambientali), la promozione dell'attestato di eccellenza Ecolabel e delle certificazioni ambientali, il supporto alle Direttive EUP (Ecodesign di prodotti ad alto consumo energetico) e sull'efficienza energetica degli edifici, ecc. Da un punto di vista normativo, all'interno del quadro comunitario, il disegno è completato in Italia dalle Linee Guida per l'adozione del Piano d'Azione Nazionale sul GPP, da raccomandazioni su come costruire il Piano di Azione Nazionale per incrementare gli acquisti verdi, definendo *target* e strumenti di monitoraggio, dalle direttive RAEE e ROHS (in materia, rispettivamente, di rifiuti derivanti da apparecchiature elettriche ed elettroniche e di eliminazione, nelle medesime apparecchiature, di sostanze pericolose) e dalla direttiva sull'efficienza energetica degli edifici, al fine di un migliore e più consapevole uso delle risorse esistenti. Per le imprese, un elemento di interesse può derivare dal fatto che se l'accesso alle gare pubbliche avviene anche attraverso parametri *green*, può costituire un vantaggio competitivo per chi basa la sua sfida globale non solo sul prezzo bensì sulla qualità, sulla sostenibilità e innovazione.

Il quadro politico

Tutte le politiche ambientali attuali attribuiscono al cambiamento dei modelli di consumo e di produzione un ruolo chiave per il raggiungimento di obiettivi di sostenibilità ambientale. Per questo l'opportunità di utilizzare gli appalti pubblici come una delle leve per accelerare tale processo viene menzionata da numerosi documenti di politica internazionale, europea e nazionale che sottolineano le potenzialità del GPP e invitano i governi e i soggetti interessati a supportarlo e a diffonderlo. La Commissione Europea si è interessata di GPP dalla seconda metà degli anni '90. Il Libro Verde "Gli appalti pubblici nell'Unione Europea" del 1996 ha aperto la strada all'evoluzione delle normative in materia di appalti pubblici verso l'integrazione di considerazioni di carattere ambientale.

Il Sesto Programma di Azione per l'Ambiente della Comunità Europea, che delinea la strategia ambientale europea fino al 2010, ha definito il quadro programmatico di intervento sul GPP nel contesto più ampio della strategia di Politica Integrata dei Prodotti (IPP), a sua volta lanciata dal Libro Verde sulla Politica Integrata relativa ai prodotti del 2001. La successiva Comunicazione della Commissione Europea sull'IPP Sviluppare il Ciclo di Vita, del 2003, ha espressamente previsto la necessità per gli stati membri di dotarsi di Piani d'Azione Nazionale per il GPP.

Più in generale, il GPP fa parte della Strategia Europea per lo Sviluppo Sostenibile, che nella sua versione più aggiornata (*Renewed SDS*) ha introdotto un obiettivo di "livello medio di GPP" nei paesi membri da raggiungere al 2010 almeno pari a quello dei paesi classificatisi come i più avanzati nel 2005 (come evidenziato dallo Studio *Take 5* della Commissione Europea).

Il GPP viene inoltre menzionato all'interno di documenti tematici quali le Comunicazioni Verso una Strategia Tematica di prevenzione e riciclo dei rifiuti e Verso una strategia tematica per l'uso sostenibile delle risorse naturali del 2003 e la Comunicazione Verso una Strategia Tematica sull'Ambiente Urbano del 2004.

E' importante evidenziare che il GPP è considerato oggi dalle politiche europee non solo come strumento per il miglioramento ambientale ma per stimolare l'innovazione tecnologica e la competitività del sistema produttivo. La Strategia di Lisbona, che delinea gli obiettivi e le linee d'azione necessarie a fare della UE l'economia più dinamica e competitiva entro il 2010, si basa su un modello di sviluppo che considera la sostenibilità ambientale uno dei propri pilastri. Diversi documenti prodotti in tale contesto menzionano il GPP, come ad esempio il Rapporto sulla Strategia di Lisbona redatto dal gruppo di alto livello presieduto da Wim Kok, che sottolinea le potenzialità del GPP in termini di contributo all'innovazione dei mercati e di razionalizzazione della spesa pubblica. Inoltre i più recenti atti del Consiglio dei Ministri Europeo hanno impegnato gli stati membri a perseguire politiche di GPP soprattutto in relazione alle problematiche energetiche e dei cambiamenti climatici che tale strumento può contribuire ad affrontare. Anche nel Piano d'Azione per le Tecnologie Ambientali ETAP, avviato nel 2004 sulla scia della Strategia di Lisbona, si attribuisce al soggetto pubblico il ruolo di stimolo e accelerazione di tali tecnologie, da realizzarsi, tra l'altro, per il tramite della spesa pubblica. Infine, per rispondere più concretamente a tale ricco contesto politico e in relazione agli impegni che via via gli stati membri stanno assumendo in tema di GPP, la Commissione sta attualmente lavorando ad una proposta di Comunicazione che stabilirà precisi target quantitativi, indicatori e sistemi di monitoraggio comuni a tutta l'UE. Tale Comunicazione è attesa entro la fine del 2007.

Motivazione all'adozione di un approccio agli acquisti Verdi

Sostenibilità, fabbisogno della comunità di cui si devono fare carico le istituzioni in primis attraverso la domanda pubblica e successivamente con politiche di sostegno ai prodotti eco-compatibili. Diversificazione e qualificazione del prodotto/servizio delle imprese, Innovazione: domanda come volano pubblico per guidare la qualificazione dell'offerta nei confronti della competizione internazionale che punta solo sul prezzo.

Obiettivi dell'approccio GPP

Puntare alla scelta di beni/servizi che siano prodotti secondo certi processi e con determinate emissioni, in un'ottica di riclico e di attenzione allo smaltimento differenziato. Privilegiare l'approccio *Life Cicle Cost.* Stimolare gli addetti all'inserimento di indicatori e di elementi di valutazione nei capitolati tecnici che privilegino l'approccio Green. Non considerare discrezionale la scelta di prodotti "verdi" rispetto ad altri. Stimolare piani di formazione interna all'amministrazione per il tema.Attivare l'approccio green invitando gli assessorati ad individuare obiettivi per i propri responsabili acquisti e dirigenti per aggiudicazioni secondo le linee GPP. Individuare entro il 2008 degli indicatori di introduzione dell'approccio GPP su cui misurare l'operato dei responsabili acquisti.

Avviare un rapporto annuale sul GPP nel comune di Roma da affidare ad un soggetto valutatore esterno all'amministrazione (Università o Ente di ricerca).

Snodi critici e proposte

1) è necessario accompagnare la delibera ad un'azione di gestione del cambiamento interno all'amministrazione: una qualsiasi norma rimarrà lettera morta se non è "seguita" dalla struttura operativa, troppi sono gli esempi;

2) è auspicabile un soggetto/struttura di riferimento (ufficio di supporto/coordinamento appalti verdi);

3) è opportuno che le innovazioni proposte dal lato della domanda pubblica siano coordinate con il lato dell'offerta (imprese).

A tal fine è auspicabile: - supportare il cambiamento nelle politiche di appalto con un piano di informazione/formazione degli addetti;

- sostenere il cambiamento attraverso incentivi ai dirigenti e responsabili acquisti basati sul raggiungimento di indicatori di sostenibilità. Tali indicatori devono essere quantificabili oggettivamente e verificati annualmente da un soggetto esterno all'amministrazione.

- proporre una integrazione dell'organizzazione attraverso la creazione di un ufficio di supporto al GPP e di un panel di esperti interni/esterni per sostenere l'innovazione attraverso gli appalti pubblici. Tale struttura deve avere una leadership riconosciuta da tutti i responsabili acquisti del comune, quindi deve essere basata sia sulle competenze e sia sull'investitura politica;

- il lato dell'offerta (imprese) deve essere coinvolto per non rischiare di estromettere i fornitori locali se non correttamente preparati. In teoria si dovrebbe procedere con un Libro Verde per il GPP nel Comune di Roma;

- definire le categorie merceologiche su cui procedere progressivamente in collaborazione con gli assessorati, le altre commissioni coinvolte e il lato dell'offerta (imprese).

Conclusioni

Il presente documento, insieme ad una bozza di delibera per gli Appalti Pubblici Verdi nel Comune di Roma Capitale predisposta da Concreta-Mente, è stato l'innesco di un processo virtuoso che ha portato un Consigliere Comunale a presentare la delibera stessa e a vederla approvata (Consiglio Comunale, Delibera n. 8/2010, Linee d'indirizzo in materia di acquisti e appalti pubblici sostenibili - Green Public Procurement). La delibera è stata approvata con 30 voti favorevoli ed un solo astenuto, a dimostrare la correttezza dell'approccio riconosciuta da maggioranza e opposizione. L'adozione della delibera sugli appalti pubblici verdi non significa purtroppo che il Comune di Roma faccia acquisti sostenibili. Per una vera e propria attuazione di una politica della sostenibilità oltre al quadro normativo serve soprattutto un'azione attuativa e di gestione del cambiamento. Manca ancora molta strada da fare.

Energia e sostenibilità, un progetto per Roma

2010

a cura del Gruppo di Lavoro Energia alternativa[72]

Progetto/Abstract

L'obiettivo del presente documento è quello di aprire una discussione che coinvolga Università, Enti locali e Pubbliche Amministrazioni, Imprese ed esperti, sul tema dell'energia, con un approfondimento sul tema della sostenibilità, considerato come uno dei fattori fondamentali per assicurare la competitività dell'economia e la qualità della vita di un Paese. Con tali premesse, si vuol giungere, in modo partecipativo, all'elaborazione di una sintesi di scenario e delle criticità del settore e a proposte di soluzione come un progetto pilota per Roma.

Premessa

Il tema dell'energia ha assunto un ruolo centrale nei dibattiti e nelle scelte politiche sulla scena mondiale per numerose ragioni: prima di tutto, economiche, per l'aumento dei prezzi delle materie prime, e in particolare del petrolio; ambientali, per le conseguenze sul clima, sul riscaldamento globale, sull'inquinamento dovuto dallo sfruttamento dei combustibili fossili e all'aumento di produttività dei paesi in via di sviluppo; e politiche, per il riemergere di un potere e di una capacità di

---

[72] Coordinato da Paolo Mesuraca, ingegnere delle Telecomunicazioni ed Ezio Berenci, ingegnere e Business e Programm Manager in Poste Italiane.

influenza basata sul controllo delle materie prime da parte degli Stati detentori delle riserve.

L'Italia è tra i paesi che hanno sottoscritto il Protocollo di Kyoto impegnandosi a ridurre le emissioni di gas serra del 6,5% rispetto alle emissioni del 1990. Se non dovesse rispettare tale impegno per il solo periodo compreso tra il 2008 e il 2012 dovrebbe pagare una ammenda di circa 40 miliardi di euro.

La sfida è ai limiti della velleità considerando che dal 1990 in poi le emissioni non sono diminuite, ma aumentate di pari passo con lo sviluppo industriale del nostro paese.

Il fabbisogno energetico mondiale è soddisfatto per il 77% dalle fonti fossili ed in Italia questa percentuale sale al 93%. Le riserve non sono infinite e secondo alcuni studi saremmo oramai prossimi al picco della produzione sia del petrolio che del gas naturale.

La transizione verso l'utilizzo di modelli ed energie alternative e sostenibili risulta essere però ancora molto lunga, a causa delle grandi infrastrutture e degli enormi investimenti che a volte tale processo comporta. In altri casi invece, sarà richiesto un investimento in informazione e formazione per favorire un cambiamento culturale.

Questo fermento "sostenibile" aprirà di certo un mercato completamente nuovo che offrirà al nostro Paese la possibilità di ridurre, ed in prospettiva affrancarsi, dalla dipendenza energetica a cui è sottomesso, oltre a concretizzare la possibilità di essere leader del settore ed esportatore di tecnologia.

In ogni caso, per dare una risposta efficace al problema energetico-ambientale, è necessario un cambiamento profondo nella mentalità del cittadino e nelle forze politiche dei singoli Paesi, i quali devono ponderare attentamente interesse locale, nazionale e globale. È di fondamentale importanza creare strumenti di *governance* a livello nazionale e internazionale: senza strategie di largo respiro, con una visione di medio lungo termine e senza cooperazione fra i governi mondiali, è impossibile incidere realmente su un modello di sfruttamento delle risorse che si sta rivelando assolutamente insostenibile.

Concreta-Mente si pone l'obiettivo di analizzare lo scenario energetico italiano per verificare gli aspetti positivi e negativi di un investimento sulle fonti alternative. Per far questo abbiamo deciso fare alcune proposte per un progetto Pilota per il Comune di Roma.

Il progetto vuole introdurre l'idea di:
1. Bilancio energetico e mappatura dei consumi;
2. Istituire la figura dell'*Energy Manager* del Comune, che deve creare anche il coinvolgimento della struttura pubblica sui temi dei risparmi energetici (oltre che di carta, acqua ecc.) delle strutture comunali;
3. Coordinare la mobilità per i dipendenti pubblici istituendo un *Mobility Manager* del Comune;
4. Creare un'autonomia energetica e promuovere una riqualificazione degli edifici pubblici, prevedendo anche un progetto di generazione distribuita (si pensi anche a mini-eolico, mini-fotovoltaico, o mini centrali e biomasse per alcune aree es. Ostia).

La situazione della politica energetica italiana

La situazione italiana presenta, in modo molto più accentuato, le problematiche riscontrate nell'intero scenario energetico dell'Unione Europea.

L'Italia infatti si colloca agli ultimi posti nella scala dell'autosufficienza energetica (riferendola ai 7 Stati membri che hanno una popolazione superiore ai 15 milioni di abitanti) e all'ultimo posto nella scala di dipendenza dagli idrocarburi: importiamo l'85% del nostro fabbisogno energetico contro il 50% circa della media dell'Unione.

Le conseguenze di questo squilibrio energetico si ripercuotono sia sulla competitività della nostra economia, sia sulla bolletta energetica del singolo cittadino, frenandone lo sviluppo.

Per fronteggiare questa situazione i rimedi cui dovrebbe far ricorso la politica energetica italiana sono quelli indicati dal *"Libro Verde – Verso una strategia europea di sicurezza dell'approvvigionamento energetico"* e dall'ulteriore *"Libro Verde – Una strategia europea per un'energia sostenibile, competitiva e sicura"*, con l'avvertenza che i rimedi indicati dall'Unione Europea dovrebbero essere messi in atto dall'Italia in tempi rapidi.

In primis, vanno attuate tutte le possibili misure indicate dall'Unione nei due Libri Verdi in termini di:

◊ efficienza e risparmio, puntando con determinazione sul risparmio energetico negli edifici, il cui consumo attualmente incide circa per il 22% sul consumo globale;
◊ illuminazione (dove il risparmio potrebbe aggirarsi tra il 30% e il 50% dell'elettricità);
◊ settore dei trasporti, il cui consumo attualmente incide circa per il 23% sul consumo globale;
◊ energie rinnovabili.

In sostanza, la politica energetica italiana dovrebbe orientare la domanda per modificare i comportamenti degli utenti, sensibilizzandoli e responsabilizzandoli nelle scelte, finalizzate ad un minor consumo con effetti positivi sulla tutela dell'ambiente.

Le fonti di approvvigionamento di energia: le energie rinnovabili

A gennaio 2009 il fabbisogno italiano di energia elettrica è stato coperto per l'85,9% con la produzione nazionale, e per il restante 14,1% con il saldo tra le importazioni e le esportazioni. (Terna, 2009)

Le fonti di energia rinnovabile hanno contribuito con quasi il 18% alla produzione nazionale di cui il maggior contributo, circa l'80%, proveniente dalla fonte idroelettrica.

Le energie rinnovabili, in una prospettiva a medio e lungo termine, se supportate da mirati e decisi investimenti, hanno la possibilità di acquisire una sempre maggior rilevanza. L'Italia, già nel passato è stata tra i leader mondiali nello sfruttamento di tali energie, per la sua capacità di essere sempre all'avanguardia nel settore della ricerca e delle nuove tecnologie.

La configurazione e collocazione geografica aiutano molto il nostro Paese: l'energia Idroelettrica copre già oggi, tra il 10% ed il 15% del fabbisogno elettrico nazionale; l'Italia è tra i primi produttori al mondo di energia geotermica. Infine l'enorme potenziale che deriverebbe dallo sfruttamento dell'energia solare, essendo l'Italia uno dei paesi europei con i maggiori valori di irraggiamento sul territorio.

Le energie rinnovabili quindi, fonte autoctona di energia, se ben sfruttate, possono alleggerire la nostra forte dipendenza dall'importazione energetica; inoltre, potrebbero dare origine ad una filiera industriale importante e permettere al Paese di non "andare a rimorchio" di altre Nazioni, come sta accadendo ora nel campo del fotovoltaico.

Il mercato mondiale del fotovoltaico sembra destinato ad una crescita del 40% tra il 2007-2010, del 23% tra il 2011 e il 2020 e del 15% tra il 2021 e il 2030 (anno in cui dovrebbe soddisfare circa il 9,4% della richiesta elettrica globale). Il dato si riferisce al rapporto *Solar Generation IV 2007* stilato da EPIA e *Greenpeace*.

Il fotovoltaico presenta dei vantaggi molto importanti:
- è una produzione quasi priva di inquinamento;
- l'irraggiamento solare è una fonte energetica completamente gratuita;
- i pannelli solari sono quasi totalmente riciclabili;
- non presenta problemi di sicurezza né in termini di installazione né in termini di manutenzione (basti pensare ai problemi di sicurezza legati alle centrali nucleari);
- comporta un miglioramento dell'affidabilità e dell'efficienza della rete di trasporto energetica (la produzione si avvicina geograficamente al consumatore e riduce i rischi dei picchi di domanda energetica);
- crea posti di lavoro (sempre secondo il rapporto dell'EPIA del 2006, in Germania, paese leader al momento, l'industria del fotovoltaico ha prodotto 35.000 posti di lavoro).

Volendo investire in questo settore è quindi molto importante distinguere tra le tecnologie mature che sfruttano le rinnovabili in maniera efficiente ed economica e, quelle che necessitano di ulteriori sviluppi per raggiungere un livello accettabile di competitività. Nel primo caso, nel quale possiamo inserire l'idroelettrico, il solare termico e l'eolico, è bene investire per facilitarne lo sfruttamento, per le seconde è assai più lungimirante stimolarne la filiera della ricerca, per abbreviare i tempi di maturazione, con investimenti mirati a progetti precisi e creando una collaborazione tra Industria ed Enti di Ricerca, così da facilitare la creazione e l'ingresso nel mercato di prodotti all'avanguardia.

Ostacoli dello sviluppo di una politica energetica

In generale, l'implementazione di una politica energetica efficiente è una sfida impegnativa, che può essere vinta solo con una vera e propria rivoluzione energetica basata su strumenti innovativi e politiche coerenti ed efficaci. Il quadro delle politiche energetiche è cambiato profondamente e rapidamente nell'ultimo decennio, anche se con ritmi diversi e soluzioni parzialmente differenti nei vari Paesi.

Una politica energetica efficace ed efficiente, si basa anche sull'informazione e la sensibilizzazione a livello locale. La sede delle politiche energetiche infatti si è spostata progressivamente dai governi nazionali, a quelli locali, confermando la tendenza alla *glocalization* (*global to local*). È interessante infatti osservare come le direttive dell'Unione Europea (ad esempio sulla liberalizzazione del mercato dell'elettricità e del gas) o il Protocollo di Kyoto trovino sempre crescenti responsabilità in fase realizzativa nei governi regionali e locali. È evidente quindi che la politica energetica si basa sempre di più su una relazione tra territorio e energia. Infatti, sia per le fonti rinnovabili che per il risparmio energetico non è più possibile prescindere dalla dimensione locale (regionale, provinciale, comunale) e dalle competenze degli Enti Locali nel campo della programmazione territoriale.

Si dovrebbe introdurre nel mercato quelle considerazioni che permettano di avviare obiettivi di lungo termine: questo percorso richiede di individuare obiettivi ragionevoli, realistici ma anche ambiziosi, studiare e sperimentare strumenti di regolamentazione del mercato e avere un sistema di monitoraggio dei risultati. Appare chiaro, che questa ridefinizione del mercato dell'energia, formula una nuova distribuzione del ruolo dei soggetti, pubblici e privati, che a vario titolo intervengono nel settore energetico. Da sottolineare il fatto che, mentre nel nuovo contesto "liberalizzato" appare evidente il ruolo degli operatori energetici ed economici nella promozione d'iniziative, orientate ovviamente dai costi del combustibile e dalle economie di scala, risulta difficile valutare quale peso specifico potrà assumere lo stesso governo locale nell'imporre un qualsiasi strumento regolatore della politica energetica sul proprio territorio.

Nonostante gli impegni della comunità europea, il ricorso alle fonti rinnovabili nel sistema energetico non ha un trend positivo. Tale situazione indica la presenza di barriere di natura diversa, che contrastano l'effettiva penetrazione delle fonti rinnovabili nel sistema energetico internazionale. Tali ostacoli derivano dalla sovrapposizione di più tipi di barriere distinte fra loro:

1. barriere di tipo sociale/culturale
2. barriere di tipo autorizzativo/normativo
3. barriere legati alla value chian del mercato dell'energia

Le proposte per le politiche di settore

Si tratta quindi di analizzare e, di conseguenza, progettare un sistema articolato di azioni focalizzato sulle seguenti macro-tematiche, tra loro fortemente correlate, per rendere più efficaci le politiche a favore delle rinnovabili.

- Sviluppare un trasparente quadro di sviluppo pluriennale per il settore che sia in grado di attrarre anche investimenti privati di breve, medio e lungo termine.

- Rendere più efficace una politica industriale per le rinnovabili, di indirizzo ed incentivazione volta a favorire la nascita, lo sviluppo e la competitività di un'industria italiana delle fonti rinnovabili che possa trasformare il raggiungimento degli obiettivi europei in un'occasione di sviluppo dell'occupazione (i cosiddetti *green jobs*) e della competitività su un mercato internazionale in continua crescita.

- Introdurre incentivi di transizione, decrescenti nel tempo, per promuovere e migliorare l'innovazione tecnologica e far raggiungere una maggiore competitività alle tecnologie in tempi brevi: sviluppo e miglioramento di incentivi specifici per le diverse tecnologie in relazione al loro grado di maturità tecnologica, in modo da sfruttare il potenziale rinnovabile più significativo nel corso del tempo.

- Rendere più rapida e semplice la prassi amministrativa e autorizzativa, soprattutto a livello locale, attraverso la creazione di metodologie e pacchetti "riusabili" (si pensi a un pacchetto "energie rinnovabili" per gli enti locali composto da una metodologia per la mappatura energetica, delibere di approvazione per piani energetici e politiche verdi, bandi di gara standard);

- Attuare un piano di "gestione del cambiamento" che attraverso la comunicazione, la formazione e l'informazione promuova il coinvolgimento dei cittadini, Associazioni e Enti locali (teso anche alla rimozione della tendenza a rifiutare nuovi elementi infrastrutturali da parte dei cittadini nelle vicinanze della propria abitazione o del proprio "giardino", il cosiddetto effetto *Not In My BackYards* – NIMBY);

- Trasferire gli obiettivi quantitativi dal Governo Nazionale agli enti locali, divisi per fonte energetica e per distribuzione regionale, quale obiettivo operativo: il *target* nazionale deve essere rappresentato dalla somma di realistici *target* regionali. Contestualmente attivare un monitoraggio e una cabina di regia nazionale che verifichi lo stato di attuazione e il raggiungimento di obiettivi di produzione di energia da fonti rinnovabili e di risparmio energetico. Per stimolare il raggiungimento di questi obiettivi prevedere una premialità per le comunità locali, attraverso detrazioni fiscali per i cittadini nei cui Enti locali si raggiungono tali obiettivi. Le minori entrate tributarie sarebbero compensate da minori oneri per lo Stato in materia energetica.

Dall'analisi svolta da Legambiente sull'utilizzo del fotovoltaico sul territorio italiano si scopre che attualmente in Italia 287 piccoli comuni (al di sotto dei 5000 abitanti) e 409 grandi comuni (al di sopra dei 5000 abitanti) utilizzano impianti fotovoltaici per la produzione di energia elettrica. L'analisi svolta da Legambiente pone in evidenza come le amministrazioni pubbliche stiano recependo l'importanza delle fonti alternative e stiano utilizzando lo strumento fornito dal Governo centrale (il Conto Energia). La produzione di energia elettrica solare viene utilizzata non solo per coprire in parte il fabbisogno energetico da illuminazione pubblica, ma anche installando pannelli sulle strutture edilizie comunali. Su quest'ultimo aspetto la classifica stilata da Legambiente rivela che il comune con la maggiore diffusione è Napoli. Napoli, con i suoi 351 kW di picco ha superato il comune di Roma.

Progetto Pilota per Roma

L'associazione Concreta-Mente si propone come valore aggiunto di affiancare alla parte progettuale e tecnologica (peraltro già reperibile sul mercato da numerosi interpreti), l'aspetto più interessante dell'Analisi di impatto di tali soluzioni sia a livello normativo sia strutturale.

Solo chi ha finalità di ricerca e di interesse scientifico può fornire una visione a 360 gradi, valutando l'inserimento di tali soluzioni tecnologiche innovative in progetti più complessi (ad es. ristrutturazioni, restauri) con una visione prospettica anche verso tecnologie oggi troppo costose ma in previsione più efficienti e a meno impatto ambientale. Se introduciamo il concetto di "PIL verde", ossia il prodotto interno lordo di un paese al netto dei costi di sostenibilità ambientale, investire sul fotovoltaico dimostra una visione strategica di lungo periodo.

In questo Concreta-Mente è decisa a contribuire con uno studio tecnico-economico per la città di Roma. Ci proponiamo di analizzare un possibile investimento sul patrimonio immobiliare del Comune per la progettazione e l'installazione di impianti fotovoltaici con lo scopo di adottare, per i siti in analisi, gli obiettivi richiesti nel Decreto Ministeriale 558A inserito nella finanziaria 2007 per l'utilizzo delle fonti rinnovabili sugli edifici urbani. La nostra idea è quella di rendere autosufficienti da un punto di vista energetico tutti gli edifici della pubblica amministrazione, eventualmente introducendo anche il concetto di generazione di energia distribuita.

In particolare, il nostro caso pilota si propone di:
- analizzare nel dettaglio alcuni edifici pubblici del comune sui quali poter installare un impianto;
- stilare un piano strategico di investimento verificandone i costi, l'ammortamento e il rientro economico da un punto di vista economico;
- verificare la fattibilità da un punto di vista ingegneristico;
- analizzare, con approccio strategico, il rientro in termini di immagine, in termini di occupazione, in termini di sviluppo economico e infine, ma non meno importante, in termini riduzione delle emissioni di gas serra.

Concreta-Mente si propone di offrire una soluzione adeguata alle peculiarità del territorio urbano di Roma cosciente dell'impatto che impianti del genere possono avere in contesti fortemente caratterizzati dalla presenza di opere architettoniche di pregio; a tale scopo, verrà strutturata una soluzione adatta anche a rientrare nel piano di incentivazione «Programma 10000 tetti fotovoltaici», che finanzierà parte dell'investimento necessario. Infatti recentemente e in vista della partenza del programma, i ministeri dell'ambiente e dei beni culturali hanno adottato un protocollo d'intesa che semplifica l'iter autorizzativo per gli impianti alimentati da fonti rinnovabili con l'obiettivo di conciliare la tutela del paesaggio e dei beni architettonici con la tutela ambientale.

Concreta-mente è confidente di poter presentare al Comune di Roma anche uno studio per un micro impianto di generazionerealizzato all'interno di un'area protetta o di un parco agricolo a sottolineare che tutela del paesaggio e tutela ambientale non possono essere antitetiche ma devono integrarsi.

Le proposte sviluppate negli utlimi anni si sono orientate ad azioni Pubblico-Privato per la riqualificazione degli immobili del Comune anche attraverso il coinvolgimento di piccole e medie imprese del territorio.

Dal campo alla tavola: un'idea progetto su Agrifood e nuove tecnologie

2015

a cura del Gruppo di Lavoro Sostenibilità Ambientale

Sintesi

Il Gruppo di Lavoro Sostenibilità Ambientale si è occupato anche di settore agroalimentare, infatti sostenibilità ambientale significa anche promuovere politiche di innovazione e supporto alle eccellenze italiane del settore, in un approccio sistemico e integrato a livello UE e in previsione del Trattato Transatlantico sul Commercio e gli Investimenti. L'EXPO 2015 è stato un ulteriore stimolo a discutere di cibo e agricoltura.

Siamo partiti da alcune domande su cosa significhi davvero "bio", filiera corta, responsabilità sociale di impresa, sostenibilità nelle produzioni. Per poi analizzare le opportunità derivanti dall'aggregazione della domanda con i gruppi di acquisto solidali (GAS) e dall'aggregazione dell'offerta con le cooperative dei produttori.

Infine ci siamo orientati a progettare una soluzione che potesse offrire al consumatore due elementi di valore: avere informazioni circa la qualità della propria "tavola" e trovare i migliori prezzi per un dato livello di qualità.

La soluzione progettata è una piattaforma on line che ha il duplice scopo di:

- poter tracciare la catena del valore dei prodotti agroalimentari, dal "campo alla tavola", in modo da offrire al consumatore una maggiore consapevolezza di acquisto;
- creare un catalogo on line di prodotti e prezzi che rispondano a determinate caratteristiche (bio, filiera corta, etica di impresa, ecc.).

Questa soluzione permette al consumatore di avere un mercato virtuale di produttori locali a portata di click e di valutare in trasparenza il rapporto prezzo/qualità.

Il progetto è stato "pacchettizzato" come pilota nel 2015 e presentato a investitori istituzionali e privati al fine di cercare fondi per lo sviluppo.

L'obiettivo è quello di renderlo disponibile gratuitamente ai cittadini dell'area metropolitana e così facendo: concorrere allo sviluppo dell'economia regionale di qualità del settore agrifood, informare e fare risparmiare i consumatori nell'acquisto di prodotti di qualità.

Premessa

L'inizio dell'EXPO 2015 ha spostato il dibattito internazionale in direzione della promozione e dello sviluppo del settore agro-alimentare e dei prodotti di qualità, rendendo sempre più possibile la sinergia tra tradizione e innovazione: il progredire della tecnologia e uno scenario in continuo cambiamento hanno portato, infatti, maggiore consapevolezza negli individui, i quali ricercano maggiore trasparenza e un continuo scambio di informazioni, idee e opinioni con le imprese che operano all'interno del territorio.

Se questo è vero per qualsiasi mercato, lo è a maggior ragione per il settore food, per il quale l'attenzione verso prodotti rispettosi dell'ambiente, sostenibili e bio, l'ottimizzazione dei flussi di consegna, l'effettiva tracciabilità, la possibilità di monitoraggio sta diventando un esigenza sempre più forte.

Questa visione ha reso sempre più concreta la necessità di uno strumento, di una piattaforma di condivisione che attraverso l'interrelazione tra piattaforme social e attività di business permetta la tracciabilità della catena produttiva e l'aumento del valore del prodotto per il consumatore che potrà acquistare con maggiore consapevolezza.

Da qui, l'idea di una piattaforma che tracci la catena del valore e della qualità dei prodotti "dal campo al piatto", partendo dai produttori, passando alle società di trasformazione e catering, fino ai gruppi di consumatori (GAS e CRAL) crea non solo opportunità per il sistema economico regionale, ma anche un valore per i consumatori.

Contesto di riferimento e sviluppo del mercato

Fino a qualche anno fa si pensava che l'agricoltura sarebbe diventata marginale: nell'ultimo decennio, invece, il dibattito sul settore agroalimentare ha ripreso centralità ed è sempre più evidente la necessità di una pratica agricola più sostenibile.

La piattaforma si caratterizzerà sia per l'attenzione sia alla sostenibilità ambientale, ai prodotti bio e di filiera corta, sia per l'attenzione alla dignità della persona e ai valori etici, coinvolgendo nelle preparazione e logistica imprese che occupano ragazzi e giovani con difficoltà di integrazione. Attraverso la selezione mirata delle imprese venditrici sulla piattaforma unirà quindi al carattere innovativo, quello della sostenibilità e della dignità della persona.

Inoltre, sarà possibile ottimizzare i flussi di merci attraverso RFID e tecnologie di tracciatura (accordo in corso di predisposizione per un progetto pilota con Fondazione Università di Tor Vergata INUIT) e rendere disponibili software riusabili e personalizzabili di commercializzazione verso nuovi canali di vendita dei gruppi di acquisto (i GAS e i CRAL).

La tracciatura e i canali d'acquisto sui gruppi social sono due elementi fondamentali per il contesto di riferimento e lo sviluppo del mercato.

Tracciatura e contesto di riferimento

Come noto, in ambito EXPO 2015 si sta puntando alla "Carta Costituzionale su *Food Security and Safety*", stimolo per le Istituzioni scientifiche e governative alla promozione e sviluppo dei temi inerenti alla sostenibilità alimentare, nutriceutica e supporto tecnologico ai processi di sicurezza alimentare.

Questo progetto ambizioso vede come ultima fase quella dell'integrazione con i sistemi di tracciabilità dei Paesi partecipanti a Expo 2015, i quali dovrebbero ratificare una piattaforma per la tracciatura e avviare la redazione della sopracitata "Carta costituzionale". La Regione Lazio si troverebbe quindi, grazie a questo progetto, già allineata al quadro previsto dalla Carta Costituzionale e alla tracciatura della filiera.

I soggetti partecipanti come partner esterni al progetto, tra cui ad esempio Confagricoltura e Fondazione Università di Tor Vergata INUIT oltre ad imprese esperte di piattaforme e di ecommerce, garantiranno solidità organizzativa, scientifica e tecnologica.

Inoltre, sempre tra i soggetti che si vogliono selezionare tra le imprese che venderanno online, si sottolinea la presenza tra le società di trasformazione e catering di Rimettere la Ali Onlus, progetto della scuola alberghiera dei Salesiani Don Bosco per l'inserimento nel mondo del lavoro di giovani con difficoltà di integrazione.

L'idea di chiamare questa piattaforma di eLogistic e di eCommerce FoodinRete è nata per sottolineare, oltre alla tracciatura e all'ottimizzazione della catena del valore, anche l'attenzione per i prodotti rispettosi dell'ambiente, sostenibili e bio e l'attenzione alla dignità della persona e ai valori etici, coinvolgendo nelle preparazione e logistica ragazzi e giovani con difficoltà di integrazione.

L'applicazione di queste tecnologie (barre RFID) sui prodotti consentono di:

- aumentare il valore del prodotto per il consumatore in quanto offrono l'opportunità di verificare 24h il suo status di consegna e l'effettiva posizione nella filiera a vantaggio della filiera corta e bio;

- ottimizzare i flussi delle consegne e quindi ridurre la carbon footprint e i costi di consegna;

- il consolidamento di un brand IN RETE "Lazio" supportato dall'effettiva tracciabilità e possibilità di monitoraggio dei consumatori.

L'idea di una piattaforma che tracci la catena del valore e della qualità dei prodotti "dal campo al piatto", partendo dai produttori, passando alle società di trasformazione e catering, fino ai gruppi di consumatori (GAS e CRAL) crea non solo opportunità per il sistema economico regionale, ma anche un valore per i consumatori.

FoodinRete offre uno strumento per sperimentare con un pilota anche il governo, la tracciatura e la gestione di tutti i processi che devono garantire la qualità di ciò che arriva in tavola, oltre che ottimizzare i flussi della logistica e quindi abbattere le emissioni di CO_2. Questo significa potere disporre a livello di sistema e di singola azienda di uno strumento che aiuti a identificare un rischio prima che esso si trasformi in un prodotto finito non sicuro: un vantaggio fondamentale in un settore in cui, a livello Europeo e Internazionale, il compito di garantire la sicurezza alimentare è affidato all'auto controllo diretto delle imprese - che devono adottare le misure previste dalle norme - ed alla verifica a posteriori da parte delle istituzioni pubbliche preposte sull'efficacia delle soluzioni adottate dalle aziende, con analisi sui prodotti e controlli attuati a seguito di specifiche segnalazioni ricevute dai consumatori.

Questa iniziativa, oltre a centrare le sfide di innovazione organizzativa e di sviluppo delle economia locale agroalimentare permetterà alla Regione Lazio di prendere in considerazione l'idea di far parte della iniziativa progettuale Safety for Food (S4F). La piattaforma S4F è divenuta lo strumento per la creazione e gestione di una comune base informativa, sotto il controllo del Consiglio Nazionale delle Ricerche (CNR) e con la partecipazione del Ministero Politiche Agricole, Ministero della Salute, Agenzia per l'Italia Digitale.

Come noto, in ambito EXPO 2015 si sta puntando alla "Carta Costituzionale su *Food Security and Safety*", stimolo per le Istituzioni scientifiche e governative alla promozione e sviluppo dei temi inerenti alla sostenibilità alimentare, nutriceutica e supporto tecnologico ai processi di sicurezza alimentare.

Lo sforzo sarà quello, sulla scorta del Trattato di Kyoto, di definire un atto normativo riguardante il tema di *Food Security and Safety*: una serie di regole o indicazioni utili per avviare un Piano Mondiale sulla Sostenibilità e sulla Sicurezza alimentare.

I Principi Ispiratori [in fase di definizione] che come nel caso della Carta Costituzionale degli Stati Uniti, guideranno la stesura del documento che verrà firmato dagli Stati partecipanti all'Expo2015.

Social e sviluppo del mercato

Altro elemento di scenario riguarda l'interrelazione tra le piattaforme social e l'attività di business. Lo sviluppo di nuovi canali commerciali è sempre più interconnesso con la capacità di lavorare in modo simbiotico con "piattaforme di utenti" di tipo sociale. Una recente ricerca prodotta da Coupon e pubblicata sull'ultimo rapporto ASSINTEL sottolinea il passaggio dal "*like*" al "*buy*", in altre parole i soggetti che aderiscono alle reti 2.0 sono accomunati anche in scelte di acquisto.

Ecco perché questo progetto punta a orientare l'*app* verso gruppi di acquisto (GAS) e CRAL aziendali e delle pubbliche amministrazioni.

Dalle analisi sopracitate risulta che per i 2/3 dei consumatori, per scegliere cosa acquistare online, conta di più una esperienza raccontata da un altro consumatore piuttosto che variabili legate all'offerta dell'azienda venditrice (come il prezzo). Ecco perché è fondamentale orientare la vendita attraverso canali riferibili a "gruppi", perché tra le persone appartenenti vengono scambiati feedback e pareri quindi aumenta la possibilità di vendita per un fornitore.

Inoltre, la condivisione delle informazioni e la possibilità di azioni collaborative da parte dei consumatori finali in ottica social (feedback sui prodotti, servizi di consegna, fino alle ricette) consente quindi di creare una base di conoscenze comune accessibile a tutti gli attori della filiera.

Proposta di Valore

L'*app* FoodinRete riesce a:

- valorizzare l'economia agroalimentare locale: selezionando produttori e fornitori con particolare attenzione alla sostenibilità e al biologico, mostrando la tracciatura dei flussi di merci dei prodotti

- promuovere la sostenibilità: attraverso il supporto alla filiera corta

- promuovere i valori etici: attraverso il supporto alle imprese di trasformazione ed erogazione di catering che sono attente ai valori della persona e a progetti di inclusione sociale

- un valore sociale: promuovendo un progetto innovativo e gratuito per i gruppi di acquisto sociali e le reti sociali

Il progetto è fortemente coerente con l'evoluzione del mercato del mobile commerce e dell'ecommerce che passa dal *like* al *buy* attraverso il coinvolgimento nelle scelte di acquisto di gruppi sociali.

Inoltre centra in pieno gli obiettivi di EXPO 2015 che porranno l'attenzione del dibattito all'agroalimentare e alla sostenibilità facendo sicuramente aumentare anche i consumi e l'attenzione dei cittadini su queste tematiche.

Segmentazione della domanda

Dal lato della domanda, l'obiettivo è quello di proporre l'APP ai i soci dei CRAL delle aziende e grandi amministrazioni presenti sul territorio di Roma che già attualmente veicolano ai propri iscritti proposte di acquisti solidali ma in nessun caso sono dotate di sistemi di mobile commerce. L'APP sarà personalizzata per ciascun CRAL, riusando il codice che sarà rilasciato con licenze open. Si sono mappati su Roma almeno 5 grandi CRAL aziendali (Poste, Telecom Italia, FS, SOGEI, Finmeccanica, ecc.) potenzialmente interessati con almeno 2.000 associati ciascuno e 10 CRAL di altrettanti Ministeri. La redemption nella lettura delle newsletter dei CRAL è di circa l'80%, quindi l'APP potrebbe potenzialmente essere scaricata da oltre 16.000 utenti solo nell'area metropolitana di Roma.

Dal lato dell'offerta, i prodotti e servizi offerti sui cataloghi elettronici visualizzabili dalla APP saranno selezionati attraverso associazioni di categoria del settore agroalimentare del Lazio. Il database con fornitori e prodotti selezionati sarà riutilizzato per tutti i gruppi di acquisto e CRAL.

Conclusioni

Individui più consapevoli, consumatori più attenti, una rete di informazioni che viaggia in tempo reale: tutto è a portata di click e questo è sicuramente uno dei cambiamenti più rivoluzionari a cui si sta assistendo nell'ultimo periodo, riducendo, in alcuni casi addirittura eliminando, i confini tra produttore e consumatore finale, e la necessità di uno strumento, di una piattaforma di condivisione che attraverso l'interrelazione tra piattaforme social e attività di business permetta la tracciabilità della catena produttiva e l'aumento del valore del prodotto per il consumatore che potrà acquistare con maggiore consapevolezza si fa più tangibile.All'interno di questo scenario, la proposta di un modello di *eLogistic* e *eCommerce* dal "campo alla tavola" vuole sensibilizzare i decisori istituzionali ad attivare una visione innovativa per l'Agrifood che unisca alle specialità della produzione locale, i valori etici e sociali e i nuovi modelli organizzativi e tecnologie.

Raccolta dei rifiuti e nuove tecnologie ICT: strumenti abilitanti per l'economia circolare e nuovi servizi a valore aggiunto per i cittadini

2013

a cura del Dottor Alessio Gugliotta[73]

Concreta-Mente si è attivata dal 2013 sul fronte del "ciclo dei rifiuti" analizzando e avanzando proposte per quella che vuole essere la nostra "Visione di Roma al 2020". In particolare, è stato aperto un canale di comunicazione diretto e continuo con l'ing. Estella Marino (Assessore all'Ambiente e Rifiuti del Comune di Roma Capitale). Si è creato un gruppo di lavoro che ha: 1) analizzato il bilancio e i contratti di servizio di AMA, la municipalizzata del Comune di Roma che gestisce la raccolta dei rifiuti della Capitale; 2) sensibilizzato l'adozione di un modello in cui il cittadino paga in base a quanti rifiuti produce (e non in base ai metri-cubi); 3) proposto lo sviluppo di un progetto di pilota di cassonetti intelligenti, con sensori (*Internet of Things*) e un sistema social 2.0 di condivisione con gli utenti del territorio. In questo paper si racconta questa proposta di progetto pilota.

Introduzione

La raccolta e smaltimento dei rifiuti urbani è uno dei principali problemi che le Pubbliche Amministrazioni (PA), ed in particolare le amministrazioni di città medie e grandi, devono affrontare. Infatti, da un lato, la raccolta e smaltimento dei rifiuti è un servizio "primario", che deve essere assolutamente garantito dalle PA (in particolare per motivi sanitari, ma anche per motivi ambientali e di decoro urbano). Dall'altro

---

[73] impiegato press oil settore ICT di Innova SpA.

lato, esso è un servizio particolarmente costoso che ha un impatto non indifferente sui bilanci comunali.

Inoltre, già dal 2014, l'Unione Europea ha approvato una serie di misure per aumentare il tasso di riciclo negli Stati membri e facilitare la transizione verso "un'economia circolare": un modello che pone al centro la sostenibilità del sistema, in cui non ci sono prodotti di scarto e in cui le materie vengono costantemente riutilizzate. Si tratta di un sistema opposto a quello definito "lineare", che parte dalla materia e arriva al rifiuto. Tra le proposte della Commissione ce ne sono alcune che dovrebbero diventare giuridicamente vincolanti per gli Stati dell'UE: il riciclaggio del 70 per cento dei rifiuti urbani e dell'80 per cento dei rifiuti di imballaggio (vetro, carta, plastica ecc.) entro il 2030 e, a partire dal 2025, anche il divieto di collocare in discarica i rifiuti riciclabili e biodegradabili. Raccolta su chiamata, porta a porta, smaltimento rifiuti speciali gratuito, differenziata, raccolte domenicali gratuite, sono solo alcune delle iniziative attualmente portate a compimento dalle varie città italiane e le varie società specializzate nella raccolta, smaltimento e riuso dei rifiuti.

Eppure quello dei rifiuti sembra ancora essere una problematica senza soluzione, destinata a rendere inefficace la migliore delle soluzioni e delle organizzazioni. Ogni realtà, infatti, porta con se problematiche e peculiarità che sembrano limitare l'impatto e diffusione delle soluzioni adottate.

Anche a livello europeo, nonostante gli esempi più virtuosi, solo la Germania è riuscita nell'intento di sostituire gradualmente le discariche e gli inceneritori con il Trattamento Bio-Meccanico dei rifiuti. Questo però implica la possibilità di monitorare una popolazione stabile, condizione quasi impossibile ad esempio per Roma, una città con 2.863.322 residenti nel 2013 e 24.160.505 presenze turistiche all'anno, dove i Municipi sono grandi come città e anche quelli meno turistici sono comunque soggetti ad importanti flussi di popolazione lavorativa di ingresso ed uscita. E, nonostante tutto, in Germania permangono ancora 73 inceneritori ed il divieto di depositare in discarica ha fatto lievitare i prezzi di smaltimento, innescando problematiche etiche ed economiche dentro e oltre confine.

Lo scenario descritto obbliga affinché ogni intento risolutivo non possa prescindere da un approccio olistico, che deve essere indispensabilmente versatile, flessibile e veloce nella metodologia e nei tempi di risposta. Ed inoltre, deve poter impattare gli attuali ritardi culturali e le pigrizie nell'ambito del riciclo dei rifiuti, trasformando anche l'idea concettuale del "rifiuto" in quella di "materiale" che solo momentaneamente termina di svolgere la propria funzione, pronto per compierne una nuova.

In questo contesto, lo sviluppo ed utilizzo delle più recenti soluzioni ICT può giocare un ruolo fondamentale:

- Fornendo gli strumenti tecnologici abilitanti per la realizzazione di una nuova raccolta e gestione dei rifiuti in un'ottica di economia circolare;
- Facilitando la creazione di nuovi servizi e modelli di business per tutti gli attori in gioco (cittadini, PA, aziende di smaltimento, etc.) che possono rendere tale soluzione sostenibile nel tempo.

Nelle sezioni seguenti, verranno prima introdotti dei concetti chiave per lo sviluppo di un'economia circolare basata su un nuovo ruolo attivo dei cittadini e delle famiglie. Quindi verranno descritte possibili soluzioni tecnologiche abilitanti ed i possibili servizi a valore aggiunto che da tali tecnologie possono essere creati. Infine, verranno evidenziati i potenziali benefici delle soluzioni proposte, con un particolare riferimento a chi potrà prendersi carico della gestione della soluzione proposta.

Le famiglie ed i cittadini al centro dell'economia circolare

Le famiglie ed i cittadini rappresentano le principali fonti di rifiuti solidi urbani in qualsiasi città. Se i rispettivi comuni non implementano una metodologia appropriata e le famiglie non hanno un appropriato comportamento ecologico, i rifiuti prodotti saranno destinati a discariche o inceneritori, producendo gravi danni all'ambiente, aumentando l'inquinamento del suolo, a discapito dell'agricoltura e del pascolo, ma anche provocando danni alla salute umana (bruciare rifiuti, se non adeguatamente controllati, può produrre particolati molto pericolosi).Per evitare ciò, è necessario implementare una corretta ed efficace separazione dei rifiuti alla fonte della produzione di rifiuti, nelle case delle famiglie e dei cittadini. La raccolta differenziata, casa per casa, è nata e si sta diffondendo (con notevole ritardo rispetto ad altri paesi europei) in Italia per questo motivo. Tuttavia non è sufficiente fornire diversi bidoni colorati, per realizzare una buona raccolta differenziata. Bisogna anche garantire la qualità della separazione fatta dal cittadino, per raggiungere ottimi risultati in termini di riciclo e di diminuzione di conferimento in discarica. Il cittadino deve essere educato e motivato nella separazione dei rifiuti. L'applicazione di sanzioni, in caso di cattiva separazione, da sola, non rappresenta il modo corretto per stimolare i cittadini, soprattutto in un periodo di crisi economica, quale stiamo vivendo oggi. Per migliorare la loro partecipazione è necessario riconoscere loro l'importanza che rivestono all'interno del ciclo dei rifiuti, non solo da un punto di vista simbolico, ma anche, in maniera pratica, da un punto di vista economico.

Le famiglie sono generatori di rifiuti, ma al giorno d'oggi i rifiuti non sono più scarti, ma possono rappresentare una nuova risorsa, nuovi materiali da utilizzare in altri ambiti industriali. Quindi l'immagine delle famiglie e dei cittadini deve cambiare: da generatori di rifiuti a produttori di materie prime; e maggiore sarà la qualità delle loro materie prime, enormi saranno i benefici che essi ne ricaveranno. Possiamo affermare che mentre il rifiuto non è di nessuno, il "materiale" è del consumatore che lo ha acquistato, contiene lo stesso valore economico di qualunque bene prodotto, al quale va aggiunta la quota valore della differenziazione domestica che oltre ad essere un dovere civico verso l'ambiente è comunque un'attività all'interno di un ciclo di trasformazione. Inoltre, a quanto sopra esposto, va ad aggiungersi la possibile monetizzazione di una inferiore spesa pro-capite per i comuni, dovuta all'inferiore costo del conferimento in discarica.

L'obbiettivo è quindi quello di aumentare l'importanza del ruolo delle famiglie e dei cittadini nella catena di produzione dei rifiuti. Un ampio uso delle nuove tecnologie ICT può essere la strada da seguire, a patto che le tecnologie siano facile da usare (impattando il meno possibile sulla routine quotidiana dei cittadini e capaci di offrire loro tutte le informazioni che richiedono), ma anche in grado di includere cittadini e famiglie nella catena di produzione senza però impattare sulle attuali risorse delle organizzazioni già coinvolte (PA, municipalizzate, aziende di smaltimento, etc.). Al contrario, la nuova tecnologia deve ingrandire e creare nuovi redditi per tali organizzazioni, che saranno, in parte, trasformati in benefici per le famiglie.come già dimostrato in altre aree di business, il crowd e gli *User Generated Content* stanno acquisendo sempre maggior importanza nella gestione e nella fornitura dei servizi. Questa stessa trasformazione la si può ottenere, nei confronti del cittadino, attraverso l'ICT puntando ad un'integrazione attiva del cittadino nella supply chain della gestione rifiuti.

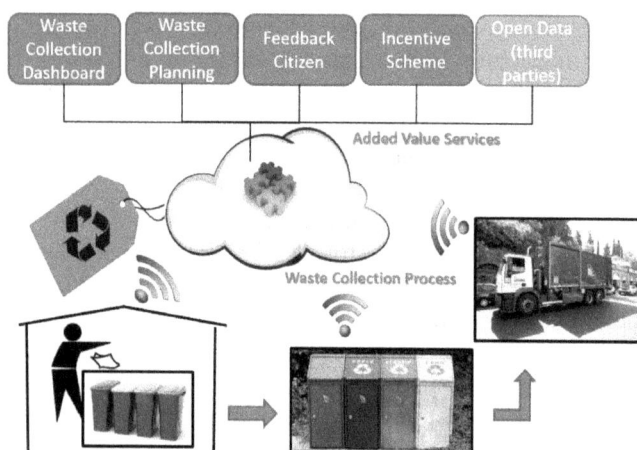

Sistema di bidoni intelligenti per la tracciabilità del rifiuto

La chiave per poter implementare schemi ed incentivi per cittadini e famiglie al centro di un'economia circolare è legata alla possibilità di tracciare la quantità e la qualità dei rifiuti (materiali) prodotti dai singoli cittadini e dalle singole famiglie. La tracciatura deve iniziare nel momento in cui il rifiuto viene gettato in un bidone e deve possibilmente proseguire lungo i processi successivi (trasporto, stoccaggio, trasformazione e riuso). In questo modo, oltre alla premialità/incentivi/sconti dovuti all'effettivo riuso di materiali da lui riciclati, il cittadino può anche avere coscienza e trasparenza di come e dove i propri rifiuti vengono disposti.

Per ottenere questo, si deve implementare una soluzione tecnologica innovativa capace di integrare diversi elementi automatici (hardware and software), lungo tutto il processo di trasformazione. In particolare, è stata studiata una soluzione basata su tre elementi principali: mini bidoni-compattatori intelligenti "domestici"; bidoni intelligenti "fronte strada"; una piattaforma *cloud* per la raccolta ed elaborazione dei dati.

I mini compattatori domestici: sono installati all'interno delle abitazioni dei cittadini (e.g. sotto il lavello della loro cucina). Il cittadino conferisce, ad esempio, la bottiglia di plastica e la lattina di alluminio all'interno del compattatore, che è capace di riconoscere automaticamente il materiale conferito e lo smista automaticamente in uno specifico contenitore sotto di esso. Il mini compattatore è dotato di più contenitori, dalla capacità di 6 litri ciascuno (ognuno con un sacchetto), uno per l'alluminio, e tre per la plastica, in modo da garantire per quest'ultima una suddivisione per colore (conferendole così una qualità maggiore). Sia l'alluminio che la plastica potranno essere anche compattate prima di essere gettate nel contenitore specifico. Ulteriore compattazione verrà riservata alla sola plastica per mezzo di mini pompe sottovuoto che entreranno in azione una volta che il sacchetto contenente la plastica sarà pieno. Una volta creato il vuoto il sacchetto verrà sigillato ed il cittadino potrà conferirlo nei bidoni sul fronte stradale. I mini compattatori sono dotati di modulo *WiFi* (o 3G) che gli permette di collegarsi alla rete domestica all'interno dell'abitazione del cittadino (o alla rete cellulare) in modo da collegarlo ad internet per comunicare in tempo reale con un centro di controllo remoto in cui i conferimenti del cittadino verranno memorizzati e quantificati. Una volta riempito un sacchetto di plastica e/o di alluminio il mini compattatore invierà una notifica al centro di controllo remoto (piattaforma cloud) che preparerà il resto dell'infrastruttura ad accogliere il rifiuto prodotto dal cittadino.

I bidoni installati sul fronte stradale: una volta prodotto il rifiuto per mezzo del mini compattatore questo potrà essere conferito presso bidoni speciali installati sul fronte stradale nei pressi delle abitazioni dei cittadini. Questi bidoni sono alimentati da mini pannelli fotovoltaici per alimentare la logica di controllo e i sistemi di comunicazione al suo interno. Ogni bidone è riservato per il particolare rifiuto e la sua apertura/chiusura è regolata per mezzo di card NFC fornite ad ogni cittadino coinvolto nella dimostrazione. In particolare il bidone della plastica è composto da diversi vani, ognuno dei quali è predisposto per uno specifico colore della plastica. Tramite un modem 3G questo bidone è in comunicazione con il sistema di controllo remoto e gli permetterà di riconoscere il cittadino e di sapere quale vano aprire nel momento in cui un cittadino si loggherà con una tessera. Nel caso in cui il cittadino debba conferire più sacchetti di rifiuti diversi (plastica di diverso colore ed alluminio contemporaneamente) il bidone aprirà tutti i vani necessari e sarà responsabilità del cittadino conferire il sacchetto corretto nel vanno corrispondente. Gli attuali livelli di riempimento sono misurati con sensori ad ultrasuoni mentre la chiusura ed apertura è regolata da una serratura elettromagnetica gestita da un lettore NFC.

Il sistema di controllo remoto: è una piattaforma software installata su un *Cloud* in grado di comunicare con tutti i bidoni sul fronte stradale e con tutti i mini compattatori negli appartamenti dei cittadini. Serve a mantenere sincronizzate le operazioni tra i diversi elementi dell'infrastruttura e per gestire i diversi servizi verso il cittadino (informazione, quantità rifiuti prodotti, segnalazioni del cittadino verso la municipalità, servizi raccolta rifiuti ingombranti ecc.) ed altri stakeholder (informazioni puntuali sulle quantità di rifiuti prodotti a livello di quartiere, logistica con ottimizzazione dei trasporti dei compattatori, ecc.). Inoltre, è il sistema remoto che garantisce tracciabilità del rifiuto prodotto dal cittadino. I diversi sistemi di compattazione, sia domestico che su strada, sono in comunicazione con il sistema remoto che oltre a sapere quando i singoli contenitori sono pieni può gestire la raccolta dei rifiuti. In questo modo il gestore della raccolta potrà sapere non solo quando il rifiuto è stato prodotto, ma anche quando è stato conferito, quando è stato raccolto ed a chi è stato inviato per la sua trasformazione. Questa informazione può essere poi resa pubblica sulla piattaforma per renderla disponibile a chi ne farà richiesta, cittadini inclusi.

Cassonetti Intelligenti come antenne della PA

Al di là di un sistema di tracciatura dei rifiuti prodotti dai cittadini, che già di per se può introdurre miglioramenti nell'efficienza dei servizi di raccolta e benefici (economici e non) per tutti gli attori coinvolti, l'introduzione di bidoni intelligenti può aprire nuove opportunità e nuovi scopi d'uso degli stessi, per giustificare meglio l'investimento iniziale ed offrire ulteriori servizi a supporto della sostenibilità economica dell'intero sistema.

Nello specifico, si è pensato allo sviluppo di una soluzione che "trasformi" i bidoni fronte strada in vere e proprie "antenne" della PA, cioè dei nuovi punti di contatto tra la PA ed i cittadini, in grado di, oltre che migliorare il servizio della raccolta dei rifiuti:

-offrire molteplici servizi ai cittadini che vivono e/o lavorano in una determinata zona della città dove tali cassonetti sono disponibili;

-stimolare la creatività imprenditoriale (in particolari dei giovani) generando open data e servizi *Web* altamente riusabili per nuove applicazioni e servizi (sia *Web* che *mobile*).

In quest'ottica si vuole sottolineare come i tradizionali cassonetti per la raccolta dei rifiuti sono distribuiti in maniera capillare sul territorio. Sono disposti in zone abbastanza strategiche e sono chiaramente "noti" ai cittadini, che li usano (quasi) quotidianamente. Non hanno chiaramente una funzione sociale (come potrebbero averla le piazze o le fermate dell'autobus), tanto da giustificarne una "virtualizzazione" sui social network. Tuttavia, in un'ottica di maggiore educazione ambientale (in particolare per le nuove generazioni), i cassonetti potrebbero e dovrebbero acquisire una valenza più positiva ed educativa e quindi sociale. Tutto sta nel rivalutare la loro funzione.

L'idea è quello di sviluppare un bidone multi-sensoriale ed interattivo che, oltre ai servizi legati alla raccolta differenziata già discussi nella precedente sezione, sia capace di:

•Registrare/Notificare diversi parametri ambientali (ad esempio qualità dell'aria, rumore, temperatura, traffico, etc.). Il numero di sensori può cambiare da zona a zona, secondo le specifiche esigenze; e comunque nuovi sensori possono essere installati a regime, in un'ottica di alta customizzazione ed estensione della soluzione.

• Registrare/Notificare segnalazioni da parte dell'utente (ad esempio si può pensare ad una pagina facebook del cassonetto dove i cittadini riportano il degrado e/o le necessità della zona ed un sistema di sentiment analysis comunica notifica all'amministrazione, magari aggregando per zone)

•Interagire con l'utente notificando segnalazioni dall'amministrazione (ad esempio sempre attraverso la pagina facebook)

• Offrire servizi aggiuntivi al quartiere, come ad esempio *hotspot wi-fi*, comunicazione di promozioni (pubblicità), eventi, etc.

Tutti i dati raccolti attraverso il bidone intelligente possono essere sfruttati dalla PA per avere un'analisi delle situazioni nei vari quartieri/aree e, secondo una logica open data, essere messi a disposizione di terze parti (imprenditori, sviluppatori, etc.) per creare applicazioni e servizi a valore aggiunto, ad esempio mettendoli in relazione con altri dati della pubblica amministrazione, quali dati catastali, ambientali, traffico, servizio pubblico, etc.

I requisiti della piattaforma cloud e possibili servizi a valore aggiunto

Come introdotto nelle precedenti sezioni, sia il sistema di bidoni intelligenti per la tracciabilità del rifiuto che la loro possibile evoluzione in bidoni come antenne della PA necessitano di un'opportuna piattaforma cloud capace di raccogliere, gestire ed usare una rilevante quantità di dati proveniente dai vari sensori e dai vari processi (raccolta, trasformazione, etc.). Di conseguenza è stata studiata una piattaforma cloud di rifermento che sia capace di:

- gestire in maniera scalabile ed efficiente lo stream di dati provenienti dai cassonetti, inclusi: i singoli conferimenti dai mini compattatori e dai bidoni su strada, il riconoscimento degli utenti che hanno conferito e degli operatori che stanno raccogliendo dai cassonetti, i livelli di riempimento dei bidoni e qualsiasi altro tipo di dato proveniente da sensori che saranno installato nel bidone;

- integrare dati relativi alle destinazione d'uso dei materiali raccolti attraverso o l'interfacciamento verso *back-end* aziendali o una specifica applicazione utilizzata dalle possibili organizzazioni coinvolte.

- garantire adeguati livelli di sicurezza (gestione degli accessi, controllo della manipolazione dei dati, etc.) e di *privacy* (diversi livelli di accesso ai dati, protezione/anonimizzazione dei dati degli utenti, etc.)
- offrire uno spazio e servizi di gestione dei dati sufficienti ad elaborare l'alto volume di dati atteso. I dati dovranno essere facilmente e velocemente interrogabili ed correlabili attraverso opportune viste (ad esempio una dashboard di controllo dei cassonetti) e/o servizi software che filtrino e manipolino i dati
- permettere il facile sviluppo di servizi software partendo dai dati raccolti, come ad esempio i servizi a supporto della raccolta e altri servizi a valore aggiunto, così come individuati nelle azioni preliminari

In particolare i servizi software che potranno essere sviluppati ed accessibili attraverso la piattaforma cloud saranno gli strumenti che abiliteranno la vera innovazione (e quindi i benefici per i vari attori) del sistema.

Nello specifico, i seguenti servizi software sono stati pianificati, ma ulteriori potrebbero emergere in future fasi di analisi e consultazioni con PA ed organizzazioni potenzialmente interessate al sistema:
- Tracciabilità del rifiuto – il servizio fornirà informazioni precise e puntuali sui conferimenti effettuati, tenendo traccia di tutto il processo di conferimento, raccolta e riuso: quale cittadino e dove, quale materiale, quale operatore lo ha raccolto e quando, dove lo ha portato e che cosa la società di raccolta ne farà (a chi lo venderà). Tutte queste informazioni verranno mantenute ed usate ad esempio per rendere conto al cittadino, ma anche alle pubbliche amministrazioni, sul processo svolto. Ogni elemento di questo processo (rifiuto, persone, dati, aziende) sarà virtualizzato (ciascuna con un proprio ID unico) nel *cloud* e verrà implementato un algoritmo che gestisce i flussi tra questi elementi (diversi flussi potranno essere implementati, a seconda ad esempio dei diversi materiali).
- Percentuali di conferimento – la piattaforma *Cloud* memorizzerà ogni singolo conferimento ed intervento da parte del cittadino e da parte delle società coinvolte nella raccolta rifiuti, tutti questi dati verranno mantenuti all'interno della piattaforma e resteranno disponibili alle società della raccolta rifiuti alle municipalità ai singoli cittadini per conoscere i propri progressi nella raccolta differenziata, per effettuare

studi di settore, per analizzare le performance dei singoli quartieri ed operare azioni di miglioramento per qui quartieri meno propensi alla raccolta differenziata. Inoltre avendo a disposizione tutti i dati puntuali inerenti il conferimento e la raccolta di ogni singolo rifiuto, sarà possibile sapere quale è la materia prima seconda maggiormente prodotta in una specifica municipalità

- Calcolo degli incentivi per i cittadini – sulla base dei servizi sopra-citati e le modalità di premio per i cittadini virtuosi definiti in fase di analisi, questo servizio calcolerà e manterrà aggiornato i crediti (o debiti) dei cittadini o gruppi di cittadini. Il calcolo sarà un algoritmo che prenderà come input i dati disponibili ed applicherà una funzione opportunamente studiata ed adatta al territorio/singolo cittadino. E' importante notare che ci potrà essere più di un servizio di questo tipo disponibile (ed esempio il cittadino potrà scegliere quello più interessante per lui).

- Monitoraggio del livello dei bidoni – i messaggi dei bidoni fronte stradale con il Cloud sono periodici e riporteranno lo stato del bidone, in particolare all'interno del pacchetto dati oltre ad essere presente l'ID del bidone e la tipologia di rifiuto per cui è predisposto questo fornisce una panoramica completa delle misure rilevate dai sensori, incluso il livello di riempimento in modo da evitare di trovare in strada bidoni che traboccano di rifiuti ai quali viene sempre associata un immagine di scarsa igiene o di poca efficienza

- Logistica - gli operatori sapranno sempre lo stato di riempimento di ciascun bidone intelligente e potranno programmare gli interventi dei compattatori esclusivamente quando saranno sicuri di poter fare carico pieno con singoli viaggi. Questo oltre a ridurre sensibilmente le spese legate alla raccolta riduce anche le emissione di CO_2 nell'aria legate allo spreco di benzina per viaggi infruttuosi ma comunque programmati. Il servizio qui sviluppato terrà fortemente conto

- Registro organizzazioni – Tutte le associazione e società di raccolta, riciclo e trasformazione rifiuti che vorranno aderire alla piattaforma verranno registrate ed i loro contatti messi a disposizione del cittadino qualora questo dovesse ad esempio richiedere uno specifico intervento per la rimozione del particolare rifiuto (calcinacci, sostituzione di pneumatici, ed altri rifiuti particolari). Contattando le aziende indicate in questa lista il cittadino sarà sicuro che la trasformazione e lo smaltimento di questi rifiuti avverrà in modo trasparente e secondo quando indicato dalla piattaforma e potrà controllarlo direttamente dal suo *smartphone*.

Valore e sostenibilità della soluzione

Le soluzioni tecnologiche e la piattaforma cloud descritte nelle sezioni precedenti hanno lo scopo di creare servizi a valore aggiunto e benefici per cittadini, famiglie ed organizzazioni/aziende locali, oltre che introdurre miglioramenti nell'organizzazione ed efficienza dei servizi della PA legati alla raccolta e gestione dei rifiuti urbani. Nello specifico, il sistema proposto permetterà di:

- migliorare i servizi di raccolta e gestione dei rifiuti, rendendoli più efficienti e meno costosi grazie all'uso di bidoni intelligenti

- migliorare il metodo di separazione dei rifiuti a livello domestico al fine di ridurre i costi di separazione e smaltimento dei rifiuti in impianti dedicati e allo stesso tempo aumentando la quantità e qualità dei materiali riciclabili, grazie al potenziamento del ruolo ed il corretto impegno dei cittadini.

- aumentare la trasparenza nei servizi pubblici e quindi la fiducia dei cittadini;

- Stimolare l'innovazione sulla base dei dati raccolti

Infatti, le tecnologie prese in considerazione permettono di:

- monitorare in tempo reale i processi di separazione dei rifiuti e di raccolta (a livello di singolo cittadino o gruppi di cittadini);

- introdurre schemi di riduzione fiscale e/o altri schemi di incentivazione sulla base dell'effettiva qualità e quantità della raccolta differenziata (a livello di singolo cittadino o gruppo di cittadini);

- permettere la pianificazione del servizio di raccolta dei rifiuti sulla base di dati reali e *real-time*;

- diagnosticare velocemente (e prevedere) l'eventuale insorgere di problemi attraverso l'analisi in remoto dei dati raccolti (questioni ambientali, situazioni di pericolo, ecc)

- utilizzare i bidoni non solo per la misurazione dei livelli di raccolta, ma anche per il rilevamento di altri parametri ambientali; e quindi usarli come una infrastruttura diffusa di monitoraggio e controllo del territorio;

Lo sviluppo e la gestione di un tale sistema difficilmente potranno essere presi in carico da una PA. E' più facile immaginare un modello di business dove un soggetto privato (o un consorzio di soggetti privati) si prende in carico lo sviluppo e la gestione del sistema per conto di diverse PA (sfruttando la scalabilità della piattaforma *cloud*), che richiedono e pagano solo i servizi a cui sono veramente interessati (ad esempio un comune può essere interessato solo al servizio di tracciabilità e di incentivazione per i cittadini, piuttosto che al servizio di miglioramento della logistica della raccolta sulla base dell'effettivo livello di riempimento dei bidoni). Tali soggetti privati possono essere le municipalizzate o altre aziende private che già offrono il servizio di raccolta e smaltimento dei rifiuti per conto dei comuni.

Grazie alla possibilità di raccogliere, organizzare ed offrire svariati dati e servizi anche a e per terze parti, la sostenibilità del sistema non sarà esclusivamente a carico della PA. I dati raccolti possono essere usati al fine di stimolare l'imprenditorialità locale, con la creazione di un ecosistema di fornitori di nuovi servizi accessibili attraverso al sistema (una sorta di *marketplace*) su cui il gestore della piattaforma può richiedere una commissione.

In breve, il gestore della piattaforma può ambire alla sostenibilità economica della piattaforma sia:

• creando servizi a valore aggiunto per la raccolta avanzata rifiuti (soluzione verticale per molteplici PA)

• agendo come un broker di dati territoriali e distributore di applicazioni / servizi terzi basati su tali dati (soluzione orizzontale per imprenditori/società locali).

Conclusioni

Le soluzioni proposte in questo articolo fondano la loro filosofia progettuale ponendosi principalmente da uno specifico punto di osservazione: quello del cittadino, della sua famiglia e del territorio in cui vive. Questo, in un'ottica di *"Human Smart City"*, integra l'eccellenza tecnologica con la metodologia sociale per lo sviluppo dei territori, offrendo una soluzione come possibile volano per la cosiddetta economia circolare. In particolare, la soluzione proposta vuole porre le condizioni per:

- diminuire il conferimento in discarica
- aumentare la quantità e qualità del riciclabile
- assumere co-responsabilità ambientale dei cittadini (o gruppi di cittadini)
- creare occasioni di alleanze per lo sviluppo
- recuperare margini di risparmio re-investibili

La soluzione tecnologicamente proposte poggiano su tre pilastri principali:
- I cassonetti intelligenti, dotati di uno specifico insieme di sensori, sono in grado di riconoscere quantità e qualità del conferimento, oltre che registrare altri parametri eventualmente necessari per monitorare la situazione ambientare dell'area (e quindi il decoro urbano) quali ad esempio il rumore e la qualità dell'aria. I dati raccolti sono inviati tramite connessione *Internet* ad una soluzione cloud che li raccoglie, elabora e mette in relazione con dati provenienti da diverse sorgenti.
- Una piattaforma cloud per la gestione del monitoraggio quantitativo, qualitativo e monetizzabile del conferimento, della sua tracciabilità fino a nuova trasformazione, dei servizi di certificazione ed ottimizzazione della raccolta, di destinazione del riuso dei materiali raccolti, dei servizi formativi ed informativi da e verso i cittadini (in dettaglio nel prossimo punto), per realtà *profit* e *no profit* coinvolte e/o convenzionate (in particolare aziende impegnate nello sviluppo di green business da cui si potrebbero poi generare le risorse necessarie per sostenere il sistema di incentivazione per i cittadini).
- Una serie di servizi software ed applicazioni che abilitano i cittadini a partecipare in modo interattivo alla piattaforma, permettendo l'apertura dei bidoni intelligenti e la registrazione dei dati del cittadino all'atto del conferimento e l'accesso ai servizi formativi e partecipativi della piattafoma *cloud* (attraverso un *app* e/o Pagine *Web*), tra cui:
- Ottenere feedback and aggiornamenti circa la quantità di materiale riciclato e la rispettivo quantità di CO_2 non prodotta.

• Conoscere quali prodotti sono stati creati partendo dal materiale riciclato e dove sono disponibili (specialmente se sono stati rimessi in commercio in città)

• Stimolare la competizione al riciclo tra cittadini attraverso specifiche competizioni e premi (a diversi borgata, municipio, città)

• Identificazione della quantità di soldi risparmiati grazie alla miglior raccolta differenziata e partecipare alla scelta dell'utilizzo di tali quote da parte dell'amministrazione pubblica: miglioramento del verde del quartiere, rifacimento strade, finanziamento di opere sociali, etc.

• Schemi di finanziamento/incentivi con remunerazione e/o sconti sulle tasse sulla base della quantità qualità del materiale differenziato. Questo aspetto può coprire non solo materiali come carta, vetro, plastica ed organico, ma anche altri tipi di materiali come gomme, olii, componenti elettronici, etc.

Da un punto di vista sociale, l'impatto è principalmente basato su una nuova consapevolezza del cittadino di come il "bene rifiuto" adeguatamente reimmesso nel ciclo produttivo, possa essere fonte di nuovi margini di risparmio (riduzione di tasse, sconti, buoni acquisto, etc.) per le famiglie, ma anche mutualità, occupabilità ed imprenditorialità; si pensi ad esempio alla creazione di gruppi di risparmio a livello di palazzo/quartiere dove mettendo a fattore comune il lavoro di riciclo di tutti, si possano raggiungere maggiori margini di guadagno e quindi ambire a obiettivi specifici per l'intera comunità locale.

Muoversi a Roma, un piano smart city per un trasporto intelligente

2010

a cura del Gruppo di lavoro Infomobilità e Trasporti sostenibili[74]

Concreta-Mente ha avviato, a partire dal 2008, una serie di approfondimenti tematici relativi al tema della mobilità sostenibile e del trasporto a Roma. Un lavoro che ha permesso di incontrare tecnici, esperti, rappresentanti di aziende, che operano in questi ambiti e che auspicano, a diversi livelli, l'avvio di politiche strutturali capaci di cambiare radicalmente l'approccio alla mobilità, intesa come opportunità per la crescita e l'innovazione della città.

Il tema della mobilità, nella prospettiva dello sviluppo della Città, non può prescindere da alcune condizioni di partenza che rappresentano limiti e opportunità per lo scenario futuro di Roma.

Il primo dato è il numero di veicoli che circolano a Roma ogni giorno, circa 800 ogni 1.000 abitanti; il secondo dato è il numero di persone che quotidianamente si muovono verso Roma, circa 600.000 dall'area metropolitana.risulta evidente che questa situazione non può essere affrontata se non in un'ottica di area vasta - seppure in termini modulari e per gradi - non più limitata al solo Comune di Roma, bensì disegnando una strategia complessiva che tenga conto del bacino di utenza che gravita e fa riferimento a Roma per esigenze diverse, in primis lavoro, studio, turismo.

Nel corso degli ultimi due decenni la congestione dei centri urbani e dei grandi assi stradali è andata accentuandosi in tutto il continente, tanto da minacciare la competitività dell'economia europea: i costi esterni della congestione legati al solo traffico stradale sarebbero pari allo 0,5% circa del PIL comunitario. Il trasporto stradale è inoltre il

---

[74] Coordinato dal Dottor Andrea Ferraretto, collaboratore del Comune di Roma Capitale.

principale responsabile dell'inquinamento atmosferico: all'interno del settore dei trasporti, da solo genera l'84% delle emissioni di CO_2, il principale gas ad effetto serra.

In mancanza di interventi seri mirati alla riduzione del traffico, le emissioni di CO_2 legate ai trasporti hanno ormai superato il picco di un miliardo di tonnellate. Il termine "mobilità sostenibile" identifica un sistema di gestione dei trasporti che soddisfi i bisogni economici, ambientali e sociali della collettività, in modo efficiente ed equo, minimizzando le esternalità negative connesse al traffico merci e passeggeri (inquinamento atmosferico, inquinamento acustico, congestione, incidentalità).

Il lavoro proposto da Concreta-Mente va quindi nella direzione di realizzare una fase di confronto e di discussione, a supporto degli obiettivi ambientali e sociali, rilevanti soprattutto per la collettività e la Pubblica Amministrazione, per promuovere un'azione innovativa nel campo della mobilità e del trasporto. Con azioni quali il rafforzamento della tutela ambientale, mediante la riduzione dell'inquinamento atmosferico e acustico, attraverso lo sviluppo e l'implementazione di sistemi di ottimizzazione dei percorsi; l'incremento dell'efficienza del trasporto merci, attraverso la diminuzione del traffico urbano, extraurbano e autostradale, grazie all'utilizzo razionale delle risorse condivise quali per esempio le aree di sosta, il miglioramento della sicurezza stradale.

Il ritardo con cui le aree metropolitane si dotano di piani per la mobilità sostenibile, le difficoltà relative alla realizzazione di infrastrutture di trasporto collettivo, la dipendenza dall'auto privata, sono fattori che si traducono in una perdita di competitività per le città e le regioni del nostro paese, peggiorata dall'incremento costante del costo dei carburanti fossili. Gli allarmi relativi alla situazione dell'inquinamento atmosferico con il superamento dei limiti soglia di PM10 richiedono che la politica del trasporto divenga uno degli assi strategici di costruzione della visione del futuro delle aree urbane.

Recentemente, con il rapporto *smart mobility*, realizzato per Finmeccanica, tale costo di non-intervento è stato stimato in 5 punti percentuali di PIL: un costo e dei ritardi che l'Italia non può permettersi di sopportare.

Tra il 2011 e il 2012 Concreta-Mente ha realizzato cinque incontri dedicati ad altrettanti temi specifici e volti ad analizzare specifiche sfide, coinvolgendo circa 20 esperti (Università, Enti locali e Ministero Trasporti, Aziende) e hanno permesso di arrivarea definire una serie di proposte che possono essere sintetizzate nei punti seguenti.

Monitoraggio. E' necessario individuare un set di indicatori di risultato, misurabili e valutabili sotto il punto di vista del miglioramento dell'offerta di trasporto pubblico, dei livelli di servizio al cittadino e della mobilità nella città. Deve essere misurato oggettivamente il fenomeno del trasporto pubblico e privato in modo che sia anche possibile misurare il lavoro dei decisori istituzionali e politici. In collaborazione con le associazioni di consumatori e di categoria del territorio.

Intelligent Transport Systems. Attraverso sensori sulle strade e sui mezzi pubblici avere un costante rilevamento del traffico e, attraverso un sistema informativo, ottimizzare i flussi regolando automaticamente 24h i semafori con un sistema informati intelligente (e non manualmente con la polizia municipale come ancora avviene). Utilizzare anche la cartellonistica intelligente con i led a scopo informativo fino a giungere in futuro alla "cartellonistica regolatoria" (per ottimizzare i flussi in modo dinamico).

Mobilità elettrica e ciclabile. Favorire mezzi di trasporto pubblici e privati a basso impatto anche con la diffusione di parcheggi con centraline elettriche e acquisto di auto elettriche per il car sharing pubblico. Supportare la mobilità ciclabile soprattutto a livello municipale e di quartiere in prossimità degli snodi di interscambio con parcheggi e mezzi pubblici. Aumentare e mantenere in efficienza le piste ciclabili.

Trasporto pubblico e su ferro. Risanare e riportare alla piena efficienza organizzativa e funzionale l'ATAC deve essere prioritario e propedeutico a qualsiasi altra azione. Si ritiene che i cittadini siano anche disponibili a rivedere in aumento le tariffe dei biglietti ma è necessario un netto aumento della qualità del servizio erogato in termini di puntualità, velocità, comodità. Per quanto riguarda gli autobus è necessario ripensare al modello di pagamento del biglietto per ridurre drasticamente i *"free riders"*. Il mix ferro e strada per il trasporto extraurbano da/per la capitale può essere migliorato, così come la logistica commerciale.

Manutenzione stradale. Una delle ragioni della indeterminatezza della variabile traffico deriva anche dalla cattiva manutenzione di strade (es. buche e incidenti delle due ruote) e di tombini e argini (es. continui allagamenti di sottopassi). Si propone di sperimentare un approccio basato sul modello "dei service level management" e una comparazione degli incidenti e del traffico rilevato su diversi tratti stradali.

Obiettivo zero vittime. Educazione e azioni di gestione del cambiamento non solo per gli operatori del settore (ad esempio vigili urbani e autisti di mezzi pubblici non sempre da prendere come esempio) e per i cittadini. L'educazione civica stradale è ad uno dei livelli più bassi degli ultimi 30 anni. Aumentare il sistema dei controlli automatizzati con *"autovelox"* e telecamere. Legare l'attenzione e il rispetto delle regole a obiettivi di abbattimento delle vittime stradali e degli infortuni in modo da sensibilizzare l'opinione pubblica.

La conclusione è che la sfida della mobilità si vince non tanto con investimenti in nuove opere pubbliche (nuova viabilità) ma con un mix di efficiente manutenzione urbana, innovazione tecnologica applicata ai flussi di traffico, migliore trasporto pubblico, più attenzione alla mobilità sostenibile, più educazione civica e un sistema di monitoraggio.

Alcuni aspetti caratterizzano il lavoro svolto da Concreta-Mente:
• L'individuazione di indicatori di risultato, misurabili e valutabili sotto il punto di vista del miglioramento dell'offerta di trasporto pubblico;
• Il confronto tra diverse alternative di infrastrutture che, per tempi di realizzazione e costi di investimento, permettono di delineare diversi scenari di intervento;
• Un decalogo di azioni da realizzare nel brevissimo periodo, per innestare un cambiamento nello stato attuale della mobilità urbana.
Le indicazioni che scaturiscono dal lavoro intrapreso da Concreta-Mente vanno nella direzione che Roma avvii un percorso di smart city che non sia soltanto un piano di investimenti infrastrutturali quanto,

piuttosto, un nuovo disegno dell'area metropolitana capace di accogliere il cambiamento (mettendo i cittadini al centro) e trasformare i problemi in opportunità.

Il settore della mobilità deve quindi trovare posto nell'ambito delle strategie per la "Roma al 2020 che vorremmo" comprendendone il ruolo chiave che deve rivestire per introdurre uno scenario di cambiamento e innovazione che abbia, alla base, il rilancio economico e sociale della vita nella Città e nell'area metropolitana che ne fa parte.

Safer City: Progetto pilota di meccatronica e sicurezza urbana

2011

a cura del Gruppo di Lavoro Informatica e Sicurezza

Sintesi

Progetto pilota innovativo di "Meccatronica" per *l'Homeland Security* basato su una piattaforma con sensori (telecamere, droni, ecc.) per il controllo della sicurezza urbana, di eventi e manifestazioni, di parchi archeologici.

Idea Progetto

Il livello di "sicurezza urbana" percepito dai cittadini è tra i parametri che influiscono di più sulla qualità della vita dei cittadini stessi, ma anche sulla loro percezione dell'efficacia dell'Amministrazione Comunale. Il rafforzamento nel controllo dei fenomeni di micro-criminalità, di sicurezza in caso di manifestazioni e cortei, di decoro urbano e vandalismo, ma anche il controllo di potenziali atti terroristici, influisce quindi in modo determinante sulla "sicurezza percepita" e sulla valutazione da parte degli elettori dell'Amministrazione Comunale.

Con i fondi del PON Sicurezza tante Amministrazioni stanno allestendo delle sale per il controllo del territorio tramite telecamere, fisse o di tipo brandeggiabile ma dove si opera in via esclusiva con la componente umana nell'analisi delle informazioni. In altre parole, queste sale operative richiedono la presenza 24h di personale che monitora e controlla tutte le immagini e le informazioni. Tali soluzioni non portano i benefici attesi, hanno un'utilità marginale bassa, una capacità di innovazione bassa e in definitiva un'allocazione di risorse pubbliche non ottimale.

Scegliere questo tipo di soluzioni, in un momento storico in cui l'informatica si è riunita con l'elettronica, dando vita al paradigma della Meccatronica e della Domotica e all'*Internet of Things*, che ha favorito la nascita delle Smart City, è un vero passo indietro.la soluzione che si vuole proporre è un sistema di "Meccatronica" cioè una combinazione di sensoristica elettronica ed *Information Technology*. Questa soluzione è in sintesi composta da: 1) una piattaforma informatizzata per la gestione intelligente e automatizzata delle informazioni; 2) sensori di rilevazione informazioni come telecamere, sensori di movimento e calore, droni volanti con telecamere che si attivano seguendo mezzi e persone che entrano in aree a rischio; 3) sala controllo e condivisione dati con forze di polizia, pronto soccorso, ecc.tale infrastruttura potrà essere dotata di infopoint(ad esempio totem) e sarà altresì supportata da reti wireless che potranno essere alimentate in modo sostenibile (microeolico e fotovoltaico).

L' obiettivo è la realizzazione di un sistema di:
• Rilevazione, analisi ed interpretazione di «dati ed informazioni» provenienti dal territorio;
• Individuazione automatizzata di "Eventi" di interesse con correlata attivazione di "*alert*" (es. comunicazioni alle forze dell'ordine, ai vigili del fuoco);
• Attivazione di procedure di reazione agli "Eventi" automatiche, oppure semiautomatiche e manuali;
• Monitoraggio e controllo h24*7 dei flussi di informazioni;
• Gestione della situazione mediante una sala controllo;
• Produzione di *report* e statistiche sulle situazioni, con un cruscotto informativo per i decisori istituzionali;
• Monitoraggio, condivisione e gestione eventi complessi e di crisi;
• Supporto alle decisioni (sistema automatizzato che suggerisce le opzioni da intraprendere ad esempio in caso di incendio o alluvione).

Le componenti del Sistema sono:
• Piattaforma di Geolocalizzazione supportata e fruibile da vari dispositivi (*Tablet*, PC, *smartphone, monitor touch screen*);
• Un collettore di comunicazioni (*Enterprise Service Bus* SOA) che possono provenire da qualsiasi sorgente, analogica o digitale;

• Un Sistema di gestione degli eventi e di gestione dei flussi informativi (BPM);
• Algoritmi di calcolo per la previsione di fenomeni;
• Sensoristica digitale e/o analogica gestita mediante controller SOA, ovvero sonde e sensori a bassissimo costo, anche dotata di intelligenza a bordo di droni.

Gli obiettivi del sistema che si propone sono:
• Ridurre l'intervento umano nella rilevazione degli elementi da monitorare;
• Fornire i dati provenienti dalla rilevazione in tempo reale e non su base statistica;
• Fornire e gestire procedure automatizzate di reazione su certi "eventi" al raggiungimento di soglie definite dal Comune (ad esempio, in caso di più di 5 persone in un parcheggio di notte si alza in volo un drone che effettua delle videoriprese e accende un faretto illuminante);
• Contenere i costi di esercizio e aumentare i punti di rilevazione mediante sensori a basso costo;
• Fornire una soluzione infrastrutturale che supporti tutta la filiera di processo a partire dalla fornitura/posizionamento del sensore fino al monitoraggio mediante *Control Room* H24*7;
• Garantire l'integrabilità del sistema all'interno dei processi e delle soluzioni già presenti anche di altre forze di polizia e sicurezza;
• Supportare la messa in esercizio del sistema attraverso una specifica metodologia di analisi e progettazione, la condivisione nella definizione dei requisiti utente anche sulla base di rilevazioni dei fabbisogni con associazioni di cittadini e con gli utilizzatori finali.

QR Code n.13: Safer City. Il video è stato realizzato per descrivere l'idea nell'ottica dello sviluppo di un progetto pilota che dimostri che "fare riforme" ed erogare servizi innovativi a vantaggio dei cittadini è possibile. La "sceneggiatura" del video è stata scritta da Leonardo Bertini, i video sono stati girati, montati, editati da Max Alessi e Marta Sempreboni. Si ringraziano i partecipanti al video, che hanno anche collaborato allo sviluppo dell'idea: Daniele Sanvitale e Angelo Paletta.

Parte IV
Formazione, Gruppi di Lavoro ed Eventi

Introduzione alla Parte IV

Dare continuità e qualità a un progetto è un altro aspetto molto sfidante. Questo capitolo descrive le nostre attività dal 2007 ad oggi, costituite da momenti di riflessione (seminari e workshop, Spring School), produzione di idee e attività dei gruppi di lavoro (position paper), di formazione e introduzione al lavoro per i giovani (Officina della Comunicazione 2.0) e presentazione delle idee (Convegni, pubblicazioni di libri con la casa editrice Concreta-Mente, interviste con la Web-Tv su Youtube).

Formazione

Officina della Comunicazione 2.0

Il progetto "Officina della Comunicazione 2.0" è un laboratorio multimediale che si prefigge di fornire ad un gruppo selezionato, attraverso un bando pubblico, di giovani delle Università del Lazio, mezzi ed esperienze pratiche per un approccio concreto alla professione della comunicazione e delle relazioni istituzionali e successivamente uno stage in azienda.

Nell'arco di circa 6 mesi Officina della Comunicazione 2.0 si focalizza su diverse attività:

1) attività formative e di pratica in aula (es. redigere comunicati stampa, progettare e realizzare una campagna di web marketing per un evento, scrivere un articolo giornalistico, fare interviste TV) tenute da giornalisti e professionisti del marketing e delle relazioni istituzionali;

2) esperienze sul campo relative a comunicazione, interviste, marketing sugli eventi di Concreta-Mente, con il supporto in termini di mentoring dei docenti;

3) possibilità di scrivere articoli su giornali on line e webzine, fare attività di redazione e gestione contenuti su siti e web-tv;

4) realizzazione di riprese e interviste con successivo montaggio e caricamento sul canale YouTube:

5) stage di circa 3 mesi in azienda o enti pubblici.

Chi sono i fruitori:

Il progetto vuole valorizzare le conoscenze pregresse dei partecipanti e dare strumenti pratici, quindi si ricercano giovani che abbiano già sviluppato i concetti base delle discipline trattate. Ad esempio, laureandi o neolaureati in Scienze della Comunicazione o Economia con interesse orientato alla comunicazione.

Come sono selezionati: attraverso una "call" pubblica. I CV pervenuti vengono poi selezionati in base al voto di laurea o alla media esami, all'esperienza pregressa.

Obiettivi:

• avviare alla professione del giornalismo e della comunicazione giovani meritevoli;
• favorire l'impegno civico, la partecipazione e l'aggregazione dei giovani;
• sperimentare nuove forme di giornalismo dal basso;
• sperimentare l'utilizzo delle nuove tecnologie web applicate alla comunicazione;
• stimolare lo sviluppo del vero giornalismo di ricerca e di inchiesta, svincolato da logiche prettamente commerciali di tipo pubblicitario.
Strumenti:
• scuola di formazione pratica con lezioni in aula e supporto on line;
• supporto diretto di giornalisti e professionisti della comunicazione;
• sito web con funzionalità RSS;
• Web-Tv;
• Casa editrice tradizionale e on line.

I moduli previsti per le lezioni in aula sono:

1. Modulo Ufficio stampa e giornalismo
2. Modulo Comunicazione 2.0
3. Modulo Relazioni Istituzionali, Pubbliche Relazioni e *Public Speaking*

Risultati delle edizioni

Il Progetto Officina della Comunicazione 2.0 è realizzato in modo totalmente gratuito dal 2011 ed è giunto alla quinta edizione (2015-2016).

La prima edizione è stata un pilota che ha dimostrato la fattibilità e l'interesse dei partecipanti.

La seconda edizione ha portato risultati sorprendenti in termini di domande ricevute (22 domande di partecipazione, anche da altre regioni), di qualità delle docenze. Il 100% dei fruitori del corso ha trovato lavoro o uno stage al termine del corso. Gli enti e le aziende coinvolte sono state: Ministero Economia e Finanze, Comune di Roma, Tim, Katalys, Tecnè, Panadvertising, Crinali.

Dalla terza edizione abbiamo dimostrato il consolidamento del modello e la crescita sia in termini di risultati per i discenti, sia in termini di partnership istituzionali.

Tra i docenti che hanno tenuto lezione, i testimonial e i tutor:: Alessandra Poggiani (DG AgID), Giuseppe De Lucia (Responsabile Comunicazione Ericsson), Francesco Nardi (Giornalista e Direttore del giornale The Monitor), Francesca Comunello (Docente di Internet Studies - La Sapienza), Alberto Castelvecchi (Luiss Guido Carli e Personal Image and Personal Branding Consultant), Massimiliano Cavallo (Esperto di public speaking), Roberto Ippolito (Giornalista e scrittore), Paolo Gambescia (giornalista, ex Direttore de L'Unità, il Mattino e il Messaggero), Fabio Nicolucci (Giornalista e Capo Ufficio Stampa Ministro Profumo MIUR), Gabriella Capparelli (TG1), Frediano Finucci (LA7), Gianluca Petrillo (BAT), Floriana Bulfon (Enel, L'Espresso), Andrea Gumina (Ministero dello Sviluppo Economico), Verena Gioia (Edit presso Banzai Media), Marco Carboni (Social Media Manager presso il Gambero Rosso Holding S.p.A.), Maurizio D'Ascenzo (Director, Regional Services Delivery EMEA-Marketing Operations SAP Global Marketing), Michelangelo Suigo (Head of Public Affairs, Vodafone Italia), Giovanni Aliverti (Consulente Relazioni Esterne, Marketing e Business Development), Anna Lami (Head Hunter - Placement Consultant, Adecco Group),.

Le pubblicazioni di articoli o comunicati stampa nei mesi del progetto sono state su: AGI, Adn Kronos, Il Mondo, The Monitor, Repubblica Affari e Finanza, Milano Finanza, Il Velino, AGR press, Radio Tor Vergata, Agen Parl, 9 Colonne, Sole 24 Ore Radiocor, Roma Report, TG1, Affari italiani, Key4biz.

I Gruppi di Lavoro

I nostri gruppi di lavoro (GdL), costituiti dai soci e dai sostenitori dell'associazione, sono formati da professionisti provenienti da settori diversi per assicurare competenze interdisciplinari. In alcuni casi i GdL sono integrati da figure senior, interessate alle nostre attività, che garantiscono elevata esperienza, una visione strateegica e spunti critici.

In generale, l'attività dei gruppi di lavoro si articola in tre momenti: 1) mettere a fattor comune le nostre competenze e analizzare le sfide da affrontare; 2) preparare i documenti e le proposte sui temi specifici; 3) organizzare eventi di presentazione delle soluzioni proposte; 4) realizzare progetti pilota per dimostrare che fare riforme è possibile; 5) veicolare le proposte e le soluzioni ai decisori istituzionali.

Il gruppo di lavoro offre ai singoli partecipanti un confronto di idee, una integrazione e un completamento delle proprie capacità, contatti con esperti e decisori istituzionali nonchè manager d'azienda. Il gruppo di lavoro opera con il metodo Chatam House che assicura, durante le discussioni a porte chiuse, la riservastezza delle fonti. Il gruppo di lavoro trova poi in Concreta-Mente il canale e l'organizzazione necessaria per attivare eventi pubblici attraverso i quali poter presentare ai cittadini e ai decisori istituzionali nuove proposte.

L'obiettivo è quello di orientare e sensibilizzare il decisore istituzionale nei confronti delle soluzioni innovative proposte da Concreta-Mente.

Dal 2007 sono stati attivati i seguenti gruppi di lavoro:
- Spazio, Aeronautica, Industria della Difesa
- Osservatorio Medio Oriente e Mediterraneo
- Open Studies nella Pubblica Amministrazione (OSPA)
- Appalti pubblici e eProcurement
- Informatica e Sicurezza
- Donna e Corporate Governance
- La Roma al 2020 che vorremmo

- Giovani Classi Dirigenti
- eHealth e innovazione nella Sanità e nell'Assistenza Sanitaria
- Energie rinnovabili
- Sostenibilità ambientale
- Mobilità sostenibile e Trasporti
- Finanza Pubblica e Federalismo fiscale
- Telecomunicazioni
- Document Management
- Competitività Sistema Italia

GdL Spazio, Aeronautica, Industria della Difesa

La competizione tra paesi e aree economiche si basa ormai sulla capacità di produrre nuove tecnologie oppure, per chi non le produce ma le consuma importandole, si basa sul costo del lavoro e sui diritti sociali. L'Italia, per nonritrovarsi a competere con i paesi consumatori di tecnologia, accettando un ingaggio al ribasso sul costo del lavoro, sui diritti, sulle sicurezze sociali, deve prontamente "investire" nei settori dove ancora l'industria del Paese è competitiva a livello mondiale e produce innovazione. Il settore dell'industria Aeronautica, dello Spazio, della Difesa e della sicurezza interna (cosiddetta *homeland security*) costituisce senza dubbio un'area in cui il sistema paese è forte e di proprietà italiana. Un settore che vede un'occupazione di oltre 100.000 addetti altamente qualificati che sono il vero valore aggiunto per un sistema paese.

Il GdL è composto da oltre 20 persone tra: giovani quadri aziendali, manager aziendali ed esperti di centri studi, associazioni industriali, forze armate. Attraverso analisi di scenario, delle criticità e proponendo soluzioni Il GdL si propone di affrontare le seguenti quattro aree:

1) il lato della domanda pubblica: modelli decisionali, la spesa per la R&S, il *procurement* militare, il ruolo istituzionale (a livello italiano e europeo);

2) il lato dell'offerta: politica industriale, presenza sui mercati esteri, *merger&acquisition*;

3) tecnologie e *roadmap* evolutivi del settore;

4) strategie di lungo periodo, collocazione geopolitica dell'Italia e dell'Europa, scenari di politica estera, di difesa e di sicurezza.

Da fine 2007 si sono attivati rapporti tecnici di collaborazione con la Presidente della Commissione Difesa della Camera dei Deputati on. Roberta Pinotti (attuale Ministro della Difesa).

Nel marzo 2008 il gruppo di lavoro ha prodotto e condiviso, anche con altri attori istituzionali, il documento strategico: "Aeronautica, Spazio, Difesa e Sicurezza interna: una politica di settore per lo sviluppo e l'innovazione tecnologica".

Nel corso del 2009 il Gruppo di lavoro ha pubblicato la ricerca "Assi geopolitici e flussi di tecnologie" realizzata per conto del Centro Militare di Studi Strategici del Ministero della Difesa. La ricerca, curata dal prof. Giuseppe Anzera, ha portato nel 2010 alla pubblicazione del volume: "Flussi di armamenti e politica internazionale. Ricostruire gli assi geopolitici con la Network Analysis" (ISBN 978-88-6250-228-3).

Da questo studio emergono molti spunti di riflessione legati alla relazione tra competitività tecnologica e assi geoeconomici, che si pongono come imprescindibile elemento di partenza per la definizione di una serie di proposte innovative che l'Ass. Concreta-Mente vuole fornire al decisore Istituzionale, per una strategia italiana di lungo periodo e per azioni tattiche di breve termine nella politica industriale del settore.

Nel 2011 si sono seguite le attività delle Commissioni Parlamentari Attività Produttive e i lavori dei partiti politici che seguono il settore e il gruppo Finmeccanica. Si sono commentati i principali elementi di sfida emersi nel corso dell'anno con dei pranzi di approfondimento.

Nel 2012/2013 si è collaborato con AIPAS nella diffusione dei temi del settore aerospazio nei programmi elettorali per le elezioni politiche e amministrative. Si è collaborato con il prof. Marcello Onofri nella diffusione dei convegni per la sensibilizzazione nel settore dello Spazio.

Osservatorio Medio Oriente e Mediterraneo

Concreta-Mente è per vocazione da sempre interessata all'evoluzione del contesto internazionale e agli scenari strategici globali.

Si ritiene che particolare attenzione meriti l'area mediterranea, balcanica e mediorientale. In questa sezione si ospitano le analisi e gli articoli di Fabio Nicolucci che vogliono andare a costruire una sorta di osservatorio su quest'area.

GdL Open Studies for Public Administration, OSPA

L'obiettivo inizialedel gruppo è stato quello di valutare a 360° gli impatti (in termini di vantaggi e costi) che l'open source, gli open standard e gli open data potrebbero portare nella Pubblica Amministrazione italiana.

Il gruppo è composto da docenti universitari, del CNR, da giovani manager di aziende di informatica e servizi ICT, da aziende pubbliche del settore. Ha collaborato direttamente con la Commissione Nazionale *Open Source* e con il CNIPA.

Tra le diverse attività del gruppo vi è stata l'organizzazione di 4 *Workshop Open Source and Open Ideas for Public Administration*, realizzati presso Università di Roma dal 2008 al 2012 (con oltre 200 partecipanti), , ha pubblicato 3 volumi di proposte veicolate al Ministero per l'Innovazione e le Riforme nella PA, proposte di integrazione al Codice Amministrazione Digitale (CAD).

Il GdL si è occupato anche di aspetti legati al cambiamento organizzativo nella PA e all'accountability dei decisori istituzionali.

GdL Appalti pubblici e eProcurement

Il nodo critico che diffusamente emerge nell'immaginario collettivo quando si parla di Pubblica Amministrazione è che questa, nell'erogazione di servizi, opera ed è mirata al rispetto formale delle regole e delle procedure perdendo il suo obiettivo istituzionale che è quello di fornire al cittadino servizi di qualità in tempi rapidi oltreche raggiungere l'obiettivo di"fare sistema" tipico dell'era digitale. Da qui emerge l'opportunità per l'Italia derivante anche e soprattutto dall'eGovernment (anzi *reGovernment, reingeneering Government*), quindi nella gestione del cambiamento dell'impostazione pubblica verso una cultura di soddisfazione dell'utilizzatore finale. Da questo punto di vista, l'eProcurement può essere considerato quale *"cavallo di Troia"* (o la *killer application*) per favorire il cambiamento nella PA. Il settore appalti appare favorito rispetto ad altri settori per promuovere proprio questo processo di cambiamento perché ha primariamente, in termini di volume, la massa critica di spesa per sostenere l'innovazione: infatti gli appalti pubblici rappresentano invero oltre il 17% del Pil. Attraverso un aumento di efficienza degli appalti pubblici si possono ottenere risultati permanenti e consistenti relativi a risparmi di processo, savings (risparmi sui costi dei beni e servizi), esternalità positive in termini di innovazione degli strumenti considerati come volano di innovazione nel mercato.

Il Gruppo di lavoro si propone di analizzare il tema degli appalti pubblici e degli strumenti telematici di acquisto (il cosiddetto eProcurement) in maniera interdisciplinare affrontando le problematiche tipiche del settore da un punto di vista economico, giuridico, del cambiamento organizzativo, tecnologico.

Alcuni risultati concreti:

1) Nel novembre 2007 si è attivato un focus group sul *Green Public Procurement* (GPP), ossia gli acquisti pubblici sostenibili, che ha collaborato con il Presidente della Commissione Consiliare Ambiente e con l'Assessore all'Ambiente del Comune di Roma. E' stata proposta una bozza di delibera per il GPP nel comune di Roma presentata ai due decisori istituzionali coinvolti. L'Assemblea Consiliare del Comune di Roma ha approvato all'unanimità la proposta di delibera.

2) Domenica 2 dicembre 2007 la trasmissione di Rai 3 delle ore 21 "Report" di Milena Gabanelli, ha mandato in onda tra le "*Good News*" un servizio sull'efficienza delle procedure telematiche di acquisto del Comune di Livorno delle quali l'avv. Antonio Bertelli - esperto senior del gruppo di lavoro Appalti pubblici e eProcurement di Concreta-Mente - è curatore e responsabile.

3) Ddl Finanziaria 2008 - Dopo alcuni incontri a livello istituzionale sono state presentate le idee del GdL con il documento "*eProcurement: punti aperti in Italia*", nel DdL Finanziaria 2008, nello specifico all'art. 75, sono presenti le nostre proposte e, in particolare, la creazione di un sistema a rete e la definizione di criteri di interoperabilità delle piattaforme e delle infrastrutture tecnologiche per l'acquisto di beni e servizi.

4) Nel 2013 si sono svolti due workshop di formazione, gratuiti, per le imprese per vendere on line sul Mercato Elettronico della PA di Consip. Uno a Roma presso la sede di Concreta-Mente (circa 80 partecipanti) e uno a Rieti presso la Camera di Commercio di Rieti (circa 40 partecipanti). Gli eventi sono stati realizzati con la collaborazione di Confimprese, Camera di Commercio di Rieti, Ordine dei Dottori Commercialisti di Rieti, Assessorato al Bilancio del Comune di Rieti, Federmanager e Consip.

5) Nel 2014/2015 si è attivato per una battaglia alla trasparenza nelle procedure di appalti del commune di Roma proponendo il 100% di appalti telematici per il Giubileo.

GdL Informatica e Sicurezza

La situazione dell'Informatica in Italia da tempo vede l'espandersi del fenomeno della "Informatica NETcentrica", una visione in grado di estendere il concetto di "mezzo computazionale" non al solo insieme di *Hardware* e *Software* localizzato ma, all'insieme di risorse computazionali dislocate in un'area geografica più o meno estesa (*Internet of Things* - IoT e Internet of Everything - IoE).

Questa visione distribuita delle disponibilità informatiche è la naturale estensione dell'espandersi delle reti a larga banda (*Internet, Metropolitan Area Network* etc.) che permettono la connessione di risorse, anche di diversa natura, tramite uno strato comune, come il protocollo IP, ad una velocità tale da garantire una distribuzione dei processi attivi fra le varie aree computazionali come se fossero parte di una unica matrice.

Questa evoluzione nelle soluzioni informatiche NETcentriche, che richiedono la condivisione di risorse e di sistemi su scala geografica, ha imposto l'estensione di una visione più allargata nel campo della Sicurezza Informatica che non si focalizza più sull'aspetto perimetrale e localizzato ma si estende ad una visione distribuita geograficamente e legata sostanzialmente al riconoscimento dell'utente e non al mero filtraggio degli attacchi illeciti. Questo richiede sistemi di riconoscimento di elevata sicurezza e distribuiti (chiavi pubbliche e private, identità elettronica etc.); tutto ciò richiede agli esperti di IT un know-how che integri le conoscenze legate all'ottimizzazione dei sistemi con un adeguato substrato di Information Security, unica strada per garantire una corretta integrazione dei due aspetti e l'ottimizzazione della spesa globale

Il GdL si è dedicato anche ad un progetto di meccatronica applicato alla sicurezza dell'Area Metropolitana.

GdL Concreta-Mente Donna e Corporate Governance

Come noto, la legge n. 120/2011 recante "Modifiche al testo unico delle disposizioni in materia di intermediazione finanziaria, di cui al decreto legislativo 24 febbraio 1998, n. 58, concernenti la parità di accesso agli organi di amministrazione e di controllo delle società quotate in mercati regolamentati", prendendo le mosse dalla situazione di cronico squilibrio nella rappresentanza dei generi nelle posizioni di vertice delle società quotate in mercati regolamentati italiani, intende dettare misure minime per riequilibrare a favore delle donne l'accesso alle cariche direttive e di controllo di tali società.

Nel 2011 Concreta-Mente ha risposto alla consultazione CONSOB con un proprio documento in cui ha evidenziato apprezzamento per le scelte compiute dall'Autorità di vigilanza ma ha evidenziato che, sebbene negli stretti limiti concessi dalla delega legislativa, sarebbe stato auspicabile un intervento volto a fornire maggiore trasparenza al mercato circa le politiche societarie di gender diversity e la relativa applicazione.

Nel 2012 il GdL ha costituito su Linkedin (su idea e supporto organizzativo del Presidente Leonardo Bertini) un gruppo di 120 donne manager, professioniste, ricercatrici e docenti, che si pongono l'obiettivo di monitorare il raggiungimento delle quote previste dalla legge e che si occupa dei temi della Corporate Governance.

Il GdL ha realizzato nel 2012 il Convegno nazionale Donne e Corporate Governance, che ha portato al conferimento della Medaglia di Rappresentanza del Presidente della Repubblica.

Nel 2013 è stata realizzata una mappatura circa lo stato di attuazone della legge Golfo-Mosca sui CdA delle aziende pubbliche del Lazio.

GdL Energie rinnovabili

L'Italia è uno tra i paesi che hanno sottoscritto il Protocollo di Kyoto impegnandosi a ridurre le proprie emissioni di gas serra del 6,5% rispetto al 1990. La sfida è ai limiti della velleità considerato che dal '90 in poi le emissioni sono aumentate di pari passo con lo sviluppo industriale del nazionale.

La sfida migliore da perseguire dovrebbe essere quella di continuare a investire su fotovoltaico e eolico seguendo l'esempio dei paesi con maggiore sviluppo tecnologico del mondo. Il fotovoltaico potrebbe condurre al concetto di produzione energetica "diffusa" e, secondo le ricerche più avanzate in merito, potrebbe porsi come alternativa economicamente valida ai combustibili fossili. Se introduciamo il concetto di PIL verde, investire sul fotovoltaico dimostra una visione strategica di lungo periodo.

Il gruppo è costituito da professionisti e docenti nel campo dell'ingegneria e dell'architettura e ha come scopo analizzare con un approccio rigoroso i nuovi scenari tecnologici delle energie rinnovabili. In una prima fase lo studio si è concentrato sulla tecnologia del fotovoltaico e nel 2007 Concreta-Mente ha avviato una serie di incontri con il Comune di Roma (Assessorato e Commissione all'Ambiente) per verificare la possibilità di collaborazioni, ovviamente senza fini di lucro. Lo scopo è stato di analizzare da diversi punti di vista ossia ingegneristico, finanziario, economico e ambientale i possibili scenari di investimenti sul fotovoltaico e le possibili innovazioni tecniche, proponendo così un nuovo modo di fare volontariato ambientale.

Concreta-Mente è fortemente decisa a contribuire con uno studio tecnico-economico per la città di Roma. Concreta-Mente si propone di offrire una soluzione adeguata alle peculiarità del territorio urbano di Roma cosciente dell'impatto che impianti del genere possono avere in contesti fortemente caratterizzati dalla presenza di opere architettoniche di pregio.

La nostra idea è rendere autosufficienti da un punto di vista energetico tutti gli edifici della pubblica amministrazione, eventualmente introducendo anche il concetto di generazione di energie distribuita. In particolare, il nostro caso pilota si propone di:

- analizzare nel dettaglio alcuni edifici pubblici del comune sui quali poter installare un impianto;
- stilare un piano strategico di investimento verificandone i costi, l'ammortamento e il rientro economico;
- verificare la fattibilità da un punto di vista ingegneristico;
- analizzare, con approccio strategico, il rientro in termini di immagine, occupazione, sviluppo economico e infine, ma non meno importante, in termini riduzione delle emissioni di gas serra;

Da questo studio, Concreta-mente si propone quindi di affiancare la parte progettuale e tecnologica (peraltro già reperibile sul mercato da numerosi interpreti) l'aspetto più interessante dell'Analisi di impatto di tali soluzioni sia a livello normativo che strutturale. Solo chi ha finalità di ricerca e di interesse scientifico può fornire una visione a 360 gradi, valutando l'inserimento di tali soluzioni tecnologiche innovative in progetti più complessi (ad es. ristrutturazioni, restauri) con una visione prospettica anche verso tecnologie oggi troppo costose ma in previsione più efficienti e a meno impatto ambientale.

Il GdL si è occupato anche di *Smart grid* e generazione distribuita.

GdL Trasporto e Mobilità Sostenibile

Il Gruppo di Lavoro "mobilità sostenibile e trasporto" di Concreta-Mente, grazie alla collaborazione con ricercatori e professori universitari afferenti a diversi settori disciplinari e con professionisti del mondo dei trasporti e della logistica distributiva, ha avviato un programma di ricerca applicata alla mobilità sostenibile, al trasporto e alla pianificazione della gestione dei sistemi integrati in ambito urbano. Le attività del programma hanno permesso di realizzare momenti convegnistici di livello mondiale come gli *International Colloquiuum on Megacities* (collaborando con la Link Campus University of Malta), a Roma il 12 dicembre 2008 con la presenza di sindaci di alcune metropoli, il Sindaco di Roma, il Commissario Europeo ai Trasporti.

Il nostro orientamento è quello di applicare in campo operativo i risultati della metodologia e delle tecniche sviluppate dal gruppo, dando luogo a progetti di ottimizzazione delle reti distributive. Nel corso degli ultimi due decenni la congestione dei centri urbani e dei grandi assi stradali è andata accentuandosi in tutto il continente, tanto da minacciare la competitività dell'economia europea

Il termine "mobilità sostenibile" identifica un sistema di gestione dei trasporti che soddisfi i bisogni economici, ambientali e sociali della collettività, in modo efficiente ed equo, minimizzando le esternalità negative connesse al traffico merci e passeggeri (inquinamento atmosferico, inquinamento acustico, congestione, incidentalità).

Il lavoro proposto da Concreta-Mente va quindi nella direzione di realizzare una fase di confronto e di discussione, a supporto degli obiettivi ambientali e sociali, rilevanti soprattutto per la collettività e la Pubblica Amministrazione, per promuovere un'azione innovativa nel campo della mobilità e del trasporto. Il ritardo con cui le aree metropolitane si dotano di piani per la mobilità sostenibile, le difficoltà relative alla realizzazione di infrastrutture di trasporto collettivo, la dipendenza dall'auto privata sono fattori che si traducono in una perdita di competitività per le città e le regioni del nostro paese.

Nel 2012 si sono sono realizzati una serie di *workshop*, per analizzare i fattori di criticità e le opportunità relative al Comune di Roma, promuovendo, in questa sede, lo scambio di esperienze con altre aree metropolitane italiane ed europee e si sono veicolate le proposte nelle sedi istituzionali.

GdL Finanza Pubblica e Federalismo fiscale

Alla luce del processo di decentramento amministrativo e fiscale in corso nel nostro Paese, e più in generale in Europa, domandarsi se questo processo necessariamente possa condurre ad un incremento dell'iniquità territoriale è una questione di grande rilievo. L'aspetto di equità che più facilmente può essere violato dal decentramento è il concetto di "equità orizzontale", l'idea cioè che individui "uguali" debbano essere "trattati ugualmente" dal settore pubblico, ovunque essi risiedano. Il decentramento può confliggere con questo criterio normativo perchè i diversi enti locali, nelle funzioni a loro assegnate, possono decidere di comportarsi in modo diverso gli uni dagli altri e anche perchè il decentramento, dal punto di vista fiscale soprattutto,può condurre ad un rapporto più stretto tra entrate dell'ente locale e basi imponibili locali. In un contesto decentrato "uguale" e "uguale trattamento" sono concetti da rivedere. Ci sono funzioni nazionali che devono essere mantenute "uguali" e funzioni regionali e locali su cui ci può essere una discriminazione, è accettabile proprio in funzione della scelta di decentramento. La principale fonte da utilizzare per leggere queste nuove definizioni di "uguaglianza di trattamento" dovrebbe essere la carta Costituzionale che definisce gli obblighi del settore pubblico verso i cittadini.

Questi temi e quelli tipici della spesa e della finanza pubblica (controllo sui costi e monitoraggio, analisi di tendenza, proposte di razionalizzazione e di miglioramento dell'efficacia e dell'efficienza, nuovi strumenti e procedure di predisposizione dei conti pubblici) sono oggetto di studio e proposta di questo gruppo di lavoro.

Il gruppo di lavoro ha prodotto due documenti curati dal prof. Alessandro Fontana.

GdL Telecomunicazioni

Il gruppo si è occupato di tematiche legate all'introduzione di nuove tecnologie di telecomunicazioni nel mercato del nostro Paese non solo da un punto di vista tecnico ma, anche e soprattutto, in termini di equilibri del mercato e in termini giuridici (concorrenza tra ex-monopolista e *incumbents*).

Competitività del Sistema Italia

Parlare di competitività del Sistema Italia significa interrogarsi, come molti altri già stanno facendo, sulle strategie e sulle politiche che, partendo dalla realtà che abbiamo sotto gli occhi, possano condurre il nostro Paese a ricoprire un ruolo non secondario nel quadro europeo ed internazionale.

Non dobbiamo, infatti, dimenticare che, nel marzo 2000, i capi di Stato e di governo dell'Unione Europea riuniti a Lisbona avevano lanciato l'obiettivo di fare dell'Europa "l'economia basata sulla conoscenza più competitiva e dinamica del mondo" entro il 2010.

Vi sono, quindi, tre grandi linee direttrici sulle quali concentrarci: stimolare la conoscenza e l'innovazione; creare una situazione tale da consentire il funzionamento del libero mercato e attrarre gli investimenti, senza dimenticare l'importanza centrale della persona, unica vera beneficiaria dei processi economici; valorizzare autenticamente il capitale umano e riscoprire i valori etici del fare impresa.il GdL si è occupato di statistiche del mercato del lavoro giovanile e politiche industriali per l' alta tecnologia.

GdL Document Management

L' obiettivo del GdL è monitorare lo stato di attuazione della normativa e dei progetti realizzati nel *Document Management* (2008) in seno alle istituzioni preposte (in primis, CNIPA e Ministero dei Beni e delle Attività culturali) ed indirizzarne gli sviluppi. Per una società *paperless* al fine di garantire efficienza e trasparenza degli Enti, sia pubblici sia privati, l'accesso agli atti e il monitoraggio dei processi in tempo reale sono obiettivi concreti oltre che impegni normativi, da realizzare attraverso una scientifica e appropriata innovazione documentale. Dalla fine degli anni '90, il document management ha acquisito una funzione strategico-funzionale, all'interno delle organizzazioni, al fine di gestirne i flussi documentali cartacei ed elettronici, dalla loro fase amministrativa (corrente) a quella di archiviazione (deposito e storica).

Il gruppo ha partecipato al Convegno del 31 maggio 2007 organizzato presso la Camera dei Deputati – Sala delle Colonne, dal tema "A che punto siamo con l'Amministrazione digitale?" con l'intervento dal titolo: "*Document management:* le applicazioni concrete della Legge Bassanini n. 59/1997 nella PA, dal 1997 ad oggi".

Le nostre attività in numeri

Dal 2007 al 2016 l'associazione Concreta-Mente ha:
- 305 soci
- Sito web con oltre 1.800 accessi di utenti diversi al mese e con oltre 3 Milioni di contatti dal 2007
- Mailing list di 2000 indirizzi
- Facebook group con oltre 995 "amici" e 725 like sulla Fan page
- Siamo casa editrice e Web-Tv
- 3 pubblicazioni con ISBN dalle nostre ricerche e atti di convegni
- 10 eventi nazionali realizzati
- Sviluppo di 5 progetti pilota
- 4 cicli di seminari di approfondimento
- 18 seminari di formazione
- 35 eventi con aperitivi di networking
- Medaglia di Rappresentanza del Presidente della Repubblica Giorgio Napolitano per attività su la social innovation
- Realizzazione del video su Youtube "L'Europa che vorrei" con oltre 6.000 visualizzazioni
- Progetto Officina della Comunicazione 2.0: giunto alla V edizione nel 2016, con 15 studenti
- Incubazione di 1 start up di giovani
- 1 Spring School sui temi della blue economy e resilienza;
- Premio Innovazione, Resilienza e Blue economy: primo premio nel suo genere realizzato a Roma.

In dettaglio, anno per anno, dalla sua nascita, ecco tutti gli incontri organizzati da Concreta-Mente:

ANNO 2007

Nel 2007 si è realizzato il primo ciclo di seminari di formazione con l'obiettivo di creare un background culturale e di macro-obiettivi comuni tra i soci e i frequentatori dell'associazione. I seminari si sono tenuti presso la biblioteca della Link Campus University of Malta (Via Nomentana, Roma). I seminari del primo ciclo hanno avuto i seguenti temi e relatori:

- Un'analisi storico politica di Socialismo e Comunismo con l'on. Valdo Spini;
- La riforma dello Stato con l'on. Marco Filippeschi;
- Come cambia il lavoro nell'era dei Saperi con l'on. Andrea Ranieri;
- La Leadership nell'Era Digitale con il dr. Giuseppe Rao
- Quale Politica Fiscale per un Paese più equo con l'on Stefano Fassina.

ANNO 2008

Open Studies nelle Pubbliche Amministrazioni
3 marzo 2008
presso la sede di Roma della Link Campus University of Malta, partner dell'evento OSPA 2008

Concreta-Mente, con la collaborazione di OrgLab -laboratorio di ricerca su temi organizzativi dell'Università degli Studi di Cassino- ha organizzato un workshop operativo per il confronto e lo scambio di idee sull'utilizzo di *software open source* nelle pubbliche amministrazioni tra tutti gli attori interessati (pubbliche amministrazioni a livello nazionale e locale, ricercatori, aziende, esperti del settore, associazioni e gruppi di lavoro indipendenti). L'obiettivo è stato quello dare massima apertura e di veicolare idee e proposte direttamente alla Commissione Nazionale per l'*Open Source* nella PA del Ministero per le Riforme e le Innovazioni nella PA.

ANNO 2009

Roma - Governare l'energia e controllare il territorio: le soluzioni della Generazione Distribuita

Giovedì 5 marzo 2009
Link Campus University of Malta

Open Studies nelle Pubbliche Amministrazioni
1 aprile 2009
Università LUISS Guido Carli

L'edizione Concreta-Mente OSPA'09, si è svolta in collaborazione con la LUISS Guido Carli, in particolare con il Centro di Ricerca sui Sistemi Informativi (CeRSI) e il Centro di ricerca sulle amministrazioni pubbliche "V. Bachelet". Il convegno si è concentrato sul tema del cambiamento organizzativo. Il crescente livello di adozione di soluzioni *Open Source*, degli *open standard* e degli *open framework* in ambito PA, ha reso infatti necessaria un'analisi critica dei risultati raggiunti in termini di risparmio economico, di cambiamento dei processi interni di informatizzazione e di allineamento tra competenze, infrastruttura IT e bisogni informativi delle organizzazioni.

Assi geopolitici e flussi di tecnologie
Mercoledì 25 novembre 2009
Via dei Lucchesi, 26 – Roma

Coordina Leonardo Bertini (SG Concreta-Mente)
Relazione del prof. Giuseppe Anzera (La Sapienza)
Discussant:
- Sergio Jesi (*Vice President Market Intelligence & Strategic planning* di Elettronica S.p.A.);
- Alessandro Politi (Direttore OSSS Nomisma)
    Il Gruppo di Lavoro "Aeronautica, Spazio, Industria della Difesa, Homeland Security" ha presentato la metodologia e i principali risultati

della ricerca Assi geopolitici e flussi di tecnologie, svolta nell'ambito del Piano Ricerche 2009 del Centro Militare Studi Strategici. All'incontro, oltre a personale del CeMiSS, hanno partecipato rappresentanti di importanti aziende operanti nel comparto della difesa oltre a esperti di politica ed economia internazionale.

ANNO 2010

Presentazione del libro del prof. Andrea Ferraretto: "Sistemi per la Fruizione sostenibile"

Gruppo di Lavoro Energie Rinnovabili e Sostenibilità Ambientale Lunedì 22 febbraio 2010 – via dei Lucchesi, 26 - Roma

Discussant:
Eleonora Di Ruzza, Coordinatrice del Gruppo di lavoro Energie Rinnovabili e Sostenibilità Ambientale Concreta-Mente
Daniele Pulcini, Centro Interuniversitario di Ricerca Per lo Sviluppo Sostenibile – Univ. Roma "La Sapienza"

Sono intervenuti
Livio de Santoli, Preside Facoltà di Architettura "Valle Giulia" La Sapienza
Marco Gasparri, Responsabile Unità Acquisti Real Estate e altri Servizi CONSIP
Dario Esposito, Coordinatore Osservatorio Provinciale Rifiuti
Salvatore Monni, Facoltà di Economia Università di Roma Tre

Coordinatore
Leonardo Bertini, Segretario Generale Concreta-Mente

Presentazione progetto "Il Teatro oltre il Silenzio"
Domenica 28 febbraio 2010 – Via dei Volsci 5, Roma

Un progetto teatrale che si è inserito nel "quadro" della sostenibilità sociale. Abbattere le barriere della comunicazione con un teatro inclusivo è stato lo scopo che Lisa Girelli e Francesco Montingelli (giovani attori e soci di Concreta-Mente) si sono prefissati attraverso soprattutto l'implementazione di tecnologie atte a rendere una rappresentazione fruibile in contemporanea a normoudenti e non udenti.

I nostri PC sono sicuri? La sicurezza applicativa e le sue evoluzioni
12 maggio 2010 – Via dei Lucchesi, 26 – Roma

Coordinatore Leonardo Bertini, Segretario Generale Concreta-Mente

Sono intervenuti:
Loredana Mancini, Business-e
Loreto del Cimmuto, Direttore Generale Legautonomie
Matteo Cavallini, Esperto di sicurezza ICT
Daniele Pulcini, CIRPS La Sapienza
Mattia Siciliano, Ordine degli Ingegneri

Spesso ci domandiamo: i nostri pc sono sicuri rispetto agli hacker? Se uso il conto corrente on line, mi possono depredare? Sono dubbi legittimi, ma è solo la punta dell'iceberg. Concreta-Mente, con questo seminario di approfondimento in collaborazione con alcune delle realtà italiane più all'avanguardia in questo settore, ha voluto analizzare le principali tematiche legate alla sicurezza dei sistemi ICT e a come affrontarle anche attraverso l'approccio *"open"*. Presentando per primi in Italia la *new release* del Top 10 OWASP.

La produzione e la distribuzione dell'energia a livello Europeo
19 Maggio 2010 – via dei Lucchesi, 26 – Roma

Coordinatore Leonardo Bertini – Segretario Generale Concreta-Mente

Relazioni di:
Daniele Pulcini – Università di Roma "La Sapienza" CIRPS: La produzione e la distribuzione di energia a livello europeo
Umberto Minopoli – Direttore Commerciale Ansaldo Nucleare Spa: Parliamo di Nucleare senza preconcetti
Stefano Ciafani – Responsabile scientifico nazionale di Legambiente*: Il nucleare serve all'Italia?
Alfonso Gallo – Amministratore Delegato Nuco: I costi occulti nella realizzazione degli impianti

E' intevenuto
On. Andrea Lulli (Camera dei Deputati, Commissione Attività Produttive)

E-Health e Teleassistenza: il primo progetto di "volontariato Tecnologico"
27 Ottobre 2010 - Via dei Cerchi, 75 - Roma (Circo Massimo)

Introduzione e saluto Gabriele Valli – Presidente Federservizi Lazio

Relazioni di:
Tommaso Federici - Università della Tuscia: Teleassistenza: elementi chiave dall'esperienza sul campo;
Tiziano Monfroglio - Territory Sales Manager Italia Italtel: Le sfide nella system integration della soluzione,
Fabio Padiglione - CEO Aditech; Come funziona un braccialetto biometrico;

Michele Guarino – Comune di Roma: I progetti di assistenza del Comune di Roma;

Coordinatore Leonardo Bertini, Segretario Generale Concreta-Mente

L'Ass. no profit Concreta-Mente ha proposto una "prima nazionale": il primo progetto di volontariato tecnologico per gli anziani mai realizzato in Italia. Concreta-Mente ha presentato i risultati della sperimentazione di teleassistenza effettuata presso un municipio del Comune di Roma, realizzata grazie al supporto di Italtel e Aditech. L'attività della nostra associazione è stata non solo di ideazione del progetto, ma anche di realizzazione del protocollo di intesa con il Municipio e di supporto alla formazione agli utenti coinvolti, di assistenza e di ritiro dei braccialetti. Contenstualmente al ritiro si sono somministrati questionari per rilevare i feedback degli anziani utilizzatori.

Open Studies nella Pubblica Amministrazione - OSPA 2010
Giovedì 11 Novembre 2010 - Luiss, Viale Pola, 12 – Roma

La tappa 2010 del percorso di approfondimento sull'innovazione nella Pubblica Amministrazione, promosso da Concreta-Mente insieme a partner accademici, è stata dedicata a Riuso e *Total Cost of Ownership*, due pratiche che vengono spesso presentate come virtuose per guidare l'innovazione nelle Amministrazioni alla ricerca di efficacia ed efficienza.

L'obiettivo del convegno è stato quello di stimolare riflessioni su questi temi, attraverso l'esame di alcune esperienze direttamente illustrate dalle Amministrazioni protagoniste, la presentazione dei primi risultati di due ricerche tra loro collegate, e la raccolta di commenti e proposte da parte di Amministratori e Manager di aziende che hanno particolare esperienza nel settore.

Sono stati lanciati anche due temi per il 2011: la sicurezza delle reti e delle applicazioni, gli Open data nella Pubblica Amministrazione.

Alle Imprese (anche per le PMI) presenti sono state fornite informazioni per la registrazione al Mercato Elettronico della PA di Consip per i bandi pubblici software e servizi ICT (anche *open source*).

Agenda:
ore 14,30 Registrazione
ore 15,00 Saluti di benvenuto:
Alessandro D'Atri, Direttore del CeRSI, LUISS
Sergio Fabbrini, Direttore della School of Government, LUISS

Il Riuso di soluzioni tecnologico/organizzative
Coordina: Flavia Marzano, CRC Toscana e DiscrICT Lab
ore 15,30 Graziella Launaro, Comune di Livorno ed Enrico Sostegni, Comune di Capraia e Limite: Applicazioni Interoperabili Digitali per l'Amministrazione: un caso virtuoso di riuso;
ore 15,50 Paolo Spagnoletti, CeRSI-LUISS Guido Carli: Approfondimenti dal mondo della ricerca: Una prima lettura del Riuso nelle PA italiane
ore 16,10 Tavola rotonda con i protagonisti:
Enrico Rotolo, Settore Terziario Avanzato - Confindustria PE
Antonio Mazzon, Comune Palermo
Gustavo Mastrobuoni, KPMG

Coffee Break sul tema "Come ci si abilita al Mercato Elettronico della PA"

Il Total Cost of Ownership: verso uno standard?
Coordina: Marco Magheri, Associazione Italiana Comunicazione Pubblica Istituzionale
ore 17,00 Francesco Grasso, DigitPA: La stima dei costi dell'IT nella pubblica amministrazione: metodi e problematiche
ore 17,20 Tommaso Federici, Università della Tuscia e CeRSI-LUISS Guido Carli: Approfondimenti dal mondo della ricerca: Alla ricerca di un modello affidabile per il TCO
17,40 Tavola rotonda con i protagonisti:
Renzo Flamini, Dir. Sistemi Informativi Consip

Loreto del Cimmuto, DG Legautonomie
Gabriele Valli, Presidente Federservizi

Shaping the future
ore 18,30 Lucilla Mancini, Responsabile struttura consulenza e
governance, Business-e: La sicurezza della rete e delle applicazioni
web: un chapter italiano per OWASP
ore 18,45 Intervento conclusivo di Giorgio De Rita, Direttore
Generale Digit@PA
ore 19,15 Leonardo Bertini, Segretario Generale Concreta-Mente :
Le nostre proposte per il futuro sui temi Riuso, TCO e Open Data
nella PA.

ANNO 2011

Egitto e Libia in fiamme: effetto domino per il Medio Oriente?
25 febbraio 2011 - Via dei Lucchesi, 26 - Roma
a cura dell'Osservatorio per il Mediterraneo e Medio Oriente di
Concreta-Mente

Sono intervenuti:
Fabio Nicolucci - editorialista il Mattino
Alessandro Politi - Global Scenario Officer e Analista OSINT
Giuseppe Anzera - docente di Sociologia delle relazioni
internazionali all'Università La Sapienza
Gianluca Ansalone - esperto di strategia, intelligence e sicurezza
Coordinatore Leonardo Bertini - Segretario Generale di Concreta-
Mente

La crisi egiziana e i moti di piazza, il presidente Mubarak in fuga,
l'effetto domino in Tunisia e Libia...quali sono le ragioni? In Libia sono
solo forze riformiste interne a quei Paesi o ci sono influenze esterne?
Può esserci un effetto domino sugli altri paesi dell'Area? Quali sfide e

criticità per l'Unione Europea e per l'Italia? Ne abbiamo parlato con docenti universitari, esperti e giornalisti del settore.

Comunicare nell'era Digitale
Giovedì 7 Aprile 2011 - via dei Cerchi, 75 Roma

Introduzione di Gabriele Valli - Ass. Informale

Sono intervenuti:
Michele Mezza - Giornalista e autore del libro "Sono le news Bellezza"
Francesca Comunello - Docente di New Media Studies and Internet Studies - Università di Roma La Sapienza
ne discutono:
Tommaso Labate - Giornalista de "Il Riformista"
Nicolò Occhipinti - Responsabile Comunicazione Interna e Corporate Identity Selex Communications
Federica Borelli - Regione Lazio - Associazione Italiana Comunicazione Pubblica
Stefano Mosetti - Responsabile Comunicazione IperClub

Coordinatore: Giuseppe de Lucia - Ass. Concreta-Mente
Conclusioni: Leonardo Bertini - Segretario Generale Ass. Concreta-Mente

Concreta-Mente, in collaborazione con l'Associazione Informale, ha organizzato un aperitivo di approfondimento sul tema "Comunicare nell'era Digitale". Lo sviluppo tecnologico, il web in primis, sta portando cambiamenti decisamente epocali, nel modo di comunicare e di fare informazione. I punti di riferimento nelle strategie di comunicazione delle aziende, della Pubblica Amministrazione, del mondo dei giornali e della politica, sono completamente diversi da quelli di 10 o 5 anni fa. Anche nei modelli organizzativi, basti pensare al "giornalismo dal basso".

Infomobilità e Trasporti per Roma
Giovedì 16 giugno 2011 - via dei Cerchi, 75 Roma

Concreta-Mente ha avviato un nuovo Gruppo di Lavoro sul tema Infomobilità e Trasporti teso ad analizzare i problemi e le sfide del settore nell'Area Metropolitana di Roma Capitale e a proporre, dopo un percorso che si è concluso nel 2012, alcune proposte programmatiche per i decisori istituzionali. L'evento è realizzato all'interno del network di associazioni "La Città di Tutti".

Introduzione di Gabriele Valli (Presidente Spazio Informale)

Relatori:
Maria Rosaria Saporito (SAPIENZA Università di Roma): Infomobilità e Trasporti per Roma: le sfide del gruppo di lavoro di Concreta-Mente
Riccardo Licciardello (SAPIENZA Università di Roma): Percezioni di un viaggiatore al suo rientro nella Capitale
Alessandra Raffone (Resp. Ricerca&Sviluppo Gruppo Almaviva e Trenitalia Servizi Ferroviari): Soluzioni innovative per il settore
Stefano Bezzi (Public Sector Business Development IBM): Intelligent Transport su Roma: alcune idee progettuali,
Mauro Renato
 Longo (Consip): I fabbisogni delle Pubbliche Amministrazioni e la gestione del territorio e delle strade in ottica di performance, l'esperienza del "Servizio Luce"
Emanuele Mangione (SmartCare): Una piattaforma webgis per il controllo del traffico
Marco Digioia segreteria nazionale Confartigianato Trasporti e Segretario generale UETR European Road Haulers Association (Associazione europea delle imprese di trasporto): I problemi del trasporto merci,
Tommaso Federici (Università della Tuscia, Viterbo): Una mappatura degli ITS in Italia
Coordinatore: Leonardo Bertini (Segretario Generale Concreta-Mente)

Conclusioni: Massimiliano Valeriani (Pres. Comm. Trasparenza, Consiglio Comunale Roma Capitale): I principali problemi di Roma nel settore infomobilità e trasporti

Leadership femminile: Teatro d'Impresa
Giovedì 21 luglio 2011 - via dei Cerchi, 75 Roma

OLTRE IL TETTO DI VETRO di Daunia Del Ben

Che il valore delle donne sia sempre stato considerato inferiore a quello degli uomini, non è in discussione: la storia, in qualsiasi cultura, lo dimostra per ogni epoca. Quello che ancora oggi solleva non poche perplessità è che il concetto di Pari Opportunità sia davvero applicato. Anche se le donne fanno parte del mondo del lavoro, devono sempre fare i conti con una segregazione sia orizzontale che verticale. Si parla di segregazione orizzontale per intendere che alcune professioni o alcuni settori di attività sono tipicamente maschili e altri tipicamente femminile. La segregazione verticale, invece sta ad indicare la difficoltà che le donne incontrano nell'accedere a posizioni di vertice delle aziende. Per quest'ultimo caso è stata coniata da alcuni giornalisti del Wall Street Journal l'espressione "tetto di vetro", ovvero quella barriera invisibile o trasparente che non consente alle donne di raggiungere le posizioni manageriali delle imprese.
"Oltre il tetto di Vetro" ha posto tali quesiti, indicando delle strade percorribile e spronando le partecipanti ad esplorare la propria leadership femminile.

La competitività del Sistema Paese: indicatori e prospettive
Martedì 15 novembre 2011 - Via dei Cerchi, 75 - Roma

Discussant:

Federica Pintaldi – Presidente di Concreta-Mente e ricercatrice ISTAT

Marco Panara – Direttore di Repubblica Affari e Finanza
Alberto Stancanelli – Ass. Italia Futura
Monica Lucarelli – Presidente del gruppo Giovani imprenditori di
Roma di Unindustria
Coordinatore: Leonardo Bertini (segretario generale Ass.
Concreta-Mente)

Sono intervenuti: Marcello Degni (docente di contabilità pubblica),
Marshall Langer (docente management aziendale), Rossella Lama
(economista, giornalista di Il Messaggero), Marco Magheri
(AICP), Salvatore Monni (docente di politica
economica), Alessandro Politi (analista politico e strategico),
Francesca Romagnoli (UK Government).

La presentazione del libro "Come si interpretano gli indici
internazionali. Guida per ricercatori, giornalisti e politici", di Federica
Pintaldi, è stata l'occasione per affrontare i temi legati alla competitività
del sistema paese e dell'affidabilità degli indici internazionali.

La recessione che ha colpito i paesi avanzati è una delle più gravi
della recente storia economica. In Italia la riduzione del prodotto,
sopravvenuta dopo un periodo di crescita ridotta, si è contraddistinta
come la peggiore dal dopoguerra per intensità e durata.

In questo quadro, a cui si è aggiunta la decisione da parte della
Standard & Poor's di declassare il rating del nostro Paese, è risultata di
primaria importanza la decisione di interrogarsi su quali siano gli
elementi principali per un rilancio della crescita e della competitività
dell'Italia.

Open Studies nella Pubblica Amministrazione - OSPA 2011

***L'assistenza sanitaria nell'era di Internet: strategie, modelli
di riferimento e una proposta di ricerca per enti locali,
aziende sanitarie e ospedaliere e attori del settore***
Lunedì 12 dicembre - Via dei Cerchi, 75 – Roma

Concreta-Mente, in collaborazione con il Centro di Ricerca sui
Sistemi Informativi della LUISS, ha presentato l'anteprima di una ricerca

a livello europeo sull'innovazione nella Sanità. Gli oltre 100 casi studio sono stati discussi nel workshop, insieme a docenti universitari, ASL, AO e attori del settore Sanità, Imprese del settore, in modo da verificare come i modelli emergenti possano essere applicati al sistema sanitario nazionale. La presentazione della ricerca ha rappresentato anche il lancio di una iniziativa di analisi sul campo che Concreta-Mente ha effettuato nel corso del 2012 su un campione significativo di amministrazioni e operatori della sanità italiana.

Rispetto alle edizioni precedenti di OSPA, c'è quindi stata una verticalizzazione su una tematica specifica.

Agenda
Benvenuto di: Gabriele Valli - Spazio Informale
Paolo Spagnoletti, CeRSI-LUISS Guido Carli : Trend e strategie per l'e-Health in Europa
Tommaso Federici, Università della Tuscia e CeRSI-LUISS Guido Carli: Caratteristiche e impatti dell'e-procurement sanitario

Modera: Marco Magheri (AICP) – Responsabile Comunicazione
Osp. Bambino Gesù: Le esperienze e il futuro
Tavola rotonda con:
Fabrizio Oleari, DG Dipartimento della sanità pubblica e dell'innovazione – Ministero della Salute
Giovanna Agostinelli, Dirigente Area Centrale Acquisti e Crediti Sanitari Direzione Regionale Bilancio, Ragioneria, Finanza e Tributi – Regione Lazio
Egisto Bianconi, Direttore Amministrativo, Azienda Ospedaliera S. Andrea, Roma
Andrea Bianchini, Direttore dell'UOC eProcurement, ASL Viterbo
Stefania Sainato, CEO di Crinali
Federica Gellona, DG Assobiomedica
Carlo Riccini, Responsabile Centro Studi Farmindustria
Monica Lucarelli, Presidente Giovani Imprenditori Unindustria

Leonardo Bertini - Segretario Generale di Concreta-Mente intervista
On. Leoluca Orlando - Presidente Commissione Parlamentare di inchiesta sugli errori in campo sanitario e sulle cause dei disavanzi regionali Camera dei Deputati

ANNO 2012

LA VORAGINE: inghiottiti dal debito pubblico. Proposte di risanamento e vie di sviluppo
Martedì 28 febbraio 2012 - Via dei cerchi, 75 – Roma

Saluti di Gabriele Valli – Presidente di Spazio Informale

Presentazione del libro: La Voragine – Inghiottiti dal Debito Pubblico
Sono intervenuti gli autori Marcello Degni e Paolo de Ioanna

Ne hanno discusso con:
Giuseppe Catalano, La Sapienza Università di Roma: Spendere meglio è possibile? Un progetto di spending review
Antonio De Napoli, Presidente Forum Nazionale Giovani: Che significa ereditare un debito dai propri genitori

On. Andrea Lulli, Capogruppo PD in Commissione Attività Produttive, Camera dei Deputati: Dopo la sfida del debito, quali sono le vie di sviluppo per il rilancio del Paese?

Coordinatore Leonardo Bertini, Segretario Generale Ass. Concreta-Mente

Il libro, frutto di una discussione a due voci tra i due esperti di bilancio pubblico (che hanno lavorato in molte fasi nella pancia della macchina che gestisce la spesa pubblica), cerca di mettere a fuoco i dati di base della questione del debito pubblico italiano nel contesto europeo e di individuare un possibile sentiero di uscita dalla crisi profonda in cui si dibatte l'economia europea. (e in essa, con particolare sofferenza, l'Italia).

Nel testo si parla molto di Europa, perché è solo dal suo sviluppo che possono arrivare scelte che riaprono il sentiero del futuro. In tale quadro l'Italia presenta due problemi specifici: un debito pubblico molto elevato, che è ritornato ad un livello doppio, il 120 per cento del PIL, rispetto ai parametri europei e una crescita molto bassa.

Il lavoro da fare è molto e l'orizzonte è pieno di incognite. Il decreto salva-Italia del Governo Monti, pur con i suoi limiti, ha ricondotto comunque gli attori politici ed istituzionali nel mondo reale. Solo qualche mese prima la crisi veniva esorcizzata, ridotta a forzatura mediatica, e si pensava ad improbabili riforme fiscali e a nuovi condoni, senza parlare della forma che, nei comportamenti istituzionali, è ad ogni effetto vera e propria sostanza.Le proposte ci sono e nel libro Degni e De Ioanna le scandagliano e analizzano. Con un po' di fantasia e di ottimismo della volontà è forse possibile mettere in campo una linea di azione efficace e sostenibile. Concreta-Mente con il gruppo di lavoro Competitività del Sistema Paese le ha sintetizzate, integrate e discusse con gli autori, riportandole nel nostro position paper scaricabile nel sito

La legge sulle quote di genere negli organi di amministrazione e controllo delle società quotate e delle controllate pubbliche. Genesi, adozione e prevedibili scenari attuativi
3 aprile 2012 - Via dei Cerchi, 75 Roma

Saluti di Gabriele Valli, Presidente di Spazio Informale

Introduzione di Leonardo Bertini, Segretario Generale di Concreta-Mente

Dott.ssa Magda Bianco, Responsabile Divisione Economia e diritto, BANCA D'ITALIA: Lo stato dell'arte della presenza delle donne negli organi di amministrazione delle società italiane.

Avv. Salvatore Providenti, Responsabile Consulenza Legale, CONSOB: I poteri sanzionatori assegnati alla CONSOB sulle società quotate.

Dott.ssa Maurizia Iachino, Partner Key2People: La formazione e la selezione delle professionalità femminili da candidare negli organi di amministrazione delle società italiane

On. Alessia Mosca (Deputata, prima co-firmataria della legge 120/2011, sulle quote di genere): Genesi della legge, sue difficoltà nell'iter di approvazione, obiettivi auspicati.

Coordina l'Avv. Alessandra Atripaldi, responsabile del gruppo di lavoro Concreta-Mente Donna

A seguire, performance del collettivo teatrale "Voci nel Deserto" e aperitivo di networking.

Il seminario è stato accreditato presso il Consiglio dell'Ordine degli Avvocati di Roma. Verranno riconosciuti n. 2 CREDITI FORMATIVI.

Prendendo spunto dall' adozione, nell'ambito della riforma del mercato del lavoro, dei regolamenti attuativi della legge in materia di quote "rosa" nelle cariche direttive e di controllo in società quotate e pubbliche, Concreta-Mente ha organizzato un seminario (in corso di accreditamento presso il Consiglio dell'Ordine degli Avvocati di Roma) che ha ripercorso le ragioni che hanno spinto il legislatore a intervenire in merito alla situazione di cronico squilibrio nella rappresentanza dei generi in società quotate e in società pubbliche al fine di riequilibrare, a favore delle donne, l'accesso a posizioni apicali. Sono stati eleborati, infine, prevedibili scenari attuativi della legge.

L'evento è stato anche occasione per presentare un nuovo gruppo di lavoro di Concreta-Mente che si è proposto di:

1) costruire di un network al femminile per supportare una PROMOZIONE MERITOCRATICA delle nostre migliori professionalità ed energie nella politica, nelle amministrazioni e nelle aziende;

2) supportare la realizzazione degli obiettivi individuati dalla legge sulle "quote" attraverso un'attività di monitoraggio del suo impatto, con particolare riguardo alle società pubbliche e private a livello locale nell'area di Roma e della Regione Lazio;

3) attivare una serie di iniziative "concrete" da presentare alle società interessate nonché proposte da avanzare al legislatore comunitario recentemente sensibilizzatosi sul tema.

Ripartiamo dall'ABC (Alfano – Casini – Bersani): Quale futuro per la politica italiana?

26 giugno 2012 - Via dei Cerchi, 75 Roma

Introduzione di Leonardo Bertini Concreta-Mente

Prof. Andrea Romano Associazione ItaliaFutura
On. Paolo Cento Sinistra Ecologia e Libertà
On. Ignazio Abrignani Gruppo Parlamentare PDL
On. Vinicio Peluffo Gruppo Parlamentare PD
On. Roberto Rao Gruppo Parlamentare UDC

Moderatore: Marco Scordo , Giornalista ROMA UNO

La costituzione di un governo tecnico, i risultati amministrativi, le nomine delle *authority* sembrano evidenziare una distanza sempre maggiore tra i cittadini e i partiti tradizionali, da sempre protagonisti assoluti della politica italiana. Allo stesso tempo, nuovi soggetti si affacciano alla scena pubblica: movimenti antipolitici e populisti, nuove leadership, tecnici. Quale il futuro della politica italiana? Quale il ruolo dei partiti tradizionali? Se i partiti sopravvivranno, quali saranno le nuove forme che assumeranno?

Un dibattito tra alcuni dei protagonisti della scena politica italiana, per discutere dell'attuale scenario italiano e cominciare a ragionare sul futuro della politica nel nostro paese

La comunicazone politica da Napoleone alle elezioni 2013

16 ottobre 2012 - Via dei Cerchi, 75 Roma (Circo Massimo)

Roberto Race autore del libro "Napoleone il Comunicatore"
Francesca Comunello, docente di Internet Studies - La Sapienza
Giuseppe de Lucia, Resp. Comunicazione Ericsson Italia
Fabio Nicolucci, Capo Ufficio Stampa Ministro Francesco Profumo MIUR
on. Roberto Rao, Giornalista e Comm. Vigilanza RAI Camera Deputati
Francesco Nardi, Giornalista - Direttore The Monitor
Coordinatore - Leonardo Bertini, Segretario Generale Ass. Concreta-Mente

Leadership e merito sul campo sono stati indubbie doti di Napoleone Bonaparte, che però senza la sua notevole capacità di comunicazione sarebbero state meno efficaci. Quanti movimenti, partiti e uomini politici producono idee o elaborano proposte ma sono incapaci di veicolarle in modo chiaro, semplice e per tutti?

Prendendo spunto dal libro di Roberto Race (Napoleone il Comunicatore) si è discusso del perché "se non lo sai comunicare è come se non lo avessi fatto" e in particolare di come una comunicazione politica efficace è stata imprescindibile nelle prossime elezioni 2013.

Oltre all'autore, erano presenti giornalisti, docenti universitari e esperti di comunicazione aziendale che hanno arricchito la discussione con esperienze ed aneddoti.

Professionalità ala femminile : da "quote di genere" a risorse per l'innovazione nella Corporate Governance in Europa

5 novembre 2012 - Sede Tempio d'Adriano in piazza di Pietra a Roma

Ore 14,15 - Apertura dei lavori e saluti introduttivi
Chair: Filippo Maria Invitti, Presidente Vicina

Saluti:
Giancarlo Cremonesi Presidente CCIAA di Roma

Gerardo Longobardi Presidente Ordine dei Dottori Commercialisti e degli Esperti Contabili di Roma
Mauro Vaglio Presidente Ordine degli Avvocati di Roma
Sveva Belviso Vice Sindaco Comune di Roma
Nicola Zingaretti* Presidente Provincia di Roma

Intervento:
Elsa Fornero* Ministro del Lavoro e delle Politiche Sociali con delega alle Pari Opportunità

Ore 15.00 - I Sessione: Tavola rotonda
Genesi della legge sulle quote di genere e best practice italiana: il nostro contributo all'Europa
Chair:
Alessandra Atripaldi Coordinatore G.d.L. Donne & Corporate Governance – Concreta-Mente

Sono intervenuti
Roberta Angelilli Vice Presidente Parlamento europeo
Lella Golfo Camera dei deputati – prima co-firmataria della legge 120/2011
Alessia Maria Mosca Camera dei deputati – prima co-firmataria della legge 120/2011
Magda Bianco Responsabile Divisione Economia e Diritto Banca d'Italia
Monica Parrella Segretario Generale – Associazione Classi Dirigenti Pubblica Amministrazione

Ore 16,45 – II Sessione: L'applicazione della legge - kit pratico di conoscenza
Intervengono:
Elena Pagnoni Avvocato, Of Counsel – Studio Legale Hogan Lovells

Oltre le quote: Diritti, doveri, responsabilità e tutele per chi siede in un C.d.A.
Andrea Di Giacomo Amministratore Delegato De Besi-Di Giacomo S.p.A.
La tutela assicurativa della responsabilità civile degli amministratori
Romina Guglielmetti Avvocato, Partner – Santa Maria Studio Legale Associato
Quadro normativo e regolamentare sulle quote di genere – Cenni di raccordo con decreto"spending review"

Ore 17.15 – III Sessione: Tavola rotonda
Governance innovativa o Innovazione di Governance?
Presentazione dei risultati del monitoraggio sull'applicazione della legge nelle società pubbliche a livello locale
Chair:
Valeria Gangemi Vice Presidente SIS-Social Innovation Society

Sono intervenuti
Federica Pintaldi Presidente Concreta-Mente
Antonia Coppola Ordine dei Dottori Commercialisti e degli Esperti Contabili di Roma
Simonetta Cavalieri Presidente SIS-Social Innovation Society
Maria Teresa Faccini Vice Presidente Vicina
Alberta Parissi Presidente Comitato Imprenditoria Femminile della CCIAA di Roma

Ore 18.30 – IV Sessione: Conclusioni
Presentazione del Manifesto: "Bilinguismo di genere nella governance societaria" da parte delle Associazioni organizzatrici e apertura alla sottoscrizione dei partecipanti

*Da confermare

Il convegno è stato accreditato presso il Consiglio dell'Ordine dei Dottori Commercialisti e degli Esperti Contabili di Roma e presso il Consiglio dell'Ordine degli Avvocati di Roma.
MEDAGLIA DI RAPPRESENTANZA DEL PRESIDENTE DELLA REPUBBLICA GIORGIO NAPOLITAN

ANNO 2013

L'Agenda Monti
Mercoledì 13 febbraio 2013 - Via dei Cerchi 75, Roma

5 domande per gli onorevoli Roberto RAO e Giulia BONGIORNO, candidati con la Lista Monti.

Entrambi i candidati che hanno accettato il nostro invito a confrontarsi sono due "giovani" emergenti: l'on. Giulia Bongiorno (Presidente della Commissione Giustizia della Camera dei Deputati- Candidata alla presidenza della Regione Lazio) e l'on. Roberto Rao (Commissione Giustizia e Commissione Vigilanza RAI della Camera dei Deputati- Candidato al Senato –Circoscrizione Lazio). Merito e trasparenza, innovazione e sviluppo, sostenibilità e ambiente, visione strategica di lungo periodo per il Paese, su queste sfide Concreta-Mente ha proposto ai propri soci e amici un incontro per "farsi un'idea", ponendo domande (anche scomode) in un dibattito "live". Un'opportunità, non mediata dalla tv, per conoscere due tra i potenziali protagonisti della prossima scena politica e l'agenda che propongono.

Immagina un nuovo inizio con Zingaretti alla Regione Lazio
Incontro con Massimiliano Valeriani
Giovedì 21 febbraio 2013 - Via dei Cerchi, 75 - Roma

Proiezione e commento del cortometraggio "Risorse Umane Fresche di Giornata" di Marco Giallonardi sui temi del precariato giovanile e della carenza di domanda di occupazione qualificata.

A seguire aperitivo e incontro con Massimiliano Valeriani, candidato al Consiglio Regionale del Lazio, nella lista del PD per Nicola Zingaretti Presidente. Massimiliano, anche in qualità di Presidente della Commissione Controllo Garanzia e Trasparenza del Comune di Roma, è attento alle proposte di Concreta-Mente sin dalla sua costituzione

349

soprattutto sui temi dell'innovazione, della trasparenza e merito, della sostenibilità ambientale. In particolare, il lavoro svolto da Concreta-Mente con il supporto di Massimiliano ha portato a diversi risultati:

1) Presentazione e approvazione nel 2010 della Delibera del Comune di Roma Capitale "Linee d'indirizzo in materia di acquisti e appalti pubblici sostenibili (Green Public Procurement)";
2) Inserimento di alcune delle proposte del nostro gruppo di lavoro Mobilità e Trasporti Sostenibili nel programma elettorale di Zingaretti;
3) Elaborazione di un monitoraggio pilota sulla partecipazione delle donne nei CdA delle società pubbliche controllate da Comune di Roma, Provincia di Roma e Regione Lazio;
4) Inserimento di una nostra proposta per un piano industriale della "Società della Conoscenza" nel Lazio nel programma elettorale di Massimiliano;
5) Predisposizione della Guida pratica per le imprese alla certificazione dei crediti verso le P.A..
E' stata un' occasione per ripercorrere queste tappe e approfondire quali sono le proposte del PD per la Regione Lazio. Questo è il terzo di un ciclo di incontri che Concreta-Mente ha organizzato per conoscere candidati e programmi delle elezioni 2013.

"Un caso di omonimia"
(L'Iride, Rubbettino Editore) con l'autrice Daniela Sacchi
Mercoledì 3 aprile 2013 - Via dei Cerchi, 75 - Roma

Professionalità e impegno al femminile, comunicazione giornalistica, deontologia ed etica professionale, temi cari a Concreta-Mente. Questi i temi del libro e della presentazione, in chiave di dialogo a quattro tra l'autrice e Daniela Orsello (RAI 2), Titti Giammetta (AGI), ed Elisabetta di Carlo, psicologa in prima linea da più trent'anni nella battaglia contro il malessere dilagante nella civiltà occidentale.
Daniela Sacchi, giornalista, autrice di romanzi ed esperta di comunicazione, è attualmente senior reporting officer presso la Banca Europea degli Investimenti (BEI).

Sono stati invitati i candidati a Sindaco alle primarie del PD, per presentarsi in modo informale durante l'aperitivo ai soci e amici di Concreta-Mente.

Presentazione ufficiale della Lunga Marcia per L'Aquila 2013
Martedì 7 Maggio 2013 - Via dei Cerchi 75, Roma (Circo Massimo)

Saluti introduttivi:
Leonardo Bertini, Segretario Generale Ass. Concreta-Mente
con la partecipazione di:
Paolo Piacentini, presidente Federtrek
Adriano Labbucci, autore del libro "Camminare, una rivoluzione"
Vittorio Cogliati Dezza, Presidente di Legambiente
Estella Marino, Ass. Concreta-Mente
Stefano Vaccari, Senatore dell'Emilia Romagna
Stefania Pezzopane, Senatrice dell'Abruzzo, assessore alla cultura del comune de L'Aquila
Enrico Sgarella per "Movimento Tellurico – trekking, ecologia e solidarietà"

Concreta-Mente nell'ambito del suo gruppo di lavoro sull'Ambiente ha supportato l'associazione Movimento Tellurico, ne ha cndiviso le finalità e approccio e pertanto ha ospitato con orgoglio l'evento di presentazione.

Una lunga linea di passi e di pedalate che vuole idealmente unire i luoghi dell'ultimo terremoto in ordine di tempo, quello dell'Emilia dell'anno scorso, a quello più significativo di questi ultimi anni verificatosi a L'Aquila il 6 aprile 2009.

Sindaci per Roma: confronto a "reti 2.0 unificate" Alemanno,
De Vito, Marchini, Marino, Medici
Lunedì 20 maggio 2013 - Via dei Cerchi, 75 – Roma

L'Associazione Concreta-Mente, laboratorio indipendente di idee
e proposte per i decisori istituzionali, ha organizzato insieme a
Federmanager Roma, associazione che rappresenta i dirigenti, quadri
apicali e professionali dell'industria (9.000 associati sul territorio
romano), un evento unico nel cuore della campagna elettorale per Roma
Capitale: un confronto diretto tra i principali candidati a Sindaco a "reti
2.0 unificate".

Sono stati ufficialmente invitati Alemanno, De Vito, Marchini,
Marino.

Sono state messe a confronto le proposte dei candidati su cinque
temi, molto sensibili per i cittadini della Capitale, soprattutto i più
giovani (trasparenza, meritocrazia e rinnovamento, smartcity, startup
d'impresa, spesa pubblica e occupazione giovanile) e si è discusso dei
programmi concreti su cui si sono impegnati.

Al termine dell'ora di confronto, è stata elaborata una tabella
comparativa tra le proposte presentate in modo da fornire agli elettori
un utile strumento di valutazione. Un vero e proprio benchmark.
L'innovatività del format deriva anche e soprattutto dal fatto che
l'incontro è stato trasmesso in streaming, twittato e "riusato" in formula
open source da tutti i canali di "giornalismo dal basso" (citizen
journalism) abilitato dalla rete e dai media locali. E' stata prevista anche
la diretta sul canale web di Beppe Grillo e la cooperazione con altre
associazioni e piattaforme multimediali.

Il Mepa: cos'è, come ci si abilita, come si vende
Lunedì 24 giugno 2013 - Via dei Cerchi, 75 Roma

Evento organizzato da Concreta-Mente e Federmanager Roma. Il
Mercato Elettronico della Pubblica Amministrazione (MEPA) è uno
strumento innovativo per gli appalti telematici, gestito da Consip per
conto del Ministero dell'Economia e delle Finanze. Consip è una società
al 100% del Ministero che fa da stazione appaltante per tutte le
Amministrazioni italiane. Questo strumento di eCommerce per le PA

locali e centrali, consente anche alle Piccole e Medie imprese di vendere agli enti pubblici.

Questo sistema di appalti telematici è diventato obbligatorio per tutti gli enti pubblici e quindi diventa necessario conoscerlo ed abilitarsi per tutte le imprese che vogliono vendere alle Amministrazioni.

Saluti di benvenuto
Gabriele Valli – Ass. Informale
Giovanni Tallone - Presidente Confimprese Roma

Introduzione di Emanuele Schirru – Presidente Federmanager Giovani
Luca Mastrogregori – Direttore eProcurement Consip: CONSIP E IL MERCATO ELETTRONICO DELLA PUBBLICA AMMINISTRAZIONE
Gabriele Sanvitale – eCommerce Consulting: COME UN'IMPRESA SI ABILITA PER VENDERE SUL MERCATO ELETTRONICO

Le Memorie di Adriano (Olivetti): l'occasione mancata, l'opportunità futura.
Martedì 5 Novembre 2013 - Via dei Cerchi, 75 – Roma (Circo Massimo)

Dal libro "Avevamo la Luna" di Michele Mezza appunti e spunti per una strategia dell'innovazione.

Saluti di Gabriele Valli, Presidente di CNA Creatività e Innovazione
Gli autori Michele Mezza, Rocco Pellegrini e Carlo Monti presentano il libro "Avevamo la Luna"

Ne hanno discusso
Ing. Estella Marino, Assessore Ambiente e Rifiuti Comune di Roma Capitale
Dott. Emanuele Schirru, Presidente Federmanager Giovani

Prof. Maurizio Talamo, Presidente Fondazione Tor Vergata INUIT

Ing. Monica Lucarelli, Manager ISED SpA

Ing. Romano Stasi, Segretario Generale ABI Lab

Prof. Alessandra Poggiani, Imperial College Londra e Università di Roma Tre

Coordina Leonardo Bertini, Segretario Generale Ass. Concreta-Mente

L'Italia degli anni '60, del miracolo economico, ha proposto molte opportunità alla classe dirigente che ha guidato il Paese nei decenni successivi fino ad oggi: opportunità che non sono state colte.

Tutte occasioni mancate da parte sia di una classe dirigente politica e sia di quella imprenditoriale, dimostratesi non in grado di interpretare le necessità di riforma e cogliere le opportunità di crescita e sviluppo. Da ultime, si pensi alla legge elettorale o alla riforma del Parlamento, piuttosto che ai dossier industriali aperti (Telecom, Alitalia, Finmeccanica, Alcoa, Ilva, ecc.). Le cause possono essere molte, anche esogene, però grande peso deve essere ricercato nel capitale umano degli italiani e in particolare in quella stessa classe dirigente. Una classe dirigente che è ancora lì oggi e che non accenna ad accettare un ricambio.

Quali sono le opportunità che si possono ancora cogliere oggi?

Concreta-Mente intervista il prof. Emanuele Presidente della Fondazione Roma
Mercoledì 18 dicembre 2013 - Via dei Cerchi, 75 Roma (zona Circo Massimo)

Saluti e presentazione di Leonardo Bertini, Segretario Generale Concreta-Mente
Floriana Bulfon, giornalista

Intervista
Prof. Emmanuele Francesco Maria Emanuele, Presidente Fondazione Roma
A seguire aperitivo di networking curato da d'Amore d'Italia

All'interno del ciclo di incontri con key note speaker di rilievo internazionale che Concreta-Mente ha offerto ai propri soci e amici con l'obiettivo di fare approfondimento e discussione su temi strategici per il Paese, di attualità, di etica, e allo stesso tempo di dare continuità e consolidare la nostra rete di capitale umano, questo appuntamento è stato dedicato all'incontro con il Presidente della Fondazione Roma prof. Emmanuele Francesco Maria Emanuele. Un incontro informale con il Presidente di una delle cinque Fondazioni bancarie più importanti in Italia (con oltre 1.380 milioni di euro di patrimonio netto reale) che ci ha permesso di affrontare, con un protagonista preparato e sensibile allo sviluppo di giovani competenze, i temi del territorio e della collettività, fino al ruolo dell'Euro e del Terzo Settore. Per Leonardo Bertini, fondatore e coordinatore, "non solo un'intervista ad un protagonista concreto della società italiana ma un evento che ci serve anche per dare evidenza dei successi e delle tappe del 2013 che abbiamo percorso insieme e presentare le attività del prossimo triennio, dando continuità a Concreta-Mente progetto di cambiamento dal basso e rete di capitale umano".

ANNO 2014

Horizon 2014 – 2020: come funzionano e quali potenzialità dai nuovi Fondi Comunitari
25 febbraio 2014

Relatore: Gustavo Mastrobuoni, Demetra SPV
La nuova programmazione di fondi comunitari porterà oltre 800 miliardi di euro in progetti europei che come principali "tag" hanno l'innovazione sociale e la coesione, l'innovazione tecnologica, la sostenibilità, le Piccole e Medie Imprese, le Università, gli Enti locali.
Un seminario di formazione per avere un'inquadratura generale, i temi e i tempi di uscita delle call, le modalità di partecipazione e formazione dei consorzi, il funzionamento delle società di

Europrogettazione che possono aiutarci a predisporre i bandi. Ma anche un ulteriore momento per fare rete tra potenziali partner.

Roma una Capitale nel Mediterraneo
18 marzo 2014 - Via dei Cerchi 75, Roma

Presentazione del libro "Sinistra e Israele: la frontiera morale dell'Occidente" di Fabio Nicolucci

La presentazione del libro "Sinistra e Israele" di Fabio Nicolucci sarà l'occasione per parlare di politica Euro-Mediterranea all'approssimarsi del semestre di Presidenza Italiano del Consiglio Europeo e per discutere ed avanzare delle proposte di Concreta-Mente per una Roma Capitale nel Mediterraneo al 2020.

Sono intervenuti
Alessandro Politi: analista politico e strategico e direttore del NATO Defence College
Francesco De Angelis: Parlamentare Europeo Membro Commissione per l'industria, la ricerca e l'energia
invitata On. Federica Mogherini, Ministro degli Esteri
Coordinatore Leonardo Bertini, Segretario Generale Concreta-Mente

I Bandi della Regione LAZIO e la programmazione Comunitaria indiretta
25 marzo 2014 - Via dei Cerchi 75, Roma

Date le molte richieste a seguito dell'evento del 25 febbraio 2014 sui Fondi Comunitari, Concreta-Mente ha replicato, in forma gratuita, per il supporto dei prpri associati, l'incontro per approfondire specifiche call di bandi europei e regionali.
Relatore: Davide D'Arcangelo PROMETEO FONDI

Grande Raccordo Criminale: le sfide della sicurezza a Roma
27 Maggio 2014 - Via dei Cerchi 75, Roma

"C'è qualcosa di peggio dell'ignoranza sulle mafie: l'indifferenza."
Si presenta il libro Grande Raccordo Criminale di Floriana Bulfon e Pietro Orsatti (edito da Imprimatur), un ritratto delle macro e micro criminalità nella Capitale e dei rapporti tra mafia e politica. Oltre agli autori, interverranno, per discutere delle nuove proposte per una Roma #smartcity sulla sicurezza:

Antonio Patitucci, Segretario Generale Silp Roma Polizia di Stato
Alberto Mancinelli, Comune di Roma Capitale
Ing. Marco Graziani, TSC Consulting
Gen. Ivano Maccani, Comandante Guardia di Finanza di Roma

Coordina Leonardo Bertini, Presidente di Concreta-Mente

La Lunga Marcia 2014 da l'Aquila a Roma
Giovedi 5 giugno 2014 - Via dei Cerchi 75, Roma

Concreta-Mente ha ospitato e supportato anche nel 2014 la manifestazione Lunga Marcia per L'Aquila, iniziativa di trekking e sensibilizzazione ai temi della sostenibilità ambientale e allo sviluppo equilibrato del territorio. Più che il solito incontro-convegno, è stato essere un momento di incontro e di partecipazione per tutte le associazioni (romane, aquilane, marsicane e della valle dell'Aniene) che hanno partecipato all'organizzazione della Lunga Marcia 2014. L'incontro è stata anche l'occasione per rafforzare la collaborazione con i referenti dei Comuni di partenza ed arrivo della marcia: Roma e L'Aquila, soprattutto in vista dell'incontro del 6 Luglio che ha celebrato la fratellanza fra le due città. Sono intervenuti l'assessore all'ambiente del Comune di Roma Capitale Estella Marino l'assessore De Santis de L'Aquila.

"Fare Lobbying e Relazioni Istituzionali in Italia"
12 Giugno 2014 - Via dei Cerchi 75, Roma

Relatore: Gian Luca Petrillo - Head of Regulatory Affairs at British American Tobacco Italia

Seminario a porte chiuse per i soci di Concreta-Mente e Federmanager e gli allievi del laboratorio Officina della Comunicazione 2.0, organizzato da Concreta-Mente e Federmanager Roma.

L'evento, ha voluto approfondire, attraverso l'esperienza di un relatore d'eccezione, i risvolti pratici e legislativi dello svolgimento dell'attività di relazioni istituzionali in Italia, confrontando la situazione del nostro Paese con gli Stati Uniti e con quella dell'Unione Europea.

Digital Venice - EU procurement and e-procurement: generating efficiency, fighting corruption, ensuring transparency
7 luglio 2014 dalle 16.30

Concreta-Mente, invited speaker al Telecom Italia Future Center lunedì 7 luglio 2014, nel panel su eProcurement e Innovation. Intervento del Presidente Leonardo Bertini.

Social Media Week
24/25 settembre 2014 - Via dei Cerchi 75, Roma

ECOMMERCE E EPROCUREMENT, SFIDE E OPPORTUNITÀ PER LE PMI
25 settembre Via Dei Cerchi, 75.

Questo seminario, che ha lanciato anche l'edizione 2014-2015 del corso-laboratorio Officina della Comunicazione 2.0, ha voluto trattare il tema dei nuovi canali telematici di vendita e acquisto di beni e servizi (eCommerce e Procurement). Spunto di riflessione è stata la presentazione di alcuni dei risultati di una "analisi sul campo" effettuata su circa 200 PMI da eCommerce Consulting, start up specializzata in supporto alle imprese sul Mercato Elettronico della PA.

Concreta-Mente è da sempre attenta al tema della trasparenza, dell'innovazione e dell'efficacia dei modelli organizzativi e di erogazione dei servizi della Pubblica Amministrazione e delle aziende partecipate. I sistemi di appalti telematici, il cosiddetto eProcurement, sono un cavallo di Troia per facilitare il cambiamento e la reingegnerizzazione dei processi. Le prime domande a cui si cercherà e si è cercato di rispondere sono quindi: a che punto siamo in Italia negli appalti telematici, sono utilizzati dalle amministrazioni? Le circa 30 Centrali di appalto pubbliche, Consip (Centrale di Appalto Nazionale) e le Direzioni acquisti delle aziende partecipate, si coordinano o hanno degli standard di interoperabilità?

Speakers:
Leonardo Bertini: Presidente, Think Tank Concreta-Mente
Floriana Bulfon: Media relations, Enel
Veronica Lattanzio: Ecommerce Consulting
Luca Mastrogregori: Direttore eProcurement, Consip
Alessandro Musumeci: Direttore Centrale Sistemi Informativi, Ferrovie dello Stato
Romano Stasi: Managing Director ABI-Lab
Maurizio Talamo: Pro-Rettore Università di Roma Tor Vergata, Presidente Fondazione Tor Vergata Inuit

Moderatore: Leonardo Bertini Presidente Concreta-Mente

La sicurezza nelle transazioni di eCommerce
27 novembre 2014 - Via dei Cerchi 75, Roma

Ecommerce-consulting ha presentato la ricerca 200 PMI verso l'eCommerce: il punto di vista delle aziende del territorio romano. Il seminario ha voluto, sia dare degli strumenti pratici su come cautelarci quando facciamo acquisti on line, sia offrire una analisi della domanda di sicurezza informatica di un campione di imprese del territorio di Roma.

Sono intervenuti
ing. Romano Stasi, Segretario Generale ABI - Lab
dott.ssa Tina Angelone, Cittadinanzattiva
ing. Matteo Lucchetti, esperto di Cyber Security
dott. dott. Mario Civetta, Presidente Ordine Dottori Commercialisti e Esperti Contabili Roma
dott. Marta Leonori, Assessore Attività Produttive Comune di Roma Capitale

Coordinatore Patrizia Licata, giornalista Corriere delle Comunicazioni
Conclusione Leonardo Bertini, Presidente di Concreta-Mente

Evento accreditato presso il Consiglio Nazionale dei Dottori Commercialisti e degli Esperti Contabili di Roma.

ANNO 2015

Da Charlie Hebdo alla nuova Russia di Putin: Global Outlook 2015
27 gennaio 2015 – Via dei Cerchi, 75 Roma

Leonardo Bertini, Presidente di Concreta-Mente

Intervista a Alessandro Politi, Analista di politica internazionale – Ce.Mi.S.S.

Si è voluto iniziare l'anno con una riflessione geopolitica di tipo strategico, un momento di respiro lungo e visione internazionale, che parte dai momenti bui legati alla strage di Charlie Hebdo per illuminare lo scenario mondiale e le sorprese che ci attendono nel 2015. L'obiettivo del nostro *think tank* è stato quello di avanzare proposte innovative e realizzare progetti pilota per dimostrare che fare riforme è possibile.

La comunicazione politica 2.0: dai viral di Obama ai tweet di Renzi
17 marzo 2015 – Via dei Cerchi, 75 Roma

Le caratteristiche dell'ambiente digitale possono consentire dinamiche comunicative nuove. Sono ormai noti i "viral" su Youtube utilizzati da Obama per spiegare in modo facile ai cittadini i perché della riforma sanitaria. Hanno contribuito a diffondere Twitter in Italia i sintetici "cinguettii" del Presidente del Consiglio. Sempre di più i politici (anche in Italia) sono presenti sui social media: ma li utilizzano in modo appropriato? Con i mezzi del Web 2.0, i protagonisti dell'ambiente politico possono mettere in atto strategie comunicative che permettono di narrare la politica con punti di vista più vicini ai cittadini.

Introduzione:
Floriana Bulfon, Coordinatrice Officina Comunicazione 2.0 - presenta edizione 2015

Interventi di:
Francesco Nicodemo, Delega social network Presidenza del Consiglio dei Ministri
Prof. Francesca Comunello, docente di "Società, globalizzazione e nuovi media" Università di Roma Lumsa
Prof. Gianluca Giansante, responsabile Strategie digitali e Pubbliche Relazioni Regione Lazio e autore de "La Comunicazione Politica on Line"
Michele Mezza, giornalista e docente di culture digitali Università di Napoli Federico II

On. Stefano Quintarelli, Camera dei Deputati (Commissione Trasporti, Poste e Telecomunicazioni) e Presidente Comitato indirizzo Agenzia per l'Italia Digitale (AGID)
Coordinatore Giuseppe De Lucia, Responsabile Comunicazione Concreta-Mente

Conclusioni Leonardo Bertini, Presidente Concreta-Mente

Il Vincolo Stupido in un'Europa unita non c'è che una strada, cambiare le regole
16 aprile 2015 – Via dei Cerchi, 75

Europa e vincolo del 3% che significa oggi e che senso ha mantenere questo vincolo?

Il vincolo stupido (Castelvecchi ed. 2015) ne abbiamo discusso con i due autori Marcello Degni e Paolo De Ioanna (ormai al secondo volume da co-autori dopo "La Voragine" sul debito pubblico), che hanno interloquito con Luigi Marattin consigliere economico di Matteo Renzi e con i professori Massimo Paradiso e Paolo Liberati. Il dibattito è stato coordinato da Frediano Finucci del Tg di Enrico Mentana su La7.

> *Saluti* - On. Gianni Pittella, Europarlamentare e Presidente del Gruppo S&D Parlamento Europeo

> *Relatori*
> Prof. Marcello Degni, Docente Scuola Nazionale Pubblica Amministrazione (SNA)
> Prof. Paolo De Ioanna, Consigliere di Stato
> *Discussant*
> Prof. Luigi Marattin, Consulente economico del Presidente del Consiglio dei Ministri
> Prof. Massimo Paradiso, Università di Bari
> Prof. Paolo Liberati, Università di Roma Tre
> Coordinatore Frediano Finucci, responsabile economia ed Europa TG La7

Conclusoni Leonardo Bertini, Presidente di Concreta-Mente

362

Evento di primavera, Spring School: Blue Economy e Resilienza
23 – 24 maggio 2015 - Ardea – Agriturismo Corte in Fiore

Spring School Concreta-Mente: per riflettere, stare insieme, progettare.

BLUE ECONOMY E RESILIENZA: NUOVI PARADIGMI PER RIDISEGNARE IL VIVERE COMUNE

La Spring School 2015 di Concreta-Mente è stata dedicata alla Blue Economy, intesa come opportunità per avviare un modello di sviluppo che sia in grado di cogliere le sfide dell'innovazione e della sostenibilità ambientale.

L'altra parola chiave è "resilienza", intesa come l'insieme di azioni che le città adotteranno per rispondere ai cambiamenti climatici e ai loro effetti sempre più estremi.

La Spring School è stata un momento per stare insieme e fare gruppo tra noi, stringendo relazioni istituzionali con gli ospiti e i relatori. Nello stile concreto che ci caratterizza, il metodo sarà quello di elaborare delle proposte di progetti pilota, da realizzare nel prossimo biennio, insieme agli stakeholder invitati.

Sabato 23 Maggio 2015
ore 14.00 Introduzione e metodo
Leonardo Bertini, Presidente Concreta-Mente e Chairman

ore 14.30 Assemblea plenaria: interventi introduttivi di scenario
Andrea Ferraretto, esperto di economia della sostenibilità e coordinatore scientifico Spring School; Alessandro Coppola, Chief Resilient Officer Roma Resiliente – 100 Resilient Cities Rockefeller Foundation e Edoardo Zanchini, Vice Presidente Nazionale Legambiente

ore 17.00 Tre tavoli paralleli per lo sviluppo di idee progettuali: territorio, giovani, anziani

Tavolo 1: Modelli partecipati di utilizzo asset pubblici – coordina Alessandro Piazzi, Federtrek
Sono intervenuti: WWF Roma Litorale e Cyberia

Tavolo 2: I giovani e la resilienza yes4roma – coordina Renato Fontana, Federmanager Giovani
Sono intervenuti: Italian Climate network; ManagerItalia Roma; Nextpolis; CoLAP.

Tavolo 3: eCare, sfide socioassistenziali e tecnologie biometriche per gli anziani – coordina Gabriele Sanvitale, eCommerce Consulting

ore 19.30 Assemblea plenaria di chiusura giornata
Dialogo su Resilienza e sfide sociali con

Joshtrom Isaac Kureethadam, Facoltà di filosofia, Università Pontificia Salesiana
Salvatore Monni, Facoltà di Economia, Università di Roma Tre
Estella Marino, Assessore Ambiente e Rifiuti Comune di Roma Capitale

Domenica 24 Maggio 2015
ore 10.00 riunione dei 3 tavoli paralleli, predisposizione dei pitch con le idee
ore 11.30 Assemblea plenaria con presentazione delle idee dei 3 tavoli progettuali
Chairman Leonardo Bertini, Presidente Concreta-Mente

ore 12.30 Interventi conclusivi di
Gianluca Galletto, Director of International Affairs, New York City Economic Development Corporation - Amministrazione de Blasio, Sindaco di New York*
Federico Brocchieri, Collaboratore del Sindaco di Roma in materia di Ambiente e Cambiamenti Climatici
Marta Leonori, Assessore Roma Produttiva

Comunicazioni di saluto

Ilaria Borletti Buitoni, Sottosegretario Ministero Beni e Attività Culturali*
Gianni Pittella, Presidente Gruppo S&D Parlamento Europeo
Gianluca Galletti, Ministro dell'Ambiente
ore 13.30 Chiusura
* in videoconferenza

Premio Innovazione, Resilienza e Blue Economy
15 giugno 2015 - Via dei Cerchi, 75 (Cico Massimo)

L'Associazione di Promozione Sociale Concreta-Mente nell'ambito del Progetto Concreta-Mente 2.0 realizzato con il supporto della Fondazione Terzo Pilastro - Italia e Mediterraneo, ha inteso promuovere, supportare e premiare start up e giovani imprese al fine di favorire i processi di innovazione sui temi della blue economy, circular economy, resilienza e agrifood. Il bando è nato dall'idea di investire sulle idee, sulle tecnologie e modelli organizzativi più recenti e generare uno sviluppo sostenibile per il Paese ed in particolare per l'Area Metropolitana di Roma Capitale, soddisfacendo nuovi bisogni in un mondo che sta vivendo grandi trasformazioni. L'obiettivo è stato quello di premiare giovani idee e progetti concreti, supportandoli nella fase di lancio come un "Incubatore di start up". I progetti finalisti selezionati sono stati cinque. In una prima fase la giuria, composta da Romano Stasi (Segretario Generale ABI-Lab), Giovanni Aliverti (Executive Consultant) e Leonardo Bertini (Presidente di Concreta-Mente). Successivamente, dopo la presentazione dei cinque pitch relativi ai singoli progetti si è dato il via ad una seconda fase, quella di votazione on line. All'evento è intervenuto il prof. Emmanuele Emanuele, Presidente Fondazione Roma.

I nostri contatti istituzionali

Hanno partecipato e sono interventi alle attività e agli eventi di Concreta-Mente tra gli stakeholeder:

On. Ignazio Abrignani (deputato del Popolo delle Libertà, avvocato civilista, giornalista pubblicista), dott.ssa Giovanna Agostinelli (resp. Area Centrale Acquisti e Crediti Sanitari. Regione Lazio), dr. Gianni Alemanno (politico – Popolo delle Libertà, ex ministro delle politiche agricole e forestali ed ex sindaco di Roma), dr. Giovanni Aliverti (Consulente Relazioni Esterne, Marketing e Business Development), On. Roberta Angelilli (europarlamentare, vicepresidente del parlamento europeo fino al 2014), dott.ssa Tina Angelone (Cittadinanzattiva), dr. Gianluca Ansalone (esperto di strategia, intelligence e sicurezza), prof. Giuseppe Anzera (docente di Sociologia delle relazioni internazionali all'Università La Sapienza), avv. Alessandra Atripaldi (avvocato presso la Commissione Nazionale per le Società e la Borsa (CONSOB) e coordinatore GdL Donne e Corporance di Concreta-Mente), dott.ssa Sveva Belviso (presidente de l'AltraDestra, ex vicesindaco del Comune di Roma), dr. Stefano Bezzi (Public Sector Business Development IBM), dr. Andrea Bianchini (ex direttore dell'unità operativa complessa E-procurement della asl di Viterbo), dott.ssa Magda Bianco (consultente del Presidente della Repubblica, Responsabile Divisione Economia e Diritto Banca d'Italia), dr. Egisto Bianconi UniCLAM (Direttore Amministrativo, Azienda Ospedaliera S. Andrea, Roma), dr. Francesco Bolici (Professore Associato di Organizzazione Aziendale presso il Dipartimento di Economia e Giurisprudenza, – Università degli Studi di Cassino e del Lazio Meridionale), dott.ssa Federica Borelli (Regione Lazio-

Direzione regionale salute e politiche giovanili), On. Giulia Bongiorno (Già deputato della Repubblica Italiana nella XV e XVI Legislatura, svolge l'attività forense in campo penale e penale), ing. Federico Brocchieri (consulente del sindaco Ignazio Marinosul tema ambientale del Comune di Roma), On. Ilaria Borletti Buitoni (Sottosegretario di Stato delMinistero dei Beni e delle Attività Culturali e del Turismo del governo Renzi), dott.ssa Floriana Bulfon (giornalista), dr. Giuseppe Cammarota (collaboratore della cattedra di Storia delle dottrine politiche presso la Luiss Guido Carli), prof. Giuseppe Catalano (Ordinario nel settore scientifico disciplinare Ingegneria Economico-Gestionale, La Sapienza di Roma), dr. Matteo Cavallini (Esperto di sicurezza ICT), dott.ssa Simonetta Cavalieri (Presidente SIS-Social Innovation Society), dr. Pierluigi Celli (ex direttore generale dell'università Luiss Guido Carli e della RAI, membro dei consigli di amministrazione di Illy e Unipol), On. Paolo Cento (piolitico italiano - Sinistra Ecologia e Libertà), ing. Stefano Ciafani (ingegnere ambientale, Vicepresidente nazionale di Legambiente), dott. Mario Civetta (segretario Ordine Dottori Commercialisti e Esperti Contabili Roma),dr. Vittorio Cogliati Dezza (Presidente Legambiente), prof. Francesca Comunello (docente presso il Dipartimento di Scienze Umane della LUMSA di Roma), dott.ssa Antonia Coppola (Ordine dei Dottori Commercialisti e degli Esperti Contabili di Roma), dr. Alessandro Coppola (Chief Resilient Officer Roma Resiliente – 100 Resilient Cities Rockefeller), dr. Giancarlo Cremonesi (Presidente della Camera di Commercio di Roma), dr. Davide D'Arcangelo (Segretario Generale del Comitato Scientifico di Officina delle Reti), prof. Alessandro D'Atri (professore di Organizational Behaviour and Director del CERSI della Luiss Guido Carli), cons. Paolo de Ioanna (consigliere del Consiglio di Stato), ing. Livio de Santoli (Professore ordinario di Fisica Tecnica Ambientale presso La Sapienza), dr. Massimo De Cristofaro (Responsabile settore metodologie innovative per la formazione presso la SSPA) ,dr. Biagio De Marchis (Vice Presidente di IBM Italia), Antonio De Napoli (presidente ItaliaCamp), dr. Giorgio De Rita (segretario generale del Censis), avv. Marcello De Vito (Capogruppo M5S Roma), dr. Arturo Di Corinto (CATTID – La Sapienza), dr. Andrea Di Giacomo (Amministratore Delegato De Besi-Di Giacomo S.p.A.), prof. Marcello Degni (Consigliere parlamentare del Senato della Repubblica), dr. Loreto Del Cimmuto (DG Legautonomie), dr. Marco Digioia (segreteria nazionale Confartigianato Trasporti e Segretario generale UETR European Road Haulers Association), dott.ssa Eleonora Di Ruzza (è stata Coordinatrice del Gruppo di lavoro Energie Rinnovabili e Sostenibilità Ambientale Concreta-Mente), prof. avv. Emmanuele Francesco Maria Emanuele (Presidente della Fondazione Roma e della Fondazione Terzo Pilastro Italia e Mediterraneo), dr. Dario Esposito (coordinatore dell'osservatorio provinciale di Roma sui rifiuti), dr. Sergio Fabbrini (direttore della School of Goverment in Luiss), On. Stefano Fassina (politico italiano – Partito Democratico), prof. Tommaso Federici (Università della Tuscia e CeRSI-LUISS Guido Carli), dr. Renzo Flamini (direttore sistemi informativi di Consip), prof. Andrea Ferraretto (esperto di economia della sostenibilità, On. Marco Filippeschi (politico italiano e sindaco di Pisa), dr. Frediano Finucci (giornalista LA7), ing. Mauro Fioroni (Direttore Servizio informatica - Senato della Repubblica), dr. Renato Fontana (Giovani Dirigenti Federmanager),On. Elsa Fornero (economista, e politica italiana; ex Ministro del lavoro e delle politiche sociali), dr. Gianluca Galletto (Director of International Affairs, New York City Economic Development Corporation - Amministrazione de Blasio), On. Gianluca Galletti (Ministro dell'Ambiente), dr. Alfonso Gallo (Amministratore Delegato Nuco), dott.ssa Valeria Gangemi (Institute for Cognitive Science and Technology, CNR) dr. Marco Gasparri (direttore Area Sourcing Servizi ed Utility di Consip), dott.ssa Federica Gellona (CEO di Crinali), prof. Gianluca Giansante (insegna Comunicazione politica alla Luiss Guido Carli), dr. Franco Gola (Responsabile Piattaforme CSI-Piemonte), On. Lella Golfo (giornalista, politica e imprenditrice italiana. Fondatrice e attuale Presidente della Fondazione Marisa Bellisario; prima co-firmataria della legge 120/2011), dr. Davide Gorini (Direttore Incubatore Open Source Comune di Roma), dr. Francesco Grasso (DigitPA), ing. Marco Graziani (TSC

Consulting),dr. Michele Guarino (dirigente del Comune di Rma, Senior Manager di Consip), avv. Romina Guglielmetti (fondatore studio legale Guglielmetti) , dott.ssa Maurizia Iachino (partner Key2People), avv. Filippo Maria Invitti (Presidente Vicina), dr. Joshtrom Isaac Kureethadam (Facoltà di filosofia, Università Pontificia Salesiana), dr. Adriano Labbucci (autore del libro "Camminare, una rivoluzione"), dr. Tommaso Labate (giornalista), dott.ssa Rossella Lama (giornalista), dr. Marshall Langer (politico, pacifista e scrittore italiano), dott.ssa Graziella Launaro (dirigente del Comune di Livorno), dott.ssa Marta Leonori (Assessore Attività Produttive Comune di Roma Capitale), prof. Paolo Liberati (professore di scienze delle finanzie, università Roma Tre), dott.ssa Patrizia Licata (giornalista), ing. Riccardo Licciardello (ricercatore DICEA, La Sapienza), On. Andrea Lulli (politico, ex Capogruppo PD in Commissione Attività Produttive, Camera dei Deputati), dr.Mauro Renato Longo (Direzione Acquisti Pubblica Amministrazione – Consip), dr. Gerardo Longobardi (Presidente Ordine dei Dottori Commercialisti e degli Esperti Contabili di Roma), ing. Monica Lucarelli (politica – Scelta Civica; Presidente del Gruppo Giovani Imprenditori – unindustria); ing. Matteo Lucchetti (esperto di Cyber Security), Gen. Ivano Maccani (Generale della Guardia di Finanza di Padova), dr. Alberto Mancinelli (Comune di Roma e responsabile romano sulla sicurezza del PD), dr. Marco Magheri (giornalista, Associazione Italiana Comunicazione Pubblica Istituzionale), dott.ssa Lucilla Mancini (Responsabile struttura consulenza e governance, Business-e), dott.ssa Loredana Mancini(Business-e), dr. Emanuele Mangione (SmartCare), prof. Luigi Marattin, dr. Alfio Marchini (consigliere economico del Presidente del consiglio Renzi), ing. Estella Marino (Assessore Ambiente e Rifiuti Comune di Roma Capitale), dott.ssa Flavia Marzano (consulente strategico nella PA), dr. Gustavo Mastrobuoni (Senior Manager Advisory KPMG), dr. Luca Mastrogregori (responsabile dell'Area Strategie innovative di acquisto della Consip), dott.ssa Carolina Matarazzi (Vice Presidente Agenzia Spaziale Italiana), ing. Antonio Mazzon

(Responsabile tecnico per il Covenant of Mayors del Comune di Palermo), dr. Michele Mezza (giornalista), dr. Umberto Minopoli (Direttore Commerciale Ansaldo Nucleare Spa), On. Federica Mogherini (Alto rappresentante dell'Unione europea per gli affari esteri e la politica di sicurezza), prof. Salvatore Monni (Professore Associato presso il Dipartimento di Economia dell'Università di Roma Tre), dr. Tiziano Monfroglio (Territory Sales Manager Italia Italtel), dr. Carlo Monti (giornalista), On. Alessia Mosca (europarlamentare), dr. Stefano Mosetti (Responsabile Comunicazione IperClub), dr. Alessandro Musumeci (Direttore Centrale Sistemi Informativi, Ferrovie dello Stato), dr. Francesco Nardi (giornalista), dr. Francesco Nicodemo (responsabile alla comunicazione presso la Presidenza del Consiglio dei Ministri), dott. Fabio Nicolucci (Giornalista e Capo Ufficio Stampa MiBACT), dr. Nicolò Occhipinti (Responsabile Comunicazione Interna e Corporate Identity Selex Communications), dr. Fabrizio Oleari (Presidente dell'Istituto superiore di sanità), On. Leoluca Orlando (politico e avvocato;sindaco di Palermo), dr. Pietro Orsatti (Scrittore, regista, giornalista e autore teatrale), dr. Fabio Padiglione (CEO Aditech), dr. Giorgio Pagano (ex DG Capo del Servizio centrale per il sistema informativo integrato Ministero Economia e Finanze), dr. Vittorio Pagani (resp. Osservatorio Open Source Software CNIPA), avv. Elena Pagnoni (Studio Legale Hogan Lovells), dr. Marco Panara (Direttore di Repubblica Affari e Finanza), prof. Massimo Paradiso (ordinario di diritto privato, Università di Catania), dott.ssa Alberta Parissi (presidente Confesercenti Roma), cons. Monica Parrella (direttore generale Dipartimento delle Pari Opportunità), dr. Franco Patini (consigliere e-skills, Confindustria Servizi Innovativi e Tecnologici), dr. Antonio Patitucci (Segretario Generale Silp Roma Polizia di Stato), dr. Vincenzo Patruno (OpenData specialist presso l' ISTAT), dr. Corrado Pedelì (Regione Valle D'Aosta), prof. Rocco Pellegrini (esperto di sistemi di rete e di inormatica), dr. Gian Luca Petrillo (Head of Regulatory Affairs at British American Tobacco Italia), On. Stefania Pezzopane (Senatrice dell'Abruzzo, ex assessore alla cultura del comune de L'Aquila), dr. Paolo Piacentini (Presidente Federtrek), dr. Alessandro Piazzi (Federtrek), dott.ssa Federica Pintaldi (Istat),

On. Gianni Pittella (Presidente Gruppo S&D in Parlamento Europeo), dott.ssa Alessandra Poggiani (ex presidente dell'Agid), dr. Alessandro Politi (analista politico e strategicoi), avv. Salvatore Providenti (Responsabile Consulenza Legale, CONSOB), dr. Daniele Pulcini (CIRPS La Sapienza), On. Stefano Quintarelli (politico – Scelta Civica, in Commissione Affari esteri presso la Camera dei Deputati), dr. Roberto Race (autore del libro "Napoleone il Comunicatore",) dott.ssa Alessandra Raffone (Resp. Ricerca&Sviluppo Gruppo Almaviva e Trenitalia Servizi Ferroviari), On. Andrea Ranieri (politico – Ulivo, Senato della Repubblica), On. Roberto Rao (politico, ex Consigliere del Ministero della Giustizia per le tematiche sociali e della devianza), dr. Carlo Riccini (Responsabile Centro Studi Farmindustria), dr. Nicola Christian Rinaldi (Retecamere), dott.ssa Francesca Romagnoli (UK Government), On. Andrea Romano (politico- Scelta Civica presso la Camera dei Deputati), dr. Enrico Rotolo (Settore Terziario Avanzato - Confindustria), dott.ssa Innocenza Ruberto (Regione Calabria), dr. Dario Russo (Intarget), ing. Pasquale Russo (Direttore Link Campus University), dott.ssa Daniela Sacchi (giornalista, autrice di romanzi ed esperta di comunicazione, è attualmente senior reporting officer presso la Banca Europea degli Investimenti (BEI).), dott.ssa Stefania Sainato (CEO di Crinali), dott.ssa Maria Rosaria Saporito assegnista di ricerca DICEA La Sapienza), dr. Emanuele Schirru (Presidente Federmanager Giovani), dr. Marco Scordo (giornalista), dr. Enrico Sgarella (Movimento Tellurico), dr. Paolo Spagnoletti (CeRSI-LUISS Guido Carli,) On. Valdo Spini (politico – vice segretario del Psi), dr. Mattia Siciliano (Ordine degli Ingegneri), dr. Carlo Mochi Sismondi (Presidente FORUM PA), prof. Giovanna Sissa (professoressa di Informatica Science presso l'Università di Milano) , dr. Alberto Stancanelli (Ass. Italia Futura), ing. Romano Stasi (Manager ISED SpA Ing. Romano Stasi, Segretario Generale ABI Lab). prof Maurizio Talamo (professore nel Dipartimento di Ingegneria dell'Impresadi Tor Vergata) ,dr. Giovanni Tallone (ex Presidente Confimeprese), On. Stefano Vaccari (politico- PD, Senato della Repubblica), dr.

Mauro Vaglio (Presidente Ordine degli Avvocati di Roma), dr. Massimiliano Valeriani (Vicepresidente del Consiglio regionale del Lazio), dr. Gabriele Valli (Presidente di Spazio Informale), ing. Orazio Viele (Direttore R&I Engineering Ingegneria Informatica), dr. Edoardo Zanchini (Vice Presidente Nazionale Legambiente), pres. Nicola Zingaretti (Presidente della Regione Lazio),dr. Paolo Zocchi (CdA SOGEI e coordinatore PORE Ministero Affari Regionali e Autonomie Locali).

Biografie

GIUSEPPINA ALATI

Classe '89. Laureata a pieni voti in Scienze Politiche presso la LUISS Guido Carli, dove consegue anche un Master di secondo livello in Parlamento e Politiche Pubbliche. Executive assistant del Presidente di Concreta-Mente. Ha svolto un tirocinio alla Presidenza del Consiglio dei Ministri – Dipartimento per le Pari Opportunità presso l'Ufficio Nazionale Antidiscriminazioni Razziali.

GIUSEPPE ANZERA

ricercatore e docente affidatario del corso di Sociologia delle relazioni internazionali nella Facoltà di Scienze della Comunicazione dell'Università di Roma "La Sapienza".

ALESSANDRA ATRIPALDI

Alessandra Atripaldi è avvocato presso la Divisione Consulenza Legale della Consob dal marzo 2006, dopo aver collaborato dal 2001 al 2006 con lo studio internazionale Macchi di Cellere Gangemi ed aver svolto esperienze professionali presso la Banca Centrale Europea (Francoforte, Germania) e presso la Banca Europea degli Investimenti (Lussemburgo). Dopo aver conseguito nel 1999 una laurea in giurisprudenza presso la Luiss Guido Carli di Roma, ha ottenuto il titolo di LLM nel 2003, con la frequenza di un master presso l'Institute for Law and Finance (Francoforte sul Meno), e di un dottorato di ricerca nel 2009 (Luigi Bocconi, Milano); nel 2008 ha svolto un periodo come visiting scholar presso la Stanford Law School (California, U.S.A.).

EZIO BERENCI

Ingegnere, romano, Business e Program Manager in Poste Italiane. Venti anni di esperienza nel settore ICT pubblico e privato (Bull, Fondazione Bordoni, Ericsson). Oggi segue progetti complessi che vanno dal VoIP, dalla stampa ed imbustamento di documenti alla dematerializzazione e notifica degli atti giudiziari.

LEONARDO BERTINI

Presidente e rappresentante legale dell'associazione, ha le deleghe strategiche e operative. Esperto di appalti pubblici telematici (gare on line, Mercato elettronico della PA) e di sistemi informativi per la contabilità pubblica e innovazione in Sogei e prima in Consip. È nel comitato scientifico della Fondazione Tor Vergata Inuit. È stato Head of Pilots del progetto europeo www.peppol.eu , ricercatore presso la Commissione Tecnica per la Spesa Pubblica del Gabinetto del Ministro dell'Economia e Finanze, Direttore di ricerca presso il Centro Militare di Studi Strategici sulle tematiche di politica industriale della difesa. È stato membro della Commissione nazionale per L'Open Source nella PA. Ha collaborato e collabora con docenze a contratto, consulenze e ricerche con: l'IRES Toscana, l'Eurispes, l'Università di Firenze e di Roma "La Sapienza", la Luiss, il CORIPE Piemonte, il Formez, il CASD, la Scuola superiore CivilscuolaDifesa, la Scuola Superiore dell'Economia e Finanze, NOMISMA, la DG Impresa della Commissione Europea e la European Defence Agency. È un '74, piena "generazione X", si è laureato alla Cesare Alfieri di Firenze in Scienze Politiche indirizzo economico e poi ha conseguito un Master in Business Administration alla Link University of Malta. È autore di varie pubblicazioni sugli appalti pubblici telematici, la gestione del cambiamento nella PA, la politica industriale della difesa con le case editrici: Enciclopedia Treccani, Alinea, Il Ponte, Franco Angeli, Il Mulino. Crede fortemente nella creazione di una rete di capitale umano

NICOLA CARAVAGGIO

Nasce a Lanciano (Chieti) e consegue consegue la laurea magistrale in Economia dell'Ambiente e dello Sviluppo con la tesi dal titolo Brazil and its Water. Cost-Benefit Analysis of the Belo Monte hydroelectric power plant.

FRANCESCA COMUNELLO

E' professore associato di Sociologia dei processi culturali e comunicativi presso il Dipartimento di Scienze Umane della LUMSA, Roma (settore scientifico disciplinare SPS/08, dal 1 ottobre 2014). Nello stesso Ateneo insegna "Società, globalizzazione, nuovi media", "Sponsorizzazioni e fundraising", "Laboratorio di internet studies".

ALESSANDRO COPPOLA SURIANI

Dottorando in "Management delle imprese" presso la facoltà di economia dell'Università "La Sapienza" di Roma e laureato in Giurisprudenza presso l'Università "Luiss Guido Carli" di Roma, dopo il corso di specializzazione notarile ed un Master in Corporate Counsel, consegue il titolo di Avvocato. E' stato Segretario Generale dell'associazione Numeri Primi con cui realizza e promuove il "Manifesto delle Giovani Classi dirigenti" ed è membro della Commissione di Diritto Societario dell'Ordine degli Avvocati di Roma dal 2012. Dopo diverse esperienze in primarie società Italiane diviene nel 2014 Vicedirettore del quotidiano l'Avanguardia e, nel 2015, Direttore Generale dell'Ateneo della Cucina Italiana. Nel 2016 è entrato, per concorso pubblico nazionale, nei ruoli della carriera dirigenziale della Polizia di Stato.

PAOLO DE IOANNA

Paolo De Ioanna (Consigliere di Stato) dal 1974 è entrato, per concorso pubblico nazionale, nei ruoli della burocrazia del Senato della Repubblica, dove ha diretto (1978-1989) la Segreteria della Commissione bilancio ed il Servizio del bilancio (1989-1996); dal 1996 al 1998 è stato Capo di Gabinetto del Ministro del Tesoro pro tempore (nella fase di ingresso dell'Italia nel sistema della moneta unica europea) e poi, dal 1998 al 2000, è stato Segretario generale della Presidenza del Consiglio dei Ministri. Ha al suo attivo alcuni libri, e numerose monografie ed articoli su temi di diritto del bilancio, finanza pubblica e diritto pubblico dell'economia.

ANDREA DI SCHIAVI

Andrea Di Schiavi, 27 anni, è laureato con il massimo dei voti in Business Administration presso l'Università di Roma "Tor Vergata". Durante gli studi è stato assistente legislativo presso il Consiglio Regionale del Lazio e consulente finanziario in Deutsche Bank. Crede fermamente che l'unica strada percorribile per la rinascita del "Sistema Italia" sia quella dell'impegno civico e del coinvolgimento del terzo settore nell'amministrazione (e non gestione) del bene comune. Uno dei sogni più desiderati è vedere Roma riappropiarsi del ruolo internazionale che le compete e in grado di affrontare le sfide globali.

ALESSIA FAVA

Giornalista professionista e traduttrice, vive a Roma dove scrive per diverse testate. Ha all'attivo due volumi in versi, *Pancia di carta* (2010) e *Cantami cose di terra* (2014). Sue poesie e traduzioni sono presenti in diverse antologie. Laureata in Lingue e Letterature Straniere con saggio e traduzione di versi inediti dello scrittore britannico Walter De La Mare, si specializza alla Scuola di Giornalismo della Luiss di Roma con una tesi sulla globalizzazione in Sudafrica, conseguita con 110/110 e lode e diventa giornalista professionista. Si occupa anche di comunicazione e consulenza editoriale nell'era 2.0 per diverse case editrici. E' ideatrice del canale twitter @poetssay che promuove pubblicazioni ed eventi letterari italiani e stranieri.

TOMMASO FEDERICI

Dottore in Economia e Commercio (votazione 110/110 e lode, luglio 1984, Università di Roma "La Sapienza", tesi in Statistica: "Analisi discriminante e problemi di classificazione"). È titolare del corso di "Organizzazione dei Sistemi Informativi Aziendali" presso la Facoltà di Economia dell'Università LUISS G.Carli di Roma in qualità di Professore a contratto (dal 2010) e di molte altre cattedre presso altre università italiane.

ANDREA FERRARETTO

Laurea in Economia e Commercio alla Sapienza con una tesi sugli effetti socio-economici della protezione dell'ambiente. Consulente WWF Italia fino al 1996, dal 1996 al 2008 consulente del Ministero dell'Ambiente, in seguito per la Provincia di Roma. Dal 2014, collaboratore di Roma Capitale. Nel frattempo, docente a contratto all'Università di Camerino e di Siena. Sviluppo locale e politiche della sostenibilità ambientale sono i temi che coniuga nel lavoro che svolge, proponendo azioni per la competitività territoriale. Convinto che scripta manent sia un motto da tradurre in realtà, ha scritto numerosi articoli e contributi in libri e manuali.

ALESSIO GUGLIOTTA

Ph.D. in Informatica dall'Università degli Studi di Udine nel Marzo 2006. Dal Gennaio 2006 al Dicembre 2008 titolare di una posizione di ricercatore presso il Knowledge Media Institute all The Open University (Gran Bretagna), dove ha portato avanti un'intensa attività di ricerca nei campi del Knowledge Modeling and Representation, Service Oriented Architectures, Semantic Web Services e la loro applicazione in diverso domini, quail ad esempio e-Government e e-Learning. Attualmente, è impiegato presso il dipartimento ICT di Innova S.p.A. E' autore di più di 30 articoli in giornali scientifici e conferenze internazionali nelle suddette aree di ricerca. E' stato inoltre titolare di diverse cattedre universitarie per i corsi di Informatica, e-Government e Semantic Web all'Università degli Studi di Udine.

MARTINA IORIO

Nasce a Napoli dove consegue la laurea magistrale discutendo l'elaborato "Management of water resources in the Amazon region: who might benefit and who might lose from dams expansion". Attualmente è impegnata nella redazione del Bilancio Sociale dell'associazione Anteas Roma e Provincia.

SERGIO ATTILIO JESI

Master in Bocconi, laureato in ingegneria presso l'università "La Sapienza" di Roma, è attualmente vice presidente di Elettronica Spa. Appassionato di politica internazionale e alta tecnologia.

MATTEO LUCCHETTI

Ingegnere elettronico, PhD in Ingegneria dei Sistemi, da aprile 2011 Information Security Professional Master presso la funzione di Tutela Aziendale - Sicurezza delle Informazioni di Poste Italiane, dove segue le attività del Cyber Security Competence Center e della European Electronic Crime Task Force. In precedenza, è stato Senior Research Analyst in ABI Lab, per cui ha coordinato le attività di ricerca in materia di sicurezza e sistemi IT, rappresentandole anche nel contesto dei gruppi internazionali della Federazione Bancaria Europea e dello European Payments Council. È membro del Financial Institutions ISAC di

ENISA e collabora attivamente con l'Anti-Phishing Working Group. È attualmente iscritto al Master in Cyber Security della Royal Holloway University of London.

PAOLO MESURACA
Laureato in ingegneria a Pisa e con un MBA presso l'università Tor Vergata di Roma, ha maturato 15 anni di esperienza nel settore delle telecomunicazioni. Attualmente, è esperto di pre-sale ICT in Fastweb.

MICHELE MEZZA
Nato a Nola (Napoli) il 17 maggio del 1953. Segue tutto il corso di studi a Milano, dove frequenta il corso di laurea in Giurisprudenza, presso l'Universita' Statale. Nel '74 /'75 frequenta il corso biennale presso la Scuola Superiore di Economia Politica, diretta da Claudio Napoleoni. Nel '98 segue un corso di formazione presso il centro di ricerca digitale della Sony a Basistocke, in Inghilterra. Giornalista professionista dal 1978.

FABIO NICOLUCCI
Laureato in Letteratura Italiana all'Università di Roma "La Sapienza" e poi in Relazioni Internazionali all'Università di Cambridge (UK). Giornalista freelance prima in Israele (dove ha vissuto) e poi in Italia (attualmente per Il Mattino). Esperto di Medio Oriente per la Rai e analista geopolitico per il settore pubblico e privato. Tra i suoi incarichi istituzionali, è stato consigliere politico del Ministro per il Commercio Estero e del Presidente della Commissione Esteri della Camera dei Deputati. Capo ufficio stampa del Ministro Università e Ricerca e deL Sottosegretario Beni Culturali.

FRANCESCA PALAZZO
New entry nel CdA dell'Associazione, laureata in Economia e Management all'Università degli Studi Roma Tre, in cui collabora alla cattedra du Organizzazione Aziendale c.a. Classe '90, appassionata di ICT e di strumenti social 2.0, è entrata a far parte di Concreta-Mente dopo aver frequentato il laboratorio di formazione e avviamento al lavoro "Officina della Comunicazione 2.0" che l'associazione organizza ogni anno.

FEDERICA PINTALDI

Sociologa, esperta del mercato del lavoro e della metodologia di analisi dei dati territoriali. Le principali competenze riguardano i campi della ricerca sociale, della statistica in relazione all'analisi mono bivariata e multivariata, e della formazione universitaria. È autrice di numerose pubblicazioni scientifiche in materia di mercato del lavoro, metodologia di ricerca, analisi dei dati, e sociologia elettorale. Dal 2005 lavora presso l'Istituto Nazionale di Statistica (ISTAT), curando diversi progetti.

ALESSANDRO POLITI

Alessandro Politi è un analista politico e strategico. In 30 anni d'attività ha scritto dodici libri e diversi saggi. È stato consigliere per decisori di alto livello nei settori governativo, parlamentare, privato ed accademico. Ha lavorato come ricercatore senior al WEU ISS (Western European Union – Istitute for Security Studies) di Parigi. Pioniere italiano ed internazionale dell'OSINT (Open Source Intelligence), ha diretto l'OSSS (Osservatorio Scenari Strategici e di Sicurezza) di Nomisma, prevedendo nel 2006 la crisi economica globale. La sua attività didattica si è svolta in quattro continenti. Commentatore politico per BBC ed ABC Australia. Commentatore strategico per RAI, La7, TV2000, RMC, Radio in Blu, RCF, YouDem, Repubblica TV. È senior partner Claudia Bettiol and Partners - Energy Linkages per la geopolicy nelle energie rinnovabili. Ricercatore senior del CeMiSS (Centro Militare Studi Strategici) per il monitoraggio strategico dell'America Latina. Docente di geopolitica per la SIOI (Società Italiana per l'Organizzazione Internazionale) e di analisi edOSINT per la Link Campus University. Cofondatore del movimento European Common Goods.

FRANCESCO SCOTTI

Background da economista, ha lavorato in IBM e Italtel; attualmente è commerciale in Samsung. Appassionato di calcio e impegno civico.

PAOLO SPAGNOLETTI

Paolo Spagnoletti è docente di Organizzazione Aziendale presso il Dipartimento di Business e Management della LUISS Guido Carli. Nel 2012 ha conseguito l'Abilitazione Scientifica Nazionale come Professore di Seconda Fascia per il settore 13/B3. Dal 2011 coordina il Centro di Ricerca sui Sistemi Informativi (CeRSI) della LUISS. Ha conseguito il dottorato di ricerca in Sistemi Informativi presso la LUISS ed è stato visiting presso LSE, GSU, HSG, l'Università di Agder e l'INRIA-Loria. I suoi interessi di ricerca riguardano i fenomeni emergenti dall'interazione tra tecnologie ICT e sistemi sociali con attenzione particolare ai temi della cybersecurity, design e governance di piattaforme digitali e apprendimento/adattamento in organizzazioni complesse. È autore di numerosi articoli pubblicati in riviste internazionali di rilievo quali JIT, JSIS, I&M e CAIS.

Concreta-Mente
Idee, Progetti, Soluzioni

FONDAZIONE TERZO PILASTRO
ITALIA E MEDITERRANEO

Il presente volume è stato sviluppato nel corso del 2015 nell'ambito del progetto "Concreta-Mente 2.0" realizzato con il contributo della Fondazione TerzoPilastro - Italia e Mediterraneo.

Comprendiendo la Colitis Microscópica

Otros libros de este autor

- **Colitis Microscópica** (disponible en español e inglés)
- **Vitamina D y Enfermedad Autoinmune**
- **Cáncer Pancreático**

Comprendiendo la Colitis Microscópica

Wayne Persky

Traducido por Teresa Valencia del Rincón

Persky Farms

Estados Unidos

Primera publicación y distribución en los Estados Unidos de América por:
Persky Farms, 19242 Darrs Creek Rd, Bartlett, TX 76511-4460. Tel.: (1)254-718-1125; Fax: (1)254-527-3682. www.perskyfarms.com

ISBN 978-1-7328220-9-2

Tabla de Contenidos

Introducción

En la primera edición del libro titulado *Colitis Microscópica* (Persky, 2012) se habló de la historia de la enfermedad y de los métodos de diagnóstico. Se mencionaron todas las opciones convencionales de tratamiento que estaban disponibles habitualmente en el momento de la publicación del libro. Además, también se hizo alusión a los métodos de tratamiento no convencionales que se había descubierto eran útiles para muchos pacientes que eran incapaces de resolver sus síntomas mediante el uso de los tratamientos prescritos por sus especialistas médicos. Los métodos de tratamiento no convencionales también tienden a ser utilizados por aquellos pacientes que prefieren tratar la enfermedad sin el uso de corticosteroides u otros medicamentos antiinflamatorios o supresores del sistema inmune, con objeto de evitar los efectos secundarios de esos medicamentos y los riesgos para la salud a largo plazo que suelen estar asociados a ellos.

Pero, como suele suceder en ocasiones con muchas enfermedades (y especialmente con las enfermedades inflamatorias intestinales), no siempre sucede la remisión completa de los síntomas. Si esto es debido a diferencias individuales en respuesta a tratamientos, contaminación cruzada de la dieta, medicamentos pasados por alto que pueden desencadenar colitis microscópica, sensibilidades alimenticias olvidadas en la dieta, circunstancias fuera de su control, o algún otro problema, algunos pacientes no pueden lograr una remisión satisfactoria de todos sus síntomas. O, como sucede bastante a menudo cuando se prescriben medicamentos como único método de tratamiento (en ausencia de los cambios adecuados en la dieta), la remisión puede ser solamente temporal.

Y, por supuesto, muchos pacientes prefieren evitar tener que tomar medicación para el resto de sus vidas, ya que todos los medicamentos tienen efectos secundarios que pueden desencadenar en problemas de

Comprendiendo la Colitis Microscópica

salud en ciertas situaciones. Los pacientes más jóvenes son especialmente reacios a tener que tomar una medicación para el resto de sus vidas si existe un tratamiento alternativo disponible que haya demostrado ser ambos, efectivo y carecer de los efectos secundarios no deseados. A largo plazo, no solo son preocupantes los riesgos para la salud por el uso prolongado de medicamentos, sino también los elevados gastos que conlleva un tratamiento a largo plazo siendo la mayoría de los medicamentos prescritos para tratar una enfermedad inflamatoria intestinal.

Han transcurrido más de cinco años desde que se publicó la primera edición de *Colitis Microscópica*. Durante ese periodo de tiempo, se han logrado progresos en cuanto a la comprensión y tratamiento de la enfermedad entre los profesionales médicos, pero muchos especialistas todavía siguen utilizando métodos de tratamiento desfasados. En el mundo real, donde hay miles de pacientes que tienen que vivir cada día con esta enfermedad, las ruedas del progreso no giran tan lentamente. Gracias a Internet y a los mejores medios de comunicación, se encuentra disponible mucha información nueva que proporciona una visión adicional sobre cómo se desarrolla la enfermedad, por qué algunos pacientes tienen síntomas más severos, y el motivo por el que algunos casos son más resistentes a los métodos de tratamiento convencionales, Además, se ha aprendido mucho sobre métodos mejorados para tratar la enfermedad.

Se ha desarrollado tanto conocimiento adicional sobre la colitis microscópica desde que se publicó el primer libro, que ya es hora de actualizar nuestro conocimiento base en el mundo real. En general, los pacientes con colitis microscópica que buscan activamente métodos mejores para tratar la enfermedad siguen estando bastante más avanzados que la comunidad médica en su comprensión de las características sociales debilitantes de la enfermedad y en cómo tratar la enfermedad a largo plazo. Este libro está basado en la información nueva y adicional que no se encontraba disponible cuando se publicó el primer libro, y en algunas situaciones amplía la información que se proporcionó en el primer libro, con objeto de facilitar una nueva perspectiva de los métodos de tratamiento que tienen éxito. Esta edición profundiza en situaciones adicionales que podrían conducir, en algunos cases, a fallos en el tratamiento, y explora los medios para superar estos obstáculos.

El pensamiento médico convencional sostiene que la inflamación asociada con la colitis microscópica es debida a una presencia aumentada de linfocitos en el revestimiento epitelial del colon. Pero, en el capítulo cinco veremos que también puede estar implicado un modo completamente diferente de inflamación, y que podría ser la razón por la que tantos casos no responden a los programas de tratamiento convencionales. Esta relación con la enfermedad había pasado desapercibida anteriormente por la comunidad médica. En el capítulo cinco, se hablará de las formas para identificar y resolver este problema.

Y, por supuesto, se han producido numerosos descubrimientos nuevos de investigación médica y este libro examina cómo están relacionados con los programas de tratamiento aplicados por la gran mayoría de las instalaciones médicas más importantes, con objeto de proporcionar una perspectiva actual sobre los protocolos de tratamiento que siguen en la actualidad la mayoría de los especialistas médicos. En algunas zonas del mundo, la colitis microscópica apenas se diagnostica. Debido a ello, podría seguir siendo incorrectamente considerada como una enfermedad rara por los profesionales médicos de esas localizaciones. Esto, obviamente, implica que los especialistas de esas localizaciones probablemente no dispongan de la ventaja de tener un conocimiento específico y la experiencia que proviene de manejar esta enfermedad de forma habitual. Esto podría limitar sus opciones en cuanto a tratar a estos pacientes. Además, esto podría reducir la posibilidad de que busquen activamente la enfermedad en los pacientes que se quejen de los síntomas digestivos típicamente asociados con la enfermedad. Teniendo en cuenta que la colitis microscópica solo se puede diagnosticar examinando pequeñas

Comprendiendo la Colitis Microscópica

muestras tomadas a través de biopsias del revestimiento de la mucosa del colon durante una colonoscopia o sigmoidoscopia bajo un microscopio, la percepción de que la enfermedad es rara aumentará las probabilidades de que no se recogan las muestras de biopsia, lo que conlleva a un fallo en el diagnóstico de la enfermedad.

En consecuencia, la información básica tratada en el primer libro no está incluida en este libro. Solamente se comentan en esta edición determinados conceptos del primer libro para los cuales ahora se encuentra disponible una perspectiva adicional. Debe tenerse en cuenta que, antes de considerar cualquiera de las opciones de tratamiento mencionadas en este libro, el lector debería contar con una buena comprensión de la información proporcionada en el primer libro. Sin ese conocimiento previo, alguna parte de la información de este libro podría parecer incompleta, o algunas partes podrían parecer difíciles de comprender. Y, obviamente, sin la información sobre tratamientos mencionada en el primer libro, este libro actual no ofrece el conjunto de soluciones completas. Juntos, los dos libros, presentan una cobertura exhaustiva y actualizada (a fecha de publicación) de la colitis microscópica y de los métodos de tratamiento que han mostrado ser efectivos no solo por los profesionales médicos convencionales, sino también por los pacientes que han mirado más allá de los métodos convencionales de tratamiento.

Debido a que ambos, los síntomas clínicos y los tratamientos para la colitis colágena, colitis linfocítica, y la mayoría de las demás variantes de la enfermedad son los mismos o muy similares, en este libro se usará el término "colitis microscópica" (CM) para referirnos a todas las formas de la enfermedad.

El cuerpo humano es un organismo muy sofisticado y complejo, y se compone de numerosos sistemas diseñados para trabajar en armonía con el fin de nutrir, proteger y preservar todas las partes del cuerpo. Algunos de los comentarios de este libro implican términos médicos (que se definen en las explicaciones), pero debido a que la investigación médica – por su propia naturaleza – tiende a involucrar conceptos científicos algo complejos, es virtualmente imposible evitar totalmente algún nivel de complejidad al describir los detalles de cómo varios problemas afectan al cuerpo y a sus subsistemas.

Sin embargo, se han realizado todos los esfuerzos para describir todos los términos médicos o científicos que se utilizan en este libro de forma tal que cualquier persona pueda entender lo que se está hablando sin necesidad de antecedentes médicos. Mientras lee este libro, si no comprende todos los detalles de algunas de las explicaciones, no debería evitar que comprenda los principios básicos de los que se hablan, ni tampoco deberia impedir que pueda beneficiarse de la información que se proporciona aquí. En ocasiones, podría ser útil releer parte de la información con objeto de comprenderla mejor. Al final de cada capítulo hay un breve resumen de los puntos más importantes, y ese resumen se puede utilizar para comprender mejor la información que se proporciona en el capítulo.

Debido a que la mayoría de las referencias utilizadas en este libro son fáciles de encontrar online por la mayoría de los lectores, que posiblemente no cuenten con un bagaje científico utilizando el formato URL de estilo anterior en lugar del sistema de dirección científica más nuevo que usa un identificador de objeto digital (DOI), se usarán las URL para identificar todas las referencias online.

El material utilizado en este libro es una combinación de hechos médicamente probados (avalados por referencias) y de una visión basada en mis propias experiencias y en las experiencias de muchos pacientes con colitis microscópica que han tenido la amabilidad de compartir sus experiencias de convivir con la enfermedad en un foro de conversación y apoyo de Internet durante más de doce años. La mayor parte de este material se basa en investigaciones publicadas y revisadas, médicamente probadas, aunque hay otros tipos de referencias disponibles cuando corresponda. Cada vez que se incluye una opinión o conjetura, se identifica claramente como una opinión, no respaldada por la investigación médica. El objeto de este libro es poner al lector al día sobre la información y la investigación recientemente publicada que parece importar en lo que respecta a la comprensión de la colitis microscópica y a cómo tratar eficazmente la enfermedad.

Capítulo 1

¿Por qué los programas de tratamiento fracasan a veces?

La CM puede afectar nuestra mente tanto como puede afectar nuestro cuerpo . . . Tal vez esa sea la peor parte de la enfermedad, pero no nos daremos cuenta de ello hasta después de haber convivido con la enfermedad durante un tiempo.

Como bien sabe cualquier persona que tenga la enfermedad, en algunos casos, la colitis microscópica es una enfermedad compleja y difícil de controlar. En un pequeño porcentaje de casos, a pesar del arduo trabajo de aplicar con esmero los programas de tratamiento que funcionan bien con otros, nada parece facilitar la remisión. Cuando se prescriben tratamientos médicos, los medicamentos pueden fracasar en proporcionar la respuesta terapéutica esperada. Y, cuando se utilizan los tratamientos basados en cambios en la dieta, diseñados para evitar los alimentos que inducen a la inflamación, los cambios en la dieta no siempre aportan una remisión, al menos no tan pronto como se espera. La falta de éxito en el tratamiento podría ser debido a sensibilidades no detectadas a ciertos alimentos, suplementos, medicamentos, o factores medioambientales. O quizás existan problemas con una contaminación cruzada en la dieta. Pero, sea cual sea la razón, los tratamientos no proporcionan remisión. Y, con cualquier tipo de tratamiento, o con una combinación de ambos tratamientos médicos y de dieta, pueden existir deficiencias de vitaminas o de minerales que pueden limitar la eficacia del tratamiento al comprometer la habilidad natural de curación del organismo.

Y para complicar el problema todavía más, también pueden existir otras sensibilidades como, por ejemplo, a productos cosméticos, tratamientos de reemplazo hormonal, anticonceptivos, ciertos olores químicos, calor, humedad elevada, moho, hongos, polen, y posiblemente otros factores medioambientales. Lo cierto es que no todos los pacientes se ven afectados de forma significativa por todos estos problemas potenciales, pero cualquiera de ellos puede evitar una remisión en muchos casos. Obviamente, evitar o al menos minimizar todos los factores potenciales en aquellos casos en los que resultan ser un factor determinante, requiere un trabajo duro, vigilancia constante y dedicación.

Las sensibilidades alimenticias están estrechamente relacionadas con la colitis microscópica.

Se ha demostrado que muchas condiciones medioambientales diferentes predisponen al desarrollo de la colitis microscópica, y estas condiciones se trataron en la primera edición. Pero, para comprender la enfermedad en su totalidad, es necesario comprender por qué la inflamación asociada con la enfermedad es tan persistente y por qué se perpetúa.

En resumen, independientemente de los problemas de salud que desencadenan inicialmente la CM (y existen numerosos factores desencadenantes conocidos), la inflamación que perpetúa la enfermedad parece deberse a ciertos medicamentos o sensiblidades alimenticias, prácticamente en todos los casos. E incluso en los casos en que los medicamentos son la causa inicial de la inflamación en curso, en la mayoría de los casos pronto se desarrollan sensibilidades alimenticias. La presencia de estas sensibilidades alimenticias se puede verificar fácilmente mediante pruebas de heces para detectar anticuerpos IgA a alimentos específicos. También se pueden verificar mediante pruebas de anticuerpos IgA de muestras de biopsia tomadas de los intestinos. Los anticuerpos IgA parecen ser responsables de las respuestas del sistema inmunológico que resulta en el clásico patrón de inflamación asociado con la CM.

Pocas personas nacen con sensibilidades alimenticias, aunque la genética predispone a un porcentaje relativamente alto de la población al desarrollo potencial de sensibilidades alimenticias. La mayoría de las sensibilidades alimenticias parecen desarrollarse como resultado de problemas digestivos causados por los efectos secundarios de los medicamentos, infecciones, parásitos, o por algún otro problema que interrumpa una digestión normal causando inflamación intestinal. Existen dos tipos básicos de sensibilidades alimenticias, y se distinguen por el tipo de respuesta que provocan en el sistema inmunológico.

Los alimentos que provocan reacciones mediadas por IgE son conocidas como alergias a alimentos, y los alimentos que provocan reacciones mediadas por IgA son considerados intolerancias alimenticias.

El término "sensibilidades alimenticias" incluye tanto las alergias a los alimentos como las intolerancias a los alimentos. Tratamos ampliamente las diferencias entre alergias a alimentos y las intolerancias a los alimentos en el capítulo 7 de la primera edición de *Colitis Microscópica* (Persky, 2012).[1] Básicamente, las reacciones mediadas por IgE suceden en cuestión de minutos o incluso segundos después de su exposición, y

Comprendiendo la Colitis Microscópica

típicamente resultan en los síntomas clásicos de alergia, en la parte superior del sistema respiratorio o en la piel. Las reacciones graves mediadas por IgE implican reacciones anafilácticas que pueden ser potencialmente mortales.

Las reacciones mediadas por IgA suelen comenzar típicamente unas horas después de la exposición (tras la ingesta de un alimento asociado con una reacción) y suelen resultar en síntomas gastrointestinales como gases, flato, náuseas, calambres, y diarrea. Con respecto a la colitis microscópica, nos preocupamos principalmente en las intolerancias alimenticias, por lo que aquí será nuestro enfoque principal.

Para comprender cómo se desarrollan las intolerancias alimenticias, es necesario comprender al menos algunos de los detalles básicos de cómo funciona el sistema digestivo normalmente. El sistema digestivo debe proporcionar al organismo todos los materiales básicos que necesita para reparar y reemplazar las células dañadas, y las células que han sido seleccionadas para su reemplazo debido a su edad. Y tiene que aportar la energía necesaria para poderlo cumplir, además de suplir toda la demás demanda de energía del cuerpo. También tiene que proporcionar la cantidad adecuada de ciertas vitaminas y minerales que son requeridos para facilitar los numerosos procesos químicos y neurológicos que son necesarios para el funcionamiento normal de varios órganos y sistemas.

El sistema digestivo también es capaz de regular eficazmente todos estos procesos complejos porque cuenta con un sistema automático de control propio, conocido como el sistema nervioso entérico. Y el sistema nervioso entérico coordina sus operaciones en el cerebro a través del sistema nervioso central.

Los bloques de construcción utilizados para crear nuevas células en el cuerpo son conocidos como aminoácidos. Cuando se digieren las proteínas, las moléculas se descomponen en aminoácidos individuales o cadenas cortas de aminoácidos (péptidos cortos). Cuando se digieren los carbohidratos, se descomponen en azúcares simples. Las grasas se descomponen en pequeños glóbulos por la bilis para que puedan ser digeridos por la enzima lipasa producida por el páncreas.

Todas las sensibilidades alimenticias (con una excepción) son causadas por ciertas proteínas.

Por ello, es la digestión de las proteínas lo que nos interesa aquí. Sin embargo, existe una excepción de esta norma. Esa excepción es la alergia a la carne de los mamíferos, que es causada por la sensibilidad a un azúcar que se encuentra en todos los mamíferos, excepto en los humanos, los monos del viejo mundo y los grandes simios (van Hage, et al., 2013, Nunen, 2015, Allergy Researchers, n.d.).[2,3,4] El azúcar se conoce como galactosa-α-1,3-galactosa, o simplemente alpha gal, o α-Gal. La sensibilidad es causada por la picadura de una garrapata, y si una picadura de garrapata desencadena la condición, entonces la víctima se vuelve alérgica a alpha-gal, lo que implica una alergia a toda la carme de mamíferos (excluyendo las 3 excepciones antes mencionadas). Y esta alergia se extiende a los productos lácteos, en algunos casos. Pero aparte de esta única excepción, todas las sensibilidades alimenticias son causadas por las proteínas.

Para poder ser absorbidos por la circulación sanguínea, se debe permitir que los nutrientes atraviesen el revestimiento interno del intestino.

Este revestimiento consiste en una capa única de células columnares (altas y relativamente estrechas) conocidas como el epitelio. Ambos, el intestino delgado y el intestino grueso contienen una capa epitelial. El

Comprendiendo la Colitis Microscópica

epitelio es el extremo superior de varias capas de revestimiento intestinal conocido como la mucosa. La segunda capa es conocida como lamina propria, y la tercera capa es conocida como lamina muscularis mucosae. La lamina propria y la muscularis mucosae proporcionan apoyo y recursos al epitelio. Por ejemplo, la lamina propria contiene numerosos linfocitos proporcionados por el sistema inmune para evitar que los patógenos penetren en la circulación sanguínea. Normalmente, la densidad de los linfocitos es menor de 10 o 15 por 100 enterocitos. Cuando existe inflamación, esa zona del intestino normalmente contendrá más de 20 linfocitos por cada 100 enterocitos, y este es un criterio diagnóstico de la colitis linfocítica.

El epitelio es el enlace crítico en la interacción entre la comida que fluye a través del sistema digestivo y el resto del cuepro (vía el torrente sanguíneo). Es de vital importancia que se mantenga la integridad de la barrera epitelial porque es aquí donde se permite que los nutrientes pasen a la circulación sanguínea, y esto debe hacerse al mismo tiempo que se bloquea el paso de patógenos, alimentos no digeridos por completo, y otros elementos extraños que podrían causar daños graves si se permitiera su entrada al torrente sanguíneo. Las uniones entre estas células epiteliales se conocen como uniones estrechas y normalmente permanecen bien cerradas. A medida que los alimentos son digeridos, y que los nutrientes se vuelven disponibles para su absorción, las uniones estrechas se abren lo suficiente como para permitir el paso de nutrientes como los aminoácidos, sin permitir que las moléculas no digeridas o las cadenas más largas de aminoácidos (péptidos) pasen. Los péptidos son el resultado de una digestión incompleta. Son segmentos parcialmente digeridos de moléculas, que consisten en cadenas de aminoácidos de longitud media o más larga.

Pero si las uniones estrechas se abren demasiado o permanecen abiertas demasiado tiempo, entonces estos péptidos y otros contenidos del intestino pueden pasar a través. Esta condición se conoce como aumento de la permeabilidad intestinal. Tambien se llama intestino permeable, y un intestino permeable siempre es una mala noticia para la salud en general porque puede conducir a muchos síntomas miserables. Cuando el intestino permeable permite la entrada de péptidos y de otras materias extrañas en el torrente sanguíneo, tienden a ser transportados a varios órganos y a acumularse. Cuando se acumulan en las articulaciones, pueden causar inflamación y dolor de tipo artrítico. Cuando terminan en varios órganos, pueden causar inflamación que interfiere con el correcto funcionamiento de esos órganos.

El gluten es la causa principal del intestino permeable.

Si bien las alergias alimentarias pueden tener otros orígenes, la causa más común de las intolerancias alimenticias pueden atribuirse al hecho de que el gluten causa un aumento de la permeabilidad intestinal — para todo el mundo, no solo para los celíacos (Drago et al., 2006).[5] Pero, las personas que tienen genes que les predisponen a una sensibilidad al gluten tienden a experimentar un mayor problema de permeabilidad intestinal cuando se exponen al gluten, por lo que es más probable que desarrollen síntomas clínicos, y es más probable que desarrollen síntomas más tempranos en su vida.

La investigación ha mostrado que la apertura de las uniones estrechas está modulada por una proteína en la sangre conocida como zonulina, y que ciertos péptidos resultantes de la digestión incompleta del gluten y de las proteínas glutelinas en trigo, centeno y cebada, promueven la producción de zonulina (Fasano, 2012).[6] Normalmente cerradas, las uniones estrechas se abren más, cada vez que se digiere un alimento, de forma que los nutrientes en los intestinos puedan ser absorbidos en el torrente sanguíneo para ser transportados a las células que lo necesiten. Es tarea de la zonulina regular el cuándo y el cuánto se deben abrir las uniones estrechas. Y es responsabilidad de la zonulina el asegurarse que

Comprendiendo la Colitis Microscópica

las uniones estrechas permanecen cerradas cuando no es necesario que estén abiertas. Pero, las exposiciones repetidas a estos péptidos reactivos conduce a una producción aumentada de zonulina. Y, conforme el proceso se repite una y otra vez, virtualmente con cada comida, las uniones estrechas tienden a abrirse más y a permanecer más tiempo abiertas, permitiendo que partículas más grandes y que una creciente cantidad inapropiada de material entre en el torrente sanguíneo.

Y este problema (mayor permeabilidad intestinal) por lo general, existe no solo para la sensibilidad al gluten asociada con los genes de la celiaquía, sino que también está presente en la sensibilidad al gluten no celíaca (Uhde et al., 2016).[7] Durante décadas la comunidad médica erróneamente negó la existencia de la sensibilidad al gluten no celíaca. Pero, Uhde et al. (2016) probaron que incluso cuando se descartan la enfermedad celíaca y la alergia al trigo, muchos pacientes siguen manifestando marcadores de sensibilidad al gluten, incluyendo una mayor permeabilidad intestinal.

Cuando se permite el paso de las parcialmente digeridas cadenas de aminoácidos o de otras partículas que normalmente son excluídas del torrente sanguíneo, el sistema inmune reconoce inmediatamente que estos invasores no deberían estar ahí. Los marca para destruirlos y empieza la producción de anticuerpos contra ellos. Esto prepara al sistema inmune de forma que la próxima vez que aparezcan esos péptidos en la sangre, la producción de anticuerpos se intensificará y se liberarán una serie de agentes inflamatorios en un intento de destruir a los invasores.

En exposiciones repetidas, esto conduce a una condición en la que en cualquier momento en el que se reconozca esa proteína en particular dentro del sistema digestivo, se pondrá en marcha una reacción del sistema inmune contra ella. Y, una vez que comience la producción de anticuerpos, entonces siempre que se ingiera esa proteína en particular siempre provocará una reacción del sistema inmune, y tendrá lugar una reacción, independientemente de si existe o no un intestino permeable en ese momento. En otras palabras, que una vez se registra una proteína como un antígeno por el sistema inmune, siempre se pondrá en marcha una reacción en cuanto el sistema inmune identifique la proteína, incluso si la digestión de la proteína está teniendo lugar de la forma normal, y las uniones estrechas estén funcionando normalmente.

Esto es parte del adaptable sistema inmune, el mismo sistema que proporciona inmunidad ante una enfermedad en respuesta a una vacuna. Una vacuna propicia que el sistema inmune empiece a producir anticuerpos contra un patógeno específico de forma que, en un futuro, cualquier exposición a ese patógeno resultará en un mar de anticuerpos que promuevan la liberación de mecanismos de defensa adicionales del sistema inmune diseñados para destruir el patógeno.

Las vacunas funcionan porque las exposiciones a antígenos de este tipo normalmente son eventos raros. Es decir, que cuando se produce una exposición, el sistema inmune lanza un ataque y destruye al virus o a la bacteria invasora, y ese es el fin del tema.

Pero, si el antígeno forma parte de la dieta, entonces la re-exposición será un episodio frecuente o un suceso que suceda regularmente. Esto significa que el sistema inmune se enfrenta a una tarea sin fin para la que nunca fue diseñado.

Esto es en esencia lo que la comunidad médica se refiere incorrectamente como reacción autoinmune.

Pero, el problema es que no se trata de una reacción autoimmune verdadera porque una reacción autoinmune verdadera sería provocada por una parte del propio cuerpo. Esta reacción nunca tendría fin porque se

Comprendiendo la Colitis Microscópica

vería perpetuada por células que siempre son una parte normal del cuerpo.

Sabemos que esa afirmación es incorrecta porque eso no es lo que sucede cuando las intolerancias alimenticias son la causa de la reacción. La reacción es contra ciertas proteínas en los alimentos, y si se eliminan estas proteínas de la dieta, entonces la reacción dejará de producirse conforme los niveles de anticuerpos disminuyan (los anticuerpos a esos alimentos en concreto).

Los linfocitos (células de glóbulos blancos) que se infiltran en el revestimiento de la mucosa del colon, en el caso de la colitis linfocítica (microscópica), son un ejemplo de respuesta del sistema inmune a la producción de anticuerpos. La ingestión de un alimento que desencadene la producción de anticuerpos IgA en el intestino conduce a una mayor infiltración de linfocitos al revestimiento de la mucosa de los intestinos. Los linfocitos son enviados para destruir la amenaza percibida creada por los péptidos que se están colando al torrente sanguíneo. Pero, dado que estos glóbulos blancos están diseñados para matar patógenos, son ineficaces para destruir los péptidos (que en realidad no son patógenos y que no están vivos) y los glóbulos blancos son incapaces de evitar eficazmente su entrada en el torrente sanguíneo.

Los linfocitos causan inflamación (como parte normal del proceso de destrucción de patógenos), pero normalmente esta es solo una condición temporal porque una vez resultan destruidos los patógenos que han sido objetivo del ataque, la inflamación se desvanece a medida que lo hacen las células T, las citocinas, los macrófagos, y otras defensas varias del sistema inmune disminuyen y regresan a los niveles normales. Pero, cuando el ataque ha sido producido por intolerancias alimentarias, puede no terminar nunca, a menos que se hagan cambios en la dieta para detener la producción de anticuerpos evitando los alimentos que desencadenan la producción de anticuerpos. Sin cambios en la dieta, el patrón de inflamación que causa la colitis microscópica generalmente se repite con cada comida, de forma que tiende a auto-perpetuarse.

Lo mismo sucede con la CM inducida por medicación. Mientras se siga usando un medicamento que promueva la producción de anticuerpos, la inflamación resultante continuará y los síntomas clínicos se perpetuarán.

Los medicamentos antiinflamatorios podrían ser ineficaces contra la CM inducida por medicamentos.

Esto puede suceder simplemente porque el nivel de inflamación que resulta de un medicamento que causa la producción de anticuerpos puede ser mayor que la eficacia del fármaco antiinflamatorio usado para el tratamiento. De forma similar, en algunos casos, los medicamentos antiinflamatorios pueden ser incapaces de superar la inflamación generada en cada comida por alimentos inflamatorios, siempre y cuando las intolerancias alimentarias importantes permanezcan en la dieta. Pero, en algunos casos de MC inducida por medicamentos, simplemente con detener el uso del medicamento que causa la inflamación puede ser suficiente para lograr la remisión sin necesidad de una intervención adicional. Por supuesto, esto no siempre funciona porque en muchos casos de CM inducida por medicamentos, las intolerancias a alimentos pueden haberse desencadenado desde el principio.

Comprendiendo la Colitis Microscópica

Solamente porque solo las proteínas pueden desencadenar reacciones del sistema inmune esto no significa que otros tipos de alimentos no puedan causar problemas en el sistema digestivo.

Es bien sabido que la intolerancia a la lactosa puede causar malestar digestivo y diarrea, por ejemplo. La lactosa es un azúcar. Pero, este tipo de reacción no es causada por una reacción del sistema inmune. Es causado por una deficiencia de la enzima lactasa que se necesita para digerir la lactosa. Sin un aporte adecuado de la enzima lactasa, la lactosa no digerida (o digerida de forma incompleta) pasará a través del intestino delgado hacia el colon, donde será fermentada por bacterias, resultando en gases, hinchazón, calambres y diarrea.

La producción de la enzima lactasa se ve comprometida siempre que el intestino delgado está inflamado (sí, el intestino delgado también suele estar inflamado cuando la CM se encuentra activa). Aún se puede producir lactasa, pero la cantidad es insuficiente para digerir más que pequeñas cantidades de lactosa. Esto sucede incluso como resultado de la gripe, aunque se trata de una situación de corta duración. Del mismo modo, si la inflamación continúa durante períodos más largos (como sucede con cualquier enfermedad inflamatoria intestinal), los pacientes con CM pueden perder también la habilidad de producir cantidades normales de otras enzimas que son importantes para la digestión de carbohidratos y azúcares.

Eventualmente pueden perder parte de su capacidad de producir enzimas amilasa, celulasa, invertasa (sacarasa), peptidasa, y diastasa de malta (maltasa). Estas, a veces, se llaman enzimas del borde en cepillo porque se encuentran en lo que se conoce como la región del borde en cepillo del intestino delgado.

¿Por qué los programas de tratamiento fracasan a veces?

El revestimiento interno del intestino delgado se encuentra cubierto por unas prolongaciones pequeñas en forma de dedos conocidas como vellosidades, y las vellosidades están cubiertas por unas microvellosidades que facilitan la digestión y el proceso de absorción. Estas microvellosidades son tan pequeñas, que incluso bajo un microscopio parecen "pelos" o "brochas", pero bajo un microscopio electrónico se pueden ver con claridad. La superficie de estas vellosidades está compuesta por una capa de células epiteliales. Los aminoácidos y otros nutrientes, incluidos los péptidos de cadenas cortas, son absorbidos al torrente sanguíneo entre estas células epiteliales, como explicamos anteriormente en este capítulo. Conforme los pacientes con CM siguen perdiendo su capacidad de producir las cantidades suficientes de ciertas enzimas, su habilidad para digerir completamente ciertos alimentos, especialmente los carbohidratos, se vuelve vada vez más difícil.

La capacidad de producir cantidades normales de ciertas enzimas tiende a perderse en un orden definido (en cuanto a las enzimas implicadas), y cuando se resuelve la inflamación, la mayor parte de la habilidad de producir enzimas se restablecerá en el orden inverso en el que se perdieron. La lactasa es la primera enzima que se perderá, y será la última en restablecerse una vez termine la inflamación.

Sin embargo, en muchos casos, la capacidad puede no restaurarse completamente al estado original. Durante los períodos de inflamación, la pérdida progresiva de estas enzimas tiende a causar una fermentación incrementada (de alimentos parcialmente digeridos), resultando en gases, hinhazón y en otros síntomas que son tan familiares para los pacientes con CM.

Para pacientes con CM están contraindicadas las cantidades normales o por encima de los normales de fibra en la dieta. El revestimiento de la mucosa de los intestinos ya de por sí está inflamado, y la fibra irrita y rasga las células en la mucosa, causando inflamación adicional (Eades,

2006, agosto 30).[8] Minimizar la fibra casi siempre es beneficioso a la hora de seleccionar alimentos para una dieta de recuperación.

Demasiada azúcar en la dieta suele ser un problema porque (como ya hemos comentado) cuando el intestino delgado se inflama, se vuelve progresivamente menos capaz de producir cantidades normales de las enzimas necesarias para la digestión de azúcares y carbohidratos complejos. Los edulcorantes artificiales son un problema particular, y prácticamente todos los pacientes con CM parecen reaccionar negativamente a la mayoría de los edulcorantes artificiales, especialmente al aspartamo.

Los condimentos picantes también suelen ser un problema, no solo porque tienden a irritar el intestino, sino también porque se ha demostrado que muchos tipos de productos medicinales de hierbas y especias importados contienen cantidades relativamente grandes de sustancias extrañas indeseables de varios tipos (Posadzki, Watson, & Ernst, 2013, Harris, 31 de octubre de 2013).[9,10] Debido a estos problemas de contaminación y adulteración, puede ser prudente evitar los suplementos herbales durante la recuperación.

El estrés, la dieta, y los medicamentos inhiben la curación.

Normalmente, en las personas sanas, las células epiteliales del intestino delgado se renuevan constantemente cada 4–5 días, pero ese horario puede verse comprometido con una enfermedad inflamatoria intestinal (EII). Está bien documentado que los corticosteroides inhiben la cicatrización, pero investigaciones publicadas muestran que hay evidencias de que la combinación de una dieta convencional y ciertas formas de vida, el uso excesivo de medicamentos en general, y el aumento de los niveles de estrés, tienden a sobrestimular el sistema inmune hasta un nivel crónico, y esto interfiere con la curación (Bosma-den Boer, van Wetten, & Pruimboom, 2012).[11] El sistema inmune se diseñó para tratar los peligros a corto plazo que se presentan de forma rutinaria en la vida diaria, problemas que podrían abordarse con relativa rapidez. No fue diseñado para tener que lidiar con problemas crónicos que no pueden resolverse por completo dentro de un período de tiempo razonable. Para la mayoría de las personas que viven en el complejo mundo de hoy en día, la combinación de demandas de estilos de vida, problemas de salud, y el estrés crónico asociado, obliga al sistema inmune a un estado de actividad constante. No puede completar un proyecto antes de que otro problema urgente requiera su atención.

Según Bosma-den Boer, van Wetten, y Pruimboom (2012), esta condición de funcionamiento comprometido resulta en una inflamación no resuelta, y aumenta de forma significativa el riesgo de una enfermedad crónica. Las probabilidades de que los estilos de vida modernos se vuelvan menos complejos y menos estresantes en cualquier momento cercano parecen extremadamente escasas, por lo que aprender maneras efectivas de controlar el estrés de todo tipo, seguramente será cada vez más importante como medio para salvaguardar y mejorar la salud personal. Profundizaremos con más detalle en el estrés en el capítulo 7, específicamente con respecto a cómo afecta a la colitis microscópica.

¿Por qué algunos pacientes con CM tienen tantas sensibilidades a alimentos?

Esto al parecer sucede porque cuando la digestión se ve comprometida por la inflamación asociada con la enfermedad, muchos alimentos solo son digeridos parcialmente. Aunque la enfermedad se denomina así por su clásica inflamación colonica, también tienden a inflamarse otros muchos órganos en el sistema digestivo. Por ejemplo, el estómago y el intestino delgado están comúnmente inflamados (Koskela, 2011).[12] Y con menos frecuencia, el páncreas puede inflamarse, ya sea por la enfermedad en sí, o por algunos de los medicamentos utilizados para tratar las EII (Pitchumoni, Rubin, & Das, 2010).[13] Cuando estos órganos están inflamados, se limita su capacidad para producir cantidades normales de las enzimas necesarias para digerir varios tipos de alimentos.

Y, si existe un intestino hiperpermeable, el sistema inmune puede verse inundado por la percepción de amenazas debido a todos los elementos "extraños" que pueden terminar en el torrrente sanguíneo, como péptidos de alimentos digeridos de forma incompleta. Como resultado de ello, muchas de esas proteínas pueden ser marcadas como antígenos por el sistema inmune y, las exposiciones futuras provocarán una reacción del sistema inmune.

Por lo tanto, en general, es necesario un intestino permeable antes de desarrollarse sensibilidades a los alimentos.

Ciertas proteínas son mucho más propensas que otras a provocar una respuesta del sistema inmune de este tipo. Pero, en prácticamente todos los casos, antes de que una proteína de la dieta pueda marcarse como un antígeno que provoca la producción de anticuerpos, debe haber un intestino permeable. Por lo tanto, parece muy probable que todas las personas que tienen sensibilidades a alimentos tengan el intestino permeable, o que al menos lo hayan tenido en el pasado (cuando se desarrollaron inicialmente las sensibilidades a los alimentos). Por ello, un intestino permeable está muy relacionado con la colitis microscópica. Por supuesto, es posible tener un intestino permeable sin tener CM, pero parece muy improbable que alguien pueda tener una CM activa, sin tener un intestino permeable.

¿Qué causa realmente un intestino permeable?

Prácticamente todos los organismos (excepto las plantas) producen componentes químicos que pueden antagonizar el sistema digestivo y causar irritación, inflamación, o incluso toxicidad, cuando se ingieren.

¿Por qué los programas de tratamiento fracasan a veces?

Debido a que las plantas evolucionaron sin medios para escapar o salir volando cada vez que un deprededador decida comerlas, se las han arreglado para desarrollar antinutrientes que puedan hacerlas bastante menos atractivas para ciertos organismos depredadores. Los antinutrientes son compuestos químicos que interfieren con la capacidad del cuerpo para absorber los nutrientes esenciales. Normalmente, no son una gran preocupación para la mayoría de las personas, pero pueden convertirse en un problema si se desarrolla malnutrición debido a algún otro problema. Y pueden ser un problema para alguien que sigue una dieta vegana, especialmente si se desarrollan otros problemas digestivos. Las EII suelen incluirse en la categoría de "otros problemas digestivos", por lo que los antinutrientes ciertamente deberían considerarse como un posible factor contribuyente a la inflamación que perpetúa la CM.

Nos enseñan desde la infancia que debemos comer una dieta equilibrada que incluya alimentos variados.

En los Estados Unidos, la mayoría de nosotros crecimos bajo la sombra de la infame Pirámide Alimentaria del gobierno (USDA), que en mi opinión es una de las razones principales por las que hay tantas alergias y enfermedades en aumento hoy en día. Todavía recuerdo cómo mis maestros me recordaban la importancia de la "Pirámide Alimentaria" cuando estaba en la escuela primaria. La pirámide alimentaria recomendaba grandes cantidades de granos (carbohidratos) en la dieta, cantidades moderadas de proteínas, y cantidades mínimas de grasas, especialmente de fuentes animales. Nuestros médicos, las celebridades de Hollywood, y prácticamente todos los demás "expertos" en salud, repetían la misma cantinela errónea y nos martilleaban nuestros cerebros.

Comprendiendo la Colitis Microscópica

Luego vino la campaña del "grano entero", para contrarrestar la evidencia emergente de que los carbohidratos refinados podrían ser la raíz de muchas de las problemas de salud rápidamente crecientes como son la diabetes mellitus, enfermedad cardiovascular, hipertensión y obesidad. Así que no es de extrañar que las prioridades de nuestra dieta se volvieran tan complicadas: nuestro concepto de dieta saludable ha sido corrompido por información de salud bien intencionada pero mal orientada. Eso suena mucho mejor que decir que nos han lavado el cerebro con información errónea de fuentes que deberían saberlo mejor.

Como he mencionado anteriormente en este capítulo, durante un brote de CM, los intestinos están inflamados y la capacidad del intestino delgado para producir cantidades normales de las enzimas necesarias para digerir varios azúcares y carbohidratos puede verse muy limitada. Esto puede hacer que los carbohidratos parcialmente digeridos pasen al colon, donde se verán fermentados por las bacterias, resultando en los síntomas típicos de la CM, como son los gases, hinchazón y diarrea.

Contrariamente a las afirmaciones provinientes de la creencia basada en la "Pirámide de los Alimentos", los carbohidratos son la única categoría de nutrientes que los humanos pueden excluir totalmente de su dieta de manera segura y, sin embargo, seguir perfectamente saludables. En realidad, nuestro cuerpo no necesita carbohidratos en cantidad alguna. Las proteínas y las grasas son componentes esenciales de la dieta, pero los carbohidratos son superfluos. Los carbohidratos (y especialmente los cereales) son una fuente de energía barata, y, como sucede siempre, obtenemos lo que pagamos. La energía barata conlleva un costo para nuestra salud a largo plazo.

Si obtenemos la mayor parte de nuestra energía de proteínas y grasas (en lugar de carbohidratos), podemos evitar estos problemas. Comer demasiada proteína y grasa (combinadas) tiene pocas desventajas, y la investigación actual verifica que no es probable que existan consecuencias importantes (excepto para mejorar la salud), pero comer demasiados carbohidratos ha puesto en peligro la salud de millones y millones de personas. La proteína es esencial para la cicatrización del tejido dañado. La grasa es una fuente mucho más segura que los carbohidratos.

Entonces, ¿qué ofrecen los carbohidratos?

Promueven la deposición de grasa, interrumpen la regulación del azúcar en sangre y otros procesos metabólicos en el cuerpo, y están cargados de lectinas y otros antinutrientes que no solo interfieren en la digestión y promueven la inflamación, sino que algunos también son capaces de causar un aumento en la permeabilidad intestinal. Y, si bien es cierto que muchas verduras, por lo general, son buenas y nutritivas adiciones a la dieta de cualquier persona, de ninguna manera son esenciales/indispensables para una buena salud. Y no están libres de cargas.

Las proteínas curan, mientras que los carbohidratos interrumpen la curación y promueven la inflamación.

Demasiados carbohidratos en la dieta pueden impedir que funcione como es de esperar un programa de recuperación perfectamente diseñado, incluso excluyendo los cereales. Tanto la fibra como las diversas lectinas y los antinutrientes presentes en los vegetales (y especialmente en los cereales) pueden promover y perpetuar la inflamación si sus cantidades combinadas superan el nivel de tolerancia de la persona. De manera que, durante la recuperación, generalmente cuanto menor sea la cantidad de carbohidratos en la dieta, mayor será la probabilidad de lograr la remisión, y antes se alcanzará ese objetivo. Desde el punto de vista de alguien que tiene activa una CM, esto podría resumirse de la forma siguiente:

Después de alcanzar la remisión, (y disminuida la sensibilidad del sistema inmune en el tracto digestivo), por lo general, los niveles de tolerancia de varios antinutrientes deben mejorar. Pero, durante el proceso de recuperación, casi siempre es útil disminuir esos riesgos minimizando la cantidad de antinutrientes en la dieta.

¿Qué tipo de antinutrientes es probable que causen problemas?

Existen muchos tipos diferentes de mecanismos de defensa, pero los ejemplos más destacables tienden a causar síntomas que pueden ser de irritantes hasta tóxicos. Algunos de estos antinutrientes sobre los que se han publicado datos de investigación incluyen (pero no están limitados a) lectinas, quitinas, benzoxazinoides e inhibidores de la amilasa y tripsina (ATIs) Debido a que los depredadores (incluidos los humanos) suelen aprender a evitar las plantas que causan síntomas obvios, esas plantas generalmente se suelen evitar, o ni siquiera se consideran alimento. Son las plantas que causan más síntomas sutiles o tardíos las que tienden a ser más problemáticas, porque la causa del problema puede no ser fácilmente reconocible.

Las lectinas son una causa conocida por causar problemas digestivos.

Se pueden unir a las membranas celulares y pueden hacer que las moléculas de azúcar se unan, un proceso conocido como aglutinación (Sullivan, 5 de octubre de 2016).[14] Hace más de tres décadas, la aglutinina del germen de trigo (en el trigo) era mostrada como una lectina (Kolberg, & Sollid, 1985).[15] Las propiedades aglutinantes del gluten son las que hacen que las moléculas presentes en el pan se peguen y permitan que se amasen. Las lectinas normalmente no se ven afectadas por el ácido gástrico o por las enzimas digestivas, por lo que tienden a permanecer sin digerir. Esto significa que conservan sus propiedades antagónicas mientras pasan a través del sistema digestivo. Pueden unirse a las membranas celulares en las paredes intestinales, arterias y órganos, lo que provoca irritación y posible daño celular.

¿Las lectinas pueden causar un intestino permeable?

Por supuesto, debido a que la aglutinina es una lectina. Esto implica que, al menos algunas lectinas puedan causar un intestino permeable. Algunas de las fuentes más comunes de lectinas son los granos, las legumbres, los lácteos, y las solanáceas. Y, probablemente no sea una coincidencia que 8 de los alérgenos más comunes (trigo, lácteos, soja, huevos, maní, nueces, pescado y marisco) contengan algunas de las cantidades más altas de lectinas. Las lectinas probablemente son la razón principal por la que una dieta baja en carbohidratos funciona tan bien para prevenir la acidez estomacal, la enfermedad por reflujo gastroesofágico (ERGE), y, a veces, otras enfermedades del sistema digestivo (porque una dieta baja en carbohidratos reduce la ingesta de lectinas). Afortunadamente, los problemas causados por muchas lectinas a menudo pueden minimizarse mediante métodos de cocción adecuados, pero algunos de ellos no pueden degradarse lo suficiente al cocinarlos, por lo que siguen causando problemas a muchos individuos.

Ciertos carbohidratos (concretamente los mono y oligosacáridos) pueden unir lectinas específicas e impedir que se adhieran a las membranas celulares (Sullivan, 5 de octubre de 2016). La N-acetilglucosamina (también conocida como N-acetil-D-glucosamina, GlcNAc, o NAG) es una enzima que se produce de forma natural en el cuerpo. Es el objetivo principal de unión de la lectina del trigo. Por lo tanto, parece razonable sospechar que podría ser la razón por la cual los compuestos de glucosamina tienen la capacidad de proteger las células en los cartílagos y posiblemente en los intestinos del daño inflamatorio asociado con la artritis inducida por el gluten. Si las lectinas se unen a un suplemento de glucosamina, no pueden unirse a las células en el cuerpo. Esto implica que los síntomas de artritis asociados con la CM y otras EII puedan reducirse tomando un suplemento de glucosamina de venta libre. En la práctica, muchos pacientes con CM y otros que sufren de artritis inducida por el gluten han descubierto que la glucosamina realmente ayuda a aliviar los dolores en las articulaciones.

La capa externa (exoesqueleto) de los insectos y crustáceos está compuesta por un polímero conocido como quitina.

Algunas autoridades afirman que, debido a que las quitinas consisten principalmente en polímeros de n-acetil-glucosamina (el objetivo principal de unión de la lectina del trigo), son funcionalmente equivalentes al gluten de trigo (Mercola, 5 de julio de 2011).[16] Si ese es el caso, entonces, los alimentos que contienen cantidades significativas de quitina, como la cebada, el centeno, el arroz, el tomate y la patata, deben causar problemas digestivos importantes. Y, por supuesto, la cebada y el centeno causan el mismo daño intestinal y síntomas clínicos que el trigo (porque están estrechamente relacioniados con el trigo).

Pero, para la mayoría de las personas (incluidos los pacientes con CM) de todos los granos, el arroz blanco suele ser el que provoca menos inflamación o problemas digestivos. No se puede decir lo mismo del arroz integral. La diferencia entre el arroz integral y el arroz blanco principalmente es la cáscara, que se elimina del arroz blanco. Y, por supuesto, la cáscara contiene la mayoría de las quitinas. Muchos pacientes con CM no toleran bien los tomates, pero esto podría ser debido a que en realidad son cítricos, y la mayoría de los pacientes con CM no toleran bien los cítricos. Si bien las patatas causan problemas digestivos a algunos pacientes con CM, muchos las pueden tolerar bastante bien. Entonces, en el mundo real, aunque las quitinas podrían ser un problema para algunos, pueden o no ser una categoría de antinutrientes que causan un nivel significativo de problemas digestivos para la mayoría de las personas (o la mayoría de los pacientes con CM).

¿Las quitinas provocan un intestino permeable?

En base a los efectos en el sistema digestivo por parte de alimentos que contienen cantidades significativas de quitina, parece ser que aún no está todo decidido, porque la evidencia basada en los alimentos al parecer no es concluyente. Ya sabemos que la cebada y el centeno causan un intestino permeable, pero no se ha demostrado que lo hagan el arroz, la patata y el tomate.

Sin embargo, ciertos organismos patógenos que, en ocasiones, invaden el sistema digestivo podrían ser ejemplos de cómo las quitinas pueden causar un intestino permeable. Todos los hongos patógenos contienen quitinas en sus paredes celulares (Lenardon, Munro, & Gow, 2010).[17] La pared externa del miocelio (raíces o tubos de alimentación) de la Candida albicans están compuestas por quitinas. Y, es bien conocido que las raíces de la Candida penetran en la capa epitelial de los intestinos humanos. También es bien sabido que la Candida causa un intestino permeable. Por lo tanto, no hay dudas de que ciertas situaciones asociadas con las quitinas conducen a un intestino permeable.

Los granos germinados son promocionados por muchos como beneficiosos para la salud.

Pero, Mercola (5 de julio de 2011) advierte sobre los peligros de los granos germinados, destacando que contienen benzoxazinoides (Bas), conocidos por ser una toxina, y el trigo germinado contiene algunas de las cantidades más altas de lectina del trigo. Si bien es cierto que los granos de cereales (incluidos el trigo, el arroz y el maíz) contienen Bas que se utilizan como mecanismo de defensa principalmente contra ciertas plagas de insectos y malezas competidoras, el centeno tiene, con mucho, el efecto más potente (Makowska, Bakera, & Rakoczy-Trojanowska, 2015).[18] El maíz puede causar problemas digestivos para un porcentaje relativamente pequeño de personas, pero en comparación con otros alimentos que se sabe que causan problemas digestivos significativos, el maíz parece encontrarse en la parte más baja de la escala general.

¿Los benzoxazinoides causan un intestino permeable?

Si bien parece que no existen pruebas médicas que así lo avalen, su presencia ciertamente no mejora la digestión en modo alguno. Y, es posible que el estrés adicional que imponen sobre el sistema digestivo, cuando se agrega a los problemas acumulados causados por otros antinutrientes en los mismos alimentos, o en otros alimentos en la dieta, al menos pueda contribuir al desarrollo de un intestino permeable.

¿Los inhibidores de la amilasa tripsina causan un intestino permeable?

La enzima amilasa es producida y utilizada por el cuerpo para digerir los carbohidratos, y la enzima tripsina es producida y utilizada por el cuerpo para digerir las proteínas. Se sabe desde hace décadas que las legumbres (incluidos varios tipos de alubias y soja) contienen no solo lectina, sino también inhibidores de la amilasa y la tripsina (Savelkoul, van der Poel, & Tamminga, 1992).[19] Pero, datos de investigación más recientes publicados por Junker et al. (2012) han demostrado una asociación entre los inhibidores de la tripsina amilasa del trigo y la activación del receptor 4 tipo Toll (TLR4).[20] Se sabe que el TLR4 promueve la inflamación.

Este descubrimiento ha despertado un renovado interés en la causa de la enfermedad celíaca. En Internet incluso hay blogs que afirman que el gluten no es la causa de la enfermedad celíaca. En cambio, se afirma que los responsables son los inhibidores de la tripsina amilasa. Al menos un blog afirma que la enfermedad celíaca se debe a las técnicas de reproducción selectiva utilizadas hace medio siglo para crear cambios genéticos en el trigo destinados a mejorar la resistencia de las plagas.

Si bien eso suena como una observación plausible, ignora totalmente la historia de la medicina.

La enfermedad celíaca se describió por primera vez en la literatura médica hace aproximadamente unos 2.000 años, no hace 50 años (Guandalini, 2007, verano. p. 1).[21] De hecho, antes de la década de 1920, la comunidad médica no tenía la menor idea de la causa de la enfermedad celíaca, por lo que desconocían cómo debería tratarse. Para una enfermedad relativamente simple (sensibilidad al gluten), con una cura simple (evitar el gluten), ¿por qué la comunidad médica ha tardado casi 2.000 años en resolverlo y por qué todavía no están seguros de haberlo descubierto?

La activación del TLR4 ha demostrado causar un intestino permeable.

Hace tiempo que se sabe que la exposición crónica al alcohol aumenta la permeabilidad intestinal, y Li et al. (2013) mostraron que el mecanismo por el cual esto ocurre está asociado con la activación del TLR4.[22]

> *El tratamiento crónico con etanol elevó significativamente los niveles de endotoxinas en sangre, la permeabilidad intestinal, y la expresión de TLR4 en el ileon y el colon. Además, la exposición al etanol redujo la distribución de ocludina en el epitelio intestinal debido a la activación de PKC. En conclusión, la exposición crónica al etanol induce una alta respuesta de TLR4 al lipopolisacárido (LPS), y el TLR4 aumenta la permeabilidad intestinal a través de la regulación negativa de la expre-*

sión de ocludina fosforilada en la barrera epitelial intestinal, acompaña-
da de hiperactividad de la membrana PKC hiperactiva. (p. 459)

Por lo tanto, los inhibidores de tripsina-amilasa promueven el intestino permeable.

Parece ser que es probable que las lectinas, quitinas, benzoxazinoides, inhibidores de tripsina-amilasa, y posiblemente otros antinutrientes puedan desempeñar un papel en el desarrollo del intestino permeable. Queda por ver si sus respectivos efectos individuales son los contribuyentes principales al desarrollo de la enfermedad del sistema digestivo, o si resultan ser relativamente insignificantes. Pero, hay algo que sabemos con certeza: los granos están asociados con todos estos problemas y las legumbres están relacionadas con la mayoría de los factores desencadenantes más potentes, como las lectinas y los inhibidores tripsina-amilasa. En vista de todas las formas posibles por las cuales se puede inducir a un intestino permeable por medio de los alimentos que comen la mayoría de las personas cada día, ¿acaso sorprende que las sensibilidades alimenticias sean tan comunes?

Se ha demostrado que el TLR4 está asociado con las EII.

La asociación de los inhibidores de tripsina-amilasa con la activación de TLR4 parece tener un significado especial para los pacientes con EII. En datos de investigación publicados en 2005, Oostenbrug et al. demostró que el TLR4 está asociado tanto con la enfermedad de Crohn como con la colitis ulcerosa.[23] Utilizando ratones que habían sido modificados genéticamente para sobreproducir la forma activa de TLR4 en el epitelio del intestino, Fukata et al. (2011) mostraron que esta característica aumentaba la vulnerabilidad de los ratones a la colitis inducida químicamente.[24] Los ratones que han sido modificados genéticamente para sobreproducir TLR4 son conocidos como ratones vellosidades n-TLR4.

Además, Fukata et al. (2011) concluyeron que la regulación de los receptores tipo Toll afecta al resultado de ambas formas de colitis y de los cánceres asociados y, por lo tanto, podría tener el potencial de ayudar a prevenir o tratar las colitis y los cánceres de los que se haya demostrado estar asociados con las EII.

El descubrimiento de que los inhibidores de la tripsina-amilasa provocan la activación de la inflamación basada en TLR4 valida completamente la sensibilidad al gluten no celíaca.

Queda por ver si la propensión de los inhibidores de la tripsina-amilasa a activar el TLR4 resulta ser el mecanismo principal por el cual el trigo promueve el patrón de inflamación conocido como enfermedad celíaca. Pero, independientemente de si ese es el caso o no, los posibles efectos inflamatorios no solo de los inhibidores de la tripsina-amilasa, sino posiblemente de todos los antinutrientes mencionados aquí, deberían aplicarse igualmente a la sensibilidad no celíaca. ¿Por qué? Porque el TLR4 forma parte del sistema inmune innato. Eso lo convierte en un agente infamatorio de igual oportunidad, independientemente de los genes HLA-DQ2 y HLA-DQ8 asociados comunmente con la enfermedad celíaca. En otras palabras, no es necesario que el sistema inmune desarrolle una sensibilidad a los alimentos que provocan una respuesta del TLR4 porque todos los humanos nacen con esta sensibilidad.

En apoyo de la afirmación anterior (sobre la capacidad de otros antinutrientes para provocar una respuesta innata del sistema inmune), debe tenerse en cuenta que tanto las lectinas como las quitinas se unen al TLR4 (Unitt, & Hornigold, 2011, Koller, Müller-Wiefel, Rupec, Korting, & Ruzicka, 2011).[25,26] Esto bien podría ser el punto de partida para la comprensión y tratamiento de la enfermedad inflamatoria intestinal y las enfermedades autoinmunes en general, porque todas están asociadas con las consecuencias inflamatorias de las sensibilidades alimenticias.

¿Las enfermedades inflamatorias inestinales son contagiosas?

Investigaciones recientes de Dheer et al. (2016) han demostrado que el aumento de la señalización de TLR4 se asocia con un aumento de la población y translocación de las bacterias intestinales, y con aumento de la permeabilidad intestinal.[27] Los efectos sobre las características de las bacterias intestinales implican que una mayor activación de TLR4 podría proporcionar el mecanismo necesario para corroborar la teoría, tan largamente sostenida, de que las EEI pueden ser el resultado de una infección bacteriana. Y sugiere la posibilidad de transmisión infecciosa.

Durante décadas, la comunidad médica ha negado que las EEI puedan ser transmitidas de un individuo a otro, pero la experiencia muestra que – si bien no es algo común – existen numerosos ejemplos de casos en los que más de un miembro de un hogar ha desarrollado una EII. Con la CM, por ejemplo, no solo existen casos múltiples de EII en algunos hogares, sino que hay ejemplos de casos en los que la enfermedad parece que posiblemente se ha transmitido de un humano a una mascota. En realidad, la CM es algo común en los perros. Aunque las apariencias puedan ser engañosas, y ciertamente es posible que todos estos casos sean meras coincidencias, vale la pena mencionar que Dheer et al. (2016) destacaron que:

Curiosamente, los ratones WT que convivían con ratones vellosidades n-TLR4 mostraron una mayor susceptibilidad a la colitis aguda que los ratones WT alojados individualmente. Los resultados de este estudio sugieren que la expresión epitelial de TLR4 da forma a la microbiota y afecta a las propiedades funcionales del epitelio. Los cambios en la microbiota inducidos por el aumento de la señalización epitelial de TLR4, son transmisibles y exacerban la colitis inducida por dextrano sulfato de sodio. Juntos, nuestros hallazgos implican que la señalización inmune innata del huésped puede modular las bacterias intestinales y, en última instancia, la susceptibilidad del huésped a la colitis. (p. 798)

Los ratones WT son ratones de "Tipo Salvaje" (sin modificaciones genéticas). Los ratones vellosidades n-TLR4 están modificados genéticamente para sobreexpresar TLR4, haciéndolos altamente vulnerables a la colitis y a los efectos fisiológicos de la colitis. Si bien no es evidencia concluyente, esta investigación ciertamente sugiere que la susceptibilidad a la colitis, si no la enfermedad en sí misma, puede aumentar por el contacto cercano con alguien que no necesariamente tiene colitis, pero que es altamente susceptible a la colitis. Esto abre la puerta potencialmente a posibles efectos contagiosos, aunque claramente el riesgo (si es que existe) debe de ser bajo, ya que de lo contrario, la transmisión de EII entre los humanos sería algo común.

Elaborar una dieta para evitar los efectos de los antinutrientes más potentes puede resultar siendo todo un desafío.

Con tantas fuentes posibles de inflamación ocultas en muchos de los alimentos que tradicionalmente han constituido una parte importante de la mayoría de las dietas, seleccionar alimentos para evitar tales efectos inflamatorios puede ser difícil. Y, debido a las características individuales del sistema inmune, es muy probable que cada uno de nosotros pueda verse afectado en diferentes grados por antinutrientes diversos. Esto añade otro grado de dificultad a la tarea de seleccionar alimentos adecuados para una dieta de recuperación segura para pacientes con CM.

Para que una dieta evite con eficacia la inflamación generada con cada comida, se deben evitar todas las fuentes importantes de inflamación.

Esto incluye no solo los alimentos que hacen que el sistema inmune produzca anticuerpos, sino que puede haber antinutrientes que produzcan inflamación para los cuales no hay pruebas de anticuerpos disponibles. En este punto, solo podemos adivinar (debido a disponibilidad inadecuada de datos de investigación), pero los antinutrientes pueden ser una razón importante por la que algunos pacientes con CM no pueden lograr la remisión a pesar de seguir una dieta muy limitada que normalmente traería la remisión para otros pacientes con CM.

Eliminar el gluten de la dieta es una "obviedad".

El período neolítico de nuestra historia evolutiva generalmente se considera el amanecer de la agricultura. Chris Kressor señala que antes de que el trigo y sus parientes se convirtieran en parte de la dieta humana durante el período neolítico, enfermedades como la diabetes mellitus, las enfermedades cardíacas y las enfermedades autoinmunes en general, eran raras o no existían en absoluto.[28] Los humanos eran naturalmente delgados y físicamente en forma. La fertilidad no era un problema. Se dormía con facilidad y no se sabía que enfermedades como el Alzheimer y la osteoporosis formaran parte del envejecimiento. La evidencia antropológica (el estudio de la humanidad) indica que esto es cierto. Por lo tanto, hay buenas razones por las cuales el gluten debe eliminarse de la dieta de todos, no solo de las dietas de las personas que han descubierto que son extremadamente sensibles a él.

La dieta humana se volvió mucho menos nutritiva cuando empezó el período neolítico de nuestra historia evolutiva, y esa tendencia se ha acelerado durante los últimos 50–60 años.

Tenga presente que todos los productos lácteos son un alimento neolítico (junto con el trigo y todos los demás granos, y la soja). Los seres humanos definitivamente no necesitan ningún alimento neolítico para mantener una buena salud. Los registros arqueológicos (fósiles) muestran que, en general, cuando comenzó el período neolítico, la robustez y la salud general de los humanos disminuyeron significativamente. Los humanos evolucionaron comiendo una dieta paleo. Nuestros antepasados paleolíticos eran mucho más grandes, fuertes, y saludables que todos los humanos que han vivido desde entonces. En su mayor parte, todos los alimentos neolíticos son perjudiciales para la salud, independientemente de lo que puedan afirmar muchos defensores de la salud. No debería sorprender que seleccionar alimentos para una dieta de recuperación básicamente implique evitar los alimentos neolíticos.

¿Cómo se pueden seleccionar alimentos seguros para una dieta de recuperación?

Debido a que las sensibilidades a alimentos y medicamentos de los pacientes individuales tienden a ser tan diferentes, las necesidades dietéticas de los pacientes con CM pueden variar ampliamente. Elaborar una dieta que sirva para todos es virtualmente imposible. No obstante, utilizar los datos que hay disponibles en los archivos de un foro de conversación y apoyo de colitis microscópica, que se ha enfocado desde hace más de una década en controlar los síntomas de la CM mediante cambios en la dieta, facilita la selección de alimentos.[29] Como la mayoría de las personas que están familiarizadas con el uso de Internet y de las redes sociales para buscar soluciones ya conocen, compartir experiencias

Comprendiendo la Colitis Microscópica

reales puede ofrecer una información invaluable y que no se puede obtener en ningún otro lugar.

Los alimentos naturales, cocinados desde cero con sal como el único condimento, tienden a brindar remisión y curación de manera mucho más confiable que las dietas más complejas que incluyen alimentos procesados comercialmente, salsas, u otros condimentos. Una dieta de recuperación debe considerarse medicina, no un regalo gourmet. La mayoría de los pacientes con CM parecen reaccionar a ciertos alimentos específicos, mientras que otros alimentos prácticamente son tolerados universalmente. Y, por supuesto, hay muchos alimentos entre esos extremos que pueden ser seguros para muchos pacientes, pero esto se determina mejor después de lograr la remisión. Si se incluye una mala selección de alimentos en una dieta de recuperación, entonces es posble que nunca se consiga una recuperación. Entonces, obviamente, solo los alimentos que rara vez causan problemas a alguien deben considerarse para una dieta de recuperación, y la experimentación con otros alimentos debe posponerse hasta que el sistema digestivo vuelva a funcionar normalmente.

Resulta tentador añadir variedad, pero esto introduce el riesgo de agregar uno o más alimentos que podrían echar por tierra el propósito de la dieta al impedir la remisión. En lugar de tratar de añadir variedad agregando alimentos adicionales, mantenga pequeñas las opciones de alimentos y agregue variedad preparándola de diferentes maneras. Si, por ejemplo, se selecciona el pavo como fuente primaria de proteína, se puede hornear, asar a la parilla, freír, picar y comer como salchichas o como empanadas, o en sopas o estofados. La carcasa, el cuello, otras partes sobrantes e incluso las patas, se pueden usar para hacer un caldo casero nutritivo que se puede usar para hacer sopa o para cocinar verduras. El caldo agregará nutrientes que son muy beneficiosos para la curación.

¿Por qué los programas de tratamiento fracasan a veces?

Todas las verduras deben cocerse en exceso para facilitar la digestión. La mayoría de las personas que tienen CM pueden tolerar verduras como las zanahorias, calabazas y batatas. El brócoli generalmente es seguro, pero puede causar flato, por lo que para aquellos que tienen problemas para deshacerse de los gases, el brócoli podría no ser una buena opción. Es necesario minimizar la fibra y el azúcar, por lo que es más seguro consumir mucha carne y comer porciones pequeñas de verduras.

La fruta generalmente se encuentra cargada de fibra y azúcar, y el tipo de azúcar presente en la fruta (fructosa) tiende a ser más difícil de digerir, especialmente cuando la CM se encuentra activa. En otras palabras, la fruta conlleva el riesgo de un golpe doble, tanto de fibra como de azúcar, por lo que es necesario minimizar la fruta en una dieta de recuperación. Por lo general, no es necesario evitar totalmente la fruta bien cocida, pero la cantidad por porción generalmente se debería minimizar. La mayoría de los pacientes con CM pueden tolerar bien los plátanos/bananas, y los plátanos/bananas son la única fruta cruda que que generalmente es segura para ser incluida en una dieta de recuperación. Sin embargo, no todos pueden tolerar los plátanos/bananas, por lo que no es una opción universalmente segura. Y, si se comen demasiados, es posible ingerir un exceso de fibra.

Generalmente, cuanto más simple y blanda sea la dieta, y cuanto menor sea su contenido en fibra y en azúcar, habrá más probabilidades de que se produzca una recuperación, y existen más probabilidades de que sea más bien pronto que tarde. Las dietas de recuperación que evitan todos los granos y todas las legumbres, tienen las mayores probabilidades de lograr una remisión exitosa. El azúcar debería minimizarse en la dieta y deberían evitarse todos los edulcorantes artificiales (excepto los edulcorantes con base de estevia). El arroz suele ser el grano que probablemente se tolere más, pero no todo el mundo tolera el arroz, por lo que debe tenerse en cuenta si la dieta no produce señales significativas de mejora tras un tiempo razonable. Si el arroz forma parte de la dieta de

Comprendiendo la Colitis Microscópica

recuperación, el arroz blanco debería reemplazar al arroz integral. El arroz blanco contiene significativamente menos fibra que el arroz integral.

La definición de "un tiempo razonable" para una recuperación, varía por individuos. Algunos pacientes verán mejoras en solo un par de semanas, mientras que otros necesitarán 6 meses o más para que se produzca una curación sustancial. La severidad de los síntomas no parece estar muy relacionada con los tiempos de recuperación. Algunos pacientes tienen más daño intestinal que otros, y otros factores varios (incluyendo los desconocidos) podrían complicar el asunto, de forma que el tiempo de recuperación puede variar ampliamente. Se ha sabido de algunos pocos pacientes que han necesitado de un año o más para alcanzar la remisión.

Algunas personas son sensibles al pollo, por lo que el pavo suele ser la opción más segura durante la recuperación. Prácticamente nadie reacciona al pavo. La carne de res es un problema para algunos, y un porcentaje pequeño de pacientes con CM no pueden tolerar la carne de cerdo. Por lo tanto, una opción más segura es el cordero, porque la sensibilidad al cordero es extremadamente rara. Esto mismo se aplica también a la carne de venado, ganso, pato, faisán, conejo, codorniz y otras carnes silvestres: prácticamente todos los pacientes con CM pueden tolerar esas carnes de manera segura. Y el animal de caza en realidad no tiene que ser salvaje. La carne de los animales de caza criados en granjas de caza o en granjas suele ser tan segura como la carne de animales que deambulan por la naturaleza.

La carne de res parece ser la carne domesticada más probable en causar problemas, y para aquellos que son sensibles a la carne de res, el bisonte también suele ser un problema porque en la actualidad, la mayoría de los bisontes transportan ADN del ganado doméstico. Esto es cierto porque en los últimos años del siglo XIX, después de que el gobierno de los EE.UU promoviera el exterminio de las vastas manadas de bisontes del oeste estadounidense para obligar a los indios indígenas americanos a someterse a renunciar a su libertad para que pudieran ser trasladados a reservas remotas, el número de bisontes fue tan bajo durante varias décadas que muchos de ellos se cruzaron con el ganado doméstico. Además, los ganaderos de bisontes, ocasionalmente cruzan bisontes con ganado doméstico para contrarrestar los efectos adversos para la salud de muchas generaciones de endogamia debido al reducido tamaño del rebaño.

Muchos pacientes con CM son sensibles a la albúmina (la clara del huevo) de los huevos de gallina. Algunas personas descubren que son capaces de comer huevos de pato, de codornices, gansos o pavos. Si bien esto puede ser una opción, generalmente es mejor esperar hasta después de alcanzar la remisión antes de experimentar con tipos alternativos de huevos, en lugar de poner en peligro las posibilidades de recuperación. Es algo común que los pacientes con CM reaccionen al atún y al salmón, y posiblemente a otro tipo de pescado (pero no necesariamente a todo el pescado), pero el marisco suele ser una opción segura (excepto cuando existe una alergia preexistente a ello). La quinoa suele ser un alimento seguro, pero algunas marcas están contaminadas con gluten. Este problema normalmente se puede evitar comprando una marca de quinoa kosher.

¿La fruta y la verdura en polvo son más fáciles de digerir que las verduras y frutas enteras?

Los problemas principales con las frutas y verduras son la fibra, fructosa y los alcoholes de azúcar. La mayoría de los pacientes con CM pueden tolerar cantidades de pequeñas a moderadas de ciertas verduras y de algunas frutas, siempre y cuando se pelen (la piel suele contener la mayor parte de la fibra) y se cocinen en exceso para que sean más fáciles de digerir. La mayoría de los pacientes con CM generalmente toleran las zanahorias, la calabaza, la coliflor, las batatas y las judías verdes (aunque son legumbres). Los plátanos suelen ser seguros, y muchos pacientes pueden tolerar peras, manzanas, melocotones, etc. Lo prudente es limitar la cantidad total consumida porque todo el mundo tiene su propio límite de tolerancia para la cantidad de fibra, fructosa, y alcoholes de azúcar que puede tolerar durante la recuperación.

Hablamos sobre este tema en las páginas 10–11, el intestino delgado tiene una habilidad muy limitada para producir las enzimas necesarias para digerir los distintos carbohidratos (azúcares) mientras se encuentra inflamado. Conforme disminuye la inflamación y el intestino se cura, la habilildad para producir estas enzimas vuelve lentamente, aunque podría no recuperarse de manera suficiente como para ser capaz de permitir la producción de cantidades normales de enzimas. Pero, el proceso de curación tiende a ser mucho más lento de lo que se imagina la mayoría de la gente. Y retar al sistema digestivo de forma regular puede retrasar la curación.

Las verduras o frutas en polvo aún contienen la misma cantidad de fibra y azúcares que las verduras o frutas enteras y naturales, por lo tanto, ¿por qué no comerse estos alimentos en su estado natural y evitar los riesgos del procesado? Casi siempre es mucho mejor (y mucho más seguro), ingerir los nutrientes de los alimentos reales (naturales), como pretende la naturaleza, en lugar de los productos comerciales altamente procesados.

De forma similar a sustituir los huevos de gallina por huevos de pato, existen otras opciones posibles para sustituir la leche de vaca.

Muchos pacientes con CM han considerado utilizar leche de oveja o de cabra en lugar de la leche de vaca, especialmente para el queso. Pero, desgraciadamente, nadie ha podido encontrar un tipo de leche o de queso seguro, ni ningún otro tipo de producto lácteo que provenga de ningún tipo de vacas, cabras, u ovejas. Es probable que la leche de los camélidos (camellos, alpacas, guanacos, llamas, y vicuñas) sea segura, porque son genéticamente diferentes de todos los demás mamíferos productores de leche. También es posible que la leche equina (caballos, burros, asnos, zebras, etc.) pueda ser segura, pero encontrar una fuente con esto productos es extremadamente difícil en la mayoría de los lugares del mundo. Por lo tanto, la mayoría de los pacientes con CM utiliza leche de coco, leche de almendras, leche de arroz, o alguna otra leche fabricada como sustituto de la leche de vaca.

En muchos casos, la colitis microscópica tiende a ser una enfermedad debilitante.

Uno de los problemas que no comprende prácticamente nadie, a menos que realmente tenga la enfermedad, es cómo la colitis microscópica afecta negativa y profundamente la mentalidad y calidad de vida del paciente. Debido a los implacables y deshumanizantes síntomas de la enfermedad, la dignidad, la confianza y el respeto propio se mantienen como rehenes mientras la enfermedad se encuentra activa. Los ambiciosos proyectos y planes de viaje a menudo tienen que quedar en suspenso. En los casos difíciles, recuperar el control y restaurar la confianza puede requerir una lucha larga y difícil. Y, en algunos casos, la remisión podría seguir siendo difícil de alcanzar, a pesar del trabajo arduo y la dedicación a los protocolos de tratamiento que han demostrado ser efectivos para otros pacientes.

Como muchos de los que tienen la enfermedad han aprendido por su propia experiencia, si los síntomas permanecen incontrolados, la colitis microscópica puede ser implacable. Vivir con ella tiende a ser un desafío que altera la vida de forma que a menudo incluye algunos días francamente miserables. Es bien sabido que muchos problemas diferentes que pueden causar inflamación intestinal crónica pueden conducir al desarrollo de la enfermedad. Y, desafortunadamente, la CM sigue siendo relativamente poco entendida por muchos profesionales médicos convencionales. En consecuencia, cuando los pacientes no responden a los programas de tratamiento convencionales, generalmente se desconocen las causas del fallo del tratamiento. Esta falta de información solo puede aumentar la incertidumbre y el estrés, resultando en una pérdida adicional de confianza y en temor por lo desconocido.

Muchos gastroenterólogos no tienen un buen conocimiento de la enfermedad.

La inexperiencia con la enfermedad, una asunción incorrecta de que la dieta no desempeña un papel vital en la inflamación que caracteriza la enfermedad, y un fallo de comunicación con los pacientes han sido los mayores obstáculos a los que se han enfrentado los gastroenterólogos en sus intentos de tratar a los pacientes con CM. El sentido común dicta que la dieta importa en todas las EII. Del mismo modo que la calidad del aire que se respira determina el riesgo de una enfermedad de pulmón, los tipos de alimentos ingeridos determinan los niveles de inflamación en el sistema digestivo.

Sin embargo, incluso hoy en día hay muchos gastroenterólogos que todavía creen incorrectamente que la dieta tiene poco que ver con las EII. ¿Por qué hacen tal suposición? Aparentemente simplemente porque cuando se describió la enfermedad por primera vez, ningún investigador se molestó en publicar alguna prueba de que la dieta sí que afecta a la inflamación en el sistema digestivo. A pesar de que ahora se han publicado pruebas de que las EII pueden controlarse solo con cambios en la dieta, muchos gastroenterólogos no han corregido su conocimiento de trabajo, por lo que continúan cometiendo el mismo error.

A muchas personas les resulta muy difícil seguir una dieta muy limitada.

Pero, la variedad en una dieta de recuperación casi siempre es contraproducente. Crecemos pensando que mientras evitemos la comida conocida como "comida basura", cuanta más amplia sea la variedad de alimentos que comamos, más saludables estaremos. Nos hemos acostumbrado a poder comprar una gran variedad de alimentos, que prácticamente están disponibles durante todo el año. Pero, esto no siempre ha sido así. Anteriormente, hace aproximadamente unos cientos de años, las selecciones de alimentos eran mucho más limitadas. E incluso hace un par de generaciones, nuestros abuelos y nuestros tatarabuelos, tenían mucha menos variedad en su dieta de lo que hay disponible hoy en día.

Nuestros antepasados del paleolítico comían cualquier cosa que pudieran matar, coger, atrapar, encontrar en los árboles y arbustos, o desenterrar del suelo. La mayoría de las tribus comían los mismos alimentos básicos que los indígenas de la región que, en ocasiones, variaban según la estación del año. En algunas áreas, eso equivalía a una selección muy limitada de alimentos. Durante las sequías u otros tiempos difíciles, las selecciones podían ser extremadamente limitadas.

Nuestros primeros antepasados del neolítico comían una selección muy limitada de alimentos debido a la escasez de caza salvaje y a las características del monocultivo que domonaba la agricultura cuando se desarrolló por primera vez. Y este patrón continuó para la mayoría de las personas durante miles de años. Las sociedades primitivas que sobrevivieron en la selva como cazadores-nómadas hasta hace uno o dos siglos, por lo general, comían una dieta con una variedad muy limitada.

Al principio, hacer cambios tan dramáticos en la dieta parece desafiante y poco atractivo.

Adaptarse a los cambios necesarios en el estilo de vida puede ser difícil, especialmente porque existen pocos incentivos a nivel social para hacer esos cambios. En cambio, es común sentirse forzado a hacer esos cambios solo para satisfacer las demandas del propio cuerpo. Esto puede crear una atmósfera desagradable de resentimiento hacia el propio cuer-

Comprendiendo la Colitis Microscópica

po. Nosotros (tal vez de forma subconsciente) podemos culpar a nuestro cuerpo por tratar de destruir nuestra vida social.

Explicar a nuestros amigos y familiares, una y otra vez, las razones por las que no podemos unirnos a ellos en las comidas, en muchos de los restaurantes en los que acostumbrábamos a disfrutar juntos de una agradable comida, tiende a ser avergonzante y frustrante. Puede que nos sintamos secuestrados por nuestro propio cuerpo, debido a la enfermedad.

Pero, el cuerpo humano es muy flexible y pronto se adapta a los cambios. Lo que una vez pareció extraño y difícil, finalmente se convierte en algo normal y rutinario. Y el refuerzo positivo que resulta de sentirse mucho mejor, debido a los cambios en la dieta, ayuda a crear el incentivo necesario para seguir una dieta curativa.

Cuando se empieza una dieta de eliminación, se debe decidir si eliminar todos los alimentos que pueden causar sensibilidades alimenticias desde el principio, o solo eliminar el gluten y los lácteos y después ir eliminando alimentos más tarde, si fuera necesario. Existen ventajas y desventajas obvias en ambas opciones, pero las diferencias principales están en que simplemente evitando el gluten y los lácteos desde el principio, es mucho más fácil que adoptar una dieta de eliminación completa, y esto se equilibra con una probabilidad significativamente menor de lograr con éxito la remisión antes.

Cualquiera de los dos métodos se puede usar con éxito, siempre y cuando uno no se desanime cuando fracasen varios enfoques dietéticos. El mayor problema al evitar solo el gluten y los lácteos se encuentra en lo fácil que es cometer el mayor error al suponer que evitando estos dos alimentos durante unas semanas y no entrar en remisión, la sensibilidad a ellos no debe ser un problema (cuando en realidad sí que lo es).

Evite caer en esa trampa, porque podría no lograr la remisión nunca si se permite cometer ese error. Está bien comenzar la dieta de esa manera, pero una vez ha empezado a evitar un alimento, nunca, nunca lo añada de nuevo a su dieta, o contrarrestará los esfuerzos que haga a partir de entonces, si resulta ser sensible a ello. Esto es debido a que mientras siga reaccionando a ello, es imposible que pueda reconocer si es sensible a un alimento o no, a menos que la reacción se detenga. Mientras dure la reacción, no tiene manera de averiguarlo. Recuerde que solo podemos conseguir una remisión estable si eliminamos *todos* los alimentos de nuestra dieta que hacen que nuestro sistema inmune produzca anticuerpos.

Por lo tanto, si elije seguir ese camino hasta lograr la remisión, debe continuar retirando alimentos de su dieta, pero no añada nunca un alimento de nuevo hasta después de encontrarse en una remisión estable durante un tiempo. Después de estar en remisión, entonces podrá volver a probar los alimentos que eliminó para comprobar si es sensible a ellos en la actualidad. Esto suele significar que una dieta de eliminación completa sea un camino más rápido hacia la remisión, dado que se salta todos o la mayoría de los experimentos.

Algunas personas que adoptan una dieta restringida se quejan de pasar hambre y de perder peso.

Quitan los alimentos de su dieta, pero siguen comiendo aproximadamente la misma porción de comida de los alimentos que permanecen en su dieta. Es fácil olvidar que a medida que eliminamos alimentos de la dieta, es necesario comer porciones más grandes de los pocos alimentos que quedan en la dieta para mantener una ingesta calórica similar. En otras palabras, para evitar la pérdida de peso, la ingesta de calorías debe mantenerse simplemente comiendo más de los alimentos que se sabe son seguros para reemplazar las calorías perdidas debido a las restricciones de la dieta.

Si mantener el peso o aumentar de peso es una prioridad, entonces puede ser útil evitar los alimentos que no proporcionan una cantidad significativa de nutrientes, como los llamados almidones resistentes. Los almidones resistentes pasan a través del intestino delgado, en su mayor parte o totalmente, sin digerir. Cuando alcanzan el colon son fermentados por bacterias. Los subproductos de la fermentación suelen ser los gases y posiblemente la hinchazón. Cuando se encuentra activa la CM, la fermentación también puede causar calambres y diarrea. Y, si el proceso de fermentación proporciona nutrientes, normalmente solo beneficiarán a las bacterias porque la mayor parte de la absorción de nutrientes se produce en el intestino delgado. En general, solo el agua y los electrolitos son reciclados en el colon, por lo que los alimentos que son fermentados en el colon ofrecen pocos beneficios, especialmente cuando está activa la CM. Los alimentos que benefician a las bacterias intestinales generalmente son considerados como prebióticos, pero al igual que los probióticos, los prebióticos a menudo son contraproducentes para los pacientes con CM durante la recuperación.

Es importante empezar siempre el día con un desayuno bueno, seguro y rico en proteínas.

La colitis microscópica activa, en ocasiones, dificulta poder desayunar o incluso hace que sea imposible. Pero, comer un buen desayuno ayudará a proporcionar las proteínas necesarias para la curación, y la energía necesaria para afrontar los retos que pueda traer el día.

El horario de las comidas importa y, de hecho, establecer un horario importa bastante, según una investigación publicada. Según una declaración de la Asociación Estadounidense del Corazón (AHA, en inglés), el horario y la frecuencia de las comidas tiene un efecto significativo en los riesgos de desarrollar muchas enfermedades importantes y problemas de salud que van desde la resistencia a la insulina y obesidad hasta un ataque al corazón o derrame cerebral.[30] El informe de la AHA revela que las personas tienden a comer más tentempiés hoy en día, y que suelen comer más en diferentes momentos del día en comparación con hace 40 años. Dicho esto, los pacientes con CM suelen descubrir que hacer comidas más pequeñas y con mayor frecuencia ayuda a la digestión durante la recuperación.

La declaración de la AHA destaca también que saltarse el desayuno aumenta el riesgo de sufrir una ataque al corazón en un 27%, y aumenta el riesgo de derrame cerebral en un 18%. Un estudio prospectivo en hombres, de edades comprendidas entre los 40 y los 75 años al comienzo del estudio, mostró que saltarse el desayuno aumentaba el riesgo de desarrollar diabetes mellitus de tipo 2 en un 21% (Mekary et al., 2012).[31] Un estudio similar realizado por Mekary et al.(2013), basado en mujeres con una edad media de 64.7 años al inicio del estudio, descubrió que el riesgo de desarrollar diabetes mellitus de tipo 2 aumentaba en un 28% si se saltaban el desayuno solo una vez a la semana.[32]

En un estudio de trabajadores japoneses, de edades entre los 35 y los 66 años al comienzo del estudio, Uemura et al. (2015) mostró que, en comparación con los que desayunaban 6 o 7 días a la semana, los que se saltaban el desayuno más de 2 días cada semana tenían un riesgo aumentado de un 73 % de desarrollar diabetes mellitus.[33] Odegaard et al. (2013) estudiaron a un grupo de jóvenes de 18 a 30 años al comienzo del estudio y descubrieron que quienes desayunaban todos los días, solo tenían un riesgo de un 66 % de desarrollar diabetes mellitus con respecto a quienes no desayunaban regularmente.[34]

Debido a que la colitis microscópica se suele asociar comúnmente con el desarrollo de enfermedades autoinmunes adicionales, probablemente sea prudente sacar partido de las recomendaciones como las que menciona la AHA en su declaración, con el fin de minimizar el riesgo de desarrollar enfermedades de AI. Comenzar cada día con un buen desayuno es consistente con la investigación en la que se basan estas recomendaciones.

Debe tenerse en cuenta que la AHA recomienda limitar las comidas a tres comidas regulares al día (para disminuir el riesgo de obesidad). Pero, para muchos pacientes con CM, el riesgo de obesidad es lo más lejano que tienen en mente. Los datos basados en las experiencias acumuladas de los miembros del Foro de Discusión y Apoyo para la Colitis Colágena, Colitis Linfocítica, Colitis Microscópica, Enterocolitis Mastocítica, y Problemas Relacionados, muestran que, hacer comidas más pequeñas de forma frecuente durante el día puede mejorar la digestión durante la fase de recuperación de la CM. Esto es debido a lo mencionado previamente, cuando el intestino delgado está inflamado, (como es el caso de muchos pacientes con CM), la producción de enzimas tiende a estar limitada (Koskela, 2011). Con una porción de comida más pequeña, es menos probable que el sistema digestivo se quede sin las enzimas necesarias para la digestión de la cantidad de alimentos contenidos en una comida.

La investigación demuestra que comer proteínas en cada comida ayuda a preservar la masa muscular a medida que envejecemos.

En lugar de comer la mayor parte o la totalidad de la asignación total de proteínas en la cena, como suelen hacer muchas personas, los investigadores han descubierto que dividir la cantidad total de proteínas entre todas las comidas, incluido el desayuno, permite a las personas mayores reducir la pérdida normal de masa muscular debido al envejecimiento (Mozes, 2017, August 3).[35]

Ayunar.

Algunos pacientes experimentan con el ayuno como una forma de disminuir la diarrea cuando necesitan estar fuera de casa. Pero, cuando uno tiene una diarrea secretora, como muchos pacientes con CM, el ayuno no funciona tan bien porque la diarrea secretora infunde agua en el colon en lugar de eliminarse (como lo haría normalmente), lo que significa que la diarrea seguirá hasta que el cuerpo esté completamente deshidratado en la mayoría de los casos, lo que por supuesto, es una condición muy peligrosa.

Sin embargo, es cierto que el ayuno puede tener ventajas en la salud en algunas situaciones. Por ejemplo, los estudios han demostrado que quienes ayunan regularmente solo tienen aproximadamente dos tercios de posibilidades de tener una enfermedad de las arterias coronarias que los que no ayunan.[36] Y los pacientes en este grupo o en un grupo similar que ayunan regularmente solo tienen más de la mitad de posibilidades de desarrollar diabetes mellitus. Tenga en cuenta que esta investigación parece contradecir las afirmaciones de la Asociación Estadoudinense del Corazon y otras, como ya hemos mencionado en las dos páginas precedentes.

Se han publicado estudios similares que muestran que los hombres que comieron 4 o más veces cada día tienen aproximadamente la mitad de probabilidades de ser obesos que los que comieron 3 o menos veces al día (Ma et al., 2003, Holmbäck, Ericson, Gullberg, & Wirfält, 2010).[37, 38] Se han publicado muchos ensayos que muestran que el ayuno intermitente puede usarse para perder peso (Harvie er al., 2011, Heilbronn, Smith, Martin, Anton, & Ravussin, 2005, Eshghinia, & Mohammadzadeh, 2013, Johnson et al., 2007, Varady, Bhutani, Church, & Klempel, 2009, Klempel, Kroeger, & Varady, 2013, Hoddy et al., 2014, Bhutani, Klempel, Kroeger, Trepanowski, & Varady, 2013, Varady et al., 2013,

Klempel, Kroeger, Bhutani, Trepanowski, & Varady, 2012).[39, 40, 41, 42, 43, 44, 45, 46, 47, 48]

Pero, por el momento, no se ha hecho ningún ensayo para mostrar que el ayuno sea beneficioso para la mayoría de los pacientes con CM, excepto, por supuesto, para quienes tienen sobrepeso. Por lo tanto, aunque el ayuno pueda disminuir la diarrea, tan común en la CM, en realidad no se detendrá por completo hasta que se alcance un estado de deshidratación severa. Mientras reste algo de agua, la diarrea persistirá si prevalece la diarrea secretora (diarrea acuosa), tanto si el paciente come o bebe algo, como si no lo hace. Dicho esto, ayunar podría reducir el número de viajes al aseo cuando están presentes otros tipos de diarrea.

¿Y si tu gastroenterólogo dice que necesitas otra colonoscopia?

Además de que una colonoscopia se lleva a cabo como parte de un programa de detección de cáncer de colon, por lo general, una solicitud de otra colonoscopia es señal de que el paciente no ha respondido al tratamiento prescrito para la CM y que el especialista duda acerca del diagnóstico. Pero la CM casi nunca se diagnostica erróneamente. A menudo se pasa por alto, y el diagnóstico erróneamente asumirá que se trata de una EII en muchos casos, pero puede apostar con seguridad que un diagnóstico de CM es absolutamente correcto.

En lugar de que un caso que no responde al tratamiento convencional sea un diagnóstico incorrecto, el problema suele ser que el gastroenterólogo simplemente no entiende la enfermedad, ni cómo tratarla correctamente. Algunos casos responden bien a los medicamentos prescritos. Pero, algunos casos fallan en responder al tratamiento debido a que los medicamentos antiinflamatorios por sí solos no son suficientes para superar la inflamación, a menos que también se retiren ciertos alimentos inflamatorios de la dieta.

No comprender cómo las sensibilidades alimenticias están conectadas con la perpetuación de la inflamación, significa que el especialista solo será capaz de tratar los casos simples que responden enseguida a los medicamentos antiinflamatorios. La conclusión es que un gastroenterólogo que solicita otra colonoscopia porque él o ella cree que el paciente ha sido diagnosticado erróneamente, o porque tiene algún otro problema además de la CM, generalmente no comprende bien la enfermedad.

Una colonoscopia repetida casi siempre será una pérdida de tiempo y dinero para el paciente: el paciente se someterá a un procedimiento invasivo y algo arriesgado para nada, pero el gastroenterólogo creerá que existe una buena razón para repetir el procedimiento. Y, por supuesto, el reembolso es el mismo tanto si la colonoscopia es necesaria, como si no lo es.

Un diagnóstico dual de ambas, la CC y la CL tiene escaso significado en el mundo real.

Aunque a muchos pacientes y especialistas en gastroenterología les preocupa que la enfermedad sea más severa cuando el paciente es diagnosticado con ambas, la CL y la CC, en realidad se trata de una condición común. Muchos pacientes con CC tienen marcadores diagnósticos de CL, además de bandas colágenas engrosadas (presentes solo con CC), por lo que la oportunidad de recibir un diagnóstico dual, en realidad es una situación bastante común.

Si el paciente cumple el criterio diagnóstico de CC, podría significar que él o ella ha tenido la enfermedad desde hace tiempo. Y, mientras que los marcadores de diagnóstico podrían ser diferentes, el patrón básico de inflamación sigue siendo el mismo, concretamente niveles por encima de lo normal de infiltración linfocítica. El diagnóstico de CC simplemente se refiere a un mayor grosor de las bandas de colágeno en la capa de lamina propria del revestimiento epitelial del colon. Algunos pacientes están cualificados para un diagnóstico de CC y algunos no, pero a pesar de los marcadores diagnósticos adicionales, los síntomas clínicos son los mismos y el tratamiento es el mismo.

La confusión puede originarse cuando el patólogo observa la existencia de marcadores de ambas, la CL y la CC en el informe de patología y el gastroenterólogo interpreta que esto significa que el paciente tiene ambas formas de la enfermedad. El diagnóstico en realidad es de CC — la CL normalmente está presente cuando ambas formas de la enfermedad están mencionadas en el informe patológico. La realidad es que la enfermedad tiene la capacidad de dividirse entre las dos formas de la enfermedad, de una manera aparentemente aleatoria, a medida que pasa el tiempo. Los marcadores de diagnóstico actuales pueden variar en el momento en el que se lleva a cabo la colonoscopia, pero esto no cambia los síntomas clínicos, ni tampoco cambia el tratamiento indicado.

¿Y si el programa de tratamiento falla en aportar remisión o incluso en proporcionar un indicio de mejora?

Existe una razón por la que suceden todas las cosas. El tema está en que no siempre es fácil determinar la razón. E incluso si se consigue determinar la razón del fallo, el problema de un programa de tratamiento fallido es que debe reiniciarse ese tratamiento, o al menos rediseñarlo para que resuelva el problema y produzca resultados.

Cuando se está diseñando un programa de tratamiento incial, en lugar de arriesgarse a través de una serie de intentos de tratamientos fallidos, casi siempre resulta ventajoso errar en el camino de la precaución, de manera que se minimicen los riesgos de fallos. Un tratamiento de fallos no solo impone un estrés físico adicional en el cuerpo, debido a los síntomas sin resolver, sino que el estrés mental añadido, resultante del desánimo de los resultados, impone un obstáculo adicional significativo para la recuperación. Y, por supuesto, el estrés añadido es lo último que necesitan las personas cuando tienen una enfermedad que puede ser desencadenada por el estrés crónico.

Las ventajas de maximizar las probabilidades de que un programa de tratamiento sea exitoso deberían ser obvias. Entonces, ya sea que se esté planificando un programa de tratamiento inicial, o sea necesario refinar un programa de tratamiento para hacer un segundo o tercer intento de lograr la remisión, la planificación para el éxito en cada paso del camino casi siempre paga dividendos a largo plazo. Tener mucho cuidado extra para hacer todo bien, a menudo evita tener que pasar nuevamente por todo el proceso.

¿Por qué los corticoides son unos medicamentos tan efectivos en reducir la inflamación y, por ende, en ayudar a controlar los síntomas de las EII?

La respuesta correcta a esa pregunta puede proporcionar algunas claves necesarias para ayudar en el diseño del programa de tratamiento óptimo. Cuando los especialistas médicos prescriben una medicación antiinflamatoria como un corticosteroide para tratar la CM o alguna otra EII, lo hacen porque piensan que ese medicamento ayudará a suprimir la inflamación.

Si no obstante lo prescrito, el tratamiento falla en aportar alivio al paciente, la razón de este fallo -por lo general- no se sabrá porque el mecanismo por el que los corticosteroides suprimen la inflamación parece no ser tan ampliamente comprendido por la mayoría de los profesionales médicos. Pero, una búsqueda en la literatura médica muestra que la forma en la que los corticosteroides proporcionan alivio con respecto a la inflamación fue descubierta y publicada hace más de 25 años (Goldsmith et al., 1990).[49] En base a esa investigación, puede concluirse que los corticosteroides suprimen la inflamación en la enfermedad inflamatoria intestinal al reducir el número de mastocitos.

Una investigación posterior realizada por Hidalgo et al. (2011) mostró que los glucocorticoides aumentan la expresión de los receptores de vitamina D (VDR), sugiriendo que la vitamina D en realidad podria ser la responsable de la supresión de la inflamación.[50] Los corticosteroides (que, por supuesto, incluyen los glucocorticoides), indirectamente, podrían suprimir la inflamación al aprovechar los atributos de supresión de inflamación de la forma activa de vitamina D (al aumentar la expresión de VDR).

Y, como descubriremos en el capítulo 6, en las páginas 171–173, el cortisol controla la reabsorción de ácidos biliares (Rose et al., 2011). Por lo tanto, los corticosteroides casi seguramente ayudan a reducir la diarrea al mejorar la reabsorción de ácidos biliares. Entonces, a partir de esta idea, podemos concluir que:

1. Los corticosteroides suprimen el número de mastocitos.
2. Mantienen un nivel suficiente de vitamina D que es importante para controlar la inflamación.
3. Los corticosteroides podrían ayudar a reducir la diarrea al mejorar la reabsorción de ácidos biliares.

La razón por la cual reducir el número de mastocitos ayuda a controlar la inflamación debería ser evidente en vista del hecho de que el aumento de las poblaciones de mastocitos tiende a promover una actividad de los mastocitos. Esto da como resultado un aumento en el número de degranulaciones de mastocitos que resultan en la liberación inapropiada de histamina y de otros agentes proinflamatorios. Hay una explicación más detallada del proceso completo mediante el cual la forma activa de vitamina D es capaz de controlar los números de mastocitos y el nivel de actividad, y cómo funcionan los corticosteroides explotando la capacidad de la vitamina D para controlar las poblaciones y la acitividad de los mastocitos. Consulte las páginas 55–69 del libro *Vitamina D y Enfermedad Autoinmune* (Persky, 2014).[51]

Los antihistamínicos se pueden utilizar para ayudar a prevenir la recaída que suele producirse cuando finaliza un régimen de tratamiento con budesónida.

Asociado con este problema de rebote de mastocitos, la evidencia epidemiológica muestra que tomar un antihistamínico diariamente cuando se acerca el final del régimen de tratamiento con budesónida, y durante una o dos semanas después, puede ayudar a mantener la remisión. Este efecto aún no se ha documentado en la literatura médica, por lo que esta explicación es estrictamente de opinión (no es un hecho probado médicamente), pero mi opinión de por qué los antihistamínicos son beneficiosos al finalizar un tratamiento con budesónida es el siguiente:

Además de la histamina, las citocinas, y otros agentes proinflamatorios, los mastocitos liberan también serotonina cuando se degranulan. Los antihistamínicos inhiben la absorción de serotonina. Aproximadamente el 90% de la serotonina de nuestros cuerpos se encuentra presente en nuestras células enterocromafines (CE) en el epitelio de nuestros intestinos. La serotonina liberada de las CE regula la motilidad en nuestro intestino (en el cerebro, la serotonina afecta al estado anímico, y a otros atributos). Uno de los problemas principales con cualquier tipo de colitis es la regulación de la motilidad intestinal.

Comprendiendo la Colitis Microscópica

Como acabamos de terminar de comentar, los corticosteroides (incluida la budesónida) funcionan principalmente suprimiendo el número y actividad de los mastocitos. Ir retirando los corticosteroides generalmente suele resultar en un rebote del número de mastocitos y su nivel de actividad (mayores números significa mayor actividad), lo que tiende a promover un aumento de la motilidad. Por lo tanto, la retirada demasiado rápida puede hacer que el número de mastocitos repunte y sobrepase su población normal y su nivel de actividad, lo que en muchas ocasiones puede causar diarrea. Por lo tanto, en mi opinión, los antihistamínicos ayudan en esta situación al utilizar la inhibición de serotonina para suprimir la motilidad, lo que por ello limita el riesgo de una mayor motilidad (y diarrea) al retirar un corticosteroide.

En retrospectiva, parece muy probable que el fallo de los especialistas gastroenterólogos en reconocer la importancia de los mastocitos en la enfermedad inflamatoria intestinal podría ser la razón principal por la que existe un progreso tan escaso en cuanto a las opciones que hay disponibles para tratar la CM y otras EII, durante el pasado cuarto de siglo. El diagnóstico de los casos de CM ha aumentado de forma significativa durante este periodo de tiempo debido al aumento del uso de las pruebas de colonoscopia y especialmente debido al aumento del uso de biopsias para identificar la enfermedad. Pero, los tipos de tratamientos médicos disponibles apenas ha cambiado durante todos esos años.

La razón principal por la que esto es tan importante es porque la asociación de la actividad de los mastocitos con la CM sugiere que muchos factores medioambientales podrían afectar a la enfermedad. Estos oscilan entre alimentos, u otros alérgenos alimenticios, a los problemas clásicos de alergias tales como el polen estacional. Algunos pacientes incluso reaccionan a vapores químicos leves (como los agentes de limpieza), mohos, y calor (incluso al aumento de calor inducido por el ejercicio).

Tenga presente el hecho de que muchos pacientes con CM se quejan de que entre 10 y 20 minutos después de haber comenzado a comer una comida, tienen que salir corriendo al aseo. Según el conocimiento médico oficial de la enfermedad, no se puede explicar este tipo de reacción. El pensamiento convencional dice que la inflamación asociada con la CM es debida a la infiltración de linfocitos que promueven la inflamación en el revestimiento de la mucosa del colon. Pero, esta es una reacción relativamente lenta porque primero debe iniciarse mediante la producción de anticuerpos IgA, al reaccionar el sistema inmune a los antígenos en la dieta y, a continuación, los anticuerpos IgA deben, en conscuencia, promover la infiltración de linfocitos adicionales y otros mediadores proinflamatorios. Esto suele resultar en aproximadamente un lapso de tiempo de entre 3 a 6 horas, entre la ingesta del alimento y un episodio de diarrea secretora (diarrea acuosa) para la mayoría de los pacientes con CM.

Entonces, ¿cómo podría ser posible que una reacción a una comida desencadene un episodio de diarrea "explosiva" en tan solo 10 a 20 minutos (o menos)?

Solo las reacciones basadas en IgE pueden proceder tan rápido. Las reacciones basadas en IgE implican principalmente la degranulación de mastocitos para liberar histamina y otros agentes proinflamatorios. Obviamente, este tipo de patrón de reacción apoyaría la teoría de la asociación de la actividad de los mastocitos con los síntomas de la CM.

Los problemas con la sensibilidad al gluten surgieron por primera vez hace aproximadamente 10.000 años, a medida que se desarrolló la agricultura y se introdujo el trigo en la dieta de muchos de los asentamientos tempranos, cuando comenzó el período neolítico en la evolución humana. La enfermedad celíaca se definió médicamente durante el siglo I

Comprendiendo la Colitis Microscópica

d.C. por el médico griego llamado Aretaeus de Cappadocia, quien escribió: "Si el estómago no reconoce el alimento y si pasa a través de la digestión sin digerir y crudo, y no le llega nada al cuerpo, llamamos a esas personas celíacas" (Guandalini, 2007, verano. P. 1). Pero, pasaron aproximadamente 19 siglos más antes de que un pediatra holandés se diera cuenta de que cuando se racionó el pan en los Países Bajos durante la II Guerra Mundial, mejoraron los síntomas de sus pacientes. Y, después de la guerra, cuando el pan volvió a estar disponible, sus síntomas rápidamente empeoraron nuevamente. Trabajando con otros investigadores, el Dr. Dicke y sus asociados, determinaron que el gluten del trigo y del centeno eran la causa de la enfermedad celíaca.

En vista de este progreso lento en la comprensión médica y en el reconocimiento del papel que desempeña la sensibilidad al gluten en la enfermedad celíaca, no debería ser inapropiado especular que el fallo en reconocer la relación de los mastocitos con la CM probablemente también podría ser una parte importante de la razón por la que muchos médicos todavía fallan en reconocer el papel desempeñado por las sensibilidades alimenticias en la perpetuación de los síntomas de la CM. Debemos recordar que, hasta hace relativamente poco, ningún investigador había publicado nunca datos convincentes de investigación médica basados en ensayos controlados aleatorios para verificar o refutar la afirmación de que las sensibilidades alimenticias podrían ser responsables de la inflamación crónica en muchos casos de CM. Pero, por alguna razón desconocida, en la total ausencia de pruebas médicas tanto a favor como en contra, la mayoría de los médicos tradicionalmente han elegido asumir erróneamente que la dieta no tiene nada que ver con la enfermedad.

Curiosamente, la conexión bien conocida de la enfermedad con la inflamación inducida por medicamentos, en muchos casos no suele ser cuestionada por la mayoría de los médicos, aunque el efecto nunca ha sido verificado por ensayos controlados de investigación aleatorios rígidos.

¿Por qué los programas de tratamiento fracasan a veces?

La conexión siempre se describe como una "asociación" basada en evidencia epidemiológica, pero nadie ha publicado pruebas médicas válidas de que los medicamentos sospechosos realmente desencadenen la enfermedad.

Y, sin embargo, la mayoría de los gastroenterólogos ya comprenden que, en los casos de CM inducida por medicamentos, la simple interrupción de los medicamentos que son sospechosos de causar la enfermedad, a veces, traerá remisión, y que la remisión suele permanecer vigente a largo plazo, siempre y cuando el paciente siga evitando la clase de medicamentos que desencadenaron su enfermedad. Y, además, muchos médicos reconocen que, si el paciente está utilizando una medicación conocida por desencadenar la enfermedad, los tratamientos médicos convencionales basados en el uso de medicamentos antiinflamatorios, a menudo fallarán en producir resultados, a menos que el uso de ciertos medicamentos conocidos por desencadenar la enfermedad sean interrumpidos y evitados.

Y, sin embargo, muchos de estos mismos médicos pueden descartar de forma rutinaria la sugerencia de que las sensibilidades alimentarias sin resolver podrían ser la causa de los fracasos del tratamiento. Sigue siendo un misterio por qué existe un sesgo obvio en contra del reconocimiento del posible papel de la inflamación causada por las sensibilidades alimentarias en el tratamiento de la CM. Quizás este fenómeno pueda entenderse mejor cuando consideramos que los médicos están capacitados para prescribir el uso de medicamentos para tratar los síntomas, y que prácticamente no tienen capacitación en los efectos de las sensibilidades alimentarias en el sistema digestivo. Revisaremos la relación de los mastocitos y la CM, en el Capítulo 5, para explorar la relación con más detalle.

Por cierto, se puede encontrar una muy buena clasificación de medicamentos que podrian causar CM en un artículo llamado: "Exposición a

Medicamentos y el Riesgo de Colitis Microscópica: Una Actualización Crítica" (Lucendo, 2017).[52] Este artículo califica los medicamentos conocidos, que se cree que causan CM, por categorías (alta probabilidad, probabilidad intermedia, y baja probabilidad) , por lo que es una referencia excelente para cualquier persona que tenga o sospeche que pueda tener CM inducida por medicamentos.

El alcance completo de las formas en que el proceso digestivo se ve comprometido cuando se inflaman los intestinos es poco conocido.

Es probable que gran parte del problema se deba a la pérdida de enzimas digestivas vitales como resultado directo de la inflamación. Si se calculara el área superficial del revestimiento interno (el epitelio) del intestino delgado, abarcaría un área soprendemente grande. El área de la superficie interna del intestino delgado suele ser de más de 232 metros cuadrados (2.500 pies cuadrados). En comparación, esto es cercano al tamaño de una pista de tenis. Esta es una gran cantidad de superficie en la que algo puede salir mal. Y las cosas definitivamente comienzan a ir mal cuando se consolida la inflamación crónica.

La enfermedad ha sido nombrada incorrectamente y se describe incorrectamente.

Como aprendimos en la primera edición, a pesar del hecho de que la inflamación colateral del intestino delgado parece estar involucrada en la mayoría de los casos de CM (y esto ha sido confirmado sustancialmente por medio de los numerosos artículos de investigación a los que se hizo referencia en la primera edición), la mayoría de los profesionales médicos tienden a tratar la enfermedad como si estuviera restringida al colon porque esa es la manera en que la enfermedad se describió originalmente de forma incorrecta en la literatura médica. La palabra "colitis" significa inflamación del colon.

Pero, la inflamación no se encuentra restringida al colon, y ya va siendo hora de que la profesión médica corrija ese error. De forma similar, en la enfermedad de Crohn, muchos, muchos artículos de investigación médica han mostrado que el patrón de inflamación asociado con la CM puede afectar de forma adversa a muchas otras zonas del sistema digestivo, y que la inflamación en el intestino delgado es una característica muy común de la CM (Koskela, 2011, Simondi et al., 2010, Wolber, Owen, & Freeman, 1990, Fine, Lee, & Meyer, 1998).[53, 54, 55, 56]

Y, si la evidencia publicada en la literatura médica no es suficiente, considere el hecho de que yo, personalmente, tuve una colectomía en el año 2010 (debido a un trastorno hemorrágico que nada tuvo que ver con la CM). En otras palabras, mi colon fue extirpado quirúrgicamente. Y, sin embargo, si me salto algo en la dieta, todavía sigo experimentando la mayoría de los síntomas de la colitis microscópica, por lo que claramente la enfermedad sigue presente. La extracción de mi colon no supuso una diferencia significativa en el estado de la enfermedad, es lo que puedo contar hasta ahora. Obviamente, la evidencia muestra que la definición médica de la enfermedad es incorrecta. Pero, ¿se corregirá alguna vez la descripción médica de la enfermedad? Probablemente no, en un plazo corto de tiempo.

¿Por qué suelen fracasar los tratamientos con una dieta?

La mayoría de los tratamientos dietéticos fracasan debido a la falta de atención a los detalles o por desviaciones intencionadas de una dieta segura. Sabemos esto porque la investigación ha mostrado que al menos una tercera parte de los celíacos no siguen una dieta estricta libre de gluten, a pesar del hecho de que su enfermedad requiere de una dieta sin gluten para tratar su condición. (Barratt, Leeds, & Sanders, 2011, Matoori, Fuhrmann, & Leroux, 2013).[57, 58] Mientras que una pequeña cantidad de contaminación de la dieta podría ser debida a causas acciden-

Comprendiendo la Colitis Microscópica

tales, al parecer, algunos celíacos creen que: "un poco no hace daño". Desafortunadamente, un poco sí que afecta negativamente a su salud.

Por supuesto, no se han publicado estudios sobre el cumplimiento de la dieta con respecto a los pacientes con CM porque la comunidad médica aún no ha reconocido el tratamiento dietético de la CM como un método de tratamiento médico oficial para la CM. Sin embargo, seguramente se producen problemas similares de cumplimiento de la dieta con los pacientes con CM, al igual que con los pacientes celíacos, debido a problemas de contaminación accidental e intencional de la dieta.

Por supuesto, no todo fracaso es debido a una contaminación en la dieta. En muchos casos, la dieta podría no funcionar correctamente porque incluye sensibilidades alimentarias sin descubrir. O, en algunos casos, una combinación de ingredientes que van bien individualmente pueden causar problemas cuando se combinan. Los problemas de este tipo pueden ser muy difíciles de monitorear porque cuando un ingrediente es conocido como generalmente seguro, acostumbramos a asumir que debería ser seguro en todas las situaciones.

Si solamente incluimos un producto procesado en nuestra dieta y todo lo demás lo hacemos desde cero, de forma que sea natural y libre de gluten, entonces si hay algo de gluten en ese producto procesado, se verá diluido por los demás alimentos. Incluso si el contenido de gluten resulta excederse ligeramente del límite legal de 20 partes por millón, probablemente estaremos bien, debido a que se diluye con los demás alimentos.

Pero si, por ejemplo, elegimos comer todos los alimentos procesados, y cada producto contiene el límite legal de 20 ppm, entonces, todo lo que comemos está empujando el límite legal del gluten de forma que no habrá dilución. Si uno de esos productos está mal etiquetado y accidentalmente contiene más gluten del límite legal, entonces probablemente tengamos problemas. O, tal vez, simplemente somos alguien más sensible de lo normal, y tendemos a reaccionar ante cualquier cosa que exceda los 10 ppm de gluten. Sin la dilución de otros alimentos seguros, tendremos más probabilidades de reaccionar.

El tema es que, cuando se permite que los alimentos sin gluten tengan un nivel legal de tolerancia incorporado, el porcentaje total de alimentos procesados en nuestra dieta es importante: el gluten es acumulativo a pesar de que se permite en porcentaje del peso total. Reaccionamos en función de la cantidad total de gluten consumida, en lugar del porcentaje contenido en un alimento individual. Si utilizamos productos o ingredientes que contienen casi el límite legal permitido de gluten, entonces la cantidad total de gluten consumida puede ser demasiada para ser tolerada por algunas personas, mientras que otras pueden no tener ningún problema. Esta es solo una de las razones por las cuales los pacientes que siguen una dieta de recuperación tienen más probabilidades de alcanzar la remisión y llegar antes, si evitan todos los alimentos procesados.

A los "expertos" en salud les encanta hablar sobre comida "saludable" y dietas "saludables".

Pero, ningún alimento puede ser realmente saludable cuando se come, porque está muerto (o lo estará pronto). El alimento puede haber sido saludable en algún momento (cuando todavía estaba vivo), pero ese momento ha pasado cuando llega al plato de una persona. Entonces, referirse a ello como saludable es incorrecto. Lo que realmente queremos es comida nutritiva, porque si nuestra comida es nutritiva, entonces estaremos saludables, siempre y cuando nuestro sistema digestivo sea capaz de extraer y absorber los nutrientes contenidos en esos alimentos.

Ahí radica el problema principal porque desafortunadamente la mayoría de las personas que tienen CM o cualquier otra EEI tienden a tener una digestión comprometida cuando la enfermedad está activa. Y algunos pacientes han comprometido su digestión hasta tal punto en todo momento, debido al daño permanente a varios órganos del sistema digestivo. Cuando sucede esto, no importa cuán nutritivos puedan ser los alimentos, solo una fracción de los nutrientes que normalmente podrían ser utilizados (por uns sistema digestivo saludable) serán digiridos y absorbidos adecuadamente. Esto puede no ser un problema a corto plazo, pero si la mala absorción de nutrientes continúa lo suficiente, eventualmente se desarrollarán otros problemas de deficiencia, especialmente con respecto a ciertas vitaminas y minerales.

Y, si el sistema inmune produce anticuerpos a ciertos alimentos, resultando en una reacción adversa, entonces esos alimentos ya no se pueden considerar como opciones nutritivas. En su lugar, deben ser considerados como tóxicos, porque de hecho suponen una amenaza tóxica para el cuerpo. En consecuencia, ya no deberían considerarse como "comida", porque ya no son una opción de comida segura.

A pesar del hecho de que la colitis colágena fue descrita hace más de 4 décadas, la enfermedad todavía no se conoce bien.

Parte del problema de la colitis colágena es que fue descrita originalmente en la literatura médica como asociada con una diarrea frecuente, y debido a ello, muchos médicos todavía creen incorrectamente que la enfermedad está asociada solamente con diarrea. Sin embargo, muchos casos implican diarrea y estreñimiento alternantes o incluso solamente estreñimiento. Esto fue documentado finalmente en 2003 por Barta, Toth, Szabo, & Szegedi, y la descripción original de la enfermedad también fue cuestionada.[59] Pero, algunos profesionales médicos nunca han podido superar la descripción original, y todavía piensan en la enfermedad como si solo se asociara con diarrea.

¿Por qué los programas de tratamiento fracasan a veces?

No es sorprendente que los médicos tengan problemas para comprender la enfermedad. Gran parte de lo que les enseñan en la escuela médica es engañoso. Una gran parte del problema se puede encontrar en el hecho de que, al igual que con la CM, la enfermedad celíaca se describe incorrectamente. A los médicos se les enseña que la enfermedad celíaca es una enfermedad del intestino delgado. Pero, eso simplemente no es cierto. Como hemos hablado anteriormente, la enfermedad celíaca puede realmente (y lo hace con frecuencia) afectar tanto al intestino delgado como al intestino grueso, y la inflamación puede estar presente en ambos cuando no se trata adecuadamente la enfermedad celíaca.

Y, en muchos casos de enfermedad celíaca no existen síntomas clínicos significativos asociados con el sistema digestivo (al menos no al principio). En su lugar, la enfermedad afecta en primer lugar al cerebro y al sistema nervioso central. En algunos casos, los síntomas gastroenterológicos no se desarrollan nunca. La investigación ha mostrado que esto es algo bastante común. (Hadjivassiliou et al., 1997, Hadjivassiliou, Grünewald, & Davies-Jones, 2002).[60, 61] Pero, por desgracia, la mayoría de los médicos parecen desconocerlo por completo debido a su inadecuada preparación.

Las pruebas obsoletas actualmente en uso para diagnosticar la enfermedad celíaca son tan poco sensibles que incluso la gran mayoría de celíacos que tienen síntomas gastrointestinales con frecuencia no suelen ser diagnosticados correctamente. Algunas autoridades se precipitan en destacar que solo 1 de 20 celíacos suelen ser diagnosticados oficialmente. Y, uno de los problemas más desconcertantes y frustrantes, asociados con ese dilema, es la costumbre bastante poco profesional que muchos médicos parecen desarrollar al dar por hecho de que cualquier paciente que obtenga un resultado negativo de la prueba de celiaquía no puede tener sensibilidad al gluten. Si bien es cierto que un resultado positivo en una prueba de detección de celiaquía es una muy buena evidencia de sensibilidad al gluten, nadie ha demostrado jamás que un re-

Comprendiendo la Colitis Microscópica

sultado negativo descarte una sensibilidad al gluten. Entonces, ¿por qué hay tantos médicos que cometen un error tan grave? Esto tiene que vincularse con una preparación inapropiada. La verdad es que, en un porcentaje inaceptablemente alto de casos, la prueba clásica de detección de celiaquía simplemente no es lo suficientemente sensible como para detectar la enfermedad; un hecho que ha sido verificado por la investigación médica (Abrams, Diamond, Rotterdam, & Green, 2004).[62]

Pero, más allá de los problemas por una sensibilidad pobre en las pruebas en sangre utilizadas para la detección de la enfermedad celíaca, podemos encontrar un desastre incluso mayor en el criterio de la endoscopia superior considerada como la "prueba estándar de oro" para el diagnóstico de la enfermedad celíaca. Con el fin de confirmar un diagnóstico de enfermedad celíaca, las biopsias tomadas del intestino delgado de un paciente deben mostrar una atrofia total de las vellosidades. En otras palabras, las vellosidades deben estar, a todos los efectos prácticos, aplanadas y ya no funcionales. Pero, ¿por qué tendría que esperar un médico hasta que las vellosidades del intestino delgado de cualquier paciente lleguen a estar totalmente inoperativas? En la práctica, ese grado de daño puede tardar años en desarrollarse. ¿Por qué se debe obligar a un paciente a sufrir tanto tiempo para conseguir un diagnóstico simple? Debería ser lo suficientemente obvio que la enfermedad celíaca se encuentra en progreso desde mucho antes de que las vellosidades se destruyan por completo.

Es desafortunado que, a menos que el paciente esté dispuesto a sufrir mucho, deba buscar ayuda fuera de la comunidad médica para obtener una pronta resolución de los síntomas. Y, ¡pobre de cualquiera que se atreva a adoptar una dieta libre de gluten sin la bendición de la comunidad médica! Serán ridiculizados y despreciados por tratar de atender sus propias necesidades de salud sin un diagnóstico celíaco oficial.

En ocasiones, tan solo una simple digestión pobre puede impedir la remisión de los síntomas.

Tanto si es causado por una deficiencia de ácido estomacal, demasiada histamina, inflamación, o por algún otro problema digestivo, una digestión pobre puede prolongar los síntomas de la CM. Cuando somos incapaces de digerir la comida normalmente, el alimento parcialmente digerido tiende a fermentar en el cálido y húmedo medioambiente de nuestro sistema digestivo, resultando en la producción de gas, hinchazón y calambres. Obviamente, esto no puede ayudar al proceso curativo y podría añadir más tiempo al necesario para la recuperación.

La digestabilidad varía para diferentes tipos de almidón.

En general, la sobrecocción no puede cambiar las características básicas de ningún tipo de almidón. Por lo tanto, aunque la cocción excesiva posiblemente pueda reducir algunos de los nutrientes disponibles (si tiramos el agua después de cocer el alimento), no debería cambiar las enzimas necesarias para la digestión después de la cocción. Las características del almidón están determinadas por la genética de la planta, no por la coccion. Sin embargo, el almidón se puede convertir en azúcar, y viceversa, mediante las enzimas adecuadas. Pero, nuevamente, esto ocurre independientemente de la cocción. Por ejemplo, cuando una planta productora de semillas está creciendo, justo antes de la madurez, el azúcar en el endosperma de la semilla se convierte en almidón, para que tenga una vida de almacenamiento mucho mejor. Luego, cuando una semilla comienza a germinar, se libera una enzima que convierte progresivamente el almidón en el endosperma y en azúcar para que el brote en desarrollo pueda usarlo fácilmente como alimento. Un proceso similar ocurre en el sistema digestivo humano, cuando el almidón es degradado en azúcares y luego se divide en enzimas específicas.

Existen 2 tipos básicos de almidón, amilopectina y amilosa.

La amilopectina es mucho más fácil de digerir que el almidón de amilosa. El almidón común está compuesto aproximadamente de un 70% de amilopectina por peso, aunque esta fracción depende de la genética de la planta que lo produce. El resto es amilosa. Los porcentajes más altos de amilopectina se encuentran en el arroz de grano medio (que puede llegar hasta el 100% en el arroz glutinoso), las patatas cerosas y el maíz ceroso (maíz), por ejemplo, por lo que son más fáciles de digerir.

El arroz de grano largo, el amilomaiz, y las patatas rojas, son ejemplos de alimentos que contienen fracciones más bajas de amilopectina y más altas de amilosa, de manera que son más difíciles de digerir. Las patatas cerosas, que incluyen papas rojas y amarillas, por ejemplo, son más fáciles de digerir que las patatas pelirrojas.

El almidón de amilosa, en ocasiones, es referido como "almidón resistente" debido a su mayor resistencia a la digestión, resultando en ocasiones en una digestión incompleta. Debido a estas características, los alimentos que contienen almidones resisentes (alto contenido en amilosa) suelen considerarse como alimentos de dieta, lo que implica que uno puede comer más de ellos, al mismo tiempo que se reduce el riesgo de ganancia de peso (porque normalmente no se suelen digerir por completo). En mi opinión, esta es una manera muy pobre de hacer dieta, ya que los alimentos parcialmente digeridos o sin digerir son una invitación a las bacterias oportunistas que fermentarán en el colon, resultando en gases, hinchazón, y posiblemente en diarrea. En cualquier caso, cualquier persona que intente recuperarse de un brote de CM debe evitar los almidones resistentes.

En realidad, los carbohidratos están contraindicados no solo para las EII, sino también para la salud humana en general.

El periodo neolítico de nuestra historia marcó el comienzo de una tendencia poco saludable hacia la adición de cantidades crecientes de carbohidratos en nuestra dieta. Es de conocimiento común que las dietas bajas en carbohidratos mejoran la digestión y previenen la acidez estomacal, el reflujo ácido, la ERGE, y otros problemas digestivos. Sin embargo, principalmente debido al estímulo de varios autodenominados como "alimentos policía", hemos agregado los carbohidratos a nuestra dieta hasta que dominan la dieta.

Como ya hemos hablado, la inflamación asociada con las EII, resulta en la pérdida progresiva de la habilidad de producir las enzimas digestivas necesarias para los carbohidratos complejos (azúcares complejos). Esta es una de las razones principales, junto con la producción de los anticuerpos relacionados con ciertas proteínas resultantes de un intestino permeable, por la que la digestion va cuesta abajo, y los problemas de malabsorción van escalando, conforme se desarrolla la CM.

Este punto de vista (dificultad digestiva) también sugiere que la fibra está contraindicada para la CM. Este es un tema con la fibra que prácticamente casi todo el mundo pasa por alto: la fibra es un carbohidrato complejo. En otras palabras, como sucede con todos los carbohidratos, cuando son digeridos, los metabolitos son azúcares. Debido a que la fibra es un azúcar complejo (a pesar del hecho de que la mayoría de las personas no lo piensan de esa manera), tiende a ser difícil de digerir. Por supuesto, esto se refiere a las fibras digeribles (las fibras solubles), las fibras insolubles (como la celulosa) no son digeribles por el sistema digestivo humano, por lo que son fermentadas en el colon por la bacteria.

Esto importa porque los azúcares/carbohidratos son totalmente innecesarios en la dieta humana.

La proteína y la grasa son esenciales para una buena salud, y también para nuestra supervivencia, a largo plazo. Los humanos no solo pueden sobrevivir perfectamente sin carbohidratos, sino que tienden a ser más saludables sin ellos. Esto le fue demostrado a una comunidad médica escéptica allá en los años 30, y a continuación, olvidado rápidamente por dicha comunidad médica.[63]

Cuando todo lo demás fracasa, y las dietas de eliminación ordinarias rehusan llevar a la remisión, una dieta con todo tipo de carne podría proveer un tique a la remisión. Definitivamente vale la pena intentarlo cuando no hay otra cosa que funciona.

¿Los probióticos son útiles para tratar la CM?

La Fundación de la Colitis Microscópica insiste en que para la mayoría de las personas, no son útiles, y que en algunos pocos casos incluso pueden impedir que algunos pacientes puedan ser capaces de alcanzar la remisión.[64] Y, años después de aclamar que los probióticos eran beneficiosos cuando se incluían en el programa de tratamiento de la CM, incluso el American Gastroenterological Association Institute está de acuerdo ahora que en la mayoría de los casos, los probióticos no son útiles para conducir a un paciente con CM hacia la remisión y específicamente recomiendan en contra del uso de los probióticos para tratar la colitis microscópica.[65]

Esta intolerancia a las bacterias probióticas puede reflejarse en el hecho de que los pacientes con CM probablemente no puedan tolerar las verduras en la dieta a menos que estén bien cocidas. Las verduras crudas son casi siempre mal toleradas. Si bien esto generalmente es atribuido a la inhabilidad de tolerar los efectos irritantes de la fibra mientras el intestino se encuentra inflamado, también puede deberse a las bacterias que se encuentran dentro y en muchas verduras crudas. Los investigadores han descubierto que las verduras contienen muchas más especies de bacterias de las que nos dimos cuenta previamente. Por ejemplo, una sola hoja de espinaca puede contener más de 800 especies diferentes de bacterias.

El algunos casos, los medicamentos son la causa primaria por la que un paciente es incapaz de alcanzar la remisión.

Asegúrese de considerar todos los medicamentos que toma si se encuentra en un brote y no puede encontrar la razón. Hace unos años, se sospechaba de muchos medicamentos como causa de la CM.

Pero ahora hay investigadores que afirman que después de estudio adicional, parece ser que no solo los medicamentos antiinflamatorios no esteroideos (AINES) y los inhibidores de la bomba de protones (IBP)(IBP) causan CM (Masclee, Coloma, Kuipers, & Sturkenboom, 2015).[66] Sin embargo, los investigadores reconocen que otros medicamentos pueden empeorar ciertos síntomas. En ausencia de ensayos aleatorios controlados publicados, solo podemos hacer conjeturas fundamentadas.

Lactosa en productos farmacéuticos.

En teoría, la lactosa pura en los medicamentos no debería ser un problema porque el único problema con la lactosa es que no podemos digerir cantidades significativas de ella en nuestro intestino cuando se encuentra inflamado. La lactosa es un azúcar y los azúcares (con solo una excepción rara: el alfa-gal), no provocan que el sistema inmune humano produzca anticuerpos. Solo las proteínas pueden promover una inflamación al desencadenar una reacción del sistema inmune. La caseína es una proteína láctea conocida por causarnos una reacción (aunque también podríamos reaccionar a algunas proteínas contenidas en el suero).

Comprendiendo la Colitis Microscópica

Los azúcares no digeridos simplemente deberían pasar a través del inestino delgado sin absorberse al colon. Allí, generalmente, serán fermentados por las bacterias, causando algo de gases, pero las pequeñas cantidades (de azúcares) en las pastillas deberían ser relativamente insignificantes de forma que la fermentación de esa pequeña cantidad no debería causar ningún síntoma notable. Al menos, esa esa la teoría. Si las empresas farmacéuticas utilizan lactosa de grado farmacéutico, entonces debe ser pura, y la lactosa pura no debe contener caseína.

El problema es que en el mundo real, muchos pacientes con CM parecen reaccionar a la lactosa, en al menos algunos productos farmacéuticos. Esto sugiere la posibilidad de que algunas empresas farmacéuticas, en algunos productos, podrían estar engañando utilizando una lactosa de grado industrial más barata en lugar de la lactosa de grado farmacéutico. La lactosa industrial contiene trazas de caseína y suero porque no ha sido purificada tan bien como la lactosa de grado farmacéutico.

Muchos (posiblemente la mayoría) de los ingredientes farmacéuticos se obtienen de países lejanos estos días (China es un suministrador importante, por ejemplo), y de este modo, si se produce algún tipo de engaño, probablemente ocurra en las instalaciones del suministrador de estos ingredientes (mientras que las grandes empresas farmacéuticas miran hacia otro lado). Pero, por supuesto, no hay pruebas para corroborar esta sospecha. La conclusión es que probablemente algunos ingredientes pueden estar contaminados y algunos no. Si un producto funciona bien para la mayoría de los pacientes, entonces existe una buena posibilidad de que sea puro.

Es posible que sea necesario ajustar la dosis de medicación tiroidea durante y después de un tratamiento con corticosteroides.

Los corticosteroides suprimen la TSH, complicando los tratamientos tiroideos. Esto puede causar síntomas de hipertiroidismo mientras se sigue un tratamiento con un corticosteroide, y los síntomas de hipotiroidismo podrían regresar después de terminar el tratamiento con un corticosteroide. Por lo tanto, si está tomando medicación tiroidea con objeto de corregir un hipotiroidismo, puede prever que la medicación tiroidea sea más potente mientras esté tomando un corticosteroide. Podría ser necesario disminuir la dosis de su medicación tiroidea. Su TSH debería volver a los niveles normales después de terminar el tratamiento con el corticosteroide. Si, en su lugar, normalmente es hipertiroideo, es posible que necesite aumentar la dosis de su medicación tiroidea mientras toma un corticosteroide y bajarlo nuevamente después de finalizar el tratamiento con el corticosteroide.

Por supuesto, si no ha ajustado la dosis de cualquiera que sea el tipo de medicación que esté tomando para el tiroides después de comenzar el tratamiento corticosteroide, entonces no debería ser necesario cambiar la dosis después de que finalice el régimen de tratamiento corticosteroide. Normalmente, esto solo se convierte en un problema significativo en los casos en los que un paciente es muy hipotiroideo y se usa un corticosteroide durante un período de tiempo relativamente largo.No debería ser un factor para la mayoría de los pacientes.

Los utensilios compartidos son una causa común de contaminación cruzada.

En algunos casos, los utensilios utilizados para cocinar y comer son una causa frustrante de contaminación cruzada, especialmente cuando alguien en el hogar no sigue una dieta libre de gluten, de forma que los utensilios se ven expuestos al gluten regularmente. En esos casos, el primer lavado de platos realizado de forma incorrecta o incompleta puede resultar en una contaminación cruzada. Este problema puede ser muy difícil de descrubrir porque se tiende a asumir como una parte segura de la rutina diaria. Utilizar utensilios dedicados es la solución obvia porque elimina el riesgo de contaminación cruzada. Lavar los platos, cuchillos y tenedores, cazuelas y sartenes de forma separada de los utensilios contaminados con gluten ayudará a asegurar que los utensilios libres de gluten sigan totalmente sin gluten. La contaminación cruzada de los utensilios puede ser un riesgo de exposición a una cantidad mínima de gluten, pero resulta ser un añadido, y con el paso del tiempo puede convertirse en un problema mayor que fácilmente puede impedir una remisión.

¿Por qué todo el mundo debería intentar una dieta libre de gluten?

Obviamente, adoptar una dieta libre de gluten no debería hacerse como un capricho: se trata de un cambio importante en el estilo de vida, un compromiso que probablemente afectará cada parte del resto de su vida. Si bien probablemente sea cierto que la salud a largo plazo de todos se beneficiaría si evitaran el gluten, en este punto hay una advertencia a tener en cuenta. Si estamos predispuestos a ser sensibles al gluten, en otras palabras, si tenemos los genes que nos predisponen a una sensibilidad al gluten (y aproximadamente el 96 % de la población general lo es)), en muchos casos, eliminar el gluten de nuestra dieta aumentará la sensiblidad de nuestro sistema inmune a ello. Muchas personas (probablemente la mayoría de las personas) han desarrollado algún grado de sensibilidad al gluten, pero no tienen síntomas clínicos porque han estado comiéndolo durante toda su vida, por lo que su sistema inmune ha desarrollado una tolerancia al mismo. Una vez que el gluten ha sido eliminado de la dieta durante un período extenso de tiempo, sin embargo, las exposiciones futuras podrían desencadenar una reacción, a pesar de que fue bien tolerado antes.

Esto puede parecer una paradoja, pero es similar a los tratamientos de inmunoterapia oral en los que los alergólogos tratan las alergias al exponer al paciente a dosis pequeñas pero crecientes de un alérgeno hasta que su sistema inmunológico desarrolle tolerancia para que una exposición normal no desencadene una reacción. Sin embargo, la trampa de esta terapia es que el paciente tiene que continuar con exposiciones regulares (preferiblemente diarias) al alérgeno, o perderá la tolerancia y comenzará a reaccionar nuevamente. Mientras continúen ingiriendo una dosis de mantenimiento del alérgeno, estarán bien, posiblemente para el resto de su vida. Pero, si detienen la terapia de mantenimiento, es probable que pierdan su tolerancia. Muchas personas han inducido una tolerancia al gluten, por lo que la decisión de eliminarlo de la dieta puede convertirse en una necesidad permanente, por defecto. Por lo tanto, sin gluten no es solo una forma de vida, sino una opción irreversible, en la mayoría de los casos.

¿Cuáles son los riesgos de hacer trampa en la dieta?

Si en alguna ocasión ha tenido la tentación y ha hecho trampa en su dieta restringida, hacer trampa con el gluten no es una buena opción porque la vida media de los anticuerpos anti-gliadina (anti-gluten) es de 120 días. Esto significa que unos pocos minutos de indiscreción pueden resultar en meses de aumento de la inflamación. La vida media de la mayoría de los otros anticuerpos alimentarios, en comparación, es de solo unos 6 días. Y hacer trampas con la fibra tiene la menor cantidad de influencia extendida. Comer demasiada fibra puede resultar en una reacción adversa, pero la fibra no provoca que el sistema inmune produzca anticuerpos, lor lo que es menos probable que cause un revés importante.

Comprendiendo la Colitis Microscópica

Es natural querer experimentar reintroduciendo alimentos. Desafortunadamente, el intestino tarda más en sanar de lo que casi todo el mundo piensa: generalmente de 2 a 3 años para la mayoría de los adultos, y en algunos casos tarda más. Los niños sanan mucho más rápido: normalmente en menos de un año. Pero, debido a la larga vida media de los anticuerpos antigliadina, tienden a dominar el sistema inmune siempre que el nivel sea relativamente alto. A medida que disminuye ese nivel, entonces el sistema inmune puede volver a concentrarse en otros antígenos. Hasta que nuestro sistema inmunitario se recupere un poco de los efectos abrumadores del gluten, puede ser casi imposible dar sentido a los sintomas de una reacción.

El problema principal con intentar reintroducir alimentos demasiado pronto (además de la inconveniencia de una posible reacción) es que cada fracaso aumenta un poco el nivel de inflamación, lo que amplía el tiempo para lograr la recuperación. Hay una buena posibilidad de que la razón por la que atreverse a reintroducir un alimento y no tener una reacción adversa tenga un efecto tan gratificante es porque no solo demuestra que comer ese alimento puede ser seguro, sino que tiene un efecto muy calmante sobre los niveles de estrés. El estrés promueve la inflamación, y la ausencia de estrés ayuda a resolver la inflamación.

¿Por qué las pruebas en heces son mucho más confiables y precisas que las pruebas en sangre o cutáneas para detectar las sensibilidades alimenticias?

Los alergólogos suelen pedir análisis de sangre diseñados para detectar anticuerpos IgE (y tal vez IgG) en la sangre. Si él o ella solicita pruebas cutáneas, entonces probablemente serán pruebas de IgE. Como he mencionado en la página 3 de este capítulo, las pruebas de IgE se utilizan para detectar las reacciones alérgicas clásicas. Se trata de reacciones de

¿Por qué los programas de tratamiento fracasan a veces?

mastocitos donde se liberan histaminas y otros mediadores proinflamatorios que causan picazón, enrojecimiento, inflamación, erupción cutánea o urticaria, y otros síntomas clásicos de una reacción alérgica. En los casos severos, los anticuerpos IgE también son los que causan reacciones anafilácticas potencialmente mortales donde la presión arterial puede disminuir y puede resultar difícil respirar debido a la constricción de las vías respiratorias. Los anticuerpos IgG son simplemente marcadores de reacciones cronicas basadas en IgE. Las pruebas cutáneas son útiles mayormente para las alergias cutáneas, y tienen poco valor para la mayoría de los pacientes con CM.

Si bien muchos de nosotros también tenemos problemas de anticuerpos IgE, estos no son la causa de la inflamación intestinal asociada con la CM. El mecanismo descrito en la literatura médica como causa clásica de la CM es la inflamación promovida por las células-T. La activación de células-T puede tener muchas causas cuando la enfermedad se desencadena inicialmente. Pero, a medida que los síntomas se vuelven crónicos, este modo de inflamación se perpetúa por los anticuerpos producidos en respuesta a las sensibilidades alimenticias dentro del sistema digestivo. La proliferación de la infiltración de células-T en el revestimiento de la mucosa de los intestinos es en respuesta a los anticuerpos IgA producidos por el sistema inmune en respuesta a las sensibilidades alimenticias.

Debido a la falta de entrenamiento en este campo en el colegio de medicina, la mayoría de los alergólogos no suelen preocuparse de los anticuerpos IgA, ya que ni siquiera conocen el hecho de que los anticuerpos IgA promueven la inflamación intestinal. Mayormente conocen los anticuerpos IgE e IgG, debido a su entrenamiento y experiencia. Como resultado de ello, sus métodos de pruebas por lo general no son especialmente relevantes en cuanto a las sensibilidades alimenticias que están asociadas con la CM, aunque de forma ocasional algunos de los alimentos que dan resultados positivos en los análisis de sangre o pruebas cutáneas también dan resultados positivos cuando se comprueban los anticuerpos IgA (en heces). Pero, incluso si los alergólogos comprobaran los anticuerpos IgA (en sangre), los anticuerpos son producidos en el intestino, no en la sangre, por lo que el nivel de anticuerpos IgA causados por sensibilidades alimenticias generalmente es tan bajo que los análisis de sangre no son muy confiables para detectar anticuerpos causados por sensibilidades alimenticias en el intestino. Y las pruebas cutáneas son incluso menos apropiadas para detectar sensibilidades alimenticias.

Por ejemplo, suele tardarse años en acumularse el nivel de anticuerpos en sangre necesario para que sea probable que produzca un resultado positivo en la prueba de celiaquía (baseda en anticuerpos IgA e IgG) en celíacos. Para ese momento, el paciente ha sufrido síntomas clínicos durante muchos meses y años, y su intestino ha acumulado daños graves. Pero, una prueba en heces detectará los anticuerpos incluso antes de que aparezcan los síntomas clínicos. Las pruebas en heces son varios grados más sensibles y detectarán la enfermedad celíaca varios años antes (en la mayoría de los casos) que los análisis de sangre celíacos clásicos. Actualmente, las pruebas de sensibilidad alimenticia precisas y confiables (pruebas en heces) solo están disponibles en Internet, en EnteroLab.

¿Por qué la prueba de calprotectina no detecta de manera confiable la inflamación asociada con la CM?

Si bien la prueba de calprotectina es útil para detectar la inflamación asociada con la enfermedad de Crohn y la CU, rara vez muestra un resultado elevado par la colitis microscópica. ¿Por qué sucede esto? Sucede prque el resultado de la prueba de calprotectina indica una migración significativa de neutrófilos a la mucosa intestinal. La infiltración significativa de neutrófilos no suele ocurrir normalmente con la CM, aunque los neutrófilos realmente sí que están implicados de forma significativa con el patrón de inflamación asociado con la enfermedad de Crohn y la CU. Por lo tanto, un resultado negativo en una prueba de calprotectina descarta la enfermedad de Crohn y la colitis ulcerosa, pero no descarta la colitis microscópica.

Resumen

En el capítulo uno hablamos sobre las numerosas posibilidades que pueden contribuir o causar que un programa de tratamiento fracase. Un solo problema puede ocasionar que un tratamiento fracase, o la falta de éxito puede ser debido a una combinación de factores. Pero, lo principal que hay que recordar es que en los casos dificiles, cada sensibilidad necesita ser atendida. En los casos fáciles, la remisión viene fácilmente y los problemas en ocasiones pueden ser ignorados. Mientras que, en otros casos, virtualmente todo podría necesitar ser atendido de forma que pueda conseguirse un control completo sobre los síntomas.

Capítulo 2

Contaminación cruzada y Otros Problemas Dietéticos

Si los cambios en la dieta no ayudan, la contaminación cruzada o las sensibilidades no reconocidas son las razones comunes del fracaso del tratamiento.

Muchos pacientes con CM son incapaces de lograr una remisión, y todavía cuando son preguntados acerca de la posibilidad de que exista contaminación cruzada en su dieta por gluten, normalmente responden algo así, como: "Pero, soy extremadamente cuidadoso. No veo cómo podría verse contaminada mi dieta con gluten". Créame, puede ser una contaminación cruzada, a pesar del hecho de que esté siendo extremadamente cuidadoso. El gluten es tan omnipresente que puede colarse bajo nuestro radar para contaminar nuestra dieta. En ocasiones, está donde menos esperamos que esté, justo delante de nuestras narices. Aunque, en ocasiones le facilitamos una entrada fácil al gluten.

¿Hay una bolsa de harina de trigo en su casa?

¿Alguien en su hogar no sigue una dieta sin gluten? Si hay una bolsa de harina de trigo en su hogar, su dieta sufrirá contaminación cruzada. El

Comprendiendo la Colitis Microscópica

riesgo es tan alto que resulta ser un hecho virtualmente seguro, en mi opinión.

Para ver el riesgo, abra una bolsa de harina temprano o al final del día, cuando el sol está bajo y se cuela la luz del sol a través de la ventana. El número de partículas que se pueden ver a la deriva en todas las direcciones de esos rayos de luz le sorprenderá. O simplemente deje caer una bolsa de harina sin abrir un par de centímetros sobre la encimera y observe toda la harina que sale al aire, aunque la bolsa aún no se haya abierto. La harina de trigo es tan fina que se hincha y va a todas partes. Y se asienta en todo, no solo en las mesas y encimeras y en todo lo demás que está expuesto, sino que cantidades más pequeñas también se depositan en platos y utensilios almacenados en armarios y cajones. Y cada vez que se abre la puerta de un armario, las corrientes de aire barren algunas partículas de harina en el aire. Cada vez que alguien camina por la habitación, las partículas de harina se hinchan en las corrientes de aire causadas por el movimiento. La harina de trigo es algo insidiosa. Cualquier celíaco que viva a unos cien metros de un molino harinero seguramente siempre mostrará niveles relativamente altos de anticuerpos antigliadina, independientemente de la dirección de los vientos predominantes, simplemente porque el polvo de la harina va a todas partes y nunca se va por completo, simplemente tiende a ser reubicado continuamente por las corrientes de aire. Sí, se puede limpiar de las encimeras para eliminar una gran cantidad, pero no se puede limpiar el aire sin sistemas de filtración sofisticados.

La contaminación procedente de los alimentos procesados es relativamente fácil de contener, porque ese gluten permanece quieto. Solo tiene que retirar todas las migas y mantenerlas alejadas de su comida, lavarse las manos, y mantener lejos cualquier cosa que pueda entrar en contacto con su comida. Pero, la harina de trigo no se queda quieta. Siempre está en movimiento, buscando otro lugar donde ocultarse, y otro plato de comida que contaminar. Los celíacos que tienen niveles relativamente altos de tolerancia podrían ser capaces de tolerar la harina de trigo en su casa si se siguen unas buenas prácticas de limpieza, pero muchas personas son demasiado sensibles para tolerar esas trazas, a pesar de las mejores precauciones. Y esto también se aplica a los pacientes con CM.

Las reacciones contra el gluten son debidas a una respuesta antigua del sistema inmune que se desarrolló durante nuestra evolución.

Ciertos patógenos como las bacterias que causan el cólera (vibrio cholerae) causan una mayor permeabilidad intestinal (conocido también como intestino permeable), por lo que no es sorprendente que nuestro sistema inmune responda a una infección de ese tipo. Curiosamente, el cólera causa el mismo tipo de diarrea acuosa (diarrea secretora) que la CM. La rápida deshidratación y el consiguiente riesgo de muerte que causa es el motivo por el que el cólera desarrolló una reputación como enfermedad tan temida. Sin embargo, la colitis microscópica está clasificada como una enfermedad benigna por la comunidad médica. Por supuesto, rara vez es fatal, pero ocasionalmente puede causar síntomas a veces fatales, como la deshidratación.

En cualquier caso, el trigo desafortunadamente causa algunos de los mismos tipos de síntomas en nuestro intestino que el cólera, es decir, aumenta la permeabilidad intestinal, lo que conduce a la diarrea secretoria. Y aumenta la permeabilidad intestinal no solo para los celíacos, sino para todos. El Dr. Fasano y su equipo de investigadores de la Facultad de Medicina de la Universidad de Maryland lo demostraron hace más de 10 años (Drago et al., 2006). La permeabilidad intestinal solo aumenta más rápido en los celíacos.

Esto sucede cada vez que alguien come gluten y, con el paso del tiempo, pasa factura y las uniones estrechas se abren cada vez más a medida que pasa el tiempo. Los celíacos, por supuesto, y aquellos que tienen al menos uno de los dos principales genes celíacos, tienen una respuesta mucho más pronunciada que los no celíacos, por lo que tienden a llegar a un punto en el que el intestino permeable comienza a permitir que los péptidos de los alimentos parcialmente digeridos entren en el torrente sanguíneo mucho antes que los no celíacos. Una vez que esos péptidos empiezan a entrar en el torrente sanguíneo, las respuestas del sistema inmune comienzan a convertirse en un problema importante.

Por lo tanto, sí, el intestino permeable activa las respuestas del sistema inmune que fueron diseñadas para combatir los patógenos que causan una mayor permeabilidad intestinal (como el cólera). Los alimentos nunca quisieron activar esa respuesta porque el alimento nunca desencadenó una mayor permeabilidad intestinal antes de que el gluten entrara a formar parte de la dieta humana. Y, ningún alimento en la dieta humana podía activar esa respuesta hasta que se desarrolló el trigo en el período neolítico de nuestra historia. Ahora que el trigo se ha arraigado en la dieta humana, el sistema inmune de todos se ha convertido innecesariamente inquieto y propenso a reaccionar cuando no debería, porque estamos comiendo un alimento que imita una de las acciones patógenas de la bacteria del cólera.

Considere la historia de la sensibilidad al gluten y la enfermedad celíaca.

Como mencionamos en el capítulo 1, la sensibilidad al gluten, en la forma de enfermedad celíaca, fue descrita por primera vez en la literatura médica aproximadamente hace 2.000 años (Guandalini, 2007, verano. p. 1). Pero, no ha habido un gran avance médico hasta la década de los años 30, cuando Willem Dicke empezó una serie de experimentos utilizando dietas libres de trigo, después de leer los informes de un niño que había experimentado diarrea después de comer pan o galletas (Peña & Rodrigo, 2015).[67] Publicó sus resultados en 1947 y los presentó en el

Contaminación cruzada y Otros Problemas Dietéticos

Congreso Internacional de Pediatría. Pero, su trabajo no fue tomado en serio. Así que, con la ayuda de algunos compañeros, mostró que cuando se retiraba el trigo de la dieta de los pacientes celíacos, la grasa fecal se veía reducida. Y reintroducirlo resultó en un exceso de grasa en heces, una condición llamada esteatorrea, que se sabe que está asociada con la enfermedad celíaca.

Estos datos de nuevos se presentaron en el Congreso Internacional de la Asociación de Pediatría en Zurich, en 1950, y se publicaron en el Acta Pediátrica de Escandinavia (Dicke, Weijrs, & Van De Kamer, 1953).[68] Debido al rechazo del artículo por una importante publicación americana, su publicación final se retrasó. Aparentemente hubo un sesgo de publicación contra los artículos médicos que contradecían la opinión popular incluso en la década de los 50. Al mismo tiempo, otro grupo de investigadores demostró que la esteatorrea era debida a una corrupción del proceso de absorción intestinal (Anderson et al., 1954).[69] Así que, finalmente, después de unos 2.000 años, se hicieron algunos progresos en la comprensión de la enfermedad celíaca. Pero, a pesar del progreso reciente, todavía queda mucho por hacer con respecto a la comprensión médica de la sensibilidad al gluten.

La investigación muestra que hay más de 300 péptidos reactivos en varias moléculas de proteína del trigo, centeno y cebada. ¿Alguna vez se ha preguntado por qué tantos? Resulta que el trigo posiblemente era la peor opción de grano posible para la designación de "personal de vida". La evidencia está en el genoma del trigo: contiene muchas más oportunidades para las proteínas que pueden causar reacciones. El trigo tiene varios órdenes de magnitud más de genes que cualquier otro grano. De hecho, el trigo tiene entre 8 y 15 veces más genes que los humanos. Con una cantidad tan enorme de genes, las probabilidades estadísticas de corrupción se disparan. Por lo tanto, no es de extrañar que haya tantas posibilidades de péptidos que causen que tanta gente reaccione.

Ocasionalmente, el etiquetado es la causa de la contaminación cruzada en la dieta.

En algunos casos, una dieta con contaminación cruzada es el resultado de que algo se ha pasado por alto, que algo se ha asumido incorrectamente, falta de información, o alguna otra razón que ha causado que un producto sea mal etiquetado. En ocasiones, los fabricantes cambian los ingredientes, y este tipo de cambio en el etiquetado puede pasarse por alto fácilmente. Es propio de la naturaleza humana asumir que un producto que era seguro la última vez que lo compramos debería ser seguro la siguiente vez que lo compremos. Pero, desafortunadamente, esto no siempre es el caso y, muy a menudo, habrá cambios en el etiquetado de los productos o productos mal etiquetados en las estanterías de alimentacion. Si este error es debido a una falta de coordinación entre los cambios en el ingrediente y los cambios en el etiquetado, o una falta de comunicación entre el suministrador del ingrediente y el fabricante del producto, el efecto sobre el consumidor es el mismo: una reacción adversa no esperada, si resulta que el consumidor es sensible a un ingrediente que se ha omitido o representado incorrectamente en la etiqueta.

Algunos ingredientes de alimentos no son seguros para los pacientes con CM a pesar de las afirmaciones de los "expertos" de lo contrario.

Uno de los problemas de etiquetado más insidioso es el caso en el que se comete un error en base a la opinión incorrecta de un "experto". Por ejemplo, la mayoría de los "expertos" de la industria, están de acuerdo en que el aceite de soja y la lecitina de soja no contienen ninguna proteína de soja,y, por ello, son seguros para cualquier persona que sea sensible a la soja. Desafortunadamente, esta opinión está basada en un malentendido de los hechos, y en las experiencias del mundo real de muchas personas que son sensibles a la soja, se demuestra que mientras que la lecitina de soja podría ser segura para algunos, el aceite de soja podría ser un problema para la mayoría.

Los ingenieros de procesos diseñan y desarrollan tales procesos de separación, y cualquier ingeniero de procesos es consciente de que los procesos de separación perfectos solo existen en la teoría. En el mundo real, todos los procesos de separación mecánicos y químicos son imperfectos, y cada uno de ellos da como resultado un cierto porcentaje de residuos que generalmente son ignorados, porque simplemente se descartan como "dentro de las tolerancias permitidas" para el proceso. Y así, los "expertos" que no son ingenieros son lo suficientemente ingenuos como para creer que, mientras se mantengan los límites de tolerancia, el proceso dará como resultado productos "puros".

Pero, por supuesto, los productos en realidad no son puros. Esos pequeños niveles de contaminación que se encuentran dentro de los límites de tolerancia especificados podrían parecer tan ínfimos como para ser irrelevantes, pero no son irrelevantes para los sistemas inmunes, donde cantidades minúsculas pueden ser suficientes como para desencadenar una reacción en muchos casos.

Las tolerancias suelen especificarse en milésimas o en miles de milésimas, mientras que las sensibilidades generalmente se espefican en partes por millón (ppm). Una milésima es mil veces más grande que una ppm, y una diezmilésima es cien veces más grande que una ppm. Por lo tanto, las tolerancias utilizadas para los procesos son demasiado grandes (muchos órdenes de magnitud) para garantizar la pureza a cualquier persona que sea sensible a estas proteínas. En el caso de la lecitina de soja, el proceso generalmente neutraliza la proteína en el producto final de forma que se vuelve inofensivo. Pero ese no es el caso de los aceites de soja. La conclusión es que, a pesar de que los expertos afirman lo contrario, lo cierto es que la mayoría de los productos que contienen aceite de soja no son seguros para los pacientes con CM que son

Comprendiendo la Colitis Microscópica

sensibles a la soja. Y, como se explicó en la primera edición de *Colitis Microscópica*, esa advertencia también se aplica a los productos utilizados en la piel, el cabello, y el cuero cabelludo, nuevamente a pesar de las afirmaciones de los "expertos" de lo contrario.

Y, en muchas situaciones de contaminación cruzada, entra en juego una complicación inesperada. Investigaciones recientes, basadas en advertencias sobre la seguridad de los alimentos que involucran toxinas en ciertos alimentos, sugieren que la mayoría de las personas tienden a modificar su percepción de las advertencias sobre los riesgos alimenticios si la información entra en conflicto con sus creencias personales o preferencias personales (Cornell Food & Brand Lab, 24 de noviembre de 2015).[70] El efecto neto es que si implica un alimento favorito, entonces para la mayoría de las personas, el riesgo percibido se considera significativamente más bajo que el riesgo real. Algunas personas incluso ignorarán completamente una advertencia si entra en conflicto con sus creencias. La implicación es que la información sobre los riesgos no es suficiente como para convencer a algunas, o posiblemente a la mayoría, a cambiar su actitud, y mucho menos convencerlas de cambiar su comportamiento.

Está claro que, si las advertencias de seguridad alimentaria sobre posibles toxinas en los alimentos no son suficientes como para cambiar el comportamiento de la población en general, entonces no es de extrañar que las advertencias sobre sensibilidades alimenticias personales no siempre se reconozcan como lo importantes que deberían ser. Y, por supuesto, el riesgo con los tratamientos basados en cambios en la dieta es que una percepción más baja del riesgo, o una opinión más baja sobre la importancia de una recomendación, puede conducir a una menor atención a los detalles que pueden dar como resultado que el tratamiento no logre la remisión.

Ciertas lagunas en las leyes de etiquetado pueden causar problemas a quienes tienen sensibilidades alimenticias.

Por ejemplo, muchas personas son sensibles a los sulfitos. Los sulfitos no son uno de los alérgenos que la ley exige que se enumeren específicamente como alérgenos en las etiquetas. De hecho, las trazas de sulfitos están exentas incluso de ser mencionadas en las etiquetas, de acuerdo con la ley en los EE.UU. En los Estados Unidos, las trazas no están definidas por las regulaciones, de manera que, ¿qué se supone que hacen los fabricantes y procesadores de alimentos? En general, cuando un ingrediente está presente en lo que la FDA se refiere como cantidades "incidentales", y no tiene ningún efecto funcional o técnico en el producto final, entonces no es necesario que aparezca en la etiqueta.

Un ingrediente incidental, por lo general está presente porque se encuentra normalemente en otro ingrediente. Esta convención no exime a los ocho alérgenos alimenticios principales (incluso si están presentes en cantidades como trazas: tienen que mencionarse específicamente en el etiquetado, en todas las circunstancias). Los sulfitos que han sido añadidos a cualquier tipo de alimento o ingrediente son considerados como un nivel incidental cuando suponen 10 pmm o menos del producto final.[71] Este es un límite bastante ajustado. Pero, los sulfitos que ocurren de forma natural al parecer son considerados exentos de este requisito.

Cuidado con los aromas naturales.

El término "aroma natural" implica una laguna en las leyes de etiquetado de ingredientes actualmente en vigor. Los "aromas naturales" pueden sonar como algo seguro, pero un aroma natural escasas veces suele ser "natural". En realidad, los aromas naturales suelen ser químicos altamente procesados que, por ellos mismos o en combinación con otros químicos, añaden aroma al alimento. Se permite denominarlos como "naturales" porque la fuente original del aditivo químico no ha sido fabricada por el hombre.

La FDA dice (CFR - Title 21, 9 de septiembre de 2016):[72]

> El término *aroma natural* o *saborizante natural* significa el aceite esencial, oleorresina, esencia o extracto, hidrolizado de proteínas, destilado, o cualquier producto de tostado, calentamiento o enzimólisis, que contiene los componentes aromatizantes derivados de una especia, fruta o zumo de frutas, vegetal o zumo de vegetal, levadura comestible, hierba, corteza, brote, raíz, hoja o material vegetal similar, carne, marisco, ave de corral, huevos, productos lácteos, o productos de fermentación de los mismos, cuya función significativa en los alimentos es dar sabor en lugar de ser nutricional. [Sec. 501.22, Item (3)]

Tenga en cuenta que debido a que, los fabricantes de los alimentos no están obligados a revelar los ingredientes de los "aromas naturales" añadidos, puede ser cualquier cosa, incluso cualquier cosa a la que pueda ser gravemente alérgico o intolerante. Por favor, tenga presente también que cualquier comida servida en un restaurante también podría contener "aromas naturales", que seguramente no estarán relacionados en el menú.

La fructosa puede ser un problema para algunos pacientes con CM, incluso en los vegetales.

Algunas autoridades afirman que aproximadamente el 30 % de la población general tiene problemas para absorber la fructosa. De forma similar a los problemas digestivos causados por la intolerancia a la lactosa, la fructosa no absorbida pasará al colon, donde se verá fermentada por las bacterias. Esto puede resultar en gases, hinchazón, calambres, y diarrea. El calor degrada la fructosa a mayor velocidad que otros azúcares, por lo que asegurarse que los vegetales están bien cocidos ayuda a minimizar, o al menos a reducir, los problemas de intolerancia a la fructosa. Los vegetales que contienen cantidades significativas (pero no amplias) de fructosa incluyen los espárragos, alubias, brócoli, coliflor, apio, pepino, y verduras de hojas verdes. Las cantidades más altas de fructosa se encuentran en el maiz, batatas, y tomates. Técnicamente, el tomate es una fruta, y no un vegetal, y por supuesto, una vez madura, el maiz es un cereal de grano y no un vegetal.

Los vegetales en la categoría de bajos en fructosa son los más seguros para las personas que son intolerantes a la fructosa. Los vegetales en esta categoría, que parecen tener el menor riesgo de causar problemas a los pacientes con CM, incluyen las coles de Bruselas, remolacha, judías verdes, patatas, calabaza y calabacín. Cuando se cocinan demasiado, los espárragos, brócoli, coliflor, apio, zanahorias, y batatas, también son adecuados para la mayoría de las personas.

Tenga en cuenta que la mayoría de las personas que son intolerantes a la fructosa no necesariamente tienen que evitar la fructosa en su totalidad. Y, eso es ser afortunado, porque evitar la fructosa por completo supondría todo un reto. Solo tienen que limitar su ingesta total de fructosa de manera que la cantidad total en su sistema en todo momento permanezca por debajo de su límite personal (nivel de tolerancia) que podría empezar a desencadenar síntomas. Obviamente, esto se consigue más fácilmente si se evitan, o al menos se minimizan, en la dieta los alimentos con las mayores cantidades de fructosa.

El problema con la vitamina E.

La vitamina E se puede encontrar en las etiquetas de varias formas, incluyendo d-alfa tocoferol, dl-tocoferol, acetato de alfa tocoferol, tocotrienoles mixtos, acetato de tocoferilo, y succinato de vitamina E. La mayoría de estos (aparte de los dos primeros) son términos muy ambiguos. El tema de la seguridad de la vitamina E para cualquier persona que es sensible a la soja surge a menudo.

La vitamina E natural (en los alimentos) se presenta en ocho formas químicas diferentes, llamadas isómeros:

alfa tocoferol
beta tocoferol
delta tocoferol
tocoferol gamma
alfa tocotrienol
beta tocotrienol
delta tocotrienol
tocotrienol gamma

Tenga en cuenta que los 4 primeros son tocoferoles, mientras que los otros 4 son tocotrienoles. En un principio se pensaba que para la nutrición humana solo se necesitaban alfa tocoferoles. De modo que los suplementos que contienen vitamina E natural solamente contienen alfa tocoferol, y esto se menciona en las etiquetas como d-alfa-tocoferol. Desafortunadamente, la mayoría de estos suplementos son derivados del aceite de soja debido a su relativamente bajo precio.

Pero, aproximadamente un 99 % de los suplementos de vitamina D que están disponibles, utilizan alfa tocoferol sintético, designados como dl-alfa-tocoferol. La investigación ha demostrado que la mayoría de los suplementos sintéticos de vitamina E se absorben muy poco, por lo que la mayoría de los defensores de salud, evitan los suplementos sintéticos de vitamina E. Las formas sintéticas de vitamina E solo son la mitad de efectivas que las formas naturales de vitamina E. Y, desafortunadamente, prácticamente todos los suplementos de vitamina E (ya sean naturales o sintéticos) contienen un solo isómero de vitamina E (basado en alfa tocoferol).

Pero, la investigación muestra que el tocoferol gamma en realidad es el isómero más común presente en los alimentos. De hecho, cerca del 70 % de la vitamina E presente de forma natural en los alimentos lo hace en forma de tocoferol gamma. Esta predominancia en sí misma sugiere que, ignorar por completo este isómero en los suplementos de vitamina E, probablemente sea contraproducente. Realmente es contraintuitivo, por lo menos. ¿Por qué es importante? Porque cuando solo se suplementa el alfa tocoferol, esto tiende a disminuir de forma significativa los niveles de tocoferol gamma que hay en el cuerpo, porque el tocoferol gamma se necesita en el cuepro para reducir la inflamación y regular ciertos factores que protegen contra determinadas enfermedades (incluidos ciertos tipos de cáncer) (Moyad, Brumfield, &Pienta, 1999, Jiang, Christen, Shigenaga, & Ames, 2001).[73,74] El tocoferol gamma también es conocido por activar genes que protegen contra el Alzheimer.

Claramente, prácticamente todos los suplementos de vitamina E (tanto si son naturales como si son sintéticos) están contraindicados para la prevención de ciertas enfermedades, incluidos el cáncer y el Alzheimer, simplemente porque excluyen el tocoferol gamma, y debido a esa deficiencia, tienden a agotar los suministros de tocoferol gamma en el cuerpo. El objetivo obvio debería ser tratar de obtener la vitamina E de los alimentos, no de los suplementos, y no de los alimentos procesados que han sido enriquecidos con vitamina E mediante tocoferoles diversos.

La vitamina E está presente en varios alimentos, incluidas las almendras, semillas de girasol y aceite, aceite de cártamo, aceite de oliva, espinacas y otras verduras de hojas verdes oscuras, brócoli, calabaza, marisco, muchos pescados, aguacates, y ciertas frutas y bayas. La mayoría de las personas con CM pueden tolerar muchos de esos alimentos, por lo que no sería necesario usar suplementos de vitamina E. Y, por supuesto, la vitamina E también se encuentra presente en el cacahuete o maní y en el aceite de soja, y en los tomates, pero a la mayoría de nosotros nos resulta necesario evitar esos alimentos.

Pero, la mayoría de las personas que tienen CM no están tan preocupadas por obtener vitamina E de los alimentos: están mucho más preocupadas por ingerir accidentalmente alguna forma de tocoferol derivado de la soja. En lo que respecta a los alimentos procesados, en general, demasiados de ellos están "enriquecidos" con alguna forma de vitamina E, y el truco es descubrir qué forma de vitamina E se usa, para determinar si es seguro o no usarlo. No se puede confiar en una etiqueta que diga "Sin Soja", porque la mayoría de los diseñadores de etiquetas no reconocen las formas naturales de tocoferoles como derivados de la soja.

Cuando se utilizan formas naturales de vitamina E (d-tocoferol), a menos que se especifique la fuente del ingrediente, es más seguro y generalmente es mucho más preciso asumir que la fuente es la soja (porque es de lo que suele estar hecho). Cuando se menciona el tipo de vitamina E en la etiqueta como dl-alfa-tocoferol, o como vitamina E sitnética, entonces no contiene ningún tipo de derivado de la soja.

Cualquier ingrediente en forma de "extracto" debería ser visto como sospechoso, porque en muchos casos, el medio de extracción utilizado es el aceite de soja. Un buen ejemplo de esto es el extracto de romero que se encuentra en la mayoría de los pavos procesados en estos días. El romero puro debería ser seguro para la mayoría de las personas con CM, pero el extracto de romero puede causar problemas a cualquier persona sensible a la soja.

Comer en restaurantes puede resultar todo un reto.

El problema es que solo existe una manera básica en que la preparación de alimentos pueda ir bien y miles (o tal vez decenas de miles) de maneras en que puede salir mal. Y, la raíz del problema es el hecho de que no hay manera en la que la mayoría de las personas que no tienen la enfermedad puedan comprender el alcance de la atención al detalle que se requiere para mantener los alimentos seguros con éxito. Y eso implica cada una de las porciones de comida incluidas en la comida. Por lo tanto, las probabilidades matemáticas que hay de recibir una comida completa que realmente sea segura (y sin contaminación cruzada), en un restaurante, tendrían que ser increíblemente escasas.

¿Qué sucede con las enzimas digestivas de las que se dice permiten la digestión del gluten y de la caseína?

Algunos de estos productos se promocionan como si pudieran permitir al usuario ignorar las sensibilidades alimenticias y comer los alimentos que le eran prohibidos previamente. Desafortunadamente, de forma similar a lo que sucede con el aceite de soja y la lecitina de soja, estas enzimas no permiten procesos de digestión perfectos. Algunos de los péptidos asociados con el gluten y de los péptidos asociados con la caseína, que causan reacciones a los pacientes con CM están hechos para pasar sin dividirse. Y aunque esto pueda representar solo un pequeño porcentaje, generalmente será suficiente como para hacer que la mayoría de los pacientes con CM reaccionen si consumen suficiente gluten o caseína.

E incluso si el número de péptidos sin digerir está por debajo del umbral personal en el que se desencadena una reacción, existe una muy buena posibilidad de que la cantidad sea más que suficiente como para mantener un estado de inflamación crónica de bajo nivel en el cuerpo si la práctica de usar una ayuda digestiva para justificar el consumo de sensibilidades alimenticias se convierte en una rutina. Es bien sabido que incluso un nivel de inflamación crónica de bajo nivel es muy indeseable debido al mayor riesgo que supone para el desarrollo de enfermedades autoinmunes. Por lo tanto, utilizar estos productos como una solución alternativa para las sensibilidades alimenticias sería una opción muy poco práctica. Hacerlo, seguramente pondría en peligro la salud a largo plazo.

Sin embargo, productos como estos podrían ser útiles como una especie de "red de seguridad" en aquellas situaciones en las que existe riesgo de contaminación cruzada, como por ejemplo, cuando se come en restaurantes o en otros lugares fuera de casa, donde las trazas de gluten o de caseína podrían encontrarse debido a que no estuvieran disponibles instalaciones dedicadas (o una formación adecuada) para la preparación de alimentos libres de gluten o libres de caseína. Aunque este tipo de productos deberían funcionar mejor si se consumen antes de este tipo de comidas, podrían ayudar a prevenir, o al menos a reducir la severidad de una reacción en situaciones en las que se sospeche que podría haberse ingerido gluten o caseína de forma no intencionada.

¿Por qué es tan importante minimizar la fibra en la dieta?

La fibra es considerada tradicionalmente como una parte necesaria de la dieta humana. Se cree que mejora la motilidad. Y, de hecho, para muchas personas funcionará tal y como se afirma. Pero, una de las últimas cosas que necesitan la mayoría de los pacientes con CM es una mayor motilidad. Necesitan menos motilidad, no más.

Como destaca el doctor Michael Eades en su blog, la fibra funciona "promoviendo la regularidad" (como reclaman los fanáticos de la fibra) irritando las células de la mucosa del intestino (Eades, 2006, 30 de agosto). En realidad, la fibra desgarra todas estas células físicamente y cuando sucede eso, el sistema inmune marca esas células para su destrucción y reemplazo, porque es más fácil reemplazarlas que intentar repararlas (Miyake, Tanaka, & McNeil, 2006, Underwood, 2006).[75, 76] Una vez que la célula ha quedado marcada para su destrucción (un proceso conocido como apoptosis), descarga todo su suministro de mucina de inmediato.

Cuando se combina con agua, la mucina produce moco, que ayuda a lubricar el interior de los intestinos, y esto acelera la motilidad ayudando a inducir una evacuación intestinal. Y esto emociona a los fanáticos de la fibra porque les evita tener que rastrear cuál es su problema en la dieta que está causando el estreñimiento en primer lugar. Señalaría que hay dos causas muy comunes para el estreñimiento y estas causas son especialmente probables para la mayoría de los pacientes con CM: deshidratación y deficiencia crónica de magnesio. La mayoría de las personas con CM tienden a ser propensas a tener estos dos problemas.

El punto principal aquí es que lo último que necesitan la mayoría de los pacientes con CM es una motilidad más rápida y otro movimiento intestinal, y ciertamente no necesitan ningún daño adicional en sus intestinos. La mayoría de los pacientes con CM ya tienen daño intestinal más que suficiente, por lo que las recomendaciones de los médicos que aconsejan a los pacientes con CM que tomen suplementos de fibra son claramente contraproducentes.

La política más segura con respecto a los productos horneados es evitarlos todos durante la recuperación.

Pruebas aleatorias de harinas sin gluten en los estantes de las tiendas muestran que la contaminación cruzada de estas harinas con gluten es algo bastante común (Thompson, Lee, & Grace, 2010).[77] En algunos casos, la cantidad de contaminación por gluten es solo ligeramente superior al límite máximo permitido por las regulaciones de la FDA. Pero, en otros casos, la cantidad es mucho más significativa y podría ser suficiente como para hacer que algunas personas reaccionen si son sensibles al gluten.

Además, algunos pacientes tienden a reaccionar con ciertas combinaciones de harinas, aunque las harinas a nivel individual puedan no

Comprendiendo la Colitis Microscópica

causar problemas. Debido a que las harinas sin gluten normalmente funcionan mejor cuando se combinan, en lugar de utilizar harinas de forma indivual, combinar distintos tipos de harinas SG normalmente suele mejorar siempre el horneado y las características de la textura del producto final. Pero, por supuesto, combinar ingredientes aumenta las probabilidades de introducir contaminación en la mezcla. Cuanto mayor sea el número de ingredientes, más probabilidades hay de que el producto final pueda tener contaminación cruzada con gluten.

Durante un brote (y también durante la fase inicial de recuperación) el sistema inmune es extremadamente sensible, y tenderá a reaccionar a niveles bajos de antígenos que probablemente estarían por debajo del umbral necesario para desencadenar una reacción después de que se haya establecido una remisión estable durante unos meses o más. Por lo tanto, es necesario tener especial cuidado para evitar incluso pequeñas cantidades de trazas de alimentos que se sabe o se sospecha que son un problema, durante la fase de recuperación. Cualquier cosa que se pueda hacer para acelerar la recuperación o para acortar el tiempo de recuperación, generalmente vale la pena el esfuerzo extra.

Debido a ese riesgo, normalmente suele ser una buena idea evitar hornear productos durante el periodo de recuperación. Una vez alcanzada la remisión estable y haya transcurrido un tiempo razonable para permitir una curación intestinal significativa, de forma experimental, se pueden intentar productos horneados para comprobar si podrían añadirse de forma segura a la dieta. Pero, recuerde que cada lote de harina podría ser diferente.

Se trata de un procedimiento mucho más seguro que permitir productos horneados en la dieta durante la recuperación, porque cualquier fuente de contaminación cruzada en la dieta puede impedir la remisión. Y, en ese tipo de situación, no suele existir forma de averiguar exactamente qué causó que el tratamiento con la dieta fracasara. Una reacción a un alimento concreto solo puede detectarse de forma confiable cuando existe una remisión estable. Si la reacción ya está en marcha, entonces no hay manera de decir si un alimento en concreto está causando una reacción, o si los síntomas simplemente forman parte del brote actual.

¿Está bien tomar café?

La mayoría de los médicos recomiendan que los pacientes con CM eviten el café. La experiencia en el mundo real muestra que la mayoría de los pacientes con CM descubren que si el café les envió directamente al aseo antes de que comenzaran los síntomas de su CM, es muy probable que haga lo mismo después de que se desarrolle la CM. Pero, por otro lado, si el café no inició el viaje rápido al aseo antes de que se desarrollara la enfermedad, entonces probablemente no causará problemas una vez se desarolle la CM. El mayor riesgo con el café parecen ser los productos que se agregan al café en lugar de el café en sí. Tenga en cuenta que, a pesar del hecho de que muchos cafés de crema están etiquetadas como "Sin lácteos", contienen el ingrediente "caseinato de sodio" o alguna variación de ese nombre. El caseinato de sodio es el nombre bioquímico de la caseína que, por supuesto, es el ingrediente principal de todos los productos lácteos que, por lo general, hacen que el sistema inmune de muchos pacientes con CM produzca anticuerpos.

Por ello, algunos pacientes con CM beben su café negro, algunos usan bebida de almendra, unos pocos usan bebida de coco, o algunos otra alternativa de la leche de vaca, y algunos usan una pequeña cantidad de azúcar de caña o de terrones de azúcar. Lo mejor es evitar los edulcorantes artificiales como el aspartamo porque prácticamente todo el mundo que tiene CM parece tener problemas con la mayoría de los edulcorantes artificiales, especialmente durante el período de recuperación, y la experiencai demuestra que el aspartamo parece ser la peor de las opciones que hay disponibles. Algunas personas afirman que la sucralosa (Splenda) podría ser más segura porque es un derivado del azúcar pero, desafortunadamente, todos los edulcorantes artificiales afectan a la población bacteriana intestinal. Pero las interrupciones de la población bacteriana intestinal ya son un problema para la mayoría de los pacientes con CM, por lo que no es probable que sean beneficiosos los problemas adicionales en este área.

¿Es el ghee un sustituto seguro para la mantequilla para quienes son sensibles a la caseína?

Muchas personas que son sensibles a la caseína suelen usar ghee, mantequilla clarificada, pensando que es sin caseína. Pero, el problema es que la manera en la que supuestamente lo convierten en un producto libre de caseína es mediante un proceso que no suele ser de fiar. Hacer ghee implica empezar con una mantequilla común y calentarla hasta que se derrita la mantequilla, de modo que el líquido se separe de los sólidos lácteos que precipitan la extracción y se depositan en el fondo del recipiente como globos de caseína. A continuación, se vierte el líquido (ghee), o las gotas de caseína simplemente se filtran para eliminar la caseína. En esencia, se trata de un proceso simple, pero en realidad está lleno de peligros. Existe un riesgo sustancial de que la separación no se complete, y si no lo es, entonces el producto final se contaminará con caseína.

Si hace un poco de investigación basada en los comentarios publicados en los numerosos blogs o foros de "gracias a Dios por el ghee", descubrirá que muchas, muchas personas, de hecho reaccionan al ghee. Y cuando mencionan este hecho, alguien inevitablemente recomendará una marca diferente. Pero, esa no es la solución. La acción más apropiada es simplemente alejarse del ghee, porque básicamente es un riesgo para cualquiera que sea sensible a la caseína. Fue diseñado originariamente para los gourmets, no para los pacientes con sensibilidades alimenticias. Esto es especialmente importante para las personas que tienen una o más enfermedades autoinmunes, porque como sucede con el gluten, la caseína, en ocasiones, puede causar síntomas muy sutiles para las personas que son sensibles a ella. A menudo causa problemas como la osteoartritis, pero la reacción es tan lenta que a menudo se pasa por alto la conexión.

El ghee muy puro tiene una pureza del 99.0 al 99.5 %. Los mejores productos comerciales de ghee se encuentran en esta categoría. Pero, esto deja una contaminación de un 0.5 a 1.0 %, y un 1.0 % (0.01) son 10,000 ppm. Una cantidad masiva, en lo que se refiere a contaminantes alimentarios. Usar ghee es algo parecido a un celíaco comiendo pan bajo en gluten: definitivamente, no es una buena práctica. Y no se sabe qué más podría haber en ese 0.5 a 1.0 %.

La reactividad cruzada podría ser un problema para algunas personas.

La Sociedad Americana de Alergia, Asma e Inmunología, define la reactividad cruzada como: "La reactividad cruzada en las reacciones alérgicas ocurre cuando las proteínas en una sustancia (típicamente el polen) son similares a las proteínas encontradas en otra sustancia (típicamente un alimento) (La Sociedad Americana de Alergia, Asma e Inmunología)."[78] La reactividad cruzada puede provocar reacciones cruzadas de acuerdo con ciertos patrones. Por ejemplo, si uno es alérgico al polen de abedul, tambien puede reaccionar a las manzanas, zanahorias, apio, avellanas, duraznos, peras, y patatas crudas (Mayo Clinic staff, 2017).[79] De manera similar, una sensibilidad al polen de ambrosía puede hacer que uno reaccione también a los plátanos y a los melones, como el melón, el melón dulce y la sandía. Una alergia al polen de la hierba también puede hacer que uno sea sensible a los melones, naranjas, cacahuetes, tomates y a la patata blanca. Y una alergia al polen de artemisa puede causar reactividad cruzada con manzanas, pimientos morrones, zanahorias, apio, ajo, cebolla, y ciertas especias como las semillas de alcaravea, perejil, cilantro, semillas de anís y semillas de hinojo.

Según la doctora Amy Myers, al menos seis alimentos son capaces de producir una reacción cruzada con gluten (Myers, n.d.).[80]

- Maíz
- Productos lácteos como la leche y el queso (alfa-caseína, beta-caseína, casomorfina, butirofilina, proteína de suero)
- Mijo
- Avena
- Arroz
- Levadura

¿Las intolerancias y alergias alimenticias son permanentes?

Durante muchos años, los especialistas han afirmado que muchos niños "superan" sus intolerancias alimenticias infantiles. Pero, el problema es que la mayoría no los supera (Palmer, 14 de abril de 2014).[81] Parece ser que los cambios químicos que tienen lugar en el cuerpo, posiblemente asociados con los virus o quizás con los cambios hormonales que ocurren durante la adolescencia, podrían ser responsables de la supresión de los síntomas de las alergias infantiles durante la adolescencia y la edad adulta temprana, en algunos casos.

Sin embargo, esta teoría aún no ha sido investigada, por lo que debe ser demostrada por la investigación médica. Pero, las estadísticas médicas muestran que cuando estas personas alcanzan los 20 o 30 años, los síntomas suelen regresar. En ocasiones, vuelven con síntomas diferentes.

Por ejemplo, se sabe que algunos niños que superan una alergia alimentaria posteriormente desarrollarán síntomas de eosofagitis eosinofílica a ese mismo alimento (Smith, 18 de marzo de 2014).[82] Por lo tanto, la intolerancia alimenticia obviamente permanece, aunque los síntomas puedan ser diferentes. Esto sugiere que una vez que el sistema inmune de alguien comienza a reaccionar a un alimento, esa intolerancia probablemente durará el resto de la vida de esa persona, independientemente de si siempre tiene síntomas clínicos o no después de comer el alimento.

Conforme se haga más investigación en el futuro, otros desórdenes del sistema inmune que suceden más adelante en la vida serán descubiertos como asociados con las intolerancias alimenticias de la infancia que se había pensado que se habían "superado". Cada vez hay más profesionales médicos que se están dando cuenta de que la inflamación, incluso cuando está oculta, es la causa de cualquier enfermedad. Esto significa que, cualquier cosa que pueda hacerse para minimizar la inflamación en todo momento, podría impedir el desarrollo de una enfermedad en el futuro. La forma más simple y segura para prevenir el desarrollo de estos problemas es evitar esos alimentos y no añadirlos nunca en la dieta.

Al seleccionar un aceite de oliva, el aceite de oliva virgen extra es el más seguro para quien tenga sensibilidades alimenticias.

Esto es debido a cómo se procesa ese aceite. El aceite de oliva virgen extra se extrae simplemente aplastando las aceitunas. Otros tipos de aceites de oliva podrían ser extraídos mediante un proceso que implica el uso de químicos. No hay pistas de ello en la etiqueta. La diferencia en los grados del aceite se puede apreciar por el color del aceite.

El aceite de oliva virgen extra es más oscuro que los otros tipos, y no brilla tanto. ¿Por qué es mejor que los demás? Contiene menos químicos y más antioxidantes. También contiene menos radicales libres. Pero, los investigadores han descubierto también otra razón por la que el aceite de oliva virgen extra es superior a los otros tipos (NDTV Food Desk, Updated: 11 de abril de 2017).[83] El aceite de oliva virgen extra contiene mucho más hidroxitirosol, que tiene la capacidad de reducir la resistencia a la insulina y la enfermedad del hígado graso no alcohólico.

Pero, según los resultados de las pruebas publicadas a finales de 2016, aproximadamente el 70 % del aceite de oliva que hay disponible en los Estados Unidos se encuentra adulterado (Natural Cures House, 13 de febrero de 2017).[84]

Diluir el aceite de oliva con aceites más baratos significa que podría contener un aceite que le haga reaccionar, y que el aceite con el que se ha diluido ciertamente no aparezca en la etiqueta. Esto convierte el aceite de oliva en un elemento de riesgo relativamente alto cuando se intenta seleccionar un aceite para la dieta de recuperación de un brote de CM. Es una buena elección que benificia a la salud cuando es puro, pero no lo es cuando está adulterado con un aceite más barato. Podrían usarse aceites como el aceite de girasol o de canola, y esto simplemente limitaría los beneficios para la salud. Pero, el aceite utilizado podría ser de soja, lo que causaría una reacción a quien sea sensible a la soja.

La moda probiótica.

El consumo de yogur y otros alimentos probioticos es muy popular hoy en día. Las ventas de probioticos están en auge. Las ventas comerciales de yogur son un negocio multimillonario. Prácticamente todo el mundo quiere tener el mismo tipo de bacteria intestinal que uno de los miembros de las tribus de cazadores recolectores que existieron hace un siglo, más o menos, en Tanzania, Venezuela y Perú. Sus doctores y todos los argumentos de venta de los fabricantes les han hecho creer que esto no solo mejoraría su salud, sino que también pueden lograrlo ingiriendo probióticos todos los días.

La realidad es que eso no va a suceder porque no solo las bacterias que serán capaces de adherirse a las paredes intestinales y a reproducirse para establecer una colonia son las que anteriormente ocuparon el intestino de alguien y se adhirieron con éxito allí. El resto se eliminan, a pesar de lo que pueden haber costado. Y seguirán viéndose arrastradas fuera, siempre que críen en un laboratorio en lugar de en los intestinos de alguien.

Pero, esta es una búsqueda inútil de todos modos, porque el perfil bacteriano intestinal de todos está determinado a corto plazo por los antibióticos que puedan haber tomado, y a largo plazo su microbioma está determinado por su dieta. Entonces, a menos que uno coma exactamente lo que comieron esos cazadores recolectores, las poblaciones de bacterias que se encuentran en los intestinos de los cazadores recolectores no van a sobrevivir en el intestino de nadie más. Si se colocan allí, los perfiles de población irán cambiando lentamente para adaptarse a la dieta del huésped. Esto se demuestra fácilmente. Cuando las personas que han llevado un estilo de vida de cazador recolector se pasan a una dieta de estilo occidental, pronto desarrollan un microbioma similar a todos los que comen una dieta de estilo occidental.

Comparar el bioma intestinal de las tribus de cazadores recolectores primitivos con el nuestro podría proporcionar alguna lectura interesante, pero cualquier información que provenga de ello es bastante irrelevante. En 2016, Los Ángeles Times publicó un artículo titulado: "La extinción dentro de nuestros intestinos". Ten presente este extracto de ese artículo. (Sonnenburg & Sonnenburg, 25 de febrero de 2016).[85]

Los cazadores recolectores de Tanzania, Venezuela y Perú tienen una microbiota que es notablemente similar entre sí y, sin embargo, muy

Comprendiendo la Colitis Microscópica

diferente de la nuestra en Occidente. Sus intestinos albergan hasta un 50% más de especies bacterianas y el doble de genes bacterianos que los nuestros.

Naturalmente, el perfil de bacterias intestinales de la mayoría de las tribus primitivas es similar: son cazadores recolectores y cazan y recolectan básicamente los mismos alimentos. Obviamente, su demografía de bacterias intestinales debería ser similar. Y, naturalmente, su intestino proporcionará alojamiento a muchas más especies bacterianas: no tienen refrigeración, antispéticos, ni conservantes de alimentos. Ni siquiera tienen platos donde colocar su comida. Están obligados a comer muchas cosas que usted y yo nunca tocaríamos. Por lo tanto, es probable que tengan una diversidad bacteriana mucho mayor en sus intestinos, debido a su estilo de vida. Pero, una comparación con nuestra fauna y flora intestinal es irrelevante, porque las poblaciones de bacterias en nuestros intestinos están determinadas por nuestra dieta. Si esos sujetos de las tribus de cazadores recolectores son alimentados con la misma dieta que estamos comiendo, dentro de unos meses su bioma intestinal se parecerá mucho al nuestro.

La conclusión es que la mayoría (quizás todo) el dinero gastado en probióticos se desperdicia. Los probióticos comerciales, el yogur, y productos similares terminarán siendo arrojados al inodoro. No es probable que cambien nuestra microbiotica durante más de unos días.

El artículo de Los Ángeles Times refleja un punto de vista común para perpetuar el punto de vista erróneo de que la extinción, de algún modo, es un evento antinatural. Pero, el hecho es que de todas las especies que han existido en algún momento u otro en la Tierra, el 99.9 % ahora están extintas. Y, la mayoría de las extinciones se produjeron durante cinco eventos de cataclismos. Entonces, la extinción es una parte natural de la evolución. ¿Hay alguna razón para creer que las bacterias no deberían